DECIPHERING THE LANGUAGE OF

MINING

矿语

FOCUS ISSUES IN MINING LAW AND PRACTICE

矿业焦点问题
法律实务

王振华——编著

法律出版社 LAW PRESS · CHINA

序 言

矿产资源是工业的粮食和血液，是国民经济可持续发展的重要基础。1986年我国颁布实施了《矿产资源法》，使我国矿产资源管理纳入了法治化的轨道。1996年《矿产资源法》进行了部分修改，国务院颁布了《矿产资源勘查区块登记管理办法》《矿产资源开采登记管理办法》《探矿权采矿权转让管理办法》三部行政法规，确立了探矿权采矿权依法取得和转让的法律制度。近年来，随着社会主义市场体制的建立和生态文明建设的全面推进，矿产资源管理法律制度越来越难以适应形势发展的需要。在矿产资源管理过程中，亦出现了法律适用及理解上的模糊和偏差，由此也引发了很多行政纠纷、民事争议甚至刑事追责。

矿业权是公法化的私权。鉴于矿产资源具有耗竭性和不可再生性，矿产资源开发利用活动具有较强的外部性，我国一直通过严格的行政许可来维护矿产资源管理秩序。同时，矿业权又属于物权，必须保护矿业权人依法取得的物权。如何处理好公法管制与物权保护的关系，是政府矿政管理的核心和难点。矿产资源领域浓重的行政管理色彩既为合理开发利用自然资源奠定了基础，也在无形中不可避免地对矿产资源的市场化建设构成了些许阻碍。

因此，当我翻开这本书，看到编者们从专业律师角度，结合法学理论与实践经验，综合行政民事经典案例，迎合行政管理和市场经济需求，利用矿权管理、民事争议、行政争议、重大资产重组四个方面28个专题，对矿产资源管理实践的种种作了具象的表达，我知道，编者们抓住了矿产资源管理工作中的“难点”和“痛点”，而他们对各种问题的钻研和理解，既有扎实的法律分析，也有创新的制度设计。可以说，这是一本专业的、务实的、对完善矿产资源管理体系建设具有重要参考意义的书籍，是对我国矿产资源法治建设的重大贡献。

新组建的自然资源部认真贯彻落实党中央决策部署，在总结多年来矿政管理实践经验的基础上，坚持问题导向，实现理念创新，已完成《矿产资源法》修订草案的起草工作，并已上报国务院进入立法程序。同时，自然资源部还印发了《关于推进矿产资源管理改革若干事项的意见（试行）》（自然资规〔2019〕7号），对矿业权出让制度进行流程再造，全力推进净矿出让，保护矿业权人合法权益。而这本书也很好地结合了未来矿法的修改思路和基本原则。可以说，编者们在脚踏实地的同时，亦仰望着矿法修改的星空。

最后，希望能有更多的法律人士关注并研究矿产资源法律问题，群策群力，为我国建立更加符合新时代要求的矿业权管理制度体系积极献言献策，合力推动矿产资源管理顶层设计，进一步发挥市场在资源配置中的基础性地位，平衡好矿产资源开发利用与生态环境保护的关系，为实现并落实习总书记提出的生态文明建设目标和全面依法治国而不断努力奋斗！

魏莉华

2020 年 5 月 6 日

编者按

写一本这样的书,其实是一件“蓄谋已久”的事情了。也许从刚执业的那天起,这颗种子便种下了。但等到它开花结果展示给各位读者的时候,已是十余年专注矿产资源法律服务领域光阴的积淀,亦是上百件疑难复杂涉矿案例的浓缩。

写一本这样的书,也是一次对矿产资源领域重点法律问题的倾囊而出。同其他常规法律服务领域相比,矿产资源法律服务是一类相对小众但更需专业和积累大量实践业务经验方能解决客户实际问题的执业领域。而本书所涉及的四大板块共计 28 个专题,是编者十余年来的经验之谈。当它们通过笔尖落在纸上的时候,就像一个个呱呱坠地的孩童,用尽了我们身上所有的力气。

写一本这样的书,更是同矿业行业伙伴们的一次交心之旅。那些矿产资源法律实务中常见的、不常见但扎心的、疑难的、法律未规定或规定模糊不清却又必须在实践中找到出路和依据的……无论是矿业行业的资深专家,还是奋战在矿政管理一线的行政精英,抑或是徘徊在矿里矿外即将“入行”的新人菜鸟,你们的忧愁和不解,关起门来,夜深人静时,翻开它,希望眼里有光,嘴角上扬。

写一本这样的书,就像创作了一部交响乐。矿权管理、民事争议、行政诉讼、资产重组。我们希望广大读者朋友们能在这本书中感受到矿产资源的“春夏秋冬”,它们不是彼此割裂的,而是像季节更迭一样,有着内在的自然法则和根本逻辑。至于那条连接彼此的“金线”,就留给读者朋友们自己探索吧。

写一本这样的书,当然要感谢为它同样倾注心血的矿业前辈、领导以及朋友们。感谢李裕伟老师在疫情期间亲笔书写的修改意见和热忱期盼;感谢山西儒林资产评估事务所的毋建宁主任、王楷先生在《估 · 值——矿业权评估及评估中需注意的问题》中的透彻解读；感谢美国博德公司北京代表处的刘培文先生在《念·经——外资公司并购国内矿业企业需要关注的法律问题分析》一文中对于估值迥异问题的分析；感谢五矿集团方朝英女士以及山东黄金集团刘延芬女士对送审稿的逐一修订和实务建议。另外，还要感谢多位在此无法具名但念念不忘的领导、伙伴和朋友们，感谢你们深夜接受我们的咨询，感谢不厌其烦地给予我们指导和纠错。

最后，更要感谢为本书作序的两位老师——彭齐鸣先生和魏莉华女士，感谢您们的支持和对我们部分不成熟甚至在行业内尚存较大争议问题所表达观点的包容，我们也希望在本书问世后可以接受各方意见，共同推进矿产资源法律体系的逐步提升与完善。

曲终文末，六十多个静夜思索执笔天涯的日子，虽然我们因为疫情不能在中伦工位，却仍身在矿业法律服务一线，而这样一场关于矿产资源法律问题的四重奏表演，也该是演员上台谢幕的时候了，我们是：

王振华、穆继云、田海晨、赵继凯、于东昆、张成、王哲、王猛、王海娜以及中伦律师事务所内提供支持的唐周俊律师、原挺律师、李科峰律师、唱毅律师、王雅洁律师等。当然，还有两位可爱的实习生小朋友，南开大学的周培鑫同学、西南政法大学的赵丹阳同学。正是因为有了你们，才让我们拥有了这样一场完整的演出。

目　录

第一篇　矿权管理

第二篇　民事争议

第三篇 行政争议

第四篇 重大资产重组

第一篇 矿权管理

因·果

——矿业权出让制度的演变与相关实务问题解析

在我国矿产资源法律体系中，出让行为（一级市场）和转让行为（二级市场）是两个永恒的话题和重点，围绕着这两个行为所展开的讨论和“恩怨情仇”从未停歇。过去如此，现在如此，未来，亦会如此。

相比于转让行为，出让行为因涉及国家对于矿产资源相关权益的认知变化和掌控思忖，加之2017年自然资源有偿使用制度改革的迅速推进和落实，使出让行为（制度）被推上矿产资源法律体系乃至矿政管理体系的“铁王座”，而这场“权利的游戏”也充满了“纷争”和“爆点”。

权益金和出让金是怎样的关系，矿业权出让收益的权力基础是什么，出让收益和价款甚至资源税到底有何区别，探矿权阶段收取出让收益的内在依据和逻辑是什么……这些争议和问题在矿业权出让制度改革等一系列政策文件出台后被拿来反复讨论。笔者作为矿业行业的一员，也在这浮沉之间感悟着、观察着、成长着。

然而，当硝烟弥漫、争议四起之时，我们是否应该回归初心，将指针拨回34年前，回看出让制度“呱呱坠地”时的样子，然后随回忆一路向前，让历史的车辙带我们探寻制度变化的始终。也许这一趟旅行回来，我们能够站在更高、更广阔的视角，去审视如今矿产资源出让制度的利弊得失。

现在，开始我们的时光之旅吧。

一、萌芽阶段：以申请在先为一般原则，可以招标、拍卖等方式出让矿业权阶段（1986～2003年）

1986年10月1日，1986版《矿产资源法》* 正式实施，该法第3条第3款明确规定："勘查矿产资源，必须依法登记。开采矿产资源，必须依法申请取得采矿权……"据此，出生伊始，矿业权的出让就遵循严格的申请登记原则，尚无招标、拍卖、挂牌等市场竞争的出让方式。

1987年4月29日，出让制度接近满周时，国务院颁布了《矿产资源勘查登记管理暂行办法》①（以下简称《勘查登记暂行办法》）和《全民所有制矿山企业采矿登记管理暂行办法》②（以下简称《采矿登记暂行办法》）。《勘查登记暂行办法》第2条③、《采矿登记暂行办法》第2条④仍规定矿业权必须申请登记取得。

11年后，进入少年时代的出让制度在经历了政策运行的历练和调整后获得了新技能。1998年，《矿产资源勘查区块登记管理办法》（国务院令第240号）和《矿产资源开采登记管理办法》（国务院令第241号）于同日（1998年2月12日）颁布实施。国务院240号令第8条⑤明确规定探矿权按照申请在先的原则进行出让，并在第16条⑥规定探矿权可以通过招标投标的方式予以出让。与此同时，241号令第13条⑦亦明确规定了采矿权可以通过招标投标的方式有偿取得。

---

* 为阅读方便，本书所引我国法律法规均省去"中华人民共和国"。例如，《中华人民共和国矿产资源法》本书简称为《矿产资源法》，其他所引我国法律法规均同此例。——编者注

① 该法规被《矿产资源勘查区块登记管理办法（1998）》（1998年2月12日发布，1998年2月12日实施）废止。

② 该法规被《矿产资源开采登记管理办法（1998）》（1998年2月12日发布，1998年2月12日实施）废止。

③ 《勘查登记暂行办法》第2条规定："在中华人民共和国领域及管辖海域内从事下列各项勘查工作，必须申请登记，取得探矿权：一、1∶20万和大于1∶20万比例尺的区域地质调查；二、金属矿产、非金属矿产、能源矿产的普查和勘探；三、地下水、地热、矿泉水资源的勘查；四、矿产的地球物理、地球化学的勘查；五、航空遥感地质调查。"

④ 《采矿登记暂行办法》第2条规定："开采矿产资源的全民所有制矿山企业（简称矿山企业，包括有矿山的全民所有制单位，下同），必须办理采矿登记手续，取得采矿权。未取得采矿权的，不得进行采矿活动。"

⑤ 国务院令第240号令文第8条第1款规定："登记管理机关应当自收到申请之日起40日内，按照申请在先的原则作出准予登记或者不予登记的决定，并通知探矿权申请人。……"

⑥ 国务院令第240号令文第16条第1款规定："探矿权可以通过招标投标的方式有偿取得。"

⑦ 国务院令第241号文令第13条第1款规定："采矿权可以通过招标投标的方式有偿取得。"

据此，出让制度有了明显的进步和突破。总体而言，特别是相较于土地出让制度，矿业权出让制度仍完全体现为国家行政权的意志，但市场化的萌芽已探出头来，未来可期。

2000年，世界进入千禧年，出让制度继续茁壮成长。2000年10月，原国土资源部印发《矿业权出让转让管理暂行规定》（国土资发〔2000〕309号）。该文件第4条①明确规定了矿业权采取批准申请（申请在先）、招标、拍卖等方式进行出让，并在第17条②进一步规定以批准申请方式出让经勘查形成矿产地的矿业权的，矿产资源管理机关应按照评估结果收缴矿业权价款；以招标、拍卖方式出让矿业权的按照实际交易额收取矿业权价款。

据此，在迎接21世纪的道路上，"招标拍卖"也逐渐被国家认可并成为市场化出让矿业权的方式。与此同时，309号文亦对国家出资勘查探明矿产地及矿业权价款等问题进行了更为详尽的定义和阐述。该文件在浩如烟海的矿产资源领域政策文件中的分量是举足轻重的，直到现在，亦被广泛适用。

站在17岁的尾巴上，出让制度有了更为丰富的"人格"，从出生伊始的申请登记，到成人礼前的有条件的招投标及拍卖，都让我们看到了矿产资源出让制度更加市场化、开放化的未来；但也让我们体会到了矿产和土地管理之间的距离和区别。可以说，矿政管理更多体现的是国家作为"严父严师"的一面，其对矿产资源的全面掌控，充分体现了行政权对矿业权的调整和支配，压抑了矿业权作为民事权利的属性。

那么，成年之后的出让制度，将经历怎样的叛逆期，又将书写怎样的矿生呢？

二、成长阶段：逐步限制申请在先方式出让，初次规定特定情形下应当以招拍挂方式出让矿业权阶段（2003～2006年）

随着矿业行业的高速发展和市场活跃度的逐步提升，出让制度在大时代的影响下，亦发生着深远的变化。2003年6月，原国土资源部印发了著名的《探矿

---

① 国土资发〔2000〕309号文第4条第1款规定："矿业权的出让由县级以上人民政府地质矿产主管部门根据《矿产资源勘查区块登记管理办法》、《矿产资源开采登记管理办法》及省、自治区、直辖市人民代表大会常务委员会制定的管理办法规定的权限，采取批准申请、招标、拍卖等方式进行。"

② 国土资发〔2000〕309号文第17条规定："以批准申请方式出让经勘查形成矿产地的矿业权的，登记管理机关按照评估确认的结果收缴矿业权价款。以招标、拍卖方式出让经勘查形成矿产地的矿业权的，登记管理机关应依据评估确认的结果确定招标、拍卖的底价或保留价，成交后登记管理机关按照实际交易额收取矿业权价款。"

权采矿权招标拍卖挂牌管理办法(试行)》(国土资发〔2003〕197 号)。197 号文第 7 条、第 8 条对新设探矿权、采矿权在特定情形下必须实施招拍挂出让行为进行了规定,同时亦在第 9 条对应当以招标出让矿业权予以了明确。上述特定情形主要包括:(1)国家出资勘查并已探明可供进一步勘查/开采的矿产地;(2)探矿权/采矿权灭失的矿产地;(3)国家和省两级矿产资源勘查专项规划划定的勘查区块(针对探矿权);(4)主管部门规定无须勘查即可直接开采的矿产(针对采矿权,如砂石等第三类矿产);(5)矿产主管部门规定的其他情形(常见兜底性条款)。

与此同时,国土资发〔2003〕197 号文第 10 条还规定了不得以招拍挂方式予以出让的矿业权情形,主要包括:(1)探矿权人依法申请其勘查区块范围内的采矿权;(2)符合矿产资源规划或者矿区总体规划的矿山企业的接续矿区、已设采矿权的矿区范围上下部需要统一开采的区域;(3)为国家重点基础设施建设项目提供建筑用矿产;(4)探矿权采矿权权属有争议;(5)法律法规另有规定以及主管部门规定因特殊情形不适于以招标拍卖挂牌方式授予的。

据此,国土资发〔2003〕197 号文作为 21 世纪规范出让制度的一份重要文件,其影响力深远的,是具有"教父"意义的重要指引,也是送给出让制度最沉甸甸的成人礼。另外,需要特别指出的是,197 号文同时规定了不得以招拍挂方式出让矿业权的情形,这也为之后全国各地相继开展的协议出让埋下了政策上的伏笔,而这一伏笔,也引发了出让制度的重大调整。

三、成熟阶段:以"招拍挂"方式为出让原则,特殊情形下采取协议和申请在先进行出让阶段(2006 年至 2017 年 6 月)

2006 年,出让制度年满 20 岁了,开始步入成熟期。

随着 2003 年 197 号文的出台,全国矿业权市场建设取得了积极的进展,但部分地方也出现了为加速经济发展,违规采取申请在先方式出让矿业权的情形。其中,有一类情况是笔者记忆深刻并认为有必要同读者分享的,即国家出资勘查并已探明可供进一步勘查/开采的矿产地的认定标准,到底是应以原国土资源部发布的《关于清理国家出资勘查已探明矿产地的通知》(国土资厅发〔2000〕32 号)及《国家出资勘查并已探明的矿产地公告》(2002 年第 14 号)认定的对外披露的矿产地为准,还是应以在出让时矿产资源主管部门的实际审查结论为准。

此问题之所以重要的原因在于，在现实出让过程中，既存在矿产资源主管部门将未通过《国家出资勘查并已探明的矿产地公告》披露（认定）的国家出资探明矿产地作为空白地以申请在先方式无偿出让给申请人的情形，亦存在申请人以申请矿产地未在《国家出资勘查并已探明的矿产地公告》中为由要求矿产资源主管部门以申请在先方式无偿出让的行政诉讼。同时，在司法判例层面上，亦存在将《关于清理国家出资勘查已探明矿产地的通知》及《国家出资勘查并已探明的矿产地公告》理解为矿产资源主管部门确定国家出资探明矿产地系行政确认行为，进而认为未经上述两文件确认的其他矿产地均应被认定为空白地。

对此问题，笔者认为该法院的理解是存在争议的。原国土资源部清理国家出资勘查已探明矿产地的通知并非为"国家出资探明矿产地"设置认定程序。《关于清理国家出资勘查已探明矿产地的通知》和《国家出资勘查并已探明的矿产地公告》均是原国土资源部基于国土系统内部行政管理和统计的需要，进一步梳理、清查、汇总地方各级国土部门上报的国家出资勘查已探明矿产地的有关信息而出台的。原国土资源部还同时向社会进行了公示，以便更好地接受公众监督，但这并不意味着那些通过实际调查最终认定为国家出资探明矿产地仅因未进行上报及公示公告而不予认定。法院仅基于行政法层面上的理解作出判断和认定，却未实际考虑上述两文件在出台时的意义和背景，同时，法院也因对矿政管理领域不够深入了解而认为仅凭《国家出资勘查并已探明的矿产地公告》便可穷尽所有的国家出资探明矿产地，殊不知在当时的矿政管理环境和机构改革的大背景下，许多国家出资形成的地质报告分散在各处，亦存在没有及时汇交统计的情况。

综上所述，无论是矿业权民事案件还是行政诉讼案件，向法官传导和释明矿权政策出台的背景及矿权领域的特殊性是获得公正判决的前提和基础，也是广大矿产资源领域法律服务者应当具有的觉悟和观念。

2006 年 1 月，原国土资源部按照 2005 年国务院下发的国务院《关于全面整顿和规范矿产资源开发秩序的通知》（国发〔2005〕28 号）的要求，出台了矿业权出让制度改革历史上又一份重量级的规范性文件，即原国土资源部《关于进一步规范矿业权出让管理的通知》（国土资发〔2006〕12 号）。该文件非常清晰地明确了申请在先、招拍挂以及协议出让适用的具体情形，将申请在先严格限制在第一类矿产（高风险）空白区的探矿权内，扩大了招拍挂出让探矿权的情形，亦第一次提出了应当以招拍挂方式出让矿业权的五种除外情形，在这五种情形下，矿业权经集体会审批准后可以协议方式进行出让。上述具体包括：

(1)以申请在先方式出让探矿权的情形：属于《矿产勘查开采分类目录》[①]（以下简称《分类目录》）规定的第一类矿产的勘查，并在矿产勘查工作空白区或虽进行过矿产勘查但未获可供进一步勘查矿产地的区域内。

(2)以招拍挂方式出让探矿权的情形：①《分类目录》规定的第二类矿产；②《分类目录》规定的第一类矿产，已进行过矿产勘查工作并获可供进一步勘查的矿产地或以往采矿活动显示存在可供进一步勘查的矿产地。

(3)不再设探矿权，以招拍挂方式直接出让采矿权的情形：①《分类目录》规定的第三类矿产；②《分类目录》规定的第一类、第二类矿产，探矿权灭失但矿产勘查工作程度已经达到详查（含）以上程度并符合开采设计要求的矿产地；③《分类目录》规定的第一类、第二类矿产，采矿权灭失或以往有过采矿活动，经核实存在可供开采矿产储量或有经济价值矿产资源的矿产地；④石油、天然气、煤成（层）气、铀、钍矿产资源的勘查开采，按照现行规定进行管理并逐步完善。

(4)以招标拍卖挂牌方式出让探矿权采矿权有下列情形之一的，经批准允许以协议方式出让的情形：①国务院批准的重点矿产资源开发项目和为国务院批准的重点建设项目提供配套资源的矿产地；②已设采矿权需要整合或利用原有生产系统扩大勘查开采范围的毗邻区域；③经省（区、市）人民政府同意，并正式行文报国土资源部批准的大型矿产资源开发项目；④国家出资为危机矿山寻

---

① 矿产勘查开采分类目录：一、可按申请在先方式出让探矿权类矿产（第一类）：地热（火成岩、变质岩区构造裂隙型）；锰、铬、钒、铜、铅、锌、铝土矿、镍、钴、钨、锡、铋、钼、汞、锑、镁；铂、钯、钌、锇、铱、铑；金、银；铌、钽、铍、锂、锆、锶、铷、铯；镧、铈、镨、钕、钐、铕、钇、钆、铽、镝、钬、铒、铥、镱、镥；钪、锗、镓、铟、铊、铪、铼、镉、硒、碲；金刚石、自然硫、硫铁矿、钾盐、蓝晶石、石棉、蓝石棉、石榴子石、蛭石、沸石、重晶石、方解石、冰洲石、萤石、宝石、玉石、地下水（火成岩、变质岩区构造裂隙型）；二氧化碳气、硫化氢气、氦气、氡气。二、可按招标拍卖挂牌方式出让探矿权类矿产（第二类）：煤炭、石煤、油页岩、油砂、天然沥青、地热（沉积地层型）；铁；石墨、磷、硼、水晶、刚玉、硅线石、红柱石、硅灰石、钠硝石、滑石、云母、长石、叶蜡石、透辉石、透闪石、明矾石、芒硝（含钙芒硝）、石膏（含硬石膏）、毒重石、天然碱、菱镁矿、黄玉、电气石、玛瑙、颜料矿物、石灰岩（其他）、泥灰岩、白垩、含钾岩石、白云岩、石英岩、砂岩（其他）、天然石英砂（其他）、脉石英、粉石英、天然油石、含钾砂页岩、硅藻土、页岩（其他）、高岭土、陶瓷土、耐火黏土、凹凸棒石粘土、海泡石粘土、伊利石黏土、累托石粘土、膨润土、铁矾土、其他黏土、橄榄岩、蛇纹岩、玄武岩、辉绿岩、安山岩、闪长岩、花岗岩、麦饭石、珍珠岩、黑曜岩、松脂岩、浮石、粗面岩、霞石正长岩、凝灰岩、火山灰、火山渣、大理岩、板岩、片麻岩、角闪岩、泥炭、矿盐（湖盐、岩盐、天然卤水）、镁盐、碘、溴、砷；地下水（沉积地层型）、矿泉水。三、可按招标拍卖挂牌方式出让采矿权类矿产（第三类）：石灰岩（建筑石料用）、砂岩（砖瓦用）、天然石英砂（建筑、砖瓦用）、黏土（砖瓦用）、页岩（砖瓦用）。

找接替资源的找矿项目。

（5）应以招标的方式出让矿业权的情形：①根据法律法规、国家政策规定可以新设探矿权采矿权的环境敏感地区和未达到国家规定的环境质量标准的地区；②共伴生组分多、综合开发利用技术水平要求高的矿产地；③矿产资源规划规定的其他情形（兜底性条款）。

然而，令人遗憾的是，虽然国土资发〔2006〕12号文对于矿业权各种出让方式的适用情形作了明确而具体的规定，但在那个矿政管理还相对不完善的年代，仍存在一些地方矿产资源主管部门出台的规范性文件对国土资发〔2006〕12号文作出扩大解释并予以适用的情形，这就导致很多需要进行招拍挂出让的矿业权最终却通过申请在先或协议出让方式被处置，亦由此引发了许多民事、行政纠纷，甚至刑事责任的追究。

历史的车辙继续碾过岁月的泥土，来到2007年。这一年10月，《物权法》正式实施，悬而未决的矿业权也终于有了民法上的名分——用益物权。虽然只有简单的一条，"依法取得的探矿权、采矿权、取水权和使用水域、滩涂从事养殖、捕捞的权利受法律保护"，[①]但其意义无疑是重大且深远的。从此以后，矿业权作为物权属性的那一面开始逐渐通过各类规范性文件、最高人民法院（以下简称"最高院"）司法解释及相关判决被强调，出让制度也终于由单一的行政权角度过渡到行政权物权兼顾的体系设计中来，慢慢走向成熟。

2012年，原国土资源部出台了《关于严格控制和规范矿业权协议出让管理有关问题的通知》（国土资发〔2012〕80号），该文件将协议出让的适用情形扩展至五种，相比于国土资发〔2006〕12号文，增加了"已设探矿权需要整合或因整体勘查扩大勘查范围涉及周边零星资源"的情形。

然而，随着2011～2013年矿业市场形势的快速发展，矿业权出让市场也成了滋生大量腐败问题的温床。为此，原国土资源部于2015年8月24日出台了《关于严格控制和规范矿业权协议出让管理有关问题的通知》（国土资规〔2015〕3号），明确要求各级国土资源部门必须严格要求依法依规采取竞争性方式公开出让矿业权，从严控制协议出让范围及审批权限及出让程序，逐渐减少协议出让数量，积极推进矿业权市场建设。

综上所述，该时期是矿业权出让市场较为混乱的十年。无论是对于矿业权

---

① 《物权法》第123条。

人，还是矿产资源主管部门来说，这十年间形成了大量直到现在仍无法解决并继续“痴缠纠葛”的案件，类型不仅涉及贪污、渎职，更涉及对其他权利人公平竞争权的侵犯。而这大概也是矿业权出让制度成长所必须付出的代价吧。

四、发展阶段：全面推进矿业权竞争性出让，严格限制协议出让及禁止非财政全额出资项目申请在先取得矿业权阶段（2017 年 7 月～2019 年 12 月）

转眼间，而立已在眼前，出让制度历经三十年的磨炼。积累了三十年的矿生经验，在 2017 这一年，兑现成了一系列重大改革文件。

2016 年 12 月 29 日，国务院在中共中央政治局审议通过的《生态文明体制改革总体方案》的指导下，出台了《关于全民所有自然资源资产有偿使用制度改革的指导意见》（国发〔2016〕82 号）。此后，国务院又相继于 2017 年 4 月、6 月出台了《关于印发矿产资源权益金制度改革方案的通知》（国发〔2017〕29 号）和《矿业权出让制度改革方案》（以下简称《出让制度改革方案》）。

国发〔2017〕29 号文和《出让制度改革方案》均要求以招拍挂方式为主，全面推进矿业权市场竞争出让，严格限制矿业权协议出让，下放审批权限，强化监管服务，并提出利用 3 年左右时间，建成“竞争出让更加全面，有偿使用更加完善，事权划分更加合理，监管服务更加到位”的矿业权出让制度。

从改革方案的具体内容来看，方案要求，除协议出让等特殊情形外，其他矿业权应一律以招拍挂方式公开出让，而协议出让范围也被严格限制在国务院确定的特定勘查主体和批准的重点建设项目，以及大中型矿山已设采矿权深部。特殊情形下中央或地方财政全额出资开展勘查的，可以采取申请审批方式授予探矿权，在完成规定的勘查工作后注销探矿权，并纳入国家出资勘查形成的成果清单管理。

自此，我国矿业权出让制度进入了以竞争性出让为一般原则，以特殊情形下的协议出让为例外的市场化竞争阶段。此种体系的建设旨在实现市场在矿产资源配置中的决定性作用，促进矿产资源配置的公平公正，提升配置效率。

2017 年 6 月 29 日，财政部、原国土资源部联合印发了《矿业权出让收益征收管理暂行办法》（财综〔2017〕35 号）。矿业人士笑言，财综〔2017〕35 号文就此打开了矿产资源的“潘多拉魔盒”，一时间，各种争议鱼贯而出，特别是对于原先空白地无须处置价款的情形，35 号文亦要求以该文件出台日作为基准日，计算并缴纳剩余储量对应的矿业权出让收益。对于35号文的分析，鉴于市面上已有太多关于此文的批评和反对意见，且争议焦点相对集中，笔者在本章中一笔带过，不作任何评述。

综上所述，在2017年的自然资源有偿使用制度改革中，力度最大的当属矿产资源领域，特别是权益金制度和出让制度的整体改革，更让我们看到了近乎颠覆性的变革。出让制度也终于由申请在先、招拍挂、协议出让等方式逐渐聚拢整合为招拍挂“一枝独秀”、协议出让严格限制、申请在先基本取消的明朗局面。

五、未来展望：申请在先彻底退出历史舞台，协议出让适用范围极其狭窄，招拍挂市场竞争成为王道（新矿法颁布以来）

2019年12月17日，自然资源部发布了《关于〈中华人民共和国矿产资源法（修订草案）〉（征求意见稿）公开征求意见的公告》，向社会各界广泛征求《矿产资源法》的修订意见。笔者注意到，《矿产资源法修订草案》（征求意见稿）第23条（出让方式）第1款明确规定：“县级以上人民政府自然资源主管部门应当采取招标拍卖挂牌等竞争性方式出让矿业权。但是，国务院规定可以采取协议方式出让的除外。”

2019年12月31日，自然资源部发布了将于2020年5月1日施行的《关于推进矿产资源管理改革若干事项的意见（试行）》（自然资规〔2019〕7号）。该文件被矿业人士戏称为“小矿法”，其第1条全面推进矿业权竞争性出让和第2条严格控制矿业权协议出让的规定，更进一步地将未来矿法的改革方案提前落到实处。

由此可知，矿产资源主管部门已彻底放弃申请在先这种矿业权出让方式，协议出让须国务院特别规定方能适用，范围也已被限制得极其狭窄。招拍挂成为时代的宠儿亦是大势所趋、民心所向。

笔者认为，申请在先即使放到现在，也是有其存在的意义和价值的，特别是对于没有进行任何地质工作的高风险矿种空白地来说，如果不赋予勘探人申请在先取得相应区块的权利，那么勘探人又有何动力投入资金进行地质勘查活动呢？此外，申请在先和协议出让其实都不是破坏市场化出让矿业权的元凶。我们在保障矿业权出让充分市场化以及公平竞争的同时，也应充分全面地考虑例外情形，不是所有的矿业权都有必要通过竞争性出让去实现公平平等，甚至于在某些特定情形下，有比公平平等更值得去保护和维护的价值。

综上所述，回顾矿业权出让制度出生伊始，申请在先乃是常态，但兜兜转转三十几年，招拍挂市场出让已跃然纸上。协议出让也终究只是一出折子戏，生于混沌，又逐渐消逝于云开。但不管怎样，出让方式本身都没有错，关键在适用于不同的环境，适用于不同的时代。

如今，关于矿业权出让行为的争议仍在继续，我们似乎总希望一切能够一步到位，但回顾出让制度的历史让我们明白，一切政策的改变和施行都要站在芸芸众生的立场上予以妥帖考量，而我们能够做的，也只能是在我们所处的高度和角度上为决策者提出富有建设性的意见。而这，也是本章的意义所在。

存·续

——对矿业权延续中的依法行政及矿业权人享有优先权的相关建议

矿业权延续作为矿政管理领域一项重要的行政许可内容，一直都是调整和维系矿产资源行政法律关系的重要手段和根本凭借。于矿产资源主管部门来说，矿业权延续既是对存量矿业权行政许可行为的持续监管，也是对矿业权人能否继续持有矿业权的法律判断；于矿业权人来说，矿业权延续既是自身是否能够获得持续性有效权利的根本保障，也是如今甚至未来是否需要继续投资以维护矿业权有效性的判断依据。

然而，笔者通过实践及检索司法判例发现，基于矿业权延续引发的行政纠纷不在少数，截至 2020 年 4 月，仅在高级人民法院级别以上审理的此类行政诉讼案件便多达 194 宗，其中，大多集中在矿业权延续的法定标准认定问题上，即矿产资源主管部门是否在矿业权延续中附加了非法律法规确定的延续条件以外的特殊条件，而这些特殊条件又是否能够成为矿政管理部门不予延续的依据；矿产资源主管部门能否以矿业权人未履行其他义务（如年检、缴费、缴纳行政罚款）为由不予延续矿业权，法院对此情形的裁判标准及结论为何。相信各位读者在本文中可以窥之一二。

与此同时，笔者还注意到，对于采矿许可证到期后，矿业权人能否就矿区范围内尚未开采的储量享有优先开采权利并以此申请延续原采矿许可证的问题，亦是矿政管理领域的一类重要疑惑和纠纷爆发点。笔者在本文中亦将一并作出分析。

一、法律法规确定的矿业权延续条件

鉴于油气领域的矿业权延续问题相对比较封闭，参考案例较少，故本文仅

以非油气矿业权的延续问题作为讨论对象，特此说明。

(一)探矿权延续

根据自然资源部对外发布的《探矿权延续登记(非油气类)服务指南》的规定，探矿权延续需满足以下条件：

1. 在勘查许可证有效期届满的30日前提出

《行政许可法》第50条规定："被许可人需要延续依法取得的行政许可的有效期的，应当在该行政许可有效期届满三十日前向作出行政许可决定的行政机关提出申请。但是，法律、法规、规章另有规定的，依照其规定。行政机关应当根据被许可人的申请，在该行政许可有效期届满前作出是否准予延续的决定；逾期未作决定的，视为准予延续。"

《矿产资源勘查区块登记管理办法》(国务院令第240号)第10条第1款规定："……需要延长勘查工作时间的，探矿权人应当在勘查许可证有效期届满的30日前，到登记管理机关办理延续登记手续，每次延续时间不得超过2年。"该条明确了提出探矿权延续的期限，即应当在勘查许可证有效期届满的30日前提出，同《行政许可法》的规定一致。

2. 向矿产资源主管部门提交勘查实施方案

原国土资源部办公厅《关于规范矿产资源勘查实施方案管理工作的通知》(国土资厅发〔2010〕29号)第1条规定："申请探矿权新立、延续、变更(扩大勘查范围、变更勘查矿种)，需提交经评审通过的矿产资源勘查实施方案和评审意见书。"

原国土资源部《关于进一步规范矿产资源勘查审批登记管理的通知》(国土资规〔2017〕14号，以下简称"14号文")第1条第4项规定："……(四)申请探矿权新立、延续、变更勘查矿种(含增列，下同)，以及探矿权合并、分立变更勘查范围，需编制勘查实施方案。勘查实施方案应当符合地质勘查规程、规范和标准，计划勘查资金投入不得低于法定最低勘查投入要求。探矿权申请人可按要求自行编制或者委托有关机构编制勘查实施方案，登记管理机关不得指定特定中介机构提供服务。勘查实施方案编制审查要求按有关规定执行。"

由此可知，申请探矿权延续的，需向矿产资源主管部门提交勘查实施方案。实施方案应当符合地质勘查规程、规范和标准，且计划勘查资金投入不得低于法定最低勘查投入要求。

3. 提高勘查阶段或按规定缩减相应的勘查面积

国土资规〔2017〕14 号文第 2 条第 8 项、第 9 项规定:“……(八)非油气探矿权延续时,应当提高符合规范要求的勘查阶段,未提高勘查阶段的,应当缩减不低于首次勘查许可证载明勘查面积的 25%,下列情形除外:(1)中央或者地方财政全额出资勘查的探矿权;(2)已设采矿权矿区范围垂直投影的上部或者深部勘查且与已设采矿权属同一主体的探矿权;(3)经储量评审认定地质工作程度达到详查及以上且地质报告已经资源储量评审备案的探矿权。合并、分立或者扩大过勘查范围的探矿权,以其登记后的范围作为延续时缩减的首设面积。(九)因生态保护、规划调整、公益性重点工程建设等原因,已设探矿权的部分勘查范围无法继续勘查或者转为采矿权的,可凭政府相关部门证明文件,抵扣按本通知第(八)条规定需缩减的面积。”

据此可知,探矿权申请延续的,必须提高勘查阶段或按规定缩减相应的勘查面积。

(二)采矿权延续

根据自然资源部对外发布的《采矿权延续登记(非油气类)服务指南》的规定,采矿权延续需满足以下条件:

1. 在勘查许可证有效期届满的 30 日前提出

《矿产资源开采登记管理办法》(国务院令第 241 号)第 7 条第 1 款规定:“……采矿许可证有效期满,需要继续采矿的,采矿权人应当在采矿许可证有效期届满的 30 日前,到登记管理机关办理延续登记手续。”申请延续期限同探矿权规定一致,不再赘述。

2. 提交经评审备案的储量报告评审意见书或矿山储量年报(2020 年 5 月 1 日后取消了此项前置性规定)

原国土资源部《关于进一步规范矿业权申请资料的通知》(国土资规〔2017〕15 号)附件 2 采矿权申请资料清单及要求规定:“非油气提交原采矿权占用储量登记书和剩余保有资源储量证明材料,属大中型资源储量规模的,剩余保有资源储量的证明材料为近三年经评审备案的资源储量报告评审意见书,其他情况剩余保有资源储量的证明材料为当年或上一年度矿山储量年报;油气提交原采矿权占用储量登记书及近三年的经评审备案的矿产资源储量评审意见书及登记书。”

据此，采矿权延续时，需按照储量规模提交经评审备案的储量报告评审意见书或矿山储量年报。但是需要提示的是，根据自然资源部将于2020年5月1日实施的《关于推进矿产资源管理改革若干事项的意见（试行）》（自然资规〔2019〕7号）第10条[①]的规定，不再对探矿权保留、变更矿种，探矿权和采矿权延续、转让、出让，划定矿区范围，查明、占用储量登记，矿山闭坑，以及上市融资等环节由政府部门直接进行评审备案。届时，储量报告评审意见书或矿山储量年报将不再是采矿权延续的前置条件。

3. 完成对矿业权出让收益的有偿处置

财政部、原国土资源部《关于深化探矿权采矿权有偿取得制度改革有关问题的通知》（财建〔2006〕694号）第11条规定："对未按上述规定足额缴纳探矿权、采矿权价款的探矿权人、采矿权人，各级国土资源管理部门应当按照国务院令第240号和国务院令第241号文件的有关规定进行相应处罚，对勘查、采矿许可证到期的，不得办理延续手续。"

另外，财政部、原国土资源部《关于探矿权采矿权有偿取得制度改革有关问题的补充通知》（财建〔2008〕22号）、《关于加强对国家出资勘查探明矿产地及权益管理有关事项的通知》（财建〔2010〕1018号），以及《矿业权出让收益征收管理暂行办法》（财综〔2017〕35号）、15号文均对采矿权延续时需按照缴费进度完成有偿处置进行了规定。

据此可知，采矿权延续时需按照规定完成对矿业权出让收益的有偿处置。

但在实践操作中，全国各地却出现了较之以上规定更多的延续限制条件，使得矿业权延续工作成为行政诉讼的"重灾区"，矿业权人和矿产资源主管部门之间形成了难以逾越的鸿沟和矛盾。尤其是在采矿权延续领域，采矿权人花费大量资金取得采矿权并进行矿山建设后，却因矿权无法延续而遭受严重损失的

---

① 《关于推进矿产资源管理改革若干事项的意见（试行）》第10条规定："……十、明确评审备案范围和权限缩减矿产资源储量政府直接评审备案范围，减轻矿业权人负担。探矿权转采矿权、采矿权变更矿种与范围，油气矿产在探采矿期间探明地质储量、其他矿产在采矿期间资源量发生重大变化的（变化量超过30%或达到中型规模以上的），以及建设项目压覆重要矿产，应当编制矿产资源储量报告，申请评审备案。不再对探矿权保留、变更矿种，探矿权和采矿权延续、转让、出让，划定矿区范围，查明、占用储量登记，矿山闭坑，以及上市融资等环节由政府部门直接进行评审备案。自然资源部负责本级已颁发矿业权证的矿产资源储量评审备案工作，其他由省级自然资源主管部门负责。涉及建设项目压覆重要矿产的，由省级自然资源主管部门负责评审备案，油气和放射性矿产资源除外。积极培育矿产资源储量评审市场服务体系，满足企业生产经营和市场需要。定期开展矿产资源储量现状调查，夯实资源本底数据。"

案例历历在目,这些问题都是值得我们深入讨论并反思的。

二、对矿业权延续中非法律法规规定的特殊条件的梳理及司法认定问题

接下来,笔者将结合实践经验和司法案例为读者梳理那些在矿业权延续审批中常见的非法律法规规定的特殊条件,并对特殊条件在司法案例中的认定情况予以分析释明。

(一)整合作为矿业权延续条件的情形及司法认定

1. 整合作为矿业权延续条件的历史沿革

2005 年 8 月 18 日,国务院对外发布了《关于全面整顿和规范矿产资源开发秩序的通知》(国发〔2005〕28 号)。该通知明确强调需通过资源整合集中解决矿山布局不合理的问题。至此,浩浩荡荡的矿产资源整合运动正式拉开序幕。

2006 年 12 月 31 日,《国务院办公厅转发国土资源部等部门对矿产资源开发进行整合意见的通知》(国办发〔2006〕108 号)。该通知明确指出,按照实施方案被列为整合对象但不愿参加整合的矿山,其有关证照到期后,相关部门不再为其办理证照延续、变更手续,由当地政府依法收回纳入整合范围。此后,多地矿产资源主管部门便以此作为依据,对于未完成整合的矿业权主体均“一刀切”地不再办理矿业权延续。

2009 年 9 月 28 日,原国土资源部对外发布了《关于进一步推进矿产资源开发整合工作的通知》(国土资发〔2009〕141 号)。该通知对于整合范围进行了明确规定,并对整合方案的制定提出了具体要求,即“整合实施方案实行分级审批。整合矿区内矿山企业原采矿许可证均为市、县级国土资源管理部门审批颁发的,整合实施方案可由市级人民政府审查批准,报省级人民政府备案后实施;其他整合矿区的整合实施方案由省级人民政府批准后实施”。

综上所述,随着中央层面一系列整合文件的出台,地方各级政府及矿产资源主管部门亦出台了有关配套实施文件。在此时期,整合行为正式成为矿业权延续的特殊条件之一。

2. 整合作为矿业权延续条件的司法认定

最高院在(2017)最高法行申 4841 号“永吉县双河镇永强石厂诉被申请人永吉县人民政府确认整合实施方案及不批准采矿许可延续的行为违法案”的《行政裁定书》中明确:根据《国务院关于全面整顿和规范矿产资源开发秩序的

通知》(国发〔2005〕28 号)、国务院办公厅转发《国土资源部等部门对矿产资源开发进行整合意见的通知》(国办发〔2006〕108 号)、《关于进一步推进矿产资源整合工作的通知》(国土资发〔2009〕141 号)等相关规定可知,整合行为系国务院规定的采矿权是否能够延续的条件。根据本案查明,《永吉县石灰石资源整合实施方案》中拟整合的 15 家企业《采矿许可证》均为市、县级国土资源管理部门审批颁发,故《永吉县石灰石资源整合实施方案》由吉林市人民政府审查批准后,报吉林省人民政府备案,符合法定程序。《永吉县石灰石资源整合实施方案》以保护并合理开发矿产资源、满足经济发展对矿产资源的需求为目的,重点整合影响统一规划的一个矿床多个开采,以及技术装备落后、资源利用率低、不具备规模生产、存在安全隐患问题的企业,符合集约化、规模化的整合原则,其内容亦不违反前述相关文件规定。鉴于永强石厂《采矿许可证》有效期限为 2006 年 9 月 ~2010 年 9 月,生产规模为每年 1 万立方米,且现有证据不能证明其系因客观条件而无法完成整合工作,故行政机关不批准其采矿许可延续,符合上述文件规定。

我们再来看一个案例。2019 年 12 月 16 日,安徽省高级人民法院(以下简称"安徽省高院")依法作出(2019)皖行终 1179 号"池州市联华矿业有限公司诉贵池区政府关闭采石场行政处理决定案"《行政裁定书》。这是一起因整合关停矿山不予延续采矿权证而引发的行政诉讼案件。安徽省高院经审理后查明:2016 年 5 月 30 日贵池区政府作出《关于依法关闭池州市新丰矿业有限公司贵池区唐田金矿等 6 家非煤矿山的决定》(贵政秘〔2016〕102 号),对池州市新丰矿业有限公司贵池区唐田金矿等 6 家非煤矿山实施关闭。拟实施关闭的非煤矿山中包括案涉联华矿业公司受让的贵池区翠丰采石场。但池州市人民政府安全生产委员会办公室于 2016 年 3 月 14 日下发的《关于下达 2016 年非煤矿山整顿关闭企业名单的通知》(池安办〔2016〕9 号)关闭贵池区 6 家非煤矿山中,并不包括联华矿业公司受让的贵池区翠丰采石场,且整合实施方案中亦未将池区翠丰采石场列为被整合对象,故国土行政机关作出因该矿整合关停而不予延续的决定存在事实认定不清的问题,发回安徽省池州市中级人民法院重审。

通过上述两案件不难发现,司法机关对国务院要求将整合行为列入矿业权延续审批行为的审查条件这一决定不持否定意见,但对于整合实施方案的制定程序,以及是否系因被整合人存在主观故意不愿整合的审查是非常严格且彻底的。只有在整合实施方案系有权机关通过合法程序作出,且不存在被整合人主观不愿配合整合的情况下，才会支持矿产资源主管部门作出不予延续采矿许可证的决定。

因此，上述两案件给我们的启示是，对于矿政管理行政机关来说，不能一刀切地将所有未完成整合的矿业权主体纳入不予矿业权延续的范围，而应从实施方案合法性和被整合主体主客观意愿及整合工作实际开展情况的角度综合分析后方能作出是否延续的决定。

对于矿业权人来说，笔者在实践过程中亦遇到许多矿业权人诉苦道：整合行为虽是政府行为，但其实现过程却是商业谈判的行为，行政机关不能因未完成整合便不予延续我们合法持有的采矿权证。对此问题，笔者亦感同身受。

综上所述，整合行为被法院认可为矿业权延续条件的情形已是定局，但在政府行为和民商事行为共同作用下的整合行为理应考量各种整合情况，切勿"一视同仁"。与此同时，矿产资源主管部门应更多考量矿业权人作为用益物权人的财产利益及背后担负着的社会责任，因为一旦矿业权证无法延续，矿业权本身的财产价值也将"一荣俱荣，一损俱损焉"。这亦非整合的初衷和本意。

（二）重叠作为矿业权延续条件的情形及司法认定

实践中，对于矿业权存在重叠所引发的矿业权无法延续的情形是客观存在的，但综观矿产资源的法律法规、部门规章及相应的规范性文件，均未将矿业权存在重叠列为矿业权不得延续的法定审查条件。

目前，对于矿业权重叠问题的规定主要集中于原国土资源部出台的国土资规〔2017〕14号文和原国土资源部《关于完善矿产资源开采审批登记管理有关事项的通知》（国土资规〔2017〕16号）。

国土资规〔2017〕14号文第2条第6项规定："新立探矿权的申请勘查范围不得与已设矿业权垂直投影范围重叠，下列情形除外：1. 申请范围与已设矿业权范围重叠，申请人与已设矿业权人为同一主体的；2. 油气与非油气之间，申请范围与已设探矿权（煤层气与煤炭探矿权除外）范围重叠，申请人向登记管理机关提交不影响已设探矿权人权益承诺的；申请范围与已设采矿权（小型露采砂石土类采矿权除外）范围重叠，申请人与已设采矿权人签订了互不影响和权益保护协议的；已设油气探矿权增列煤层气申请范围与已设煤炭矿业权重叠，申请人与已设煤炭矿业权人签订了互不影响和权益保护协议的；新立油气探矿权申请范围与已设小型露采砂石土类采矿权重叠，申请人向登记管理机关提交不影响已设采矿权人权益承诺的;3. 可地浸砂岩型铀矿申请范围与已设煤炭矿业权范围重叠,申请人与已设煤炭矿业权人签订了互不影响和权益保护协议的。……”

国土资规〔2017〕16 号文第 2 条第 9 项规定:“新立采矿权申请范围不得与已设矿业权垂直投影范围重叠,下列情形除外:1. 申请范围与已设矿业权范围重叠,申请人与已设矿业权人为同一主体的。2. 油气与非油气之间,新立采矿权与已设矿业权重叠,双方签订了互不影响和权益保护协议的。其中,新立油气采矿权与已设小型露采砂石土类采矿权重叠,或新立小型露采砂石土类采矿权与已设油气矿业权重叠,申请人向登记管理机关提交了不影响已设矿业权人权益承诺的。3. 新立可地浸砂岩型铀矿采矿权与已设煤炭矿业权重叠,双方签订了互不影响和权益保护协议的。……”

据此不难发现,目前对于矿业权不得重叠的规定仅适用于新设矿业权的审查之中,而对于已设矿业权延续的,则没有相应的规定。但在实践过程中,为了安全方面的考虑,也存在矿产资源主管部门将已设矿业权纳入不得重叠的情形审查范围,要求已设矿业权人在同相关重叠方签订互不影响协议后方能办理矿业权延续手续的情形。

对此问题,在著名的郴州饭垄堆公司诉自然资源部行政诉讼案件中,最高院亦给出了明确的司法裁判意见。最高院经审理后认为:“对于能否重叠问题,现行法律、法规、规章(注意,不包括规范性文件)并无明确规定;对于何为重叠,也缺少明确的认定方法和处理程序。国土资源管理部门对因历史原因已经设立的部分重叠的采矿权,则应在不影响安全生产和环境保护且更有利于不同种类矿产资源全面节约利用的前提下,综合衡量矿产资源形成状态和地质条件,尊重不同矿业权人的不同开采意向、开采能力与开采工艺以及矿藏的开发规律等因素,区别进行处理。实践中,解决重叠有多种方式,包括将不同采矿权主体推动整合为同一采矿权主体、调整并缩小采矿许可证范围以解决重叠问题、在不同采矿权主体间建立开采协调机制、区分矿产资源开发时序且在确保安全生产的前提下签订承诺协议、撤销一方采矿许可并通过补偿或者赔偿等方式弥补损失等等。据此,对因采矿权主体不同一且采矿权重叠之情形,处理方式是多重的且可以综合运用,撤销重叠的采矿许可仅为其中一种处理方式。对本案而言,颁发采矿许可证属于典型的许可类授益性行政行为,撤销采矿许可必须考虑被许可人的信赖利益保护,衡量撤销许可对国家、他人和权利人造成的利益损失大小问题。确需撤销的，还应当坚持比例原则，衡量全部撤销与部分撤销的关系问题。”

根据最高院的观点不难看出，对于矿业权重叠问题，应充分考量矿业权人作为用益物权人的财产权益，审慎适用撤销、不予延续等导致矿业权权益全部丧失或部分丧失的重大损益行为。

以上是在实践以及司法判例检索中比较常见，且问题比较严重、突出的两类矿业权延续限制情形。当然，除此之外还有各种其他原因，如不符合矿产资源总体规划、不符合最小生产规模要求、未及时年检、未缴纳矿业权使用费等。因此，笔者认为亦有必要讨论矿业权人不履行矿业权项下其他义务能否导致矿业权不能延续的结果。

（三）矿业权人不履行其他义务能否作为矿业权不得延续条件的司法认定

2019 年 12 月 16 日，江西省高级人民法院作出（2019）赣行申 343 号“彭泽县浪溪镇建材厂麻山采石场因与彭泽县矿产资源管理办公室行政许可案”《行政裁定书》。该案中，麻山采石场因存在超出采矿许可证规定的矿区范围开采矿产资源的行为，被彭泽县矿产办下达责令停止矿产资源违法行为通知书，并处以人民币 77 万余元的行政罚款。矿权证到期后麻山采石场提请延续，但彭泽县矿政管理部门以麻山采石场未完成整改且未缴纳行政罚款为由，未对采矿许可证进行延续，麻山采石场遂诉至法院。江西省高级人民法院经审理后认为，麻山采石场的上述违法行为明显属于未依法履行采矿权人义务的行为，彭泽县矿产办基于此对其申请采矿权许可证延期的申请不予许可并无不当。

另外，在海南省高级人民法院（2019）琼行终 653 号“北京广坤垚鑫投资有限公司与海南省自然资源和规划厅行政许可案”中，海南省高级人民法院同样认为采矿权人不按照最新颁布的《海南省矿产资源总体规划》要求的该矿种最小生产规模进行申报变更及未及时缴纳矿业权使用费的行为已构成未依法履行采矿权人义务的行为，矿政管理部门基于该不当行为而未予同意矿业权延续的决定于法有据，并无不当。

综上所述，笔者认为，对于矿业权人不履行矿业权项下其他义务的，矿产资源主管部门可据此对其矿证延续行为作出限制。但需要特别注意的是，该种限制不应是永久性的，而是暂时性的。如果矿业权人在规定期限内切实履行了相关义务，则矿证管理机关应对矿业权予以延续审批，这一点是需要行政机关予以特别关注的。

讨论完矿业权延续依法行政的问题，我们进入另一个话题，即矿业权人能否就矿区范围内尚未开采的储量享有优先开采权利并据此申请延续原采矿许可证。

三、关于矿业权延续优先权问题的相关讨论和建议

该问题缘于某地方矿产资源主管部门工作人员向笔者发起的一场“灵魂拷完”。具体情形如下：

矿业权人于2009年4月通过挂牌方式取得某砂石矿采矿权，出让年限为10年，矿山保有储量200万吨，挂牌出让储量100万吨，现采矿权人要求进行延续，并要求矿政管理部门将剩余保有储量一并进行出让，矿业权人承诺按照评估价格缴纳相应出让收益。因此，存在如下问题：(1)是否同意延续；(2)因剩余的100万吨储量在2009年挂牌时未予出让，如今是否能够以延续的方式直接出让；(3)若不能延续，矿产资源主管部门收回该采矿权，矿业权人的矿山建设及生产设备的支出应如何解决，由谁来承担。

对此，我们必须在自然资源部于2019年12月17日对外发布的《中华人民共和国矿产资源法(修订草案)》(以下简称《矿法修订草案》)规定的基础上予以讨论。

《矿法修订草案》第20条第1款、第2款规定：“探矿权人在登记的勘查范围、期限内，享有排他性勘查有关矿产资源并依法取得采矿权的权利。采矿权人在登记的开采范围、期限内，享有开采有关矿产资源并获得采出矿产品的排他性权利。”

与此同时，《矿法修订草案》第26条第2款规定：“采矿权的期限按照矿山建设规模与储量规模相适应原则确定，原则上不超过三十年。采矿权有效期届满，登记的开采范围内仍有可供开采的矿产资源的，可以续期，续期期限按照本条规定的原则确定。但是，法律、行政法规另有规定的除外。”

据此，笔者认为，立法决策者们在《矿法修订草案》中已经替我们回答了地方一线矿管部门工作人员的疑惑。

首先，矿业权人享有的矿业权受限于两个维度，一个是时间概念(期限)，另一个是空间概念(勘查范围和开采范围)。因此，只要矿业权人依法取得了矿业权，其也当然排他性地取得了勘查/开采授权范围内全部矿产资源的权利，即已

不存在矿产资源主管部门出让部分储量的概念。

其次,《矿法修订草案》已明确指出,只要采矿权证范围内尚有储量,就不再区分存量储量还是经勘查后发现的新增储量,原矿业权人一律享有优先延续的权利。

最后,虽然新修订的《矿产资源法》暂未确定颁布实施,但此两条之内容可谓彰显了矿业权的本质,应被认可和保留。但对于目前矿产资源主管部门面临的困境来说,比较折中的方式是矿政管理部门收回该采矿权,并对该采矿权重新进行招拍挂,同时赋予原矿业权人在招拍挂中以同等条件优先采矿的权利,若原矿业权人放弃优先权,则矿产资源主管部门需对矿业权人已经形成的矿山生产系统予以评估估值,并在招拍挂中予以体现,由新矿业权人承担相应的赔补偿义务(因新矿业权人可直接利用该系统进行生产,故由其承担赔偿责任也是合理的)。

继·承

——公司合并分立后矿业权的承继问题

《矿产资源法》第6条第1款第2项明确规定:“已取得采矿权的矿山企业,因企业合并、分立,与他人合资、合作经营,或者因企业资产出售以及有其他变更企业资产产权的情形而需要变更采矿权主体的,经依法批准可以将采矿权转让他人采矿。……”后续颁布实施的《矿产资源开采登记管理办法》(国务院令第241号)、《探矿权采矿权转让管理办法》(国务院令第242号)以及著名的《矿业权出让转让管理暂行规定》(国土资发〔2000〕309号)亦明确规定了对于矿业企业因合并、分立等重组活动而导致矿业权变动的,应按照矿业权转让进行审批。但在实践中,在矿业公司合并、分立过程中,如涉及合并分立各主体重组完成后灭失的,根据市场监督管理部门的相关规定,只有在注销原主体的情况下才能申领合并、分立后新主体的营业执照。那么,由此引发的问题是,一旦原矿业权人未能及时将矿业权转让至合并分立后的新公司,待原矿业权人的市场主体资格被注销后,其名下矿业权极有可能处于无法转让的尴尬境地。

因此,矿业公司合并分立后矿业权的承继问题,便成为困扰矿业公司与行政管理者的一个难题。为此,笔者试图通过结合法理精神及实践经验进行分析,以飨读者。

一、从一个典型的公司合并案例说起

东邪矿产、北丐矿产、南帝矿业皆系中神通集团控股的子公司,其中,北丐矿产、南帝矿业分别拥有5个探矿权。

2012年3月,中神通集团与襄阳有色局作为合计持有上述三家100%股权的股东签订了《整合协议》,协议附件对各公司进行了资产清算,要求进行吸收

合并,并以资产价值量确定合并后各方股东在新公司中的股权比例。2012 年 9 月,东邪矿产、北丐矿产、南帝矿业三方签订了《吸收合并协议》,协议中明确约定由东邪矿产吸收合并北丐矿产、南帝矿业,且原北丐矿产、南帝矿业的所有财产及权利义务均由东邪矿产承受。2012 年 5 月,北丐矿产、南帝矿业办理了注销登记手续,2012 年 12 月,原襄阳工商局为吸收合并后的新东邪矿产公司核发了营业执照。

但由于种种原因,直至北丐矿产、南帝矿业完成注销登记,其名下的 5 个探矿权仍未办理矿业权转让变更登记手续,并未成为新东邪矿产公司的合法资产。

根据自然资源部《探矿权变更登记(非油气类)服务指南》的规定,探矿权的转让变更应由原探矿权人发起申请,并经相应审批手续后方能进行变更。但现实的情况是,原矿业权人因已办理注销登记手续而归于消灭,新东邪矿产公司和矿产资源主管部门均为此感到左右为难,5 个探矿权悬于其间,面临无法承继的无奈和困境。

二、公司合并分立后矿业权该如何承继

上述案例所反映的焦点问题是,在目前的矿政管理中,因合并分立导致的矿业权承继是否应当按照矿业权转让来履行行政审批程序。在因合并分立导致原矿业权主体灭失的情况下,矿业权又该如何承继?为解决上述问题,我们需要从更深层次探究因合并分立引发的矿业权承继与矿业权转让行为之间的区别,从法理角度重新梳理目前矿政管理的思路。

(一)公司合并分立的法律属性——具有一定的“继承”性质

公司合并是两个以上的公司通过订立契约并依照法定程序归并为一个公司的法律行为。根据现行《公司法》的规定,公司合并行为根据合并后公司是继续存在还是新设公司,可分为吸收合并与新设合并。公司合并后,因合并而解散的公司,其权利义务由合并后存续或新设的公司概括地承受。所谓的“概括承受”,即因合并而解散公司的全部资产和责任,包括动产、不动产、债权、知识产权、债务或其他负债等,一律全部由存续公司或新设公司承受,承受公司不得进行选择,不得附有任何先决条件。[①] 理论界认为,权利的概括承受既包括权利

① 施天涛:《公司法论》(第 3 版),法律出版社 2014 年版,第 530 页。

的继受,即对债务人追索的权利,也包括权利的转移,即被合并企业所有资产的转移。

公司分立是指一个公司分成两个或两个以上公司的法律行为。公司分立一般可分为存续分立与解散分立。公司分立后,分立前的债务由分立后的公司承担连带责任,但是公司分立前与债权人就债务清偿达成的书面协议另有约定的除外。公司资产及其他权利义务亦依照分立协议分别由分立后的公司概括承受。

针对公司合并分立的法律属性,理论界存在如现物出资说、营业转让说等诸多学说,但一般认为我国《公司法》的立法思路遵循人格说。该学说认为,公司合并的本质在于,因合并而消灭的公司的法律人格被存续公司或新设公司继承,因此被解散公司的一切权利义务关系概括转移于存续或新设公司。公司分立则被视为合并的逆现象,分立被视为单一法人格的分裂,是权利义务的重新分配。作为责任客体的财产亦随之重新分配,即财产的移转是人格分裂的结果。

上述学说显然借鉴了继承法上的关于遗产继承的相关法律理论。在继承法律关系中,遗产继承的本质是继承人对被继承人生前法律地位的概括继承。因被继承人死亡这一单一的法律事实,继承人作为一个新的主体,代替被继承人获取相应的法律人格,维持被继承人原有的一切法律关系。相应地,在公司合并分立中,因公司合并分立这一法律行为,被解散公司的法律人格消灭,合并或分立后的公司代替获取原公司之法律人格,继续维持原有的法律关系。

人格说在一定程度上能够揭示公司合并分立的本质,也能为我们解决因合并分立引致的物权承继问题提供一定的参考价值。

我们知道,根据《物权法》第 9 条第 1 款的规定,不动产物权的设立、变更、转让和消灭,只有经过依法的登记方能发生效力,未经登记不发生效力。但《物权法》中亦存在几项例外规定,如第 29 条即规定:“因继承或者受遗赠取得物权的,自继承或者受遗赠开始时发生效力。”此条表明,自被继承人死亡这一法律事实开始,继承人便已取得相应的不动产物权,而不动产的登记变更并不具备物权变动的法律效力,主要是作为一项行政管理事项。

参照以上立法思路及公司合并分立的人格说逻辑,我们认为,在一定程度上可以理解为,在公司合并分立这一法律行为发生之后,其所有资产即发生物权变动的效力,且物权的变动并不受是否已经完成登记的限制。同样地,仅就物权变动角度而言，公司合并分立这一法律行为发生之后，即应产生矿业权承继的法律效果，不管因公司合并分立进行何种审批或者登记手续，都应视为对上述法律效果的确认。

（二）公司合并分立引起物权转让的特殊性

从理论上说，公司合并分立具备一定的“继承”性质，但同时，我们也应当遵循物权法定原则。矿业权作为一种用益物权，其变动亦应当遵循物权变动的法律规定，在《物权法》《矿产资源法》等法律法规并未为公司合并分立情形下的矿业权变动设定例外规定的情形下，贸然适用上述规则创设相应的矿业权登记或审批规则，仍存在一定的难度和不确定性。

同时，我们看到，现行《矿产资源法》《探矿权采矿权转让管理办法》等有关规定均将公司合并分立所引发的矿业权变动纳入矿权转让的管理体系中来。回归到物权变动理论，我们在此不妨探究一下公司合并分立所引致的物权承继与物权转让之间的关系，进而展现公司合并分立所引致的矿业权变动在矿业权转让制度中的特殊地位。

物权转让是《物权法》规定的物权变动的形态之一。物权的转让，从严格意义上来讲，一般是指通过平等主体之间的有偿法律行为而使物权由转让人移转至受让人的情形，比较典型的物权转让行为就是通过买卖合同及标的物的交付或登记而发生的动产或不动产所有权的转移。① 在物权法理论中，通常会把物权转让称为物权移转，在此概念下，物权转让指物权在民事主体之间的流转，即一物上的物权从一个权利人手中转移至另一个权利人手中。非基于法律行为而发生的物权的流转（如继承）及无偿的赠与，也属于该范畴。

公司合并分立所引致的物权变动系因合并、分立这一法律行为的作出而产生的。与一般的物权转让不同的是，其并没有特别明显的有偿对价产生，而是因这一法律行为所导致的权利义务的概括移转。此外，公司合并分立实质上也是物权从一个民事主体转移至另一个民事主体的行为。因此，公司合并分立所导致的物权变动是一种非典型的物权转让行为。

由此，根据《矿产资源法》《探矿权采矿权转让管理办法》中的规定，“因企业合并、分立……而需要变更采矿权主体的，经依法批准可以将采矿权转让他人采矿”。这种将采矿权主体变更作为采矿权转让须经依法批准的情形和依

① 江平主编《民法学》（第2版），中国政法大学出版社2011年版，第259页。

据，符合从特殊到一般的认识规律，而反过来以该条作“一般到特殊”的指导就显得有些单薄了。

一方面，正如上文提到的，企业合并、分立具有一定的承继性，极有可能出现承继方尚未设立或原矿业权人消亡的情形，目前较为粗放的管理规则并不能对此进行较好的应对。另一方面，正是因其承继性，如果矿产资源主管部门像管理一般的矿业权转让一样对此进行深入介入，未免多此一举，同时也给行政相对人增加了负担。

为准确定位合并分立导致矿业权转让的法律实质，在了解完公司合并分立以及合并分立下物权变动的一般原则后，我们有必要进一步了解矿业权转让行政监管制度的历史缘起。

（三）矿业权转让制度的历史与发展

1. 新中国成立后至1986年《矿产资源法》颁布前

新中国成立后，国家对矿产资源勘查开采实行严格的计划经济管理制度，矿产资源归国家所有，中央财政出资组建地勘队伍从事地质找矿，所需经费全部由财政统筹，勘查成果无偿上交国家。国家以行政划拨方式，将矿产资源无偿配置给国有矿山企业开发，同时统一调拨分配和销售国有矿山企业计划内的矿产品。这种模式排除了资源的商品属性，更谈不上矿业权转让。

2. 1986年《矿产资源法》颁布后至新法修订前

改革开放后，随着经济制度的变革，为了促进和规范矿业发展，我国于1986年颁布了《矿产资源法》。该法明确规定，矿产资源属于国家所有，国家对矿产资源实行有偿开采，同时提出要建立矿业权制度，指出探矿权、采矿权的取得必须依法通过国家行政审批登记，且矿业权“不得买卖、出租、用作抵押”，取得矿业权的主体也仅限于全民所有制和集体所有制矿山企业和公民个人。也就是说，在此仅拓宽了取得矿业权的主体范围，矿业权仍不具备商品属性，故无法转让。

3. 1996年《矿产资源法》修订至《物权法》出台前

1996年《矿产资源法》废除了“矿业权不得买卖、出租、用作抵押”的规定，确立了矿业权的有偿使用和依法转让制度。根据该法第6条的规定，“探矿权人在完成规定的最低勘查投入后，经依法批准，可以将探矿权转让他人”，“已取得采矿权的矿山企业，因企业合并、分立，与他人合资、合作经营，或者因企业资产出售以及有其他变更企业资产产权的情形而需要变更采矿权主体的,经依法批准可以将采矿权转让他人采矿。前款规定的具体办法和实施步骤由国务院规定。禁止将探矿权、采矿权倒卖牟利”。前述规定将采矿权主体变更作为了采矿权转让须经依法批准的情形和依据。之后,国务院于1998年分别颁布实施了3个配套法规:《矿产资源勘查区块登记管理办法》(国务院令第240号)、《矿产资源开采登记管理办法》和《探矿权采矿权转让管理办法》,确立了矿业权转让的条件、程序与审批等交易制度。2000年11月,原国土资源部颁布了《矿业权出让转让管理暂行规定》,明确提出,“探矿权、采矿权为财产权,统称矿业权,适用于不动产法律法规的调整原则”,同时规定了矿业权人可采取出售、作价出资、合作、重组改制、上市等方式依法转让矿业权,矿业权出租和抵押,并一并按照矿业权转让的条件及程序加以管理,由原发证机关审查批准,但不得将采矿权以承包等方式转给他人开采经营。这对于明显按照用益物权属性推动矿业权改革、加快矿业权流转及其市场建设具有重大意义。

4.《物权法》颁布至今

2007年,《物权法》颁布实施,在用益物权编中明确规定的“依法取得的探矿权、采矿权……的权利受法律保护”肯定了矿业权的用益物权属性。自此,以《物权法》为基础,矿业权转让制度不断向物权转让制度靠拢,这也成为《矿产资源法》不断修改完善的动力与方向。《矿产资源法》于2009年再次修改,但对于矿业权流转依然没有作出实质性的改动,部分内容已明显滞后于市场交易实践,对矿业权转让存在较多限制。为了解决这些问题,最高院于2017年发布《关于审理矿业权纠纷司法解释》(法释〔2017〕12号),从司法裁判的角度确认了矿业权财产权的可转让性。

由此,矿业权转让制度的变革是一个从行政划拨管制到逐步放开再到逐渐向物权转让靠拢的过程,如最新的《矿法修订草案》在矿业权转让制度的前提下引入了矿业权登记的概念,《自然资源统一确权登记办法(试行)》亦将矿业权与其他自然资源统一纳入确权登记的范畴。但比较遗憾的是,最新修订的《不动产登记暂行条例》并未明确将矿业权作为一项不动产权利纳入统一管理。

现阶段,《物权法》已经明确矿业权属于用益物权,在大部分自然资源权利统一归于《不动产登记暂行条例》时,矿业权却独树一帜,自成体系。因此,对于矿业权管理,尤其是矿业权转让的制度安排,仍充斥着纠结与矛盾。

(四)矿业权转让审批与不动产转让登记的横向对比

综观目前的矿产资源立法体系,矿业权转让管理的思路仍未逃脱矿业权行政许可取得的制度框架。在这一背景下,矿业权转让行政审批的本质就是颁发一个新的行政许可。行政机关一方面要对导致矿业权变动的法律行为进行判断,以自身的行政审批作为判断法律行为是否有效的依据;另一方面要通过对转让申请书、探矿权和采矿权是否符合转让条件、受让人是否符合《矿产资源勘查区块登记管理办法》或者《矿产资源开采登记管理办法》规定的有关探矿权申请人或者采矿权申请人的条件、受让人资质条件的证明文件、转让人具备转让条件的证明、矿产资源勘查或者开采情况报告等的审查,实际解决受让人能否利用矿业权的问题。这种管理思路,是以行政许可代替不动产登记。

对比而言,不动产转让登记以保护私权为根本宗旨,主要针对不动产财产权进行界定。根据《物权法》第 9 条的规定,不动产转让自登记发生效力,登记是不动产权属转移的依据和标志,仅是物权变动的其中环节。就具体程序而言,行政机关仅需要审查相关协议及有关部门的批准文件、原权利证书等相关证明材料,并且仅作形式审查,有关要件齐备即可办理转移登记。不动产转让登记行为就真正起到对内确认物权发生转让的效力,对外公示的效果。

落实到本文所讨论的问题,可以参考一下在合并分立情形下不动产物权转让的相关规定。

《不动产登记暂行条例实施细则》第 27 条规定:“因下列情形导致不动产权利转移的,当事人可以向不动产登记机构申请转移登记:……(三)法人或者其他组织因合并、分立等原因致使不动产权利发生转移的;……”

以《北京市不动产登记工作规范(试行)》为例,合并、分立导致国有建设用地使用权或房屋所有权发生转移的,仅需提交合并、分立的材料及主管部门的批准文件,名称发生变更的,还应提交有关证明材料,并且针对不同情况的转移登记,均应分别对应列示出需要提交的资料,这在很大程度上解决了不同情况下不动产的转移登记问题。

由此,在矿业权转让制度在与物权转让制度不断融合的大背景下,矿业权转让管理应逐渐区分矿业权变动的登记行为与行政许可行为,同时针对不同情况细化登记标准。

三、现状下企业合并分立后矿业权承继问题的解决

根据上述分析,我们可以清晰地看到,受限于矿业立法的滞后,合并分立行为下的矿业权变动仍应被视为典型意义矿业权转让。随着《物权法》对矿业权用益物权的定性,虽然在上层设计层面存在将矿业权管理统一划归物权管理的立法趋向,但由于矿管规则体系仍沿袭以往的管理惯性,目前仍未作出实质意义上的变更。具体到开篇案例中企业合并分立后矿业权的承继问题,我们提出以下两种解决思路。

(一)路径一:承认公司合并分立的"继承"性,以名称变更登记程序代替矿业权转让审批程序

根据现行矿业权管理制度,矿业权主体变更可以通过矿业权转让及矿业权人名称变更两种程序实现。但由于原矿业权人已经被注销,丧失了主体资格,因此,以原矿业权人名义签订矿业权转让合同,进而启动矿业权转让变更程序,不具有操作性。但考虑到保护该等实体权利的必要,我们认为,在核查了该等矿业权权属无争议等矿业权转让审批要件后,可以直接采用变更矿业权名称的方式保护其实体权利。这一管理思路也契合公司合并分立的"继承"性。

但该路径未免存在无上位法依据创设规则的风险,我们建议将之仅作为原矿业权人已被注销情形下合并分立矿业权转让的备选方案。

(二)路径二:行政机关开拓原矿业权人注销前的预申请渠道,合并分立完成后继续完成矿业权转让程序

行政机关可在原有的矿业权转让程序中,增加矿业权转让预申请程序,在合并分立工商变更登记的同时,启动受理矿业权转让的预申请,待工商登记手续完成,新的公司成立,即以新公司的名义继续完成后续程序。

考虑到目前《矿产资源法》正处于修订中,同时各地自然资源主管部门对合并分立下资产转移法律实质的理解程度也大不相同,故笔者在此提示广大矿业企业,如决定采取合并分立方式对矿业权进行重新配置,务必及时与自然资源主管部门提前做好沟通,并按照其实际指导的精神制定相应的矿业权转让方案,如涉及原矿业权人注销的情形,务必在注销前启动矿业权的转让程序,防止企业注销后矿业权悬空。

我们可喜地看到,《矿法修订草案》已参照《物权法》的规定,将勘查许可证

和采矿许可证的表述改为探矿权证书和采矿权证书，且在矿业权登记方面，也明确规定矿业权设立自记载于矿业权登记簿时发生效力，矿业权的变更、续期、转让、抵押、灭失应当登记，且自记载于矿业权登记簿时发生效力。因此，我们相信，随着立法的逐步完善与统一，矿业权登记与矿业权相关的行政许可将逐步分离。作为登记事项，合并分立后的矿业权承继程序亦将像公司其他不动产一样得以简化，矿业权也终将同其他自然资源类用益物权一样在市场经济中通过其高效流转实现自身价值。

正·名

——矿业权抵押登记(备案)的现实意义和法律意义

矿业权抵押早就不是一个新颖的话题了,学术界对其研究得也已经很透彻了,但矿产资源主管部门和矿业领域市场参与主体对其的理解仍有待深入。

开宗明义,在《物权法》将矿业权定性为用益物权,且更多地参照不动产进行管理的大背景下,司法界、学术界均已将矿业权抵押登记(备案)视为矿业权抵押权设立的必备要件,但矿产资源主管部门在实践中仍大多将抵押备案行为视为一般的行政管理审批甚至服务事项,仅认为该举措是一种行政便民的手段,而非抵押权产生的重要登记行为。

此种矛盾下,有两类矿业小伙伴无所适从。第一类是奋战在一线的广大矿政管理工作人员,其面对的是上无政策、下有需求的困扰;第二类便是签订了矿业权抵押合同的双方当事人,尤其是抵押权人,面对千差万别的政策文件和不同地区的不同要求和不同处理结果,其不禁要问:“我的权利到底该怎么保障?”

因此,笔者将通过本章揭示此种纠结与矛盾对现实的影响,展现矿业权抵押备案(登记)的现实意义,并分析产生该种纠结与矛盾的内在原因。为更加清晰地展现司法机关和行政机关对待此问题的不同逻辑基础,笔者将从纵向——矿业权抵押备案制度的发展历程,和横向——现行法律逻辑的横向对比,两个角度进行深入分析,从而探讨矿业权抵押备案(登记)的法律意义。

最后,笔者将根据尚未颁布实施的《矿法修订草案》对矿业权抵押登记的最新立法理解,结合我们的实践经验,在制度层面为矿产资源主管部门提供制度设计建议,并在具体操作层面为抵押权人提示过渡期内的注意要点。

同时,笔者也愿意抛砖引玉,欢迎千千万同行们积极拍砖献言。理越辩越清,越论越明。

一、司法界对矿业权抵押备案的认定与行政管理机关认知冲突对于现实的影响

2017年6月24日,最高院发布了《关于审理矿业权纠纷案件适用法律若干问题的解释》(以下简称《矿业权纠纷司法解释》)。该司法解释第15条规定:"当事人请求确认矿业权之抵押权自依法登记时设立的,人民法院应予支持。颁发矿产资源勘查许可证或者采矿许可证的国土资源主管部门根据相关规定办理的矿业权抵押备案手续,视为前款规定的登记。"至此,司法界已明确将完成矿业权抵押备案手续视为矿业权抵押权设立的标志。

但与此同时,矿产资源主管部门基于实践认知而出台的规范性文件却大多仍将抵押备案行为视为行政审批甚至服务事项,仅认为该举措是一种行政便民的手段,而该种纠结与矛盾也带来了如下影响:

(一)造成矿业权无法充分发挥作为财产权利进行融资的效能

根据统计数据显示,2005~2015年十年间,原国土资源部共批准登记新立和扩能采矿权363宗,但同期办理采矿权抵押备案的仅有90宗(83宗办结,7宗待办),占登记新立和扩能采矿权的比例不到1/4。[①] 总体来看,采矿权抵押备案申请数量较少,占比较低。对于这一数据,笔者不排除部分矿业企业没有以矿业权进行抵押融资的需求。但不可否认,一是实践中因行政管理对于抵押备案性质认定的纠结,造成抵押权设立的操作相对复杂,效力上亦存在不确定性,进而导致金融机构在面对矿业权抵押时不得不采取更加谨慎和保守的态度以控制风险;二是由于矿业权抵押备案历经审批、登记抑或服务性的备案等,其办理的前置条件也因矿业政策的影响而反复调整,从而导致权利人申请备案不能或者被无限期搁置。

矿业行业具有风险较高、资金需求大的特点。矿业权作为矿业公司的核心资产,空留手中却无法融资,给矿业公司带来了极大的资金压力,甚至成为其进一步发展的"瓶颈"。

(二)造成行政机关依法行政与司法机关依法审判存在冲突的窘境

随着最高院矿业权纠纷司法解释的出台,矿业权抵押权何时设立及抵押备

---

① 参见范振林:《矿业权抵押备案制度改革建议》,载《矿产保护与利用》2015年第4期。

案性质的问题在法律和审判标准上都有了非常明确的答案。但在矿产资源主管部门的认知体系内,抵押备案行为的重要性正随着简政放权的逐步展开而越发减弱。

笔者认为,在矿业权抵押登记制度正式确立前,抵押备案应成为矿产资源主管部门的一项重要职责而非服务方式,因为该项职责直接关系到债权人能否取得抵押权并在未来实现优先受偿的根本目的。行政机关作出行政行为的根本依据是法律,而最高院的矿业权纠纷司法解释作为重要的渊源和审判准则,其所认定的法律观点及事实应该得到遵守。目前这种认知层面上的偏差,容易导致行矿产资源主管部门在作出行政行为时的法律依据不够充分。

那么,可以预想的是,在司法判决层面被否定拥有抵押权的抵押权人,或将由此向行政机关提起行政诉讼,要求行政赔偿,而这样的结局,其实是法院、矿产资源主管部门和遭受损害的债权人都不愿面对的。

(三)各地抵押备案标准千差万别,抵押权人无所适从

基于自然资源部对矿业权抵押备案问题悬而未决的态度,各地自然资源系统对矿业权抵押备案的理解都不相同,进而导致制定的矿业权抵押备案政策亦不统一,造成了实践操作层面的“百花齐放”。

1. 矿业权人可否为第三人设定抵押担保规定不一

山东省原国土资源厅《关于转发〈国土资源部关于进一步完善采矿权登记管理有关问题的通知〉的通知》(鲁国土资字〔2011〕508 号,以下简称《山东抵押规定》)第 3 条规定:“申请抵押备案的,其采矿权必须是归采矿权人所有,抵押权人原则上为国有银行。”

山西省原国土资源厅《关于加强采矿权抵押备案有关工作的通知》(晋国土资规〔2018〕5 号,以下简称《山西抵押规定》)第 4 条规定:“采矿权人为第三方抵押担保备案的,除提供工商部门有关证明材料外,还需出具股东会表决同意的决议书。”

由此可见,山东不允许矿业权人为第三人设定抵押担保,但山西允许,各地规定不一。

2. 抵押权人是否必须为银行等金融机构

从担保法的角度看,权利人对土地、房产、矿产等不动产权设置担保负担时,均不应有所限制,但实践中长期存在对抵押权人主体资格的规制,如部分地区

要求土地的抵押权人必须为持有“金融许可证”牌照的机构。针对这一现象，2019 年国务院办公厅发布的《关于完善建设用地使用权转让、出租、抵押二级市场的指导意见》（国办发〔2019〕34 号）第 4 条第 13 项明确规定：“……（十三）放宽对抵押权人的限制。自然人、企业均可作为抵押权人申请以建设用地使用权及其地上建筑物、其他附着物所有权办理不动产抵押相关手续，涉及企业之间债权债务合同的须符合有关法律法规的规定。”

相较而言，矿业权的抵押备案受到的限制更多，如山东规定要求矿业权抵押权人必须为国有银行金融机构，山西则规定非银行金融机构（需提供非银行机构法人经营范围含贷款业务的法人营业执照及“金融许可证”）和银行均可以。即无论如何，抵押权人均需持有“金融许可证”牌照。

3. 办理抵押备案需提供的材料差异很大

在抵押备案申请材料的准备上，各地在要求矿业权人提供抵押备案申请、营业执照、采矿许可证、抵押合同等基础资料的同时，需审查的其他资料亦大不相同。如甘肃要求提供：（1）抵押人对采矿权未出租、权属无争议的承诺；（2）主管部门出具采矿权属无争议及矿业权价款（出让收益）已缴清证明；（3）税务机关出具矿产资源税完税的证明。山西则要求提供：（1）县、市局对抵押备案的意见；（2）国有矿山企业抵押采矿权的，还应提交其上级主管部门或单位同意抵押采矿权的意见。

然而，所需提供的材料越多，行政机关对抵押备案所需审查的内容就越多，对矿业权抵押这一经济行为的介入也就越深。这种强监管的态度，也导致了部分矿业权抵押权无法顺利设立，正常的抵押融资行为无法顺利推行。

（四）造成抵押权人认识上的偏差及抵押权设定的困难，最终导致抵押权的落空

我们接待过的许多客户大多对矿权抵押备案行为没有多少深入的了解，自然也就难以重视该问题。但事实上，矿业权抵押是矿业纠纷领域的一个大问题，是涉及能否真正实现优先受偿的关键所在。因此，我们在服务客户的过程中，每次都“苦口婆心”地要求（注意，不是建议）客户赶紧办理抵押备案。但不是每个债权人在签订矿业权抵押合同时都会咨询律师，绝大多数债权人，甚至不会想到去翻阅最高院的矿业权纠纷司法解释，即使翻阅了，也可能无法理解个中含义，甚更多是同管理机关沟通与对接，是看政策，而非法律。因此，在目

前的情况下,这个问题就变得尤为突出和重要。要知道,在任何一起抵押合同的纠纷中,对于抵押权设立时点的认定问题,都是最为关键且致命的。

同时,由于部分省份取消了抵押备案的办理,各地矿产资源主管部门对提供抵押服务的理解也不一致。实践中,矿业权人和抵押权人拿着采矿许可证和抵押合同去行政机关办理备案,可能会得到不知此类业务如何办理的答复。抵押权人为保障自身的优先权利,无奈只能变换权利设定的方式。

如在"(2014)昆民四初字第216号昆明市盘龙区惠祥小额贷款有限公司与昆明市禄劝矿业有限公司等小额借款合同纠纷案"中,根据最高院《关于适用〈中华人民共和国担保法〉若干问题的解释》第59条的规定,"当事人办理抵押物登记手续时,因登记部门的原因致使其无法办理抵押物登记,抵押人向债权人交付权利凭证的,可以认定债权人对该财产有优先受偿权。但是,未办理抵押物登记的,不得对抗第三人"。基于以上说明,本案例中抵押权人采取了如下操作:一是抵押权人与抵押人签订《采矿权最高额抵押合同》,确保合同的有效性;二是合同签订之后,抵押权人在公证机构的见证下通过电话分别向国土资源局矿管科咨询办理采矿权抵押登记事宜,由国土资源部门回复目前不再办理抵押登记(备案),为"因登记部门的原因致使其无法办理抵押物登记"保留有利依据;三是由抵押人向抵押权人交付采矿许可证原件。

在该案件中,虽然昆明中院最终认可了这一做法的有效性,认定抵押权人对用于抵押担保的采矿权在合同约定的最高额范围内享有优先受偿权,但上述操作仍存在两个问题:一是无法对抗善意第三人,该处的"抵押权人"仍非法律上的抵押权人,如抵押人又为其他人办理了抵押备案,则此案抵押权人的优先受偿顺位应劣后于经备案的抵押权人;二是交付采矿许可证原件会给抵押人的日常生产工作造成一定的不便,不利于便捷迅速地做好矿业权的有效性管理。

综上所述,矿产资源主管部门对矿业权抵押备案责任的缺位,徒增了市场主体的权利设定成本,同时亦影响了抵押权设定的有效性及优先受偿的周延性,不利于市场经济活动高效、安全地运转。

二、造成目前上述问题的内在原因

为更加清晰地展现上述问题产生的逻辑基础,我们将从纵向和横向两个方面对抵押备案制度设定的内在原因进行探讨。

（一）矿业权抵押备案（登记）制度的历史沿革

1. 黑铁时代（1986～1996 年）——混沌伊始，采矿权不得抵押

1986 年版《矿产资源法》第 3 条第 4 款规定："采矿权不得买卖、出租，不得用作抵押。"第 42 条第 2 款规定："买卖、出租采矿权或者将采矿权用作抵押的，没收违法所得，处以罚款，吊销采矿许可证。"在此时代，矿业权完全体现为行政权属性，国家禁止任何形式的矿业权交易行为，抵押更是无从谈起。1996 年，《矿产资源法》修改，删除了禁止抵押的条款，但未从正面对于矿业权能否抵押给出答案，谓之黑铁时代。

2. 青铜时代（2000～2007 年）——展露曙光，矿权抵押备案行为作为单纯的行政管理行为登上历史舞台，且监管严格

2000 年 10 月 31 日，原国土资源部发布了史上关于矿业权出让转让行政管理最为重要的一份文件，即《关于印发〈矿业权出让转让管理暂行规定〉的通知》（国土资发〔2000〕309 号）。该规定首次对矿业权能不能抵押，以及如何抵押进行了规定。如第 6 条第 3 款规定："矿业权人可以依照本办法的规定出租、抵押矿业权。"第 36 条第 1 款规定："矿业权的出租、抵押，按照矿业权转让的条件和程序进行管理，由原发证机关审查批准。"上述两条明确肯定了矿业权可以抵押，且该种抵押需由发证机关按照矿权转让的审查标准进行审批。可见，青铜时代对于矿业权抵押的审查标准还是很严格的。

国土资发〔2000〕309 号文第 55 条第 1 款规定："矿业权抵押是指矿业权人依照有关法律作为债务人以其拥有的矿业权在不转移占有的前提下，向债权人提供担保的行为。"这里需要特别指出的是，青铜时代的矿业权只能为矿业权人自己的债务提供抵押担保，而不能为他人的债务提供担保。

国土资发〔2000〕309 号文第 57 条规定："矿业权设定抵押时，矿业权人应持抵押合同和矿业权许可证到原发证机关办理备案手续。矿业权抵押解除后 20 日内，矿业权人应书面告知原发证机关。"此条即为矿业权抵押备案制度的原始出处，但需要予以提示的是，抵押合同无论是否备案均不影响效力，此点概无争议。

依据上述条文不难看出，由于当时《物权法》尚未出台，国家对于矿业权市场的管理又体现着极强的行政监管特性，故该时代下的抵押备案行为事实上即是一种单纯的行政管理行为，尚没有担负起《物权法》中设立抵押权的神圣职责

与使命。

3. 英雄时代(2007~2014年)——才俊辈出,《物权法》横空出世,矿权抵押备案被赋予了新的法律使命,但行政机关未一叶知秋

2007年3月16日,万众瞩目的《物权法》横空出世,物权变动理论下的物债区分原则被我国法学界采纳并登上历史舞台。其中,《物权法》第187条规定:“以本法第一百八十条第一款第一项至第三项规定的财产或者第五项规定的正在建造的建筑物抵押的,应当办理抵押登记。抵押权自登记时设立。”即以不动产设立抵押的,抵押权自办理登记时设立。国土资发〔2000〕309号文第3条第1款规定:“探矿权、采矿权为财产权,统称为矿业权,适用于不动产法律法规的调整原则。”据此,笔者认为,随着《物权法》的出台,矿权抵押权作为不动产抵押领域的一分子,其抵押权应于登记时设立。鉴于我国矿政管理时至今日都没有建立矿权抵押权登记制度,故只能退而求其次,暂时将抵押备案行为视为抵押登记,亦属无奈之举。但于行政机关来说,其对待抵押备案的态度没有发生任何变化,仍将其视为单一的行政管理行为。

4. 白银时代(2014~2017年)——黎明之前,在简政放权大背景下,多省国土资源主管部门取消矿权抵押备案,不再强制要求,抵押备案成为服务为民的一种体现

2014年7月16日,原国土资源部发布《关于停止执行〈矿业权出让转让管理暂行规定〉第五十五条规定的通知》(国土资发〔2014〕89号),停止执行309号文中关于矿权仅允许为矿业权人自身债务提供抵押担保的规定。自此,矿业权抵押的范围回归到了其原本领域,既可为矿业权人自身债务,亦可为他人债务的履行提供抵押担保。

自2015年始,国务院要求地方各级行政机关逐步简政放权,减少甚至取消冗余的行政许可及审批事项。2015年4月13日,广西壮族自治区原国土资源厅发布《关于矿业权设定抵押有关工作的公告》,取消了“矿业权抵押备案”行政审批项目,改为矿业权抵押信息公开。即以后省厅不再办理抵押备案,抵押法律关系各方当事人可选择来函告知,省厅予以备注并在门户网站公开即可。

2016年6月1日,湖北省原国土资源厅发布《关于取消采矿权抵押备案后强化政务服务有关事项的公告》(鄂土资公告〔2016〕10号),指出今后不再办理抵押备案,抵押双方自行协商抵押事项,承担抵押风险。抵押人可向省厅告知抵押情况,省厅录入登记系统,不再对抵押资料进行审查。

2017 年 6 月 8 日,内蒙古自治区原国土资源厅发布《关于简化部分矿业权行政审批程序和申报资料的公告》(内国土公字〔2017〕6 号),将采矿权抵押备案审批改为抵押信息备案公告,结合自治区矿业权设点受理的情况,省级发证采矿权抵押备案不再进行备案审批,不再对抵押备案申请人提交的抵押合同和借款合同等申请资料进行形式性审查,该项业务由审批类调整为服务类。

依据上述材料,笔者认为,在简政放权的大背景下,矿产资源主管部门可能尚未意识到抵押备案行为还有设立矿权抵押权的效果,故仅从行政管理的单一角度将其予以取消。但在我国尚未建立矿权抵押权登记制度的现实情况下,只得依靠抵押备案制度代为履行抵押登记的效果。此番取消或将给社会上那些没有接受过法学教育的人们传递出这样一个信号,即只要签订了矿权抵押合同,就拥有了抵押权。

5. 黄金时代(2017 年至今)——这是最好的时代,最高院矿业权纠纷司法解释将抵押备案视为抵押登记,矿产资源主管部门亦正在重新调整及审视抵押备案行为的法律性质,未来可期

2017 年 6 月 24 日,最高院《矿业权纠纷司法解释》。该解释就如下两件事给出了肯定的答案:一是确定了矿权抵押权参照不动产抵押权进行管理,即依法登记后方产生抵押权;二是将抵押备案视为抵押登记,暂时解决了我国尚未建立矿权抵押登记制度的问题。

与此同时,2017 年 10 月 13 日,原国土资源部发布《关于公开征求〈国土资源部关于完善矿产资源开采登记管理有关事项的通知(征求意见稿)〉意见的公告》(国土资源部公告 2017 年第 28 号),公开征求社会各界意见。笔者发现,该征求意见稿第 26 条第 1 款规定:“需要登记管理机关提供相关抵押服务的,采矿权抵押人和抵押权人可持双方盖章的抵押告知文件向登记管理机关提出申请。登记管理机关接到申请后将采矿权抵押的相关信息在门户网站进行公开,并在矿业权登记系统中标记抵押状态,采矿权抵押到期后抵押状态自动解除。”2018 年 1 月 5 日,原国土资源部发布了正式通知,对该条予以删除。

据此,我们认为,在法律层面没有明确规定之前,对于矿业权抵押备案的问题,矿产资源主管部门内部可能仍处于悬而未决的为难与纠结之中,但这种为难与纠结不也恰恰说明了矿产资源主管部门内部正在重新调整并审视抵押备案行为的法律性质吗?

2019 年 12 月 17 日,自然资源部公布的《矿法修订草案》第 25 条第 2 款对

备案与登记问题进行了调整。该条规定:“矿业权的变更、续期、转让、抵押、灭失,应当进行登记,自记载于矿业权登记簿时发生效力。”此条也释放出了矿管将与不动产物权管理相统一的信号。

(二)涉矿法律法规与其他法律法规的衔接存在缺位

1.《矿产资源法》修法进程缓慢,早已无法适应并调整现在的矿产资源法律关系

《矿产资源法》于1986年颁布实施,1996年进行了一次大修,2009年进行了一次小修,此后便再无动作,一直适用至今。因2009年的修订实在太少,故我们在引用法条时习惯称为1996年矿法。1996年矿法体现了行政机关对矿业权的严格监管,淋漓尽致地展现了矿业权作为行政权属性的那一面。但事实上,矿产资源法律体系发展至今,早已不是行政权“一家独大”的局面了。特别是随着2007年《物权法》的出台,矿业权作为用益物权的属性被彻底确定下来,存于一个客体之内的两种权利便开始了平衡和博弈。因此,1996年矿法早已无法适用并调整现在的矿产法律关系,但其作为矿产资源领域仅次于宪法的存在,任何突破其规定的下位法均有违反上位法的风险,这就是自然资源行政机关在制订规则或政策以便适应现在的矿产法律关系时,表现出为难与纠结的根本原因。

在最新发布的《矿法修订草案》中,笔者欣喜地注意到立法者亦开始考量对矿业管理中的行政许可和物权管理中的不动产登记进行区分。在这一区分的基础上,设立抵押登记制度便成了水到渠成的事情。

2.《物权法》和《不动产登记暂行条例》均未将矿业权明确认定为不动产,故矿业权作为不动产进行抵押登记的法律依据不足

笔者注意到,《物权法》和《不动产登记暂行条例》均未明确矿业权的不动产性质,其根本原因即在于《矿产资源法》没有修订,故采用保守的立法方式,搁置至今。因此,我们认为,由于我国现行的法律、行政法规尚未明确矿业权的不动产属性,故其抵押权的设立时点问题亦存在相应的争议,但随着新修订的《矿产资源法》的颁布与实施,矿业权不动产属性的认定将被进一步认可和落实。

3.因矿产资源主管部门设计抵押备案制度的初衷即是为了行政监管,而非希望使之成为设立抵押权的确权行为,故在逻辑上始终未作出完全的转变

笔者在同各级矿产资源主管部门工作人员沟通时了解到,设计抵押备案制

度的初衷就是为了更好地对矿业权抵押行为进行行政监管,从未考虑或意识到抵押备案会成为设立抵押权的条件。对此问题,笔者表示理解,但也认为矿产资源主管部门应开始转变这种想法,在抵押备案制度中注入《物权法》关于不动产抵押登记的新鲜血液,以实现逻辑上的通达。

三、我们的建议

结合上述分析,笔者认为,矿业权抵押备案也好,登记也罢,其实都是矿产资源主管部门或者不动产登记机关必须要履行的行政职责,而现在也正处于矿产资源主管部门进行行政管理职权转变的过渡期。与此同时,我们注意到,《矿法修订草案》已经指明了方向,但各个条例、管理办法、实施细则如何落实,仍是矿产资源主管部门需要注意的问题。同时,参与矿业权抵押的市场主体在过渡期内亦应当注意保障自身的合法权益,万万不能签了合同,丢了权利。

因此,基于以上问题和现状,笔者提出如下建议:

(一)制度设定的建议

1. 加快矿产资源法修订进程,促使矿业权管理与不动产物权管理相融合

笔者希望我国能够加快《矿产资源法》的修订进程,在最基础也是最高法律位阶的层面完善和调整矿产资源法律体系以符合当前形势,唯有如此,才能改变目前矿产资源法律落后于现实需要的根本问题。

2. 同步调整相应实施条例及规则细则,做到有法可依

与此同时,笔者希望在《物权法》和《不动产登记暂行条例》的层面上将矿业权的不动产属性纳入其中,明确矿业权抵押的登记机构,制定并完善矿业权抵押登记程序。在制定具体细则时,应参照土地、房产的有关规则,统一各地的管理规定,尽量减少对抵押权设置的限制。

3. 现阶段矿产资源主管部门与司法机关应加强沟通,承担责任

司法机关和矿产资源主管部门应互相加强微观层面的沟通和交流,就如何落实矿业权抵押备案问题达成统一认识,共同推动矿业权抵押登记制度的建立。

(二)抵押权人规避风险的建议

正如上文所言,为保证抵押权设立的有效性并降低通常风险,笔者从抵押权人的角度提供如下两个方面的建议:

1. 矿业权抵押前应做好尽调工作

基于目前强监管的态势，在新的抵押登记规定及操作细则出台以前，抵押权人在设定矿业权抵押权前，首先应对矿业权所处省份或地区的抵押备案政策进行充分了解，并结合该政策对矿业权人及矿业权进行充分尽调。

一般而言，尽调应主要包括以下几个方面：(1)矿业权人的基本情况，包括其日常经营及资信情况；(2)矿业权的基本情况，包括开采矿种、生产规模、有效期限、可供开采的储量等；(3)矿业权是否存在重大瑕疵；(4)出让收益缴纳情况；(5)是否存在重大责任事故及事故风险；(6)是否存在出租或抵押给第三人的情况等。

2. 抵押合同条款设置建议

抵押合同成立并生效并不意味着抵押权的设定，基于此，我们建议在抵押合同中应注意厘清抵押权人、抵押人的权利义务关系，并明确相应责任，主要包括以下几个方面：(1)明确抵押人办理抵押备案的义务，如因登记机关原因无法办理抵押备案，应注意留存证据并要求抵押人向抵押权人交付矿业权证的原件；如因抵押人原因无法办理抵押登记，应设定相应的违约责任；(2)明确矿业权价值贬损或出现重大瑕疵时的责任，并设置为提前到期条款；(3)抵押权人可在合同中要求抵押人做好矿权的延期与维护，并定期汇报矿业权的状态，一旦出现重大瑕疵，立刻采取应对措施。

行文至此，我们既看到了矿业权抵押备案中的积弊已久，也看到了《矿业权纠纷司法解释》《矿法修订草案》给矿业从业者带来的曙光。笔者希望通过此番梳理，为矿业企业在抵押备案中避开一些“尚未意识到的深坑”，为矿产资源主管部门厘清监管思路提供一些借鉴。与此同时，笔者也会持续关注矿业权抵押备案问题的后续发展。

界·限

——矿业权消灭的法律评价标准及体系构建

万物生长，由生至灭，概莫能外。矿业权生于设立，但灭于何处，理论和实践界一直都有争议。一纸矿产资源勘查许可证/采矿许可证的撤销、吊销、注销，就真的能让矿业权的全部属性（行政权和用益物权的混合体）归于消灭吗？如果不能，那又需要建立怎样的逻辑和实践体系去解决"死来死去可能还没死透"的尴尬局面呢？这正是本文试图探讨和解决的问题。

当然，讨论这个问题时，首先要搞清楚的便是矿产资源主管部门眼中的矿业权消灭情形，进而再研究司法机关对此问题的认定标准，并通过对比探究其中分歧，最终给出笔者的实务建议。

一、矿产资源主管部门眼中的矿业权消灭情形

2005年9月7日，原国土资源部向重庆市原国土资源和房屋管理局作出了《关于对探矿权采矿权灭失等有关问题的复函》（国土资厅函〔2005〕517号），其中明确写明："探矿权或采矿权灭失是指：逾期不办理延续登记手续自行废止的探矿权或采矿权；已经办理了勘查许可证、采矿许可证注销登记手续的探矿权或采矿权；受到行政处罚，由原发证机关吊销勘查许可证、采矿许可证的探矿权或采矿权。但是对于未及时办理采矿登记延续手续而造成采矿权灭失的，由于矿山生产系统仍在，为有利于矿业开发，不宜简单地以招拍挂方式变更开采主体，应限期改正。但是情节特别严重的除外。"

据此，笔者认为，矿产资源主管部门认定的矿业权消灭情形有三种：第一种为自行废止的矿业权；第二种为办理了注销登记手续的矿业权；第三种为因受到行政处罚而被吊销的矿业权。

与此同时,笔者亦对上述情形所对应的具体法律法规予以了总结,具体规定如下:

(一)自行废止

1.《矿产资源勘查区块登记管理办法》第10条第2款规定:"探矿权人逾期不办理延续登记手续的,勘查许可证自行废止。"

2.《矿产资源开采登记管理办法》第7条第2款规定:"采矿权人逾期不办理延续登记手续的,采矿许可证自行废止。"

(二)矿业权证注销登记

1.《行政许可法》第70条规定:"有下列情形之一的,行政机关应当依法办理有关行政许可的注销手续:(一)行政许可有效期届满未延续的;(二)赋予公民特定资格的行政许可,该公民死亡或者丧失行为能力的;(三)法人或者其他组织依法终止的;(四)行政许可依法被撤销、撤回,或者行政许可证件依法被吊销的;(五)因不可抗力导致行政许可事项无法实施的;(六)法律、法规规定的应当注销行政许可的其他情形。"

2.《矿产资源勘查区块登记管理办法》第24条规定:"有下列情形之一的,探矿权人应当在勘查许可证有效期内,向登记管理机关递交勘查项目完成报告或者勘查项目终止报告,报送资金投入情况报表和有关证明文件,由登记管理机关核定其实际勘查投入后,办理勘查许可证注销登记手续:(一)勘查许可证有效期届满,不办理延续登记或者不申请保留探矿权的;(二)申请采矿权的;(三)因故需要撤销勘查项目的。自勘查许可证注销之日起90日内,原探矿权人不得申请已经注销的区块范围内的探矿权。"

3.《矿产资源开采登记管理办法》第16条规定:"采矿权人在采矿许可证有效期内或者有效期届满,停办、关闭矿山的,应当自决定停办或者关闭矿山之日起30日内,向原发证机关申请办理采矿许可证注销登记手续。"

(三)矿业权吊销

1.《矿产资源法》第40条规定:"超越批准的矿区范围采矿的,责令退回本矿区范围内开采、赔偿损失,没收越界开采的矿产品和违法所得,可以并处罚款;拒不退回本矿区范围内开采,造成矿产资源破坏的,吊销采矿许可证,依照刑法有关规定对直接责任人员追究刑事责任。"

2.《矿产资源法》第42条第2款规定:"违反本法第六条的规定将探矿权、

采矿权倒卖牟利的，吊销勘查许可证、采矿许可证，没收违法所得，处以罚款。”

3.《矿产资源法》第 44 条规定：“违反本法规定，采取破坏性的开采方法开采矿产资源的，处以罚款，可以吊销采矿许可证……”

4.《矿产资源勘查区块登记管理办法》第 29 条规定：“违反本办法规定，有下列行为之一的，由县级以上人民政府负责地质矿产管理工作的部门按照国务院地质矿产主管部门规定的权限，责令限期改正；逾期不改正的，处 5 万元以下的罚款；情节严重的，原发证机关可以吊销勘查许可证：(一)不按照本办法的规定备案、报告有关情况、拒绝接受监督检查或者弄虚作假的；(二)未完成最低勘查投入的；(三)已经领取勘查许可证的勘查项目，满 6 个月未开始施工，或者施工后无故停止勘查工作满 6 个月的。”

5.《矿产资源勘查区块登记管理办法》第 31 条规定：“违反本办法规定，不按期缴纳本办法规定应当缴纳的费用的，由登记管理机关责令限期缴纳，并从滞纳之日起每日加收千分之二的滞纳金；逾期仍不缴纳的，由原发证机关吊销勘查许可证。”

6.《矿产资源开采登记管理办法》第 18 条规定：“不依照本办法规定提交年度报告、拒绝接受监督检查或者弄虚作假的，由县级以上人民政府负责地质矿产管理工作的部门按照国务院地质矿产主管部门规定的权限，责令停止违法行为，予以警告，可以并处 5 万元以下的罚款；情节严重的，由原发证机关吊销采矿许可证。”

7.《矿产资源开采登记管理办法》第 21 条规定：“违反本办法规定，不按期缴纳本办法规定应当缴纳的费用的，由登记管理机关责令限期缴纳，并从滞纳之日起每日加收千分之二的滞纳金；逾期仍不缴纳的，由原发证机关吊销采矿许可证。”

8.《矿产资源开采登记管理办法》第 22 条规定：“违反本办法规定，不办理采矿许可证变更登记或者注销登记手续的，由登记管理机关责令限期改正；逾期不改正的，由原发证机关吊销采矿许可证。”

以上便是我国现行法律法规关于矿业权消灭情形的全部规定。但需要特别说明的是，由于《物权法》立法较晚且《矿产资源法》又多年未能修订，导致矿业权作为用益物权的立法精神并没有在矿政管理实务中得以体现，这也是行政机关对矿业权消灭的认知与司法判例存在较大差异及分歧的主要原因。该种差异和分歧也多次引发行政诉讼，在矿业内引起了诸多讨论。

二、司法机关对矿业权消灭情形的认知

从大量司法判例可以看出，自2007年《物权法》将矿业权定义为用益物权后，司法机关便始终在审判活动中通过平衡来消解行政权和用益物权对于矿业权的双重控制所带来的纠结和冲突。

而对于矿业权消灭情形的认知，司法机关将《物权法》与《行政许可法》进行了结合，认为目前适用的矿产资源勘查许可证和采矿许可证是典型的"一证赋两权"，既体现了行政许可的国家授权，亦体现了矿业权作为民事用益物权的属性。但恰恰是这样的理解，才造成了司法机关和矿产资源主管部门对于矿业权消灭情形的认知差异。

最高院在(2018)最高法行再6号"郴州饭垄堆矿业有限公司诉原国土资源部行政复议决定案"的《行政判决书》中写明："根据《矿产资源开采登记管理办法》第六条①、第十三条②之规定，通常情况下，采矿权的设立和取得，是行政机关与相对人多阶段、多步骤、多个行为共同作用的结果。矿产资源主管部门确定采矿权类型与矿区范围，发布招标公告并根据择优原则确定中标人，中标人缴纳采矿权出让费用并签订出让合同，中标人取得相关行政机关的关联行政许可，并取得相应年限的采矿许可证。其中，采矿许可证是矿产资源主管部门代表国家向采矿权申请人颁发的、授予采矿权申请人行使开采矿产资源权利的法律凭证，但并非唯一法律文件。采矿权人开采矿产资源权利的取得，虽以有权机关颁发采矿许可证为标志，但采矿权出让合同依法生效后即使未取得采矿许可证，也仅表明受让人暂时无权进行开采作业，除此之外的其他占有性权利仍应依法予以保障。同样，采矿许可证规定的期限届满，仅仅表明采矿权人在未

① 《矿产资源开采登记管理办法》第6条规定："登记管理机关应当自收到申请之日起40日内，作出准予登记或者不予登记的决定，并通知采矿权申请人。需要采矿权申请人修改或者补充本办法第五条规定的资料的，登记管理机关应当通知采矿权申请人限期修改或者补充。准予登记的，采矿权申请人应当自收到通知之日起30日内，依照本办法第九条的规定缴纳采矿权使用费，并依照本办法第十条的规定缴纳国家出资勘查形成的采矿权价款，办理登记手续，领取采矿许可证，成为采矿权人。不予登记的，登记管理机关应当向采矿权申请人说明理由。"

② 《矿产资源开采登记管理办法》第13条规定："采矿权可以通过招标投标的方式有偿取得。登记管理机关依照本办法第三条规定的权限确定招标的矿区范围，发布招标公告，提出投标要求和截止日期；但是，对境外招标的矿区范围由国务院地质矿产主管部门确定。登记管理机关组织评标，采取择优原则确定中标人。中标人缴纳本办法第九条、第十条规定的费用后，办理登记手续，领取采矿许可证，成为采矿权人，并履行标书中承诺的义务。"

经延续前不得继续开采相应矿产资源,采矿权人其他依法可以独立行使的权利仍然有效。《矿产资源开采登记管理办法》第7条第2款规定:'采矿权人逾期不办理延续登记手续的,采矿许可证自行废止。'该条规定的'自行废止',不能理解为所有矿产资源产权权益一并丧失。"

据此,笔者认为,司法机关在看待矿业权时的思维是双重的。一重即为体现行政许可属性,将矿产资源勘查许可证/采矿许可证视为行政机关许可矿业权人进行勘查/开采活动的批文;另一重即为用益物权属性,认为即使矿产资源勘查许可证/采矿许可证已过期废止甚至依法吊销(注意这里没有注销情形),但仍不妨碍矿业权人基于矿业权享有的产权权益。

对此,矿产资源主管部门显然是不能理解的。那么,造成理解差异的根源到底?且看下文解析。

三、笔者对此中差异的解释及矿业权消灭情形的观点

(一)差异原因解析

笔者认为,造成上述差异的最主要原因即在于矿业权权力性质的变化未体现在矿业权矿政管理的体系调整上,即矿政管理体系相较于矿业权的发展存在严重滞后性。

自1986年《矿产资源法》出台并修订至今,矿业权在我国市场经济和物权立法体系中已经历了从单纯行政权到行政权和用益物权兼顾,再到用益物权性质逐渐占据上风的变化轨迹,但我们的矿政管理体制却仍停留在行政权主导的时代。

矿产资源勘查许可证和采矿许可证设立之初承载的只有行政许可权,没有用益物权。2007年《物权法》横空出世并将矿业权定性为用益物权后,矿政管理体系却没有随之调整,然而司法机关却在此时将(或者说只能将)两张矿业权许可证赋予了用益物权的权利内涵。此种思维亦是受我国土地管理的影响,认为矿产资源勘查许可证和采矿许可证同样兼具《土地使用权证》所表现的用益物权属性。

但在实际操作层面,由于立法的滞后,矿产资源主管部门仅是依据行政许可的概念对矿产资源勘查许可证和采矿许可证的消灭进行管理和规定。因此,当出现自行废止、吊销、注销等情形时,矿产资源主管部门仅从行政权的角度认为矿业权本身会随着矿产资源勘查许可证和采矿许可证的消灭而消灭。但对

于司法机关来说,矿业权的用益物权属性只是暂时“寄生”于两张许可证内,一旦两张许可证的外衣被消灭或被剥离,用益物权的结局不是随之消逝,而是可以单独浮出水面。所以此时司法机关会强调矿业权出让合同,试图从出让合同的角度提示行政机关,矿业权人亦在民法上拥有权利,且该权利不应因行政权的行使而被剥夺。

这便是所有分歧的根源。

(二)笔者对矿业权消灭情形的观点

在现行有效的矿产资源法律体系下,笔者认为其实观点不重要,或者说,相较于解决问题而言,观点上的冲突是次要的。那么,该如何解决当下的困局呢?笔者认为,本章中分析的废止、撤销以及吊销都不应被视为矿业权完全消灭的情形,只有矿业权的注销才应被视为矿业权消灭的最终法定程序。理由如下:

首先,注销是一个法律概念,普遍应用于民事领域各项权利的消灭。例如,《土地管理法实施条例》(国务院令第256号)第7条规定:“依照《土地管理法》的有关规定,收回用地单位的土地使用权的,由原土地登记机关注销土地登记。土地使用权有偿使用合同约定的使用期限届满,土地使用者未申请续期或者虽申请续期未获批准的,由原土地登记机关注销土地登记。”再如《公司法》第179条第1款规定:“……公司解散的,应当依法办理公司注销登记。”因此,注销在法律文义上的概念,即表示着权利以及主体的消灭。

其次,注销亦应成为行政机关自行废止、撤销及吊销矿产资源勘查许可证和采矿许可证的最终程序。注销手续的执行并不违反任何现行矿产资源法律法规、部门规章及规范性文件的要求,矿产资源主管部门只需在此基础上进一步细化完善注销程序即可。

最后,注销虽仍不能解决相关权利人通过行政诉讼要求恢复矿产资源勘查许可证和采矿许可证的问题,但却能在最大限度内启动并保障矿产资源主管部门另行处置已消灭矿业权的权力,如对已消灭的矿权进行新的招拍挂出让工作以及对已消灭矿业权所处矿产地进行地质环境恢复治理工作等。

综上所述,笔者认为,建立完善的注销登记体系是暂时解决上述分歧的一种有效方式。但对于矿产资源主管部门来说,受限于法律法规未明示授予行政机关主动注销矿业权的权力,故其在实际操作中亦有不得已的苦衷。

四、矿产资源领域注销登记的现状和困境

依据上文列举的“矿业权注销登记”法律法规不难看出,我国矿业权办理注销登记的方式均为“依申请”,而没有行政机关“依职权”主动发起的规定。为了进一步说明这个问题,笔者以自行废止这类情形作为切入点,阐述了我国对于自行废止行为仍未适用注销登记的现状与困境。

为此,笔者在统计了全国各地 15 份自行废止情形下矿产资源主管部门发布的公告后发现,行政机关主要是通过以下三种方式完成各自理解的矿业权消灭程序:

第一种,对社会公示该矿业权已注销。该类注销公告一般写明:因矿业权人到期未办理延续、变更(保留)等事项,故对该矿权予以注销,特此公告。代表地区为内蒙古、云南、吉林、江苏等地市县。

第二种,对社会公示,要求矿业权人在一定期限内办理矿权注销登记手续。该类注销公告一般写明:矿业权已过期无效,拟按程序予以注销。请矿业权人于公告发布 60 个工作日内办理注销登记手续。代表地区为湖南、湖北、四川等地市县。

第三种,依据自然资源部或各省自然资源厅的要求,对数据库中已过期矿业权信息进行清理而作出的矿权注销公告。该类注销公告一般写明:根据原国土资源部办公厅《关于全国矿业权统一配号系统数据库清理有关事项的通知》(国土资厅〔2016〕2010 号)的要求,对已过期矿权进行注销清理。代表地区为安徽、宁夏回族自治区等地市县。

就上述三种不同形式的注销公告,笔者认为均不足以构成法律意义上的注销行为。

对于第一种注销公告,矿业权人到期未办理延续、变更(保留)登记事项的直接法律后果是矿业权证自行废止,而非注销。矿产资源主管部门在未经公告废止的前提下便直接予以注销不符合法定程序,其注销行为本身即存在瑕疵。这里需要特别注意的是,司法机关在审查行政行为时,不仅要对注销的实体内容进行审理,更需对注销的程序问题进行审查,故程序正义亦是行政行为需要关注的重要问题。

对于第二种注销公告,该类公告首先确定了矿业权已过期无效,进而要求矿业权人办理注销登记手续,符合现有法律法规的规定,但却未对未在规定期

限内办理注销登记的后果予以释明,因此仍然没有解决最终能否实现注销登记的问题。如果矿业权人一直未予主动申请办理注销,则矿业权虽已自行废止,矿产资源主管部门仍不能就此处置该矿业权,一旦处置,将面临侵犯矿业权的诉讼风险。

对于第三种注销公告,鉴于此类注销所依据的原国土资源部办公厅《关于全国矿业权统一配号系统数据库清理有关事项的通知》系矿产资源主管部门基于行政管理的需要而进行的清理工作,清理的性质同注销的性质有着天壤之别,虽然在数据的处理上同样是进行清理工作,但注销是法律概念,清理是行政管理需要。因此,基于清理需要而进行的注销不是法律意义上的注销。

综上所述,上述三类针对自行废止行为进行的“注销公告”,均存在被司法机关认定为矿业权未实际消灭的风险。

因此,如何构建矿业权注销登记体系,完善矿业权消灭评价标准,不仅是矿产资源主管部门需要考量的问题,更关乎矿业权作为用益物权日渐重要的作用和地位。同时,也有助于司法机关和矿产资源主管部门就此问题达成一致的意见和口径。

五、关于构建矿产资源领域注销登记的建议

(一)矿产资源主管部门需明确注销的法律意义

对于矿产资源主管部门来说,随着矿业权用益物权性质的确立,调整监管制度才是最重要的。无论是自行废止还是吊销,甚至撤销,都只是使矿产资源勘查许可证和采矿许可证丧失行政许可功能的行为,却无法完全消灭矿业权作为财产性权利的用益物权属性。但鉴于我国尚未将许可证名称变更为权利证(如探矿权证、采矿权证),故只能暂时将用益物权的权能赋予在许可证上,注销许可证后,可视为矿业权完全消灭。可以说,这也是现行矿产资源管理体制下一种折中或类比的做法。

(二)应将矿产资源主管部门“依职权”主动注销矿权许可证纳入法律法规予以明确规定

笔者在同矿产资源主管部门一线工作人员沟通后了解到,因目前涉矿法律法规均未明确规定行政机关可依职权主动发起注销程序,故在矿业权人未按照规定期限办理矿业权注销登记时,只能采用吊销的方式予以处理,而无法注销。这一程序上的瑕疵使矿产资源主管部门在面对侵犯矿业权的行政诉讼或民事

诉讼中常常处于被动地位。

就此问题，笔者认为，行政机关依职权主动发起注销程序并非没有法律依据。《行政许可法》第 70 条规定："有下列情形之一的，行政机关应当依法办理有关行政许可的注销手续：(一)行政许可有效期届满未延续的；(二)赋予公民特定资格的行政许可，该公民死亡或者丧失行为能力的；(三)法人或者其他组织依法终止的；(四)行政许可依法被撤销、撤回，或者行政许可证件依法被吊销的；(五)因不可抗力导致行政许可事项无法实施的；(六)法律、法规规定的应当注销行政许可的其他情形。"由此观之，该条事实上已将矿业权到期后的自行废止，以及矿业权撤销、吊销等问题明确纳入应注销的范畴之内，且属于行政机关应当注销的情形。

据此，笔者认为，该条款可作为矿产资源主管部门依职权主动注销的法律依据。但考虑到行政行为具有"法无规定皆不可为"的特点，故建议相关立法机关对主动注销行为予以明确规定，为矿产资源主管部门提供执法依据。

(三)应注意注销登记的程序正义

鉴于《矿产资源勘查区块登记管理办法》及《矿产资源开采登记管理办法》均明确规定对于自行废止后的处理方式是先通知矿业权人依法办理注销手续，一定期限内未申请的，再作出吊销许可证的决定。故矿产资源主管部门在依职权注销的同时，应按法律法规规定的程序进行处理，即对于自行废止情况，不能径直作出直接注销的决定，而应按照"公告废止—通知矿业权人履行闭矿闭坑及注销登记义务—不履行注销义务的予以吊销—吊销后一定期限仍不履行注销义务的方能依职权进行注销登记"的程序予以完善。

(四)不能将基于矿政管理需要的内部清理行为视为法律意义上的注销登记行为

笔者在实践过程中注意到，许多省市地区存在将矿业权系统数据库清理工作视为矿业权注销登记行为的现象。虽然清理和注销在矿政管理系统中的表现形式相近甚至雷同，但如上文所言，两者在法律领域的区别还是非常明显的。因此，各级矿产资源主管部门均应明确两者区别，不再作出类似的注销公告行为。

以上便是笔者在此问题上的浅薄建议。另外，因《矿法修订草案》征求意见稿已于 2019 年 12 月 17 日正式发布，其中涉及许可证变更为矿业权证的修改，或将对矿业权消灭的体制设计构成重大影响,故笔者亦在参照土地使用权注销的基础上对矿法修改后可能存在的体系重构提出下述建议。

六、《矿产资源法》修改对矿业权消灭体系建设的影响

《矿法修订草案》第25条第1款、第2款规定:“受让人缴纳探矿权出让金、采矿权出让金后,有关人民政府自然资源主管部门应当将矿业权有关事项载入矿业权登记簿,办理矿业权登记,发放探矿权证书、采矿权证书。矿业权设立自记载于矿业权登记簿时发生效力。矿业权的变更、续期、转让、抵押、灭失,应当进行登记,自记载于矿业权登记簿时发生效力。”

笔者可喜地发现,《矿法修订草案》将沿用了三十余年的许可证名称变更为了体现用益物权属性的探矿权证、采矿权证,且明确规定矿业权的灭失自其记载于矿业权登记簿时发生效力。可以说,该条文的修改释放了两个信号:一是基本将矿业权类比于不动产进行管理;二是实行同不动产一致的登记制度。

因此,笔者认为,可将土地管理领域的丰富经验和做法有条件地适用于矿产资源领域,如矿业权注销登记手续即可类比于土地使用权注销程序。

故未来行政许可权和用益物权将被彻底分开,探矿权证和采矿权证仅为用益物权的登记凭证,而行政许可将被作为一项项贯彻于矿政管理始终的行为。以后,探矿权证、采矿权证的注销即被视为矿产资源主管部门对相关权利的收回,而不仅仅是许可的消灭,正如《土地管理法实施条例》第7条第1款所述,“……收回用地单位的土地使用权的,由原土地登记机关注销土地登记。”

综上所述,虽然本章更多的是站在矿产资源主管部门的角度去阐述矿业权消灭体系的构建及法律性质,但事实上,矿政管理的最终目的是服务于矿业权人,是使得矿业权市场能够更加规范稳定地运行。因此,对于矿业权消灭体系的构建和讨论,于矿业行业内的你、我、他,都有着千丝万缕的联系。

最后,希望这篇文章可以为业内的同人提供些许新的角度和思路,也希望能够为矿产资源主管部门解决矿业权消灭标准问题提供有益的建议。

争·鸣

——矿业权权益金制度体系的建立与探索

在《因·果——矿业权出让制度的演变与相关实务问题解析》专题中，笔者略有提及权益金制度体系的建立问题，但没有展开。鉴于权益金制度既是矿产资源法律体系“皇冠上的明珠”，也是整体了解我国矿业权管理体系的“扛鼎之作”，故着墨于此。

2017年4月13日，国务院对外发布了《关于印发矿产资源权益金制度改革方案的通知》（国发〔2017〕29号）。大多数人认为这是权益金制度第一次进入人们的视野，但事实上，权益金概念早在2015年便已经显露于国务院的改革文件之中，2017年的自然资源有偿使用制度改革则是将权益金制度研究成果和盘托出。对于业内人士来说，权益金制度的到来似乎开启了矿权管理的新纪元，其变化之大，令人叹为观止。但与此同时，随之而来的争鸣之声亦在体系建立的过程中发挥着重要的作用。

一、我国权益金制度的历史沿革及内容

2015年5月，国务院对外发布了《关于2015年深化经济体制改革重点工作的意见》（国发〔2015〕26号，以下简称“26号文”），26号文第36条明确写明：“研究建立矿产资源国家权益金制度”。由此可见，自2015年开始，矿产资源权益金制度就已经成为研究的重点和方向了。

2016年11月，原国土资源部对外发布了《全国矿产资源规划（2016～2020年）》，该规划明确表示应理清有偿取得、占用和开采中所有者、投资者、使用者的产权关系，建立矿产资源国家权益金制度，完善相关配套制度，保障国家所有者权益。由此可见，这是原国土资源部对国务院要求研究建立矿产资源权益金

制度的呼应和落实。虽仅寥寥数语，但其核心精髓已然凸显，即由原来的保障国家作为出资人的出资权益调整为国家作为矿产资源所有者的所有者权益。

2017 年 4 月，29 号文横空出世，踏浪而来，对于权益金制度的内涵和外延进行了明确而具体的规定，主要包括以下四个方面：

(1)在矿业权出让环节，将探矿权采矿权价款调整为矿业权出让收益。将现行只对国家出资探明矿产地收取、反映国家投资收益的探矿权采矿权价款，调整为适用于所有国家出让矿业权、体现国家所有者权益的矿业权出让收益。全面实现矿业权竞争性出让，严格限制协议出让行为，合理调整矿业权审批权限。

另外，矿业权出让收益中央与地方分享比例确定为 4∶6。

(2)在矿业权占有环节，将探矿权采矿权使用费整合为矿业权占用费。将现行主要依据占地面积、单位面积按年定额征收的探矿权采矿权使用费，整合为根据矿产品价格变动情况和经济发展需要实行动态调整的矿业权占用费，有效防范矿业权市场中的“跑马圈地”“圈而不探”行为，提高矿产资源利用效率。

另外，矿业权占用费中央与地方分享比例确定为 2∶8。

(3)在矿产开采环节，组织实施资源税改革。对绝大部分矿产资源品目实行从价计征，使资源税与反映市场供求关系的资源价格挂钩，建立税收自动调节机制，增强税收弹性。同时，按照清费立税原则，将矿产资源补偿费并入资源税，并取缔违规设立的各项收费基金。

(4)在矿山环境治理恢复环节，将矿山环境治理恢复保证金调整为矿山环境治理恢复基金。将现行管理方式不一、审批动用程序复杂的矿山环境治理恢复保证金，调整为管理规范、责权统一、使用便利的矿山环境治理恢复基金，由矿山企业单设会计科目，按照销售收入的一定比例计提，计入企业成本，由企业统筹用于开展矿山环境保护和综合治理。

据此可知，权益金制度是上述四项内容的综合体现，而非仅仅代表任何单一的概念。因此，对于实践中仅将权益金狭隘地理解为缴纳出让收益的概念是需要被纠正的。

2017 年 6 月 29 日，财政部、原国土资源部联合印发了著名的《矿业权出让收益征收管理暂行办法》(财综〔2017〕35 号，以下简称“35 号文”)，35 号文的出台一时间激起了千层浪，各种批判、讨论文章一夜间便登上了矿业权管理“话题热搜榜”的头名。

至此,矿产资源权益金制度相关政策文件尽数出台,权益金制度也正式进入运营状态,接受实践的检验和评测。

而在此过程中,业内人士亦对权益金制度的概念、内涵及表现形式等问题进行了诸多有益的讨论和争鸣,这些意见和建议无不对我国矿产资源权益金制度的日臻完善做出了重大贡献和深刻探索。

二、权益金概念的定义及表现形式

(一)权益金概念的溯源

首先,权益金概念是个“舶来品”,我国没有对于权益金概念的文义解释。权益金的英文为“royalty”,中文有两个释义:一为“皇室”,二为“权益金”。因此,权益金概念最早即表现为向占用皇室的资产缴纳的“使用费”。后来,权益金概念逐渐褪去皇室的光环和专属性,而被广泛适用于政府在向矿业权人出让矿业权的过程中所收取的矿产资源使用费,而该费用的构成是否合理,以及是否存在重复收费等问题便成为构建权益金体系首要解决的争议。

(二)我国矿产资源权益金四种表现形式的具体解析

根据29号文的要求,按照矿业生产顺序,将在矿业权出让、矿业权占有、资源开采、矿山环境治理恢复四个环节开展改革工作,维护国家所有者权益,兼顾矿业行业健康发展和中央及地方财力格局的稳定。

29号文重构了国家所有者权益的实现体系,具体为:

1. 对矿业权出让环节进行改革

立法理念发生了巨大变化。一是国家出让的所有矿业权均要求支付出让对价,反映国家所有者权益。二是将矿业权出让价款正式更名为矿业权出让收益,确立国家所有者权益地位。

在矿业权价款时代,只有当企业取得属于国家出资探明矿产地的矿业权时才需缴纳矿业权价款,对于空白地则可以无偿取得。因此,矿业权价款所体现的是国家投资回报的收益权,而非所有权。此次改革后,收益权的概念灰飞烟灭,所有权的概念正本归元,此为差异之核心。

与此同时,调整中央与地方收益分配,统一纳入一般公共预算管理。在改革之前,矿业权出让的收益由中央与地方按照2∶8比例进行分配,要求专款专用,但未纳入一般公共预算管理。改革后,矿业权出让的收益由中央与地方按照4∶6的比例分配，纳入一般公共预算管理。虽由国务院行使所有权，但矿产资源在地方政府辖区，地方政府承担着主要的矿产管理职能。因此，矿业权出让收益分配向地方政府倾斜，一方面可以避免地方政府为了短期利益大肆开发矿产资源而引起的资源快速耗竭和环境污染，另一方面也可以给予政府更多的财力用于保护矿山环境、开展矿山地质勘查活动。纳入一般公共预算管理使得矿业权出让收益按照预算用于指定用途，同时接受公众的监督。

而对于出让收益的概念，特别是探矿权阶段到底应不应该收取出让收益则成为目前针对出让环节体现权益金概念的争议焦点。这种争议产生的主要原因在于，按照矿产资源权益金的溯源解释，权益金应是凭借矿产资源资产出让的收入、按矿石采掘量或生产量计价、在采掘和销售后予以支付。鉴于探矿权阶段无法实现对矿产品的开采和销售，而仅仅是一种勘查探矿行为，故在探矿权阶段收取出让收益没有明确的法律依据和逻辑基础，即在探矿权人未动用作为国家所有的资源储量时，国家亦不能以同采矿权出让收益同样的逻辑向探矿权人收取对价。

一言以蔽之，出让收益应体现为矿业权人对矿产资源的实际使用。那么，何为实际使用？应强调矿产资源的实物性和时间性。矿业权名下的异常、矿化、矿产资源量和储量属于无形资产，是不能直接使用的，只有到了矿石开采（挖掘性使用）、矿产品加工（加工性使用）、运输（运输性使用）和销售（销售性使用）阶段方可认为是对矿产资源的实际占有和使用。因此，探矿权阶段是否应该收取出让收益仍需进一步讨论并强化完善其法律依据和逻辑链条，使得出让收益的概念得以澄清和溯源。

2. 对矿业权占用环节进行改革

收入进行统一分配，纳入一般公共预算管理。改革前，按照相关法律法规，探矿权采矿权使用费按照其发证权限分级征收，矿业权人在年检前将其缴入对应级别的财政专户，这部分收入由对应级别的财政部门进行支配，利益不与中央共享。改革后，不管征收部门是哪一级别，统一在中央与地方之间按照2∶8的比例进行分配。根据29号文的规定，取消探矿权采矿权使用费专款专用的要求，改为征收矿业权占用费并纳入一般公共预算管理，用途不再局限于地质调查和矿山生态保护修复，征收标准也要求与市场价格挂钩。通过动态调整征收标准，“圈地”成本会相应增加，从而避免“跑马圈地”和“圈而不探”造成的资源浪费。

对于此项收费原则，业内人士已基本达成认同和共识。但需要强调的是，缴纳矿业权占用费实质是对于底土资源的占有。矿业权人在探矿和采矿全过程中，均使用了实物底土资源，每年占有使用底土而缴纳相应的占用费用，符合《物权法》和权益金制度体系的内涵，故概无争议。

3. 对矿产资源开采环节进行改革

矿产资源开采环节围绕资源税进行改革，一是推广覆盖从价计征方式，根据 29 号文的要求将从价计征覆盖到大部分矿产资源品目。从价计征较从量计征具有明显的优势，体现在从价计征具有更强的自动调节机制，增强税收弹性。二是清费立税调整税费体系，29 号文确定由资源税吸收资源补偿费，并依法取缔和清理各种违规设立的收费基金。

对于资源税同矿业权出让收益是否存在重复收费的争议一直都是本次权益金制度改革的核心问题。业内一些观点认为，很多国家的资源税就是出让收益，而我国出让收益和资源税之间的内涵和外延均存在“说也说不清楚”的交叉和纠葛，两种费用收取的界限模糊，性质不清，从而引发了质疑的争鸣。

而对此问题，我们认为无论从法理依据，还是现实操作层面上的解释似乎都存在逻辑上的断点和概念上的模糊，因此，如何理顺两者的关系，如何建立更加完善合理的收费体制，都是国家在政策层面需要考量的问题。

4. 对矿山环境治理恢复环节进行改革

将矿山环境治理恢复保证金调整为管理规范、责权统一、使用便利的矿山环境治理恢复基金，由矿山企业单设会计科目，按照销售收入的一定比例计提，计入企业成本，由企业统筹用于开展矿山环境保护和综合治理。此项改革减少了政府审批流程，由源头监管调整为动态监管。

根据笔者了解的情况，各地行政机关亦相应出台了关于矿山环境治理恢复保证金统一调整为基金的通知，并逐步退还矿山企业已缴存的保证金。与此同时，亦有一些地方政府建立了企业已缴存保证金转基金数据库，随时掌握企业资金情况，进行动态管理，实行治理效果无须政府验收就可支取保证金，筹集的基金由企业自主使用的新型模式。此模式可大大减少中间验收环节，提升资金的使用效率。

综上所述，在对权益金制度的概念以及我国权益金制度的四种表现形式进行分析梳理后，相信各位读者可以通过改革前后的对比发现其中的变化和异同，并就权益金制度体系所面临的问题予以了了解。

而在看到权益金制度尚不完善或尚存争议的同时,我们也应注意到本次权益金制度改革对矿政管理带来的积极影响及意义。

三、建立矿产资源权益金制度的功能及意义

权益金制度自建立以来,虽然在某些领域(主要集中在矿业权出让收益及资源税领域)仍存在较大争议,尤其是35号文的出台引发了一系列对于国家所有者权益概念的过分解读甚至误读。但总体而言,权益金制度的全面推进将有助于我国建立更加市场化、多元化、平衡化的矿政体系。其主要功能及意义包括:

(一)保障矿产资源国家所有者权益的实现

实现矿产资源国家所有者权益是权益金制度的首要功能和意义。在法学领域,矿产资源一直与财产紧密相连,受物权法的调整和规制。而国家所有权的本质是,以国家对个人的强制性支配权为内容的公共权力,既是权力,更是义务。这种公共权力需要强大的资金作为支撑,权益金的基本功能便是筹集财政资金。但是矿产资源不止具有经济价值,而且更具社会和生态价值。矿产资源价值承载着社会的公共利益,是社会共同生活所不可或缺的,必须用法律加以严格保护。国家享有矿产资源带来的财产收益的同时,还应实现对社会价值和生态价值的保护。只有站在国家的高度上,运用所有权人、行政管理者、国有资产投资者等多种身份管理矿产资源,我们才能协调经济价值、社会价值和自然资源生态价值这三个基本功能。

(二)促进矿业行业健康发展

权益金制度的作用还体现在促进矿业行业健康发展。矿产资源所有权不仅是经济特权的集合体,更是职权和责任的集合体。其存在的意义不仅在于收入,更在于服务。国家既服务于民,也要服务于企业。矿业行业健康发展主要体现在营造公平的市场竞争环境、提高企业积极性、落实企业环境保护责任三个方面。

一是营造公平的矿业市场竞争环境。一方面要扩大矿业权市场化出让的占比,赋予市场各主体参与竞争的准入机会;另一方面要赋予各种矿业权主体以平等的地位,例如,改变国有地勘单位不需直接向国家缴纳矿业权价款,而是直接转为国家资本金的现状,使民营和国有的矿业权主体形成公平竞争的局

面。二是激励企业投资矿业，提升各种资本类型的企业进入矿业领域的积极性，发挥社会资本对矿业市场的促进作用。三是落实矿山企业的环境保护责任，矿业权人是新建和在生产矿山的第一责任人，必须按照法律规定承担恢复治理矿山环境的主体责任。

（三）稳定中央和地方财政格局

权益金制度的作用也反映在中央与地方财政格局的稳定性上。权益金制度的本质就是收益分配，需平衡中央与矿产地的利益。矿产资源存在于地方政府辖区，地方政府行使了主要管理职能，例如，进行矿业活动管理、为企业提供服务，矿山环境恢复治理等，需承担大量的支出，故中央财政和地方财政是无法完全割裂的。地方政府不是实质上的所有权人，无法直接获取所有者权益，而有限的行政收费又不足以支撑或维持矿权管理的高效运转。因此，在本次权益金制度改革中，我们看到了更加倾向于地方的收益分配调整，并纳入一般公共预算管理，这对维护国家利益、促进矿业经济发展、提升地方矿政管理水平以及保护环境都具有重要且深远的意义。

四、我国权益金制度仍需解决或厘清的问题

1. 资源税性质不明，功能不定

29 号文出台后，“两价”调整为“出让收益”；“两费”整合为“占用费”，补偿费计入资源税；“一金”调整为“基金”。因此，现行的权益金制度结构是“一税、一费、一益、一金”。其中，调整之后的资源税、矿业权出让收益、矿业权占用费均是国家作为资源所有者权益的体现。但需要特别指出的是，资源税的性质始终不明，功能不定，在矿产资源的绝对地租和差级地租之间摇摆。且地租是对矿产资源所有权的补偿，而税收则是依靠国家政治强制力产生的，以资源税来体现国家的所有权权益导致了国家在矿产资源管理中身份的混乱。

因此，笔者建议决策者们仍需将矿业权出让收益和资源税的征收依据予以严格区分，并释明两者的根本区别（差异），构建合理的所有者权益实现体系。

2. 探矿权阶段即按照储量标准收取出让收益的理论依据不足，同权益金的内涵不符

呈如上文所述，权益金制度的实质即是矿业权人因利用不可再生的矿产资源而对国家进行的一种补偿行为，而国家作为宪法及《矿产资源法》规定的矿产

资源所有权人,也依法拥有收取权益金的法定权力。但需要特别说明的是,除因勘查活动而开采的少量矿产资源外,探矿阶段的储量是不能被开发利用的。因此,在本阶段仍以储量作为计算出让收益的标准并收取高额出让收益的行为则显得依据不足,且同权益金的内涵不符。

事实上,笔者理解,探矿阶段的出让收益同采矿阶段的出让收益是有明显区别的。

采矿阶段的出让收益具有双重属性,一方面应考虑在采矿权证有效期内可开采储量的情况,并以此作为出让收益的计算标准,符合“谁利用,谁补偿”的权益金原则;另一方面因采矿权的取得采用市场竞争机制,故竞争之下会产生相应的出让收益溢价,溢价本身同出让收益无关,而是市场竞争下的必然显现,故溢价部分严格意义上来说不是出让收益,虽然蕴含在出让收益之内,但该笔收入事实上是国家作为矿产资源所有权人赚取的“机会费”(或“门槛费”)。

而对于探矿阶段的出让收益,因不存在可利用资源的情况,其出让收益的计算也不应同储量挂钩。虽然我国建立了“探矿权阶段处置了出让收益转采时便无须处置”的政策,但该政策事实上对于国家和矿业权人都是不利的。

对国家而言,虽然在探矿阶段便按照储量收取了出让收益,但受限于地质工作程度等原因,该储量可能同转采时的储量相距甚远,特别是当转采储量远高于探矿权出让时的储量时,不利于国家行使矿产资源所有权,即相当于国家同矿业权人进行了对赌,结果赌输了。

对矿业权人来说,在地质工作程度还不明朗的情况下便承担了储量所对应的探矿权出让收益,风险很大。一旦经过地质工作查明储量情况不甚乐观,则将承担巨大的投资风险。即相当于矿业权人同国家进行了对赌,结果赌输了。

因此,这样的制度设计对国家和矿业权人来说都是不稳定的,存在风险的。而我国又不像国外一些国家,已经建立了完善的风勘市场。在现行体制下,探矿权还是被国家严格控制的。

据此,笔者认为,探矿阶段的出让收益当然要设定一个出让价格,只是该价格的计算标准不应同储量挂钩,因为适用储量的前提一定是可开采、可利用。探矿权出让收益更多体现的应该是“机会费”的概念,即国家在本阶段赚取的出让收益更多来自市场竞争下所产生的溢价收入。

3.35 号文仍需进一步修正和完善

(1)对于空白地需要收取矿业权出让收益的问题,应以矿业权人取得矿业权的时点是否在35号文出台前作为其是否需要缴纳出让收益的标准,目前35号文的规定有违"法不溯及既往"的原则。

35号文第2条规定:"申请在先方式取得探矿权后已转为采矿权的,如完成有偿处置的,不再征收采矿权出让收益;如未完成有偿处置的,应按剩余资源储量以协议出让方式征收采矿权出让收益。尚未转为采矿权的,应在采矿权新立时以协议出让方式征收采矿权出让收益。"据此,随着35号文的出台,所有通过申请在先方式取得的空白地亦纳入需要缴纳矿业权出让收益的范围中来。

对此,笔者认为,虽然我国矿业权权益金制度改革后,出让收益作为体现国家所有权性质的款项在收取时已不再区分空白地和国家出资探明矿产地的概念而予以统一适用,但政策文件本身是应受到"法不溯及既往"原则规制的。然而在35号文中,仅仅是在出让收益缴纳基准储量上适用了"法不溯及既往"原则,即以该文件实施日2017年7月1日作为计算剩余应缴纳储量所对应的出让收益。但事实上,真正的,或者说全面的"法不溯及既往原则",是该政策本身在适用上不能溯及既往,即对于35号文出台前已经取得的空白地,不应缴纳任何矿业权出让收益。

因此,35号文在这个问题上有违"法不溯及既往"的原则,应予以修正。

(2)35号文应考虑矿业权人因风险勘查而支出的费用,在其缴纳矿业权出让收益时通过直接或部分抵扣以及补助等其他方式实现相对的公平,并鼓励矿业权人进行风勘,促进风勘市场的发展。

诚如前文所述,在空白地上,矿业权人通过大量的勘查投入获得勘查储量,并由此取得了矿业权。35号文出台前,对于空白地,因为没有国家投资,所以无须缴纳矿业权价款。但35文出台后,因体现国家所有者权益而必须缴纳矿业权出让收益,这就导致了目前双方权利义务的失衡。即矿业权人投入大量资金对空白地进行勘查的逻辑前提是在未来无偿取得矿业权。因此,其自行承担风勘费用的基础是无偿取得。但随着政策的调整,上述逻辑基础亦随之崩塌,这对风勘矿业权人来说,是不公平的。

综上所述,笔者认为,出于最朴素的公平原则,35号文也应充分考虑矿业权人因风险勘查而支出的费用,建议在其缴纳矿业权出让收益时通过直接或部分抵扣以及补助等其他方式弥补因政策调整而给矿业权人带来的心理落差和财产上的额外支出。

(3)在中央层面应统一对市场基准价、基准率的合理标准及范围做进一步的规定和限制,促进矿业市场蓬勃利好发展。

35号文第8条第2款及第12条对于市场基准价、基准率标准作出了规定,规定:“市场基准价由地方矿产资源主管部门参照类似市场条件定期制定,经省级人民政府同意后公布执行。”第12条同时规定:“第十一条所称矿业权出让收益基准率,由省级矿产资源主管部门、财政部门确定,并根据矿产品价格变化和经济发展需要,进行适时调整,报经省级人民政府同意后公布执行。”

据此,笔者认为,目前对于市场基准价、基准率的决定权均在省级人民政府层面,但笔者根据实践中诸多矿山企业反映的情况来看,确实存在市场基准价、基准率过高和未进行听证等问题。

综上所述,笔者建议,在矿业权出让收益征收体系尚未成熟的当下,中央层面应尽量收拢权利,根据矿业市场普遍情况制定更加合理的市场基准价、基准率标准及范围,以促进矿业市场更加蓬勃利好地发展。

(4)大型矿山及市场风险较高的矿业权应明确规定按照出让收益率的方式征收矿业权出让收益。

35号文第10条规定:“矿业权出让收益原则上通过出让金额的形式征收。对属于资源储量较大、矿山服务年限较长、市场风险较高等情形的矿业权,可探索通过矿业权出让收益率的形式征收。具体征收形式由矿业权出让机关依据资源禀赋、勘查开发条件和宏观调控要求等因素进行选择。前款所称出让收益率,是指矿业权出让收益占矿产品销售收入的比率。”

由此观之,35号文只是规定大型矿山及市场风险较高的矿业权可按照出让收益率的方式征收出让收益,但对于具体标准及如何征收等具体措施却没有进行规定。根据笔者了解的行业现实情况,大型矿山及市场风险较高的矿业权适用出让收益率方式是有其内在需要和现实考量的。鉴于大型矿山往往储量巨大、市场风险较高的矿种也随着极高的商业风险。因此,大型矿山和高风险矿种在按照一般方式缴纳矿业权出让收益时就会面临金额巨大和风险不可控的压力和困境。而出让收益率是同矿产品销售收入挂钩的,即保障了矿业权人在已经实现开采收益的基础上缴纳矿业权出让收益,有效地控制并解决了矿业权人的上述风险和压力,是值得推崇实践的征收原则。

综上所述,笔者认为35号文应进一步明确完善大型矿山及市场风险较高的矿业权按照出让收益率的方式征收矿业权出让收益的原则。

以上,便是笔者对权益金制度的梳理,争鸣焦点的总结以及相关建议。受限于对国内外权益金制度的研究能力和水平,可能在理解我国权益金制度时尚不能站在体系化的角度审视该制度的优劣和对具体问题给出完全符合法律逻辑的建议。不过都没关系,此文算是抛砖引玉,望同业内同仁共同探讨,一起为完善建设中国特色社会主义矿产资源权益金制度作出力所能及的贡献。

献·策

——油气上游管理相关问题及立法建议

2019年是我国油气行业全面深化改革的关键之年。2019年4月14日，中共中央办公厅、国务院办公厅印发了《关于统筹推进自然资源资产产权制度改革的指导意见》(以下简称《自然资源产权制度改革意见》)，为我国油气上游管理体制改革提供了政策导向；2019年12月17日，自然资源部发布了《矿法修订草案》，为我国油气上游管理体制改革提供了法律依据；2019年12月31日，自然资源部发布了《自然资源部关于推进矿产资源管理改革若干事项的意见(试行)》(自然资规〔2019〕7号，以下简称"7号文")，为我国油气上游管理体制改革提供了行动指南。

然而，改革在带来新的发展机遇的同时，也不可避免地会带来一系列新问题和新挑战，其中隐藏的制度与发展的矛盾也随着改革的深入而日益凸显。如何妥善处理油气上游管理体制改革所引发的各类问题，如何有效填补现行油气上游管理法律体系中的漏洞和空白，如何精准实现油气上游管理体制改革政策的落地发展等，都是现阶段面临和需要解决的难题。

因此，基于上述背景，笔者以油气勘查开采市场准入、矿业权竞争出让合同、探采合一、勘查区块退出以及矿业权与土地使用权的冲突协调五大问题为切入点撰写本文，旨在对现行立法及实务中存在的问题进行探讨和分析，并有针对性地提出相关立法建议。

一、我国油气勘查开采市场准入问题研究及立法建议

(一)油气勘查开采市场准入开放的发展趋势

2019年4月14日，中共中央办公厅、国务院办公厅发布了《自然资源产权

制度改革意见》,该意见指出要有序放开油气勘查开采市场。2019 年 6 月 30 日,国家发展和改革委员会、商务部连续发布了《外商投资准入特别管理措施(负面清单)(2019 年版)》(国家发展和改革委员会、商务部令第 25 号)、《自由贸易试验区外商投资准入特别管理措施(负面清单)(2019 年版)》(国家发展和改革委员会、商务部令第 26 号)和《鼓励外商投资产业目录(2019 年版)》(国家发展和改革委员会、商务部令第 27 号)三个部门规章,进一步放宽了外商投资油气勘查开发的市场准入条件。[①] 2019 年 12 月 4 日,中共中央、国务院又发布了《关于营造更好发展环境支持民营企业改革发展的意见》,在第 3 条关于进一步放开民营企业市场准入的问题中强调,在电力、电信、铁路、石油、天然气等重点行业和领域,放开竞争性业务,进一步引入市场竞争机制。2019 年 12 月 31 日,自然资源部发布了《关于推进矿产资源管理改革若干事项的意见》(自然资规〔2019〕7 号),[②]第 5 条对开放油气勘查开采市场作出进一步的具体规定:"在中华人民共和国境内注册,净资产不低于 3 亿元人民币的内外资公司,均有资格按规定取得油气矿业权。从事油气勘查开采应符合安全、环保等资质要求和规定,并具有相应的油气勘查开采技术能力。"

根据上述规定可知,开放油气勘查开采市场已经成为我国油气上游管理体制改革中不可逆转的发展趋势,并且正朝着步伐更快、层次更深的阶段迈进。

(二)现行立法及实务中存在的问题

与开放油气勘查开采市场的发展趋势相比较,我国现行立法及实务主要存在三方面的问题:一是我国现行法律规范对油气勘查开采市场准入作出了较多限制性规定;二是我国现行油气勘查开采市场准入法律体系尚不健全;三是社会资本参与油气勘查开采仍存有较大风险。

1. 我国现行法律规范对油气勘查开采市场准入作出了较多限制性规定

长期以来,我国油气上游产业处于相对垄断的格局,这既体现和渗透在现

---

① 与国家发展和改革委员会、商务部于 2018 年 6 月 28 日发布的《外商投资准入特别管理措施(负面清单)(2018 年版)》(国家发展改革委、商务部令 2018 年第 18 号)相比,国家发展和改革委员会、商务部于 2019 年 6 月 30 日发布的《外商投资准入特别管理措施(负面清单)(2019 年版)》(国家发展和改革委员会、商务部令第 25 号)取消了对"石油、天然气(含煤层气,油页岩、油砂、页岩气等除外)的勘探、开发限于合资、合作"的特别管理措施。同时,《鼓励外商投资产业目录(2019 年版)》(国家发展和改革委员会、商务部令第 27 号)中将"石油、天然气的勘探、开发和矿井瓦斯利用"列入全国鼓励外商投资产业目录。

② 自然资规〔2019〕7 号文发布日期为 2019 年 12 月 31 日,生效日期为 2020 年 5 月 1 日。

行油气上游管理法律规范之中，又通过法律规范不断进行深入和强化。例如，国务院于1998年2月12日发布的《矿产资源勘查区块登记管理办法》(国务院令第240号)第6条第2款规定："申请勘查石油、天然气的，还应当提交国务院批准设立石油公司或者同意进行石油、天然气勘查的批准文件以及勘查单位法人资格证明。"实际上，我国仅有中石油、中石化、中海油以及延长石油等少数国有油气公司具有这一资质，其他社会资本进入油气上游市场进行勘查开采都存在严重的政策壁垒和制度障碍。

2. 我国现行油气勘查开采市场准入法律体系尚不健全

我国《矿产资源法》以及与之相配套的法律规范主要制定和修改于20世纪八九十年代，大多带有浓厚的行政监管色彩和时代烙印，既与现阶段我国油气上游管理的现实需求出现脱节，也和油气上游管理的发展现状不相契合。此外，我国油气上游管理并未形成较为系统的独立法律制度体系，相关法律条款散见于多个法律规范之中，再加上我国油气勘查开采市场化改革尚处于探索阶段，配套法律法规尚在制定和修改之中，从而导致缺乏体系上的合理规划和相互配套，甚至出现混乱和矛盾。

3. 社会资本参与油气勘查开采仍存有较大风险

油气资源的勘查开采具有高投入、高技术、高风险、长周期和高回报的特点，我国油气领域已经先后进行了几轮矿业权竞争性出让，从邀请招标到公开招标，从拍卖出让到挂牌出让，都进行了全面尝试。这些都是对油气勘查开采市场准入改革的有益探索，但在实践中也各自存在诸多的风险和不确定性。例如，根据原国土资源部《关于招标出让页岩气探矿权勘查期满处置结果的公告》(2014年第25号)，在第一轮页岩气招标中，由于中国石油化工股份有限公司和河南省煤层气开发利用有限公司未按照页岩气探矿权出让合同的约定完成承诺勘查投入，中国石油化工股份有限公司按未完成承诺勘查投入的比例缴纳了797.98万元违约金，核减了"南川区块"面积593.44平方千米；河南省煤层气开发利用有限公司按未完成承诺勘查投入的比例缴纳了603.55万元违约金，核减了"秀山区块"面积994.15平方千米。同时，在第二轮页岩气以及新疆油气区块招投标中，也出现了中标企业没有按照招标承诺完成相应勘查投入的情况，导致最后不得不退出中标区块并注销已获得的油气探矿许可证。

从过去几轮的油气改革尝试来看，以承诺勘查投入多寡作为竞标主要指标是存在问题的。新进入油气勘查开采的市场主体由于对油气成矿规律、油气相关法律法规及出让市场的基本游戏规则不熟悉，甚至作了不客观、不理智的竞标承诺，付出了比较大的代价。

（三）立法建议

我们认为，有序开放油气勘查开采市场的立法建议主要包括三个方面：一是建立科学完备的油气勘查开采市场准入法律规范体系；二是制定系统完善的油气勘查开采市场准入配套措施；三是加强油气勘查开采的事中事后监管。

1. 建立科学完备的油气勘查开采市场准入法律规范体系

我国应构建科学完备的油气勘查开采市场准入法律规范体系，有序放开油气勘查开采市场准入，逐步清理和废除妨碍油气勘查开采全国统一市场和公平竞争的各种法律和政策规定，尤其是阻止和妨碍社会资本进入油气勘查开采市场的历史性保护规定。同时，还应当反对和严禁各类违法施行的优惠政策和垄断保护，平等保护各类市场主体，逐步实现油气勘查开采市场投资主体的多元化。在逐步实现市场主体多元化的进程中，可以先在“三桶油”等大石油公司内部区块和内部主体范围内搞活勘查开采竞争机制，同步推进其他各类主体进入油气勘查开采的市场。

2. 制定系统完善的油气勘查开采市场准入配套措施

有序放开油气勘查开采市场政策的真正落地，有赖于具体配套措施的出台和实施。我们建议应当根据具体实际，抓紧制定关于油气勘查开采市场准入的具体实施细则，对油气上游市场的准入主体、准入条件、准入程序等具体内容作出全面系统的规定，从而进一步稳定市场预期，为社会资本参与油气勘查开采活动提供法律依据和法律保障。

3. 加强油气勘查开采的事中事后监管

开放油气勘查开采市场并不意味着不需要任何行政机关的监管，相反，油气作为国家所有权的客体，具有稀缺性、耗竭性和不可再生性等自然属性，为确保我国资源、能源、环境等安全以及油气勘查开采活动的有序进行，事中事后监管是油气勘查开采过程中必不可少的内容。我们建议制定科学有效的油气勘查开采市场监管规则、流程和标准，健全事中事后监管机制，综合利用市场、行政和社会等多种手段实现协同监管，实现市场配置和政府监管协调发展的新格局。

综上所述，如何建设并在发展中形成一套符合油气行业客观规律的市场化、规范化的上游矿业权出让、勘查开采等法律体系，是未来油气体制改革进程的重中之重。

二、我国油气矿业权竞争出让合同研究及立法建议

（一）油气矿业权竞争性出让的发展趋势

2017年6月，中共中央办公厅、国务院办公厅印发了《矿业权出让制度改革方案》（厅字〔2017〕12号），明确要求全面推进矿业权竞争性出让，实现“信息公开、程序公正、竞争公平”。2017年4月13日，国务院印发《矿产资源权益金制度改革方案》（国发〔2017〕29号），明确指出要全面实现矿业权竞争性出让，严格限制协议出让行为。2019年4月14日，中共中央办公厅、国务院办公厅发布《自然资源产权制度改革意见》，并强调要全面推进矿业权竞争性出让，调整与竞争性出让相关的探矿权、采矿权审批方式。2019年12月17日，自然资源部发布的《矿法修订草案》明确指出应全面推进矿业权竞争出让制度。2019年12月31日，自然资源部发布了《关于推进矿产资源管理改革若干事项的意见》，其第1条第2款明确规定：“继续推进油气（包括石油、烃类天然气、页岩气、煤层气、天然气水合物，下同）探矿权竞争出让试点。在全国范围内探索以本附件所列的出让收益市场基准价确定的价格等作为油气探矿权竞争出让起始价，开展油气探矿权竞争出让试点，探索积累实践经验，稳步推进油气勘查开采管理改革。”

从上述规定可以看出，全面推进油气矿业权竞争出让，既是我国近年来油气矿业权出让体制改革的重要举措之一，亦是大势所趋，且有发展不断加快之势。

（二）矿业权出让合同是实现油气竞争性出让制度以及明确用益物权权益和后续行政监管职责的重要载体和根本凭借

油气矿业权竞争性出让的发展趋势已经突破了现行油气上游管理法律制度体系，造成一定时期法律适用上的混乱，甚至使各方处于无法可依的尴尬境地。国家作为出让人与受让人签订的矿业权出让合同，在确立双方权利义务内容和规范双方后续行为方面发挥着重要作用。矿业权出让合同如何制定、合同各方应该如何履行以及履行争议应如何解决等一系列问题都是直接决定每一宗油气矿业权未来勘查开采的重要问题。

2019年12月17日，自然资源部发布《矿法修订草案》，并在多处对矿业权出让合同相关问题作出了规定。其第32条增加了油气特别规定：“石油、天然

气等矿产资源实行探采合一制度。石油、天然气等矿产资源探矿权人发现可供开采的石油、天然气等矿产资源的，有权在报告国务院自然资源主管部门后即可进行开采。进行开采的石油、天然气等矿产资源探矿权人应当在国务院自然资源主管部门规定的期限内，申请签订采矿权出让合同。国务院自然资源主管部门应当同时为其办理采矿权登记并发放采矿权证书。对于逾期未签订石油、天然气等矿产资源采矿权出让合同进行开采的，依照本法第四十四条规定追究法律责任。”该条规定从法律层面肯定了矿业权出让合同在油气矿业权出让活动中的重要作用。

同时，最高院也通过司法解释的形式对矿业权出让合同的规则进行了不断丰富和完善。2019 年 11 月 27 日，最高院发布了《矿业权纠纷司法解释》（法释〔2019〕17 号）。其第 2 条规定：“公民、法人或者其他组织就下列行政协议提起行政诉讼的，人民法院应当依法受理：……（三）矿业权等国有自然资源使用权出让协议；……”该条明确规定矿业权出让合同属于行政协议，当事人对在矿业权出让合同订立、履行、变更、解除等过程中产生的纠纷，可以通过行政诉讼的方式维护自身合法权益。此外，2017 年 6 月 24 日，最高院发布了《关于审理矿业权纠纷案件适用法律若干问题的解释》（法释〔2017〕12 号）。其第 2 条规定：“县级以上人民政府国土资源主管部门作为出让人与受让人签订的矿业权出让合同，除法律、行政法规另有规定的情形外，当事人请求确认自依法成立之日起生效的，人民法院应予支持。”该条规定对依法成立的矿业权出让合同的效力予以了肯定。

从上述分析可知，矿业权出让合同已被明确定性为行政协议，随着改革的逐步深入，未来将在完善产权保护、规范矿业权出让、实现行政管理目标以及保障投资者权益等诸多方面扮演越来越重要的角色。

（三）矿业权出让合同在现行立法及实务中存在的问题

与油气矿业权竞争性出让的发展趋势相比较，矿业权出让合同在我国现行立法及实务中主要存在三方面问题：一是我国现行法律规范缺乏对油气矿业权出让合同的具体规定；二是油气矿业权出让合同在具体适用过程中存在不规范问题；三是油气矿业权出让合同没有标准合同范本。

1. 我国现行法律规范缺乏对油气矿业权出让合同的具体规定

目前，我国并没有法律、行政法规对油气矿业权出让合同进行明确规定。

原国土资源部于2017年9月6日印发的《矿业权交易规则》(国土资规〔2017〕7号)虽然对矿业权出让合同的基本内容等事项作出了规定,但是该规则也存在明显的不足:其一,该规则对矿业权出让合同的规定比较分散,没有形成较为完整的规范体系;其二,该规则对矿业权出让合同的规定比较模糊,没有形成明确具体的操作性规范指引;其三,该规则对矿业权出让合同的规定比较笼统,没有针对油气资源的具体特性作出与其他类型矿产资源的区分性规定,也没有根据矿业权出让方式的不同作出区分性规定。

2. 油气矿业权出让合同在具体适用过程中存在不规范问题

我们也注意到,实务中,油气矿业权出让合同的具体适用也存在很大程度的不规范问题。例如,在第二轮页岩气勘查区块出让过程中,第二轮页岩气勘查区块出让文件主要包括:招标出让公告、招标文件(包括勘查承诺书和履约保函)、投标文件和中标通知书等,而没有关于《探矿权出让合同》的要求。作为体现受让方(中标人)权利义务的《页岩气勘查承诺书》虽然达到了以中标人单方承诺形式达成合意的目的,但因其不是通常的体现双方意思表示的合同,在实践中极易产生争议。

3. 油气矿业权出让合同没有标准合同范本

我国矿产资源主管部门尚未制定统一规范的油气矿业权出让合同范本,从而导致油气矿业权出让合同缺乏规范有效的指导和管理。这不仅给出让合同的实际履行带来重大不利影响,也为矿业权出让活动合法有序地进行埋下隐患。同时,与土地使用权出让合同管理相比,我国矿业权出让合同管理存在较大的差距。具体而言,我国土地使用权出让合同示范文本自1991年发布,经1994年、2000年、2006年和2008年四次修订,[①]在实际使用的过程中不断进行了修改完善。最新的土地使用权出让合同示范文本正文分为9章46条,对出让土地的交付与出让价款的缴纳、土地开发建设与利用等内容都作出了指导性

---

① 1991年,原国家土地管理局、国家工商行政管理局发布了《关于发布国有土地使用权出让合同外商投资企业土地使用合同示范文本的通知》(〔1992〕国土〔建〕字第7号);1994年,原国家土地管理局、国家工商行政管理局发布了《关于发布国有土地使用权出让合同和外商投资企业土地使用合同示范文本的通知》(〔1994〕国土〔建〕字第18号);2000年,原国土资源部、国家工商行政管理局发布了《关于发布〈国有土地使用权出让合同〉示范文本的通知》(国土资发〔2000〕303号);2006年,原国土资源部、国家工商行政管理总局发布了《关于发布〈国有土地使用权出让合同补充协议〉示范文本(试行)的通知》(国土资发〔2006〕83号);2008年,原国土资源部、国家工商行政管理总局发布了《关于发布〈国有建设用地使用权出让合同〉示范文本的通知》(国土资发〔2008〕86号)。

和示范性规定。

(四)立法建议

完善油气矿业权出让合同的立法建议主要包括三个方面:一是完善油气矿业权出让合同的法律法规;二是制定油气矿业权出让合同管理办法;三是发布油气矿业权出让的标准合同范本。

1. 完善油气矿业权出让合同的法律法规

当前,油气矿业权出让合同的法律规定处于较为缺失状态,故应加快完善相关法律法规,在法治下推进改革,在改革中完善法治,并抓紧清理修改一切不符合油气矿业权竞争性出让改革发展理念和要求的法律法规,及时将前几轮油气矿业权竞争性出让实践中形成的成熟经验上升到法律层面。立法机关、行政机关和司法机关之间应加强沟通,配合做好相关法律法规的立改废释工作。

2. 制定油气矿业权出让合同管理办法

矿产资源主管部门应不断强化法律意识和契约意识,研究制定油气矿业权出让合同管理办法,不断完善油气矿业权出让合同管理体系,加强对油气矿业权出让合同谈判、签订、履行、变更、解除等全过程的管理,强化对油气矿业权出让合同执行情况的监督,通过履约考核、信用评价、奖励处罚等措施督促合同双方履约守信。

3. 发布油气矿业权出让的标准合同范本

矿产资源主管部门应遵守法律法规和有关规定,充分考虑油气资源的自然属性、法律属性和社会属性,吸收和借鉴前几轮油气矿业权竞争性出让合同中成熟的条款设计,制定油气矿业权出让的标准合同范本,对出让油气矿业权的范围和性质、矿业权期限、勘查和开发义务、环保安全责任义务、最低义务工作量、争议解决条款等重要问题进行详细规定,并根据实际使用过程中遇到的具体问题定期进行修改完善。

三、我国油气探采合一问题研究及立法建议

(一)我国油气探采合一的发展趋势

2019 年 4 月 14 日,中共中央办公厅、国务院办公厅发布《自然资源产权制度改革意见》。其第 4 条规定:“……探索研究油气探采合一权利制度,加强探矿权、采矿权授予与相关规划的衔接。……”《矿法修订草案》第 32 条对油气资源作出了特别规定:“石油、天然气等矿产资源实行探采合一制度。石油、天然

气等矿产资源探矿权人发现可供开采的石油、天然气等矿产资源的，有权在报告国务院自然资源主管部门后即可进行开采。进行开采的石油、天然气等矿产资源探矿权人应当在国务院自然资源主管部门规定的期限内，申请签订采矿权出让合同。国务院自然资源主管部门应当同时为其办理采矿权登记并发放采矿权证书。对于逾期未签订石油、天然气等矿产资源采矿权出让合同进行开采的，依照本法第四十四条规定追究法律责任。”2019 年 12 月 31 日，自然资源部发布 7 号文。其第 6 条对实行油气探采合一制度作出具体规定：“根据油气不同于非油气矿产的勘查开采技术特点，针对多年存在的问题，油气矿业权实行探采合一制度。油气探矿权人发现可供开采的油气资源的，在报告有登记权限的自然资源主管部门后即可进行开采。进行开采的油气矿产资源探矿权人应当在 5 年内签订采矿权出让合同，依法办理采矿权登记。”上述规定已经清楚表明了我国油气探采合一的发展趋势。

（二）现行立法及实务中存在的问题

《矿产资源法》第 3 条第 3 款规定：“勘查、开采矿产资源，必须依法分别申请、经批准取得探矿权、采矿权，并办理登记；但是，已经依法申请取得采矿权的矿山企业在划定的矿区范围内为本企业的生产而进行的勘查除外……”该款规定确立了我国油气探采分离的立法体例，探矿权和采矿权并不直接挂钩，探矿权人享有在依法取得的勘查许可证的范围内勘查矿产资源的权利，但是探矿权人只有在符合法定条件和履行法定程序之后才能取得采矿权。探采分离的立法体例严重违背了油气勘查开发生产活动的客观规律，改革的呼声也日益高涨。

（三）立法建议

虽然《矿法修订草案》和《关于推进矿产资源管理改革若干事项的意见》明确了我国实行油气探采合一制度，但这两个法律文件对油气探采合一仅作了原则性和方向性的规定，具体政策的落地仍需要相关法律规范的协调配合。一方面，应根据上位法的修改规定，及时开展法规清理工作，对不符合油气探采合一制度的规定，应当及时进行修改或废止，如删除试采、滚动勘探开发相关规定；另一方面，应根据油气勘查开发生产活动的客观规律、技术特点和管理要求，依法、科学、合理地制定配套法规、实施细则以及管理办法，做好与油气探采合一制度相衔接的立法工作。

四、我国油气勘查区块退出问题研究及立法建议

(一)我国油气勘查区块退出的发展趋势

2017 年 5 月 21 日,中共中央、国务院印发《关于深化石油天然气体制改革的若干意见》(中发〔2017〕15 号),强调“实行勘查区块竞争出让制度和更加严格的区块退出机制”。2018 年 8 月 30 日,国务院发布《关于促进天然气协调稳定发展的若干意见》(国发〔2018〕31 号),指出要严格执行油气勘查区块退出机制。2019 年 4 月 14 日,中共中央办公厅、国务院办公厅发布《自然资源产权制度改革意见》,要求制定实施更为严格的区块退出管理办法。

从上述规定可以看出,建立健全更加严格的油气勘查区块退出机制,加大油气勘查区块退出机制的执行力度,是现阶段我国油气勘查区块退出制度改革的重要方向。

(二)现行立法及实务中存在的问题

与油气勘查区块退出的发展趋势相较,我国现行立法及实务中主要存在三方面问题:一是法律规范的缺失,导致区块退出的依据不足;二是探矿权人的持有成本较低,导致区块退出的动力不够;三是探矿权人的违法成本偏低,导致法律威慑作用未得到充分发挥。

1. 法律规范的缺失,导致区块退出的依据不足

我国现行法律法规没有对油气勘查区块退出作出明确具体的规定,这也是油气探矿权人可以长期持有勘查区块的直接原因。虽然原国土资源部于 2017 年 12 月 14 日发布的《关于进一步规范矿产资源勘查审批登记管理的通知》(国土资规〔2017〕14 号)对勘查区块的强制退出作出了规定,但主要是针对非油气探矿权而言。① 实践中,由于缺乏强有力的法律依据,大量常规油气勘查区块的退出主要依靠地质矿产主管部门与油气公司协商解决。②

---

① 原国土资源部《关于进一步规范矿产资源勘查审批登记管理的通知》在“……二、完善探矿权新立、延续、保留审批管理”中规定:……(八)非油气探矿权延续时,应当提高符合规范要求的勘查阶段,未提高勘查阶段的,应当缩减不低于首次勘查许可证载明勘查面积的 25%,下列情形除外:1. 中央或者地方财政全额出资勘查的探矿权;2. 已设采矿权矿区范围垂直投影的上部或者深部勘查且与已设采矿权属同一主体的探矿权;3. 经储量评审认定地质工作程度达到详查及以上且地质报告已经资源储量评审备案的探矿权。合并、分立或者扩大过勘查范围的探矿权,以其登记后的范围作为延续时缩减的首设面积。”

② 参见王世虎:《石油天然气体制改革背景下中国油气探矿权退出机制研究》,载《国际石油经济》2019 年第 12 期。

2. 探矿权人的持有成本较低,导致区块退出的动力不够

自实行矿业权登记制度以来,我国大量的陆地和海域油气区块主要被国有大型石油公司通过"申请在先"的方式取得。国务院于 1998 年 2 月 12 日发布的《矿产资源勘查区块登记管理办法》第 12 条明确规定:"国家实行探矿权有偿取得的制度。探矿权使用费以勘查年度计算,逐年缴纳。探矿权使用费标准:第一个勘查年度至第三个勘查年度,每平方公里每年缴纳 100 元;从第四个勘查年度起,每平方公里每年增加 100 元,但是最高不得超过每平方公里每年 500 元。"根据该条规定,对于油气探矿权人而言,即使长期持有油气勘查区块,所需要承担的探矿权使用费最高也仅为每平方公里每年 500 元,由于油气探矿权持有的成本低,探矿权人勘查投入和区块退出的动力严重不足。

3. 探矿权人的违法成本偏低,导致法律威慑作用未得到充分发挥

《矿产资源勘查区块登记管理办法》第 29 条规定:"违反本办法规定,有下列行为之一的,由县级以上人民政府负责地质矿产管理工作的部门按照国务院地质矿产主管部门规定的权限,责令限期改正;逾期不改正的,处 5 万元以下的罚款;情节严重的,原发证机关可以吊销勘查许可证:(一)不按照本办法的规定备案、报告有关情况、拒绝接受监督检查或者弄虚作假的;(二)未完成最低勘查投入的;(三)已经领取勘查许可证的勘查项目,满 6 个月未开始施工,或者施工后无故停止勘查工作满 6 个月的。"从"责令限期改正"到"逾期不改正的,处 5 万元以下的罚款"再到"情节严重的,原发证机关可以吊销勘查许可证"可知,该条规定的法律责任与油气最低勘查投入的要求相比严重失衡,再加上实践中执法力度较低、执法要求不严等问题,油气探矿权的违法成本偏低,法律的威慑作用并未得到充分发挥。

(三)立法建议

我们认为,完善油气勘查区块退出的立法建议主要包括三个方面:一是建立健全油气勘查区块退出法律规范体系;二是提高油气探矿权人的持有成本,加强油气探矿权管理;三是严格规定油气探矿权人的法律责任,加大执法力度。

1. 建立健全油气勘查区块退出法律规范体系

及时修改《矿产资源法》及其配套的法律规范,建立健全油气勘查区块退出法律规范体系,完善油气勘查区块退出法律制度。针对油气勘查区块的退出条件、退出方式、退出程序等问题,出台具有规范性、实用性和可操作性的油气勘

查区块退出管理办法，进一步明确油气探矿权人的权利和义务，构建系统完善的油气勘查区块退出法律规范体系。

2. 提高油气探矿权人的持有成本，加强油气探矿权管理

合理提高油气最低勘查投入标准和油气探矿权占用费，将油气最低勘查投入与油气勘查区块退出制度紧密挂钩，建立更加严格的油气勘查区块退出机制。严格防范油气上游市场出现“跑马圈地”的“圈而不探”的行为，从而提高油气资源利用效率。

3. 严格规定油气探矿权人的法律责任，加大执法力度

建立健全油气勘查区块强制性退出制度，依照法定条件和法定程序实施油气勘查区块的强制退出，严格规定油气探矿权人的法律责任。加强对油气探矿权人的信用监管，建立健全违法失信联合惩戒机制，增加违法行为的法律成本。确立随机抽查、联合执法等执法监管措施，加大执法监管力度，严格执行油气勘查区块退出机制，严肃查处违法行为，执法必严，违法必究，切实改变执法不到位的状况。

五、我国油气矿业权与土地使用权冲突协调问题研究及立法建议

（一）我国油气矿业权与土地使用权冲突协调的发展趋势

2019 年 4 月 14 日，中共中央办公厅、国务院办公厅发布《自然资源产权制度改革意见》，明确指出“完善探矿权、采矿权与土地使用权、海域使用权衔接机制”。2019 年 12 月 17 日，自然资源部发布的《矿法修订草案》第 30 条对矿业用地用海作出了明确规定：“国家建立矿业用地、矿业用海制度。有关人民政府自然资源主管部门应当依法保障矿业权人通过出让、出租、作价出资（入股）等方式使用勘查、开采矿产资源所需土地（含林地、草地）、海域。开采重要矿产资源，确需征收农民集体土地、收回国有土地使用权或者海域使用权以及将农用地转为建设用地的，有关人民政府应当依法办理相关手续。勘查、开采矿产资源应当节约集约使用土地、海域。”2019 年 12 月 31 日，自然资源部发布《关于推进矿产资源管理改革若干事项的意见》，对积极推进“净矿”出让作出了明确规定：“开展砂石土等直接出让采矿权的‘净矿’出让，积极推进其他矿种的‘净矿’出让，加强矿业权出让前期准备工作，优化矿业权出让流程，提高服务效率，依据地质工作成果和市场主体需求，建立矿业权出让项目库，会同相关部门，依法依规避让生态保护红线等禁止限制勘查开采区，合理确定出让范围，并做好

与用地用海用林用草等审批事项的衔接,以便矿业权出让后,矿业权人正常开展勘查开采工作。”

根据上述规定,油气矿业权与土地使用权冲突协调问题是我国现阶段矿业制度改革中重点关注的焦点问题,我国也正在积极探索创新油气矿业权与土地使用权的冲突协调机制。

(二)现行立法及实务中存在的问题

我国油气矿业权与土地使用权之间冲突的产生是多种因素共同作用的结果,具体而言:

其一,油气矿业权与土地使用权冲突的根本原因是法律关系要素之间存在矛盾。一是权利主体的矛盾。油气矿业权和土地使用权分别由两套法律体系来规范,实行两套审批制度,两者很有可能归属不同的权利人,取得油气矿业权的主体不一定能够取得土地使用权,反之亦然。二是权利客体的矛盾。油气矿业权的客体是赋存于其权利范围内的油气资源,而土地使用权的客体则为其权利范围内的土地资源,两者在地理空间上可能存在一定范围交叉。三是权利内容的矛盾。油气矿业权和土地使用权都属于物权法的调整范畴,都具有对世性和排他性,权利主体都享有直接支配权利客体并排除他人干涉的权利。四是行使方式的矛盾。油气矿业权人在从事油气勘查、开采等活动中很有可能会给地表土地带来土壤破坏等不利影响,而土地使用权人在从事地面建设等活动时也可能会给油气资源带来压覆等方面的妨害。

其二,油气矿业权与土地使用权冲突的直接原因是缺乏明确具体的冲突协调规范。我国矿业用地法律规范存在缺位,尚未形成统一、明确和具体的油气矿业权与土地使用权的冲突协调机制。

其三,油气矿业权与土地使用权冲突的现实原因是合法探采、违法用地的现象大量存在。大量的矿业企业为了降低成本,采用“以租代征”等不符合我国土地管理法律规定的用地方式。

(三)立法建议

完善油气矿业权与土地使用权冲突协调的立法建议主要包括五个方面:其一,衔接油气资源和土地利用规划。2019 年 8 月 26 日修改的《土地管理法》第

18 条对国土空间规划作出了明确规定。① 在国土空间规划编制的过程中应加强对油气资源的综合调查评价,并为油气资源的勘查开采活动预留一定的空间,实现油气资源和土地利用规划的有效衔接。其二,创新矿业用地的取得方式。积极探索符合油气勘查开采需要的多元供地模式,理顺油气矿业权与土地使用权的优先顺序,有效吸收和借鉴自然资源部于 2019 年 12 月 17 日发布的《关于实施海砂采矿权和海域使用权"两权合一"招拍挂出让的通知》(自然资规〔2019〕5 号)中的有益经验。其三,优化矿业用地的取得程序。建立矿业用地协商机制,为油气矿业权人与土地使用权人就矿业用地协商谈判提供制度保障。其四,健全矿业用地的退出渠道。为油气矿业权人提供多元化、规范化和市场化的矿业用地退出方式,提高自然资源的利用效率。其五,完善矿业用地的争议解决机制。建立预防和化解油气矿业权与土地使用权冲突的争议解决机制,完善矿业用地损害赔偿制度,维护各方当事人的合法权益。

油气上游管理体制改革具有长期性、系统性和复杂性的特点,油气行业的行政主体以及其他企业主体等都要正确处理好行政监管和市场配置、公法规制和私法调整、短期目标和长远利益等各方面的关系,努力实现有序开放油气上游市场、完善竞争出让合同、实现油气探采合一、健全勘查区块退出机制以及构建矿业用地体系等油气体制改革目标。

① 《土地管理法》第 18 条规定:"国家建立国土空间规划体系。编制国土空间规划应当坚持生态优先,绿色、可持续发展,科学有序统筹安排生态、农业、城镇等功能空间,优化国土空间结构和布局,提升国土空间开发、保护的质量和效率。经依法批准的国土空间规划是各类开发、保护、建设活动的基本依据。已经编制国土空间规划的,不再编制土地利用总体规划和城乡规划。"

第二篇 民事争议

真·意

——涉矿股权转让合同中矿业权存在瑕疵导致无法实现交易目的的风险防控条款设计及其司法观点

在涉及以矿业权为核心标的的交易中,因矿业权转让行为需要经过矿产资源主管部门的审批,加之矿业权资产价值往往都很巨大,直接资产转让通常会带来较大的税负压力,故矿业权二级市场交易大多采用股权转让的方式以实现间接控制矿业权的根本目的。

股权是一种综合性的财产权利,不仅包括财产收益权还包括公司经营决策等多种管理性权利。在涉矿股权转让交易过程中,收购方的交易目的绝不仅仅是完成工商变更登记持有该等股权,实质上还包括收购方对该股权所蕴含的核心经营性资产——矿业权的投资与控制。但在交易过程中或交割完成后,如果因矿业权资产本身存在瑕疵等严重问题导致上述交易目的无法实现,作为收购方又该如何防控风险以及寻求救济呢?

鉴于矿产资源领域的并购行为本身具有较强的行业特殊性和专业性,一份好的股权转让合同更是保障交易双方合法权益及交易目的能够最终实现的重要依据。笔者作为扎根矿产资源领域多年的律师,根据经年积累的涉矿并购交易经验及教训,形成本专题文章,旨在为您的涉矿交易保驾护航。

一、涉矿股权转让中可能遇到的瑕疵矿业权情形梳理

涉矿股权转让中,收购方可能遇到以下矿业权瑕疵的情形:

(一)矿业权基本参数存在瑕疵

所谓矿业权基本参数存在瑕疵,即指矿业权所蕴含的储量、品位等同矿业权价值以及未来投资收益息息相关的指数、参数等数据存在主观造假或客观负

变，或者转让方刻意隐瞒、调整矿业权相关数据以达到符合收购方期待值及其内部可行性投资测算要求（包括但不限于财务、技术等要求）的行为。该种行为不要求转让方存在主观故意，只要矿业权出现同股权转让协议签订时承诺或披露的矿业权基本情况不符的事实时，即构成矿业权的瑕疵。

由此观之，如果矿业权基本参数存在瑕疵，则对于收购方的经营投资行为无疑是灾难级的损害，这将直接导致股权转让合同的交易目的无法实现。因此，如何在股权转让协议中通过条款设计防范此类严重风险，对收购方而言无疑至关重要。

（二）矿业权存在权利瑕疵

所谓权利瑕疵，即指股权转让时，矿业权的权利内涵不完整，或者存在第三人的权利甚至侵犯了第三人权利的情形。具体来说，包括以下几类情况：

第一，矿业权人对其名下矿业权享有的处置权益不完整，处分权受到法律限制。具体包括：(1)矿业权上存在抵押权、质押权等他物权。(2)矿业权证因各种原因尚不取得或不在有效期内。如矿业权人已同矿产资源主管部门签订《矿业权出让协议》，但尚未取得矿业权证；或者矿业权证已过有效期，矿业权人已依法申请矿业权延续但尚未获得批准。(3)目标公司矿业权的取得（或合法有效性）有赖于同第三方交易的进程和结果。如目标公司已同第三方签订《矿业权转让协议》，但转让行为尚未取得矿产资源主管部门批准或批准后仍未办理完毕矿业权人变更登记手续。

第二，矿业权被法院依法查封、扣押、冻结。

第三，目标公司通过租赁、承包、抵押、非法转让等方式实际占有矿业权，但并非构成法律上认可的合法矿业权人的情形。

综上所述，在目标公司矿业权存在上述权利瑕疵的情况下，如果股权转让方隐瞒这一事实，则收购方受让股权后，可能会因为最终无法取得矿业权，或第三人对该矿业权行使抵押权、质押权、追偿权、要求承担侵权责任，以及矿业权被法院拍卖处分以抵偿债务等情形而遭受巨大经济损失。一旦发生上述情况，收购方将很难实现股权转让的合同目的，面临权财两空的局面。

（三）矿业权存在效能及审批上的瑕疵

所谓效能及审批上的瑕疵，即指股权转让时，目标公司持有的矿业权虽不存在相关数据或权利上的瑕疵，但由于政府审批、政策调整等原因导致该矿业权无法用于生产经营或无法达到投资收益的要求，致使收购方无法实现其购买股权所要达到的商业运营目的的情形。在实践中主要包括以下两种情况：

第一，目标公司持有的矿业权是否需要缴纳出让收益尚未可知，或确定需要缴纳，但缴纳金额、缴纳方式等问题未能确定。该问题已普遍存在于目前的矿产资源股权并购项目中。2017 年 7 月 1 日，财政部、原国土资源部《关于矿业权出让收益征收管理暂行办法》（财综〔2017〕35 号）正式实施。伴随着财综〔2017〕35 号文的实施，一系列不确定的问题亦随之产生：矿业权出让收益在何种情况下需要缴纳？缴多少？什么时候缴？怎么分期缴？第一期至少缴多少？出让收益金额的储量计算基数到底是该矿业权对应的全部保有储量，还是矿山规模对应的矿证年限乘以生产规模后的预估消耗储量？

笔者的客户朋友们也总是期望我们就上述问题给出肯定的答案，因为出让收益的缴纳关系到投资测算，关系到资产评估，关系到收益是否符合收购方集团内部要求，关系到本次交易能否顺利进行，但我们有时真的无能为力。在矿业权权益金制度改革仍处于交叉过渡期的今天，一切政策都有可能随之调整，因此才会出现一些矿产资源主管部门选择暂不收取或者对一些存量矿业权不主动收取出让收益而继续观望的情况。

第二，目标公司持有的矿业权处于生态红线范围内或因政府关停并转等政策不予延续或者注销。需要特别提示的是，随着国家对于生态文明建设的日益重视和对环境保护力度的日渐加强，国家对于矿业权处于生态红线范围内的问题，将实行最严格的管控退出机制。因此，如果目标公司持有的矿业权部分甚至全部位于生态红线范围内，则在收购方对此情况不甚了解的情形下，其股权交易的合同目的便很难得到实现。另外，一些地方还存在因政府关停并转政策而导致目标公司矿业权丧失的情形。对于此类因政府政策原因所导致的矿业权部分灭失甚至全部灭失的情况，是需要收购方予以特别关注的。

除此之外，其他影响矿业权权利状态的政策因素还有很多，如关于即将到期的矿业权未来能否顺利延续的法律判断，再如是否存在压覆及重叠的潜在风险，是否符合矿产资源总体规划、相关产业规划、土地利用规划及城乡规划等，这些均是一名富有经验的矿产资源律师在交易时需要为客户把握和考量的关键问题。

（四）矿业权未能实现资产评估时的评估条件（前提）而引起的估值调整

对股权价值进行估值，必然会涉及对矿业权价值进行评估的问题。根据笔者参与的众多收购项目的经验,采用收益法进行评估的项目所占比例是最高的。因此,以收益法为例,评估机构往往会设置许多评估条件及前提,通过估算被评估资产未来预期收益并折算成现值,借以确定被评估资产的价值。但需要注意的是,评估机构往往是根据目标公司提供的可研报告、初步设计、现有生产运营数据等资料测算未来收益的,但该预期结果能否真正实现,不仅仅是依靠企业自身便能完成的任务。如在矿业权评估报告中,生产规模、矿权储量品位等参数的变化,都将直接导致项目收益发生重大变化,且一旦上述条件在实际生产运营中发生变化或无法达到时,目标公司的整个股权估值便会发生调整,甚至导致收购方收购行为最终无法实现收购目的,从而造成巨大损失等严重不利后果。

梳理完涉矿股权转让交易中较常见的矿业权瑕疵情形及类型后,让我们"照方抓药",以问题为导向,提出在签订股权转让合同时的风险防控措施。

二、涉矿股权转让合同签订时的风险控制措施

涉矿股权转让合同的起草签订阶段是控制风险最佳的时机,因此,在此阶段,需对目标公司核心资产矿业权的具体情况进行细致而深入的尽调(包括但不限于财务、技术、法律尽调等)工作,并在股权转让合同中根据具体尽调情况拟定交易先决条件、生效条件、承诺陈述保证、股权回购、估值调整、违约责任等条款,以便全面控制并降低自身交易风险。

(一)对目标公司进行全面且充分的尽职调查

在签订股权转让协议前,由于信息的不对称,收购方对目标公司的资产、负债、企业资信等缺乏了解,所以收购方在受让股权之前应当对项目公司进行全面且充分的调查(包括但不限于财务、技术、法律等)。

就矿业权的具体情况,主要应调查矿业权的历史沿革,权利归属,是否存在权利负担,矿山建设项目的审批文件,生产经营情况,是否涉及生态保护区等关停并转政策,是否符合相关规划以及国家政策对行业的影响及走势的预测分析等。与此同时,要特别注意矿业用地、房屋等不动产的审核,矿业用地的合规性问题也是法律尽职调查的重中之重。另外,对于矿山安全、环保方面的核查,也是矿业尽调的主要关注点,尤其是对于矿山安全或者环境事故(如有)的调查了解,要核实目标公司是否因此而被列入安全或者环境生产领域联合惩戒黑

名单。

(二)重视“鉴于条款”

此点需引起特别关注和重视。“鉴于条款”对于一份涉矿股权转让协议来说是至关重要的,在发生纠纷时往往能够有效保障投资者的合法权益。其不仅揭示了整个交易的背景,更阐明了各方交易的根本目的。笔者在实践中注意到,许多要求解除股权转让协议的请求恰恰是因为收购方未在合同中明确写明交易目的而无法得到法院支持的。

据此,笔者建议投资者在拟定股权转让协议时,务必在“鉴于条款”中将交易背景及目的交代清楚,如“收购方旨在通过收购目标公司部分存量股权并向目标公司进行增资的方式,控制并开发目标公司持有的某某采矿权从而获得投资收益”。

(三)设计交易先决条件和付款时间节点条件

在经过充分调查的基础上,收购方应针对矿业权存在的具体问题设计交易的先决条件和付款时间节点条件。对于矿业权存在的严重瑕疵,如矿业权被查封、扣押,为第三人所有,项目重要审批文件缺失(如项目核准、环评批复、安全生产许可证等项目重大节点的重要批文),项目建设用地存在同生态红线重叠等足以影响矿业权用途和投资决策的问题时,应被列为交易的先决条件,因为若这些条件无法达成,就不存在交易的基础和前提。这里需要特别提示的是,《矿法修订草案》第29条第2款规定:“矿业权人以股权转让等形式变更矿业权实际控制人的,视为矿业权转让,应当办理登记手续。”笔者在此暂且不讨论该条款的合理性问题,如果《矿产资源法》经修订后最终保留了此项条款,则对于引发实际控制人变更的涉矿股权转让交易行为,建议将完成行政机关的矿业权转让登记行为作为股权转让合同的先决条件或生效条件。

而对于矿业权面临的一般瑕疵,如矿业权存在抵押,项目阶段性审批文件缺失或未取得等虽对矿业权构成实质影响,但风险可控可接受且对交易本身不构成否决事项的问题,可考虑将其作为付款节点条件。

当然,对于付款条件及节奏的制定和把握依赖于交易双方形成的合意,但作为收购方应明确哪些条件是底线,必须坚守,而哪些条件是交易的筹码,可以妥协。唯有如此,才能在控制风险的基础上实现谈判诉求,进而完成交易。

(四)股权转让方及目标公司陈述、承诺、保证事项

“陈述、承诺、保证条款”应针对矿业权被调查确认的瑕疵要求股权转让方

及目标公司进行承诺保证并提供相应的担保措施,对于可能出现的在调查中未发现或股权转让方故意隐瞒捏造的事实及情况,也要约定兜底条款予以归拢完善。如可在协议中约定:“转让方承诺,如矿山建设项目因交割日前即存在的环保、安全、运营、管理、验收等方面的问题而受到任何行政处罚时,收购方/项目公司有权向转让方主张赔偿全部损失。”

与此同时,“陈述、承诺、保证条款”的事项内容应是具体、细致且全面的,要尽数反映尽调中发现的一切问题,在对具体事项进行承诺保证的同时,对未发现事项进行兜底性约定,从而全面锁定矿业权在交易时的情况和状态。

因此,对于涉矿股权转让合同来说,没有模板式的承诺保证条款,每个项目都应是根据具体情况设置“私人订制”的条款,唯有如此,才能同项目本身相契合,才能无愧于客户的嘱托。

(五)建立估值调整机制

诚如上文所言,资产评估机构对于股权估值(特别是收益法)是有假定条件和前提的,但这些前提条件能否在未来得以实现,存在诸多未知和不确定性。因此,在此种情况下,应根据估值前提及条件的不同分别测算股权价值,并设立各方均能接受的估值调整条款,列明调整的具体情况及调整价格。例如,针对是否需要缴纳矿业权出让收益的情况,便可在假定需缴纳和无须缴纳两种情形下分别测算项目股权估值,并约定根据是否需要缴纳的具体情况随之调整。再如,对于生产规模的调整引发的估值调整问题,亦可通过测算不同生产规模项下股权价值的方式进行估值调整的约定。当生产规模达到相应条件后,估值亦随之调整并予以支付。该动态的价格调整机制有利于保护收购方的投资利益,降低投资风险。

(六)设立股权回购条款

在涉矿股权转让协议中,设立股权回购条款也是比较常见的降低收购方收购风险的有效措施(当然,有些股权转让合同是在解除条款中约定股权回购事项的),但大多数股权转让方可能很难接受这种方式。出于保障收购方投资权益的考量,鉴于矿产资源领域受国家政策调整影响较大,且投资金额往往比较巨大,笔者建议收购方要求增设股权回购条款。股权回购的条件既可同公司净利润挂钩,也可同项目实际生产规模、矿业权权利状态等因素挂钩,具体情况视具体项目及各方谈判结果而定。但无论怎样约定,目的只有一个,即一旦作为核心经营性资产的矿业权出现严重问题并导致投资目的无法实现时,收购方可实现退出止损并挽回一定的经济损失。

与此同时,笔者需要特别提示的是,对于收购方以增资认购股权方式进行的矿业投资项目来说,尽量不要选择在解除协议或要求回购股权时以减资的方式实现退出。一方面,减资行为需要经过股东会2/3以上多数决通过,而一旦涉及交易协议解除及回购股权事项,各方股东也必然会处于一种剑拔弩张的态势,此种情况极易形成股东会僵局,无法实现减资程序;另一方面,收购方亦无法保证减资时目标公司拥有足够资金支付减资金额,且减资行为将要面对的还有不可控的第三方债权人,其复杂程度可想而知。

因此,根据笔者的项目经验及教训,约定减资退出目标公司的这一方式不具有现实可操作性,或者说,因具有太多不可控因素而建议不要选择。

接下来,在股权转让协议进入实质履行阶段后,矿业权发生严重风险的,收购方又该如何保障自身的权益呢?

三、涉矿股权转让合同履行中的风险控制措施

涉矿股权转让合同进入实质履行阶段,如果作为核心经营性资产的矿业权发生严重风险,则收购方需考虑是否继续履行合同,评估该风险是否已导致合同目的根本目的无法实现进而主张解除合同。那么,问题由此产生,司法判例是如何认定合同目的无法实现的?具体标准是什么?裁判原则又是什么?

股权转让方在未告知的情况下转让瑕疵股权给收购方,该行为一般应被认定为欺诈,收购方可就此提起撤销之诉,通过撤销行为使股权转让行为失去效力。然而,在股权不存在瑕疵,但其所对应的矿业权存在严重瑕疵的情形下,该股权转让方的行为是否属于违约呢?对此,各地法院有着不同的理解。

(一)无协议特殊约定的情况下,交易核心资产存在瑕疵不应延伸认定股权交付存在瑕疵

如在“(2019)最高法民终827号新疆龙煤能源有限责任公司与郑北平股权转让纠纷案”中,龙煤公司主张《股权转让协议》的合同目的应为实现矿业权的合作开发。最高院从三个方面对该协议性质进行了分析:(1)从协议内容来看,“鉴于”部分记载郑北平就股权转让给龙煤公司一事达成协议,并未表述合作开发矿产的合同目的;(2)从协议条款安排来看,各方对股权转让方、收购方、目标

公司、目标股权等有关股权转让的内容进行了详细约定,并未设定关于合作开发矿产的相关条款;(3)从条款内容来看,并没有对合作开发风险和收益分担进行约定。综合上述因素,最高院最终判定该合同仅为股权转让合同,无法认定合同目的为对矿业权的合作开发。

同样地,在"(2018)最高法民终387号淮北矿业(集团)有限责任公司与新光集团有限公司股权转让纠纷案"中,在股权转让纠纷的背景下,最高院认为,淮北矿业集团根据《股权转让协议》将其持有的金石公司股权变更至新光集团名下,已履行完毕其合同义务,新光集团仅以煤炭储量发生重大变化为由拒绝履行合同约定的付款义务,最高院对此不予支持。

(二)股权转让协议明确约定股权交易目的为其核心资产的正常运营,法院倾向认定应以资产能否实现约定经营目的判断合同交易目的是否达成

在笔者参与的一起涉矿股权转让纠纷案中,股权收购方与股权转让方签订了股权转让协议,约定股权转让方向股权收购方转让其持有的目标公司80%的股权。股权转让方向股权收购方承诺已真实、完整地告知目标公司的财务数据及采矿权的全部情况,并约定该股权转让协议之合同目的是股权收购方通过股权收购方式控制目标公司拥有的采矿权,此后,双方进行了股权变更登记。股权收购方进驻目标公司后方才发现,目标公司矿山建设项目因所占用土地涉及国家级自然保护区而未得到审核批准,后股权收购方以股权转让方未真实、完整、准确地披露目标公司的矿山项目审批事宜,目标公司矿业权存在严重瑕疵导致合同目的无法实现为由,向法院提起诉讼,请求判令解除股权转让协议,并要求股权转让方承担相应的违约责任。法院经审理后认为,该合同虽名为股权转让合同,但原被告双方均明确表明收购方交易目的系通过收购股权的方式持有该采矿权的经营控制权和所有权。由于矿山建设项目用地现因涉及国家级自然保护区而无法进行建设,该合同交易目的确已无法实现,故应予以解除。

对于上述存在的两种认定结论,笔者进一步检索最高院司法判例后发现,当股权转让合同明确表达其背后的交易目的后,如果法院经审核发现核心经营性资产确因重大问题而无法实现生产经营之目的的,通常会以合同目的无法实现为由判决解除合同,故此项问题事实上已在司法裁判层面达成基本共识。

进一步分析可知,此种裁判原则的形成,一方面,是因为股权的权利主体与公司核心经营性资产的权利主体虽然不同,但两者之间并不能完全割裂开来。

因为收购方受让标的虽然是股权，但其目的显然是要通过行使股权，使股权背后的公司资产保值增值，进而获得利益。因此，脱离了公司核心资产之股权势必成为无源之水，无根之木。另一方面，股权转让合同虽然涉及《公司法》，但归根结底还是要受到《合同法》的调整。《合同法》作为典型的私法，自然要遵循私法自治原则。如果双方当事人在股权转让合同中对与之相对应的公司核心经营性资产进行了明确约定，表明了合同交易之目的，则只要这种约定不违反法律、行政法规的强制性规定，不违反公序良俗，就应当予以认可并执行。

综上所述，笔者再次提示广大收购方在进行涉矿股权转让交易中，务必在协议中明确约定交易目的和对矿业权的具体要求，明确股权与矿业权是相辅相成的，不能分割看待，任何脱离矿业权运营的涉矿股权交付都不应被视为一个完整的满足合同目的的交易行为。如果收购方未在股权转让协议中将合同目的交代清楚，一旦发生争议，法院一般会根据股权交易的特征认定交易目的，而不会穿透股权去审视交易双方背后的真实交易目的。此点也是需要广大投资者睁大眼睛拿出纸笔牢牢谨记的。

当然，除本章讨论的涉矿股权转让合同需注意的问题外，尚有许多在合同签订及履行过程中需要重点关注的问题，我们来日方长。

误·解

——矿业权转让合同效力解析

2017 年 6 月 24 日,行业内发生了一件大事儿,最高院对外发布了《矿业权纠纷司法解释》。这是我国最高审判机关出台的第一部针对矿业权纠纷的司法解释,虽然只有短短的 23 条,但透露的信息及裁判的尺度和标准却是极其丰富的。可以说,在目前《矿产资源法》及其实施条例没有作大修订、大调整的情况下,该部司法解释的出台在现有的矿产资源相关法律法规、规章及规范性文件的基础上作了许多有益的突破和符合法理的进步。而在这弱水三千之中,如果只取一瓢与君共饮,便是我们本章将要探讨的问题——未经审批的矿业权转让合同效力究竟如何?

笔者认为,最高院在这部司法解释中已经给出了答案,即便显得有些扭捏和纠结,但于现实层面,我们在同奋战在矿产行政管理一线的自然资源行政管理人员及业内同人们交流后发现,大家似乎对于未经审批的矿业权转让合同效力之判断仍停留在将其严格界定为"未生效合同"的层面,却没有察觉或意识到该种观点其实已被最高院通过该部司法解释进行了修正。因此,笔者认为,有必要通过这篇文章同各位矿业的同行们就此问题进行一些深入的研究与讨论,为共同推动我国矿业法律体系的逐步完善贡献绵薄之力。

一、一个不该成问题的问题

矿业权转让合同,顾名思义,就是矿业权人(包括探矿权人和采矿权人)同受让人签订的以矿业权为标的的交易行为的书面约定,说白了,就是矿业权买卖的一纸文书。那么我国对矿业权的权利性质是如何认定的呢?《物权法》将矿业权放置于"第三编:用益物权"之中,具体条款为第 123 条:"依法取得的探矿权、采矿权、取水权和使用水域、滩涂从事养殖、捕捞的权利受法律保护。”因此，矿业权在现行法律体系内属于用益物权，但此种用益物权又比较特殊，具有耗竭性。

看到这里，一定会有读者提问，矿业权转让合同的效力同矿业权的权利性质有何关系呢？二者的联系即在于，矿业权不仅仅是一种特殊的用益物权，它具有深刻而复杂的两面性，它的另一面，则体现为强烈的行政权属性。试想，当这两种调整的法律关系完全不同的权利共生于一个客体上的时候，矿业权也就成为“双重人格”的代表，它就这样被牵引着、拉扯着，一面彰显着作为民事用益物权的私权尊严，而另一面又体现出作为行政权利所受到的公权管理。这样的纠结与困顿，如何不会对现实的矿业权交易产生影响呢？

那么，这种影响究竟有多大呢？准确来说，对矿业权转让合同效力认定的影响又有多大呢？首先，我们来看对于调整矿产资源法律关系最重要的一部法律——《矿产资源法》。《矿产资源法》颁布于 1986 年 3 月 19 日，在 1996 年、2009 年经过两次修订（2009 年没有对法条本身进行修改）便一直沿用至今。通读 1996 版《矿产资源法》会发现，整部法律几乎完全体现了国家对于矿业权的行政管理，而对其作为民事财产权性质的描述则着墨甚少。事实上，探矿权、采矿权这样的说法是用益物权的根本体现，但在《矿产资源法》中，权利人最终取得的矿业权权属证书名称为勘查许可证和采矿许可证，从两证的名称亦不难看出，矿业权中的行政权属性一直强于民事用益物权属性。因此，这也导致了我国在《物权法》正式出台前所制订的一系列有关调整矿产资源法律关系的法规、规章以及规范性文件未充分考虑矿业权作为民事权利的意思自治及私权属性。

而这其中，有一部行政法规对矿业权转让合同的效力进行了规定，从而引发了我们今天讨论的这个本不应该成为问题的问题，即 1998 年 2 月 12 日国务院颁布的《探矿权采矿权转让管理办法》（国务院令第 242 号）。该办法第 10 条规定：“申请转让探矿权、采矿权的，审批管理机关应当自收到转让申请之日起 40 日内，作出准予转让或者不准转让的决定，并通知转让人和受让人。……批准转让的，转让合同自批准之日起生效。”

二、矿业权转让审批是对转让行为的审批，而非针对转让合同的审批

文章写至这里，恐怕有个问题是必须要回答并解决的。有心人肯定会问：根据《合同法》第 44 条的规定，“依法成立的合同，自成立时生效。法律、行政法

规规定应当办理批准、登记等手续生效的,依照其规定”,那么,既然《合同法》都赋予了在法律、行政法规位阶上可以规定哪些合同须经批准、登记生效,《探矿权采矿权转让管理办法》亦属于行政法规,故其有权进行这样的规定,那么问题讨论的必要和意义为何。

对于这个问题,笔者有三点认识。

首先,《合同法》第 44 条写明的办理批准、登记对象应是合同本身,即是对合同本身内容的审查。例如,《中外合资经营企业法》第 3 条(已于《外商投资法》出台后被废止)规定:“合营各方签订的合营协议、合同、章程,应报国家对外经济贸易主管部门审查批准。”又如《对外合作开采海洋石油资源条例》第 7 条[已被《国务院关于废止和修改部分行政法规的决定》(2013 年 7 月 18 日发布,2013 年 7 月 18 日实施)修订]规定:“中国海洋石油总公司就对外合作开采石油的海区、面积、区块,通过组织招标,采取签订石油合同方式,同外国企业合作开采石油资源。前款石油合同,经国家对外贸易经济合作部批准,即为有效。中国海洋石油总公司采取其他方式运用外国企业的技术和资金合作开采石油资源所签订的文件,也应当经国家对外贸易经济合作部批准。”①由此观之,上述条款均明确写明是对合同本身进行批准,但《探矿权采矿权转让管理办法》第 10 条第 3 款写明的却是:“批准转让的,转让合同自批准之日起生效。”仔细体会一下各种逻辑便会发现:此处的矿业权转让合同,是因转让行为被批准而生效的,而非因对其自身内容的批准而生效,这便是二者最本质的区别。

其次,据我们了解的现实情况,在自然资源行政管理过程中,对于矿业权的转让问题,矿产资源主管部门亦均按照相关法律法规及规范性文件中对于矿业权转让行为的规定进行审查,而不针对矿业权转让合同的具体条款进行审批。

最后,笔者需要强调的是,《物权法》第 15 条规定:“当事人之间订立有关设立、变更、转让和消灭不动产物权的合同,除法律另有规定或者合同另有约定外,自合同成立时生效;未办理物权登记的,不影响合同效力。”事实上,该条对于经典的物权变动理论予以了明确并适用,即对债权合同效力与物权变动进行了区分处理。因此,改变矿业权权属的物权变动批准登记行为本身不应影响双方签订的《矿业权转让合同》的效力,这是共识,亦是规则。

---

① 虽然《中外合资经营企业法》《对外合作开采海洋石油资源条例》均已被废止,但笔者引用其目的是为说明此审批是针对合同本身的审批行为。

据此,笔者认为,《探矿权采矿权转让管理办法》中矿业权转让合同须经批准其转让行为方能生效的规定,不适用于《合同法》第44条的情形。鉴于《物权法》已确定合同效力与物权变动应区分开来的根本原则,加之矿产资源主管部门在行政管理实务中亦仅就转让行为本身进行审批,故矿业权转让合同在签订成立后即生效。

三、《矿业权纠纷司法解释》出台前我国司法判例对于未经批准的矿业权转让合同认定为"未生效合同"

笔者在整理总结大量最高院及各地法院的矿业权转让合同纠纷案件后发现,在矿业权司法解释未出台前,法院大多倾向于将未经批准的矿业权转让合同认定为"未生效合同",当然,亦有极个别地方法院甚至中院将其认定为"无效合同"。对于后者,因为其并非司法审判达成的基本共识,故在此亦不做讨论。现仅就"未生效合同"的法律性质及其民事责任类型进行讨论,以此作为矿业权司法解释取得突破的重要对比。

对于"未生效合同",笔者认为,其本质即为附生效条件的合同。理论通说认为,在附生效条件的合同中,条件成就之前合同即成立,但须待条件成就合同方生效。那么,在条件成就之前,合同效力应处于悬而未决的状态,民法称其为"未决期间"。在此期间之内,虽然法律行为尚未确定生效,但已经成立的合同对于当事人均应具有法律拘束力,其具体表现为:(1)合同各方当事人均不得单方声明撤回或者撤销。(2)当事人设定合同的目的即在于通过该合同获得相关利益,其主观意愿是希冀和期待条件能够成就。那么,在附生效条件的合同成立后,各方当事人即应负有不得阻碍所附条件达成的义务,使所欲实现的合同目的得以实现,以保护各方当事人正当合理的期待权。(3)在附生效条件合同中,条件成就之前,尽管合同还未生效,但当事人一方已经可以对合同所产生的债权享有一种合理的期待利益,享有相应的期待权。所谓期待权即是指权利人依据法律规定或者合同约定,依法对未来的某种权利享有一种期望或者期待的利益。

简单梳理了"未生效合同"的法律性质之后,便是对于违反该类合同后需要承担的民事责任类型进行讨论。对于此问题,无论是学术界还是审判界,都存在较大的争议。而对于矿业权转让合同纠纷的审判结果,有要求承担缔约过失责任的,也有要求承担违约责任的,但对于"未生效合同"这一较为特殊的合同状态,似乎都有道理,却也都缺少必要的法理依据。

持“缔约过失说”观点的学者和法院认为,违约责任是指当事人不履行合同义务或者履行合同义务不符合约定的一种责任。履行合同义务以合同生效为前提,矿业权转让合同未生效,当事人有权不履行合同,故而不存在违约责任。那么,此时当事人的责任就应当是一种缔约过失责任。

持“违约责任说”观点的学者和法院则认为,当事人违反的矿业权纠纷合同虽然还未生效,但已经依法成立,而判断合同责任与缔约过失责任的标准是合同是否成立。合同的成立是区分合同责任与缔约过失责任的根本标志。在合同成立以前,因合同关系不存在,一方的过失而造成另一方信赖利益的损失属于缔约过失责任;在合同成立以后,一方违反合同义务,构成对合同义务的违反并应负违约责任。

对于上述两种观点,笔者认为,成立但未生效作为附生效条件合同中的一个过渡阶段,前承缔约阶段,后启生效阶段,处于一个略显尴尬的位置,既不属于缔约过失责任,亦不属于严格意义上的违约责任,而是一种期待权下所产生的具有法律约束力的独立责任。该独立责任是依据民法的“帝王法则”——即诚实信用原则而产生的,但因笔者亦无法言明其属于现行法律框架内规定的何种责任,故称其为“独立责任”。

综上所述,笔者认为,将未经审批的矿业权转让合同定性为“未生效合同”,会导致对于违反合同所产生的责任认定存在法律上的分歧和盲区,并不利于维护守约方的合法权益。此处,即便守约方追究毁约方的违约责任,其责任范围同真正的生效合同所产生的违约责任范围亦有很大区别。更加可怕的是,如果矿业权转让行为未经国土资源主管部门批准而导致合同不能生效,则守约方也只能依据缔约过失追究毁约方的责任,这种审判结果将导致双方利益的巨大失衡,并助长恶意悔约和不诚信行为的发生。

四、《矿业权纠纷司法解释》对于该问题的重大突破与无奈扭捏

笔者注意到,《矿业权纠纷司法解释》从第6~11条对于矿业权转让合同纠纷存在的诸多法律问题进行了规定,虽然没有对未经审批的矿业权转让合同的效力认定给出明确结果,但在字里行间以及频繁出现违约责任等字眼均可以看出,最高院已经在最大限度内将矿业权转让的民事合同行为同转让过程中的行政审批行为进行切割,使其更加符合《物权法》的规定。但碍于《探矿权采矿权

转让管理办法》依然有效,故不能以明示的方式否定或者同现行有效的行政法规产生冲突。然笔者有一点可以肯定的是,矿业权纠纷司法解释的出台,进一步弱化了将未经审批的矿业权转让合同定性为“未生效合同”这一原先的通说观点;与此同时,此消彼长,也就进一步提升了将其认定为“生效合同”或“部分生效合同”(除关于矿业权转让行为的约定外,合同其他条款均应生效)的主张。下面,笔者将对上述条款进行逐条解析,以更加周延地证明我们的观点。

五、《矿业权纠纷司法解释》关于矿业权转让合同效力认定的法条评析

《矿业权纠纷司法解释》第6条规定:“矿业权转让合同自依法成立之日起具有法律约束力。矿业权转让申请未经国土资源主管部门批准,受让人请求转让人办理矿业权变更登记手续的,人民法院不予支持。当事人仅以矿业权转让申请未经国土资源主管部门批准为由请求确认转让合同无效的,人民法院不予支持。”

评析:首先,该条明确了一个概念,即矿业权转让合同自成立之日起具有法律约束力,此点概无争议。其次,本条对于《物权法》确定的债权行为和物权行为区分原则作了进一步的明示,即物权变更登记行为需要经过国土资源主管部门的审批,即对转让行为进行审批,而未对合同效力进行规定。最后,该条特别指出,合同当事人不能仅以转让申请未经批准为由便要求确认合同无效。由此观之,对于未经批准的矿业权转让合同的效力,最高院虽然没有从正面予以说明,但已经从侧面进行了提示。话未明,然意犹存。

《矿业权纠纷司法解释》第7条规定:“矿业权转让合同依法成立后,在不具有法定无效情形下,受让人请求转让人履行报批义务或者转让人请求受让人履行协助报批义务的,人民法院应予支持,但法律上或者事实上不具备履行条件的除外。人民法院可以依据案件事实和受让人的请求,判决受让人代为办理报批手续,转让人应当履行协助义务,并承担由此产生的费用。”

评析:事实上,在矿业权纠纷司法解释出台以前,该条观点便已经成为法院审理矿业权转让合同纠纷的一个共识,即履行报批义务是因合同具有法律约束力而产生的一种先合同义务。但在该司法解释出台后,笔者更愿意将其认定为就是一种合同义务,不履行该合同义务,即是违约行为。与此同时,最高院为防止履约人消极履行报批义务,赋予受让人代为报批的权利,考虑得非常周到。

《矿业权纠纷司法解释》第8条规定:“矿业权转让合同依法成立后,转让人

无正当理由拒不履行报批义务，受让人请求解除合同、返还已付转让款及利息，并由转让人承担违约责任的，人民法院应予支持。”

评析：请各位注意，此条款中已明确写明，转让人不履行报批义务的，受让人可要求解除合同、返还价款并要求其承担违约责任。事实上，这就是合同法中根本违约的概念和情形。因为转让人不履行报批义务，所以导致被交易的矿业权无法完成转让，致使合同目的无法达到，从而构成根本违约。此条规定再次对未经审批的矿业权合同的效力进行了侧面的肯定。

《矿业权纠纷司法解释》第 9 条规定：“矿业权转让合同约定受让人支付全部或者部分转让款后办理报批手续，转让人在办理报批手续前请求受让人先履行付款义务的，人民法院应予支持，但受让人有确切证据证明存在转让人将同一矿业权转让给第三人、矿业权人将被兼并重组等符合合同法第六十八条规定情形的除外。”

评析：此条同矿业权转让合同的效力认定关系不大，但赋予了先履行付款义务一方在特定情形下的不安抗辩权，亦是一大进步和亮点。

《矿业权纠纷司法解释》第 10 条规定：“国土资源主管部门不予批准矿业权转让申请致使矿业权转让合同被解除，受让人请求返还已付转让款及利息，采矿权人请求受让人返还获得的矿产品及收益，或者探矿权人请求受让人返还勘查资料和勘查中回收的矿产品及收益的，人民法院应予支持，但受让人可请求扣除相关的成本费用。当事人一方对矿业权转让申请未获批准有过错的，应赔偿对方因此受到的损失；双方均有过错的，应当各自承担相应的责任。”

评析：首先，最高院的用词非常准确，是“国土资源主管部门不予批准矿业权转让申请致使矿业权转让合同被解除”，注意，是不予批准转让申请，而非转让合同，此点再一次印证了笔者之前的结论。其次，该条结合矿业案件的特点，规定了合同解除后返还转让款及矿产品收益的具体方式。最后，双方在报批转让时存在过错的，按照过错原则对对方受到的损失承担相应的赔偿责任，这是“未生效合同”所达不到的责任认定方式。因此，最高院再一次深入地从侧面表明了自己的观点。

《矿业权纠纷司法解释》第 11 条规定：“矿业权转让合同依法成立后、国土资源主管部门批准前，矿业权人又将矿业权转让给第三人并经国土资源主管部门批准、登记，受让人请求解除转让合同、返还已付转让款及利息，并由矿业权人承担违约责任的，人民法院应予支持。”

评析:此情形类似于一房多卖且该房屋已为他人办理变更登记的情形,那么对于合同当事人,便只能追究悔约人的违约责任,此处再度出现“违约责任”的概念,最高院的观点表露无遗。

综上所述,笔者认为,鉴于242号令依然有效,在矿业权转让申请依法获得批准前,依法成立的转让合同尽管不能直接被认定为“完全生效”,但可以认定对当事人产生了法律约束力,转让人或者受让人无正当理由不履行报批或者协助报批义务的,当事人有权要求违约方继续履行义务并承担相应的违约责任。此时的矿业权转让合同只是不具有实现力,不能产生物权变动的结果。但转让行为经批准后,合同完全生效,受让人据此可办理矿业权的变更登记,完成整个交易行为。

值得赞赏的是,最高院在此次矿业权纠纷的司法解释中,将合同行为与行政审批行为进行了明确的区分和最大限度的切割,这也是我们始终坚持的观点和初衷。

六、最高院《全国法院民商事审判工作会议纪要》进一步肯定了矿业权纠纷司法解释的观点

2019年11月14日,最高院发布了《全国法院民商事审判工作会议纪要》(法〔2019〕254号,以下简称《九民纪要》)。虽然《九民纪要》不是法定的法律渊源,但对指导各级法院裁判活动有着重要的借鉴意义。《九民纪要》第38条规定:“须经行政机关批准生效的合同,对报批义务及未履行报批义务的违约责任等相关内容作出约定的,该约定独立生效。一方因另一方不履行报批义务,请求解除合同并请求其承担合同约定的相应违约责任的,人民法院依法予以支持。”

由此观之,《九民纪要》进一步肯定了《矿业权纠纷司法解释》的观点,将履行报批义务视为矿业权转让合同的独立生效条款,未履行报批义务的,不影响矿业权转让合同的整体效力。

李·生

——矿业权承包与租赁的比较、效力及相关法律后果

矿业权承包和租赁是矿业权流转的重要方式,也是促进矿产资源合理开发利用的有效手段,在推动矿业权流转方式多样化和市场化的发展过程中发挥着重要作用。然而,随着矿业权承包和租赁发展的不断深化,法律规范滞后、制度性障碍严重以及交易规则匮乏等诸多问题和矛盾也逐渐凸显,使矿业权承包和租赁的界定和区分乱象横生、纷争不断。本文立足于现有法律规范和具体实践,对矿业权承包和租赁中存有争议的问题进行梳理和分析,以期为推动矿业权承包和租赁健康有序的发展提供参考路径。

一、平行抑或交织:矿业权承包和租赁之间的界限

最高院《矿业权纠纷司法解释》第12条[①]将矿业权承包和租赁作为并列的矿业权流转方式进行共同规范。那么问题在于,矿业权承包和租赁这两种流转方式究竟有何不同之处。

(一)矿业权承包和租赁的法律规范存有差异

关于矿业权承包的法律规范存在严重的缺失,仅有较少的法律条文涉及矿业权承包。矿业权承包的概念主要出自《探矿权采矿权转让管理办法》(国务院令第242号)和《矿业权出让转让管理暂行规定》(国土资发〔2000〕309号),但这两个法律文件主要是关于矿业权承包相关活动的管理性规定。除此之外,现

---

① 最高院《矿业权纠纷司法解释》第12条规定:"当事人请求确认矿业权租赁、承包合同自依法成立之日起生效的,人民法院应予支持。矿业权租赁、承包合同约定矿业权人仅收取租金、承包费,放弃矿山管理,不履行安全生产、生态环境修复等法定义务,不承担相应法律责任的,人民法院应依法认定合同无效。"

行法律规范既未对矿业权承包的概念作出明确界定，也没有对矿业权承包的条件和程序等内容作出具体规定，矿业权承包的内涵和外延处于极为模糊和不确定的状态。

与矿业权承包不同的是，《矿业权出让转让管理暂行规定》对矿业权租赁作出了全面具体的规定。《矿业权出让转让管理暂行规定》第 49 条第 1 款规定："矿业权出租是指矿业权人作为出租人将矿业权租赁给承租人，并向承租人收取租金的行为。"同时，309 号文还对矿业权租赁的条件、程序等问题作出了较为全面系统的规定，从而使矿业权租赁的内涵和外延相对明确，保障了当事人在矿业权租赁活动中的合理预期。

（二）矿业权承包在实践中存在多种类型

虽然现行法律规范未对矿业权承包作出具体规定，但矿业权承包在实践中却大量存在，并呈现出各种具体表现形式。常见的矿业权承包主要分为劳务性承包和经营性承包。

1. 劳务性承包

所谓劳务性承包，是指矿业权人将采矿作业等劳务承包给他人，矿业权人向承包人支付相应的劳务报酬，承包人在劳务完成的同时向矿业权人交付工作成果的承包方式。例如，最高院在 2016 年 7 月 12 日发布的《人民法院关于依法审理矿业权民事纠纷案件典型案例》中，以"资中县鸿基矿业公司、何盛华与吕志鸿劳务承包合同纠纷案"为切入点对劳务承包作出了解读并写明："劳务承包在矿山企业的生产经营中大量存在，恰当认定承包合同的性质和效力有利于稳定交易秩序和维护交易安全。采矿权人将采矿任务发包给承包人完成，向承包人给付一定的劳务报酬，享有承包人的劳务成果的，其性质应认定为劳务承包合同。"

2. 经营性承包

所谓经营性承包，是指矿业权人将矿产资源在一定期限内的生产经营权让渡给他人，承包人向矿业权人支付相应的承包费用，并由矿业权人继续履行矿业权人的法定义务和承担相应的法律责任的承包方式。例如，在"（2017）最高法民再 176 号范万章与宁夏远洲矿业有限公司合同纠纷案"中，范万章在与宁夏远洲矿业有限公司签订的《露天煤矿开采协议书》中约定，宁夏远洲矿业有限公司将案涉煤矿交由范万章开采经营，承包期限为 2 年，由范万章支付承包费及管理费，宁夏远洲矿业有限公司继续履行采矿权人的法定义务，如办理各项手续、保证范万章能够正常生产经营等，承担非因范万章原因导致的经营风险。此外，在范万章经营管理不善或严重违法经营时，宁夏远洲矿业有限公司有权解除该合同、更换经营者。最高院据此认定《露天煤矿开采协议书》的性质为采矿权承包合同。

综上所述，无论是在法律规范上还是在实践活动中，矿业权承包和租赁这两种流转方式往往都很难区分，两者之间的界限也比较模糊。

二、合法抑或非法：矿业权承包和租赁的合法性分析

随着矿业权承包和租赁活动的日渐增多，关于矿业权承包和租赁合法性的争议也越来越大，部分法院甚至谈“承包”“租赁”色变，经常不加甄别地否定矿业权承包和租赁行为的合法性。

（一）矿业权承包的合法性论证陷入困境

2016 年 7 月 12 日，最高院发布《人民法院关于依法审理矿业权民事纠纷案件典型案例》。其中，10 件案例中就有 3 件直接或间接涉及矿业权承包纠纷。该现象既反映出矿业权承包在实践中大量存在，又体现了矿业权承包纠纷案件数量多、法律关系复杂以及处理难度大的特点，矿业权承包已俨然成为矿业权民事纠纷司法审判实践中的重难点问题。

1. 现有法律规范对矿业权承包采取严格限制的态度

《矿产资源法》第 42 条规定：“买卖、出租或者以其他形式转让矿产资源的，没收违法所得，处以罚款。违反本法第六条的规定将探矿权、采矿权倒卖牟利的，吊销勘查许可证、采矿许可证，没收违法所得，处以罚款。”《探矿权采矿权转让管理办法》第 15 条规定：“违反本办法第三条第（二）项的规定，以承包等方式擅自将采矿权转给他人进行采矿的，由县级以上人民政府负责地质矿产管理工作的部门按照国务院地质矿产主管部门规定的权限，责令改正，没收违法所得，处 10 万元以下的罚款；情节严重的，由原发证机关吊销采矿许可证。”《矿业权出让转让管理暂行规定》第 38 条规定：“采矿权人不得将采矿权以承包等方式转给他人开采经营。”第 62 条规定：“矿业权出租方违反本规定的，矿业权人将矿业权承包给他人开采、经营的，由登记管理机关按照《探矿权采矿权转让管理办法》第十五条的规定予以处罚。”从上述规定中可以看出，现有法律规范对矿

业权承包作出了严格的限制，部分法院据此将矿业权承包作为一种变相转让矿业权或者倒卖牟利的行为予以处理。

2. 从现有法律规范中并不能得出一律禁止矿业权承包的结论

严格意义上来讲，从现有的法律规范中并不能得出一律禁止矿业权承包的结论。具体而言：

其一，《矿产资源法》、《探矿权采矿权转让管理办法》以及《矿业权出让转让管理暂行规定》主要制定或修改于20世纪90年代，这些法律规范大多带有浓厚的行政监管色彩和时代烙印，既与现阶段我国矿业权流转方式多样化和市场化的现实需求出现脱节，也和矿业权承包日益活跃的发展现状不相契合。

其二，《矿产资源法》、《探矿权采矿权转让管理办法》以及《矿业权出让转让管理暂行规定》并没有明确规定禁止矿业权承包。从文义解释的角度来看，《矿产资源法》第42条规制的是“买卖、出租或者以其他形式转让矿产资源”。《探矿权采矿权转让管理办法》第15条规制的是“以承包等方式擅自将采矿权转给他人进行采矿的”。第38条规制的是“采矿权人不得将采矿权以承包等方式转给他人开采经营”。这些法律规范规制的重点都在于“转让”或者“转给他人”的行为，也可以理解为主要规制的是假借矿业权承包的名义将矿业权转让给他人的活动。

其三，部分法律规范对矿业权承包的相关事宜作出了具体规定，表明至少允许符合规定的矿业权承包合法存在。例如，国务院《关于预防煤矿生产安全事故的特别规定》①（国务院令第446号）第8条第2款规定：“煤矿有下列重大安全生产隐患和行为的，应当立即停止生产，排除隐患：……（十三）煤矿实行整体承包生产经营后，未重新取得安全生产许可证，从事生产的，或者承包方再次转包的，以及煤矿将井下采掘工作面和井巷维修作业进行劳务承包的；……”

其四，现有法律规范并没有对矿业权承包作出具体规定，甚至关于矿业权承包的概念也没有任何法律上的界定，再加上矿业权承包和租赁在实践中通常难以区分，两者的界限也相当模糊，如果“一刀切”地完全禁止矿业权承包，一律不加甄别地否定矿业权承包的法律效力，将导致实践中行政执法和司法裁判的

---

① 本法规经国务院《关于废止和修改部分行政法规的决定》（2013年7月18日发布；2013年7月18日实施）修订，已删去第5条第1款、第6条第1款、第8条第2款第14项、第11条第1款中的“煤炭生产许可证”。

难度过大、成本过高。

3. 矿业权承包的地方性规范存在矛盾与冲突

地方政府及相关主管部门在矿业权承包的问题上也各自为政，从而加剧了矿业权承包合法性认定的不确定性，使矿业权承包纠纷更加复杂化。实践中主要存有三种规范模式：

其一，规定矿业权人不得将矿业权承包给他人。例如，青海省人民政府办公厅《关于印发青海省矿业权转让管理办法的通知》（青政办〔2007〕132号）第9条规定："矿业权人不得将矿业权承包给他人勘查或开采。"《关于加强和规范探矿权采矿权管理工作的意见》（宜府办发〔2010〕7号）第7条第19项规定："对发现的无证勘查开采、越界超深开采、以采代探、将矿业权发包牟利以及浪费、破坏矿产资源等违法行为，国土资源部门要依法予以查处和打击，并应及时报请当地县（市、区）政府组织相关职能部门联合行动，有效制止矿业违法行为。对需要依法追究刑事责任的案件，及时移送司法机关处理。"

其二，规定矿业权人在特定情形下可以将矿业权承包给他人。例如，山西省人民政府《关于印发〈山西省煤炭资源矿业权出让转让管理办法〉的通知》（晋政发〔2015〕53号）第54条第2款规定："煤炭资源矿业权人不得以承包等形式擅自将煤炭资源矿业权转给他人勘查、开采；但煤炭资源探矿权人委托有资质地勘单位实施勘查任务施工的除外。"

其三，规定矿业权人可以将矿业权承包给他人。例如，《宁夏回族自治区矿产资源管理条例》①对采矿权的承包管理作出了专章规定，不仅在第30条第1款明确规定采矿权人在采矿许可证有效期限内，并投入采矿生产满一年的，可以以承包经营方式开采矿产资源，还对矿业权承包的程序、条件等作出了具体规定。

4. 最高院倾向于认可矿业权承包的合法性

《矿业权纠纷司法解释》第1条规定："人民法院审理探矿权、采矿权等矿业权纠纷案件，应当依法保护矿业权流转，维护市场秩序和交易安全，保障矿产资源合理开发利用，促进资源节约与环境保护。"该条规定确立了法院审理矿业权纠纷案件的基本理念，从中可以看出，最高院支持多种矿业权流转方式的合法

① 本法规被宁夏回族自治区人大常委会《关于修改〈宁夏回族自治区矿产资源管理条例〉等件地方性法规的决定》（2006年3月31日发布，2006年3月31日实施）及《关于修改十五件地方性法规的决定》（2012年3月29日发布，2012年3月29日实施）修订。

存在,充分尊重当事人在意思自治基础上所作的不同利益安排,依法保护矿业权流转。《矿业权纠纷司法解释》第12条第1款规定:“当事人请求确认矿业权租赁、承包合同自依法成立之日起生效的,人民法院应予支持。”该条规定至少可以直接反映出,依法成立的矿业权承包合同不存在《合同法》第52条规定的五种无效事由。①

此外,最高院还在裁判文书中对矿业权承包的合法性问题进行了诠释。例如,最高院在(2015)执申字第67号《执行裁定书》中写明:“为鼓励矿业权有序流转,促进矿产资源合理开发利用,应依法确认矿业权的转让、承包、合作等多种流转方式的合法存在。”此外,最高院在(2016)最高法民终641号《民事判决书》中写明:“采矿权人在不转移采矿权权属的情况下将采矿权的部分权能让渡给他人使用,自己为此获得一定收益,承包人通过支付承包费用并投入人力、物力有限制地行使规定范围内矿产资源的开采权并因此获得相应的收益,不具有天然的违法性。”

5.《矿法修订草案》对矿业权承包未作禁止性或限制性规定

2019年12月17日,自然资源部发布关于《矿法修订草案》公开征求意见的公告。《矿法修订草案》不仅删除了旧矿法中关于“买卖、出租或者以其他形式转让矿产资源的,没收违法所得,处以罚款”的规定,而且并未对矿业权承包作出任何禁止性或限制性规定,这也深刻反映了矿业权流转方式多元化和市场化的立法改革趋势。

(二)矿业权租赁的合法地位得到明确

与矿业权承包不同的是,矿业权租赁的合法地位不仅随着《矿产资源法》的修改不断得到强化,而且也获得了现有法律规范的确认。

1.《矿产资源法》修改的立法趋势反映矿业权租赁具有合法性

1986年颁发的《矿产资源法》第3条第4款规定:“采矿权不得买卖、出租,不得用作抵押。”第42条第2款规定:“买卖、出租采矿权或者将采矿权用作抵押的,没收违法所得,处以罚款,吊销采矿许可证。”1996年修改《矿产资源法》时将原《矿产资源法》第3条第4款和第42条第2款的内容予以删除,仅保留

① 《合同法》第52条规定:“有下列情形之一的,合同无效:(一)一方以欺诈、胁迫的手段订立合同,损害国家利益;(二)恶意串通,损害国家、集体或者第三人利益;(三)以合法形式掩盖非法目的;(四)损害社会公共利益;(五)违反法律、行政法规的强制性规定。”

了“买卖、出租或者以其他形式转让矿产资源的，没收违法所得，处以罚款”的规定。2019 年发布的《矿法修订草案》第 29 条第 1 款规定：“矿业权人可以依法转让、出租、抵押矿业权。”并将现行《矿产资源法》中“买卖、出租或者以其他形式转让矿产资源的，没收违法所得，处以罚款”的规定予以删除。随着《矿产资源法》的修改，矿业权租赁的合法地位在立法上也逐渐得到强化。

2.《矿业权出让转让管理暂行规定》对矿业权租赁作出了专节规定

《矿业权出让转让管理暂行规定》对矿业权租赁作出了专节规定，并在第 6 条第 3 款明确规定矿业权人可以依照本办法的规定出租、抵押矿业权。虽然该文件属于原国土资源部发布的规范性文件，法律层级较低，也缺乏相应的上位法依据，但至少反映了自然资源主管部门在实际监管层面承认了矿业权租赁的合法性，也表明自然资源主管部门在矿业权流转方式多元化和市场化的改革中正在进行积极探索。

综上所述，我们认为，矿业权承包合法与否目前仍处于不确定的状态，而矿业权租赁的合法地位已逐渐得到确认。

三、有效抑或无效：矿业权承包和租赁合同的效力认定

《矿业权纠纷司法解释》确立了矿业权承包和租赁合同效力的审理标准：其一，矿业权承包、租赁合同自依法成立之日起生效；其二，以承包、租赁名义擅自转让矿业权的合同无效。

（一）矿业权承包、租赁合同自依法成立之日起生效

矿业权承包和租赁合同效力认定的争议，主要是关于《矿产资源法》第 6 条[①]、第 42 条[②]，《矿产资源法实施细则》（国务院令第 152 号）第 42 条第 3 项[③]，

① 《矿产资源法》第 6 条规定：“除按下列规定可以转让外，探矿权、采矿权不得转让：（一）探矿权人有权在划定的勘查作业区内进行规定的勘查作业，有权优先取得勘查作业区内矿产资源的采矿权。探矿权人在完成规定的最低勘查投入后，经依法批准，可以将探矿权转让他人。（二）已取得采矿权的矿山企业，因企业合并、分立，与他人合资、合作经营，或者因企业资产出售以及有其他变更企业资产产权的情形而需要变更采矿权主体的，经依法批准可以将采矿权转让他人采矿。前款规定的具体办法和实施步骤由国务院规定。禁止将探矿权、采矿权倒卖牟利。”

② 《矿产资源法》第 42 条规定：“买卖、出租或者以其他形式转让矿产资源的，没收违法所得，处以罚款。违反本法第六条的规定将探矿权、采矿权倒卖牟利的，吊销勘查许可证、采矿许可证，没收违法所得，处以罚款。”

③ 《矿产资源法实施细则》第 42 条第 3 项规定：“……（三）买卖、出租或者以其他形式转让矿产资源的，买卖、出租采矿权的，对卖方、出租方、出让方处以违法所得一倍以下的罚款。”

《探矿权采矿权转让管理办法》第15条[①]以及《矿业权出让转让管理暂行规定》第38条[②]、第62条[③]等法律规范的理解和适用问题。《矿业权纠纷司法解释》第12条第1款规定:“当事人请求确认矿业权租赁、承包合同自依法成立之日起生效的,人民法院应予支持。”该款规定反映出最高院认可矿业权承包和租赁不具有天然的违法性,认为在司法审判中不宜径直以《合同法》第52条规定的5种情形为由,否定依法成立的矿业权承包和租赁合同的效力,也不得以依法成立的矿业权承包和租赁合同未经自然资源主管部门批准为由认定合同效力存有瑕疵。

此外,最高院在裁判文书中也不断对“矿业权承包、租赁合同自依法成立之日起生效”的审理标准予以强化。例如,最高院在2016年7月12日发布的《关于依法审理矿业权民事纠纷案件典型案例》中,以“四川省宝兴县大坪大理石矿与李竞采矿权承包合同纠纷案”为切入点,对矿业权承包合同的效力认定作出了解读并写明:“若当事人签订采矿权承包合同,同意他人与之共同进行采掘活动或者将开采权中所包含的经营管理权属赋予他人,但采矿权的权利主体不发生变更,发包人作为采矿权人不退出矿山管理,继续履行采矿权人的法定义务、承担相应法律责任的,在不违反法律、行政法规强制性规定的情况下,应依法确认其效力。”最高院在(2016)最高法民终520号《民事判决书》中写明:“矿业权出租具有不同于矿业权转让的法律属性,不宜适用《探矿权采矿权转让管理办法》第十条第三款关于‘批准转让的,转让合同自批准之日起生效’的规定,以未经批准为由径行认定矿业权出租合同具有效力瑕疵。同时,亦应尊重矿业权出租在交易市场中的现实存在和实践意义,不宜将其当然地视为矿业权的变相转让或者非法倒卖牟利行为,一概予以禁止。《矿产资源法》第42条关于‘买卖、出租或者以其他形式转让矿产资源的,没收违法所得,处以罚款。违反本法第

---

① 《探矿权采矿权转让管理办法》第15条规定:“违反本办法第三条第(二)项的规定,以承包等方式擅自将采矿权转给他人进行采矿的,由县级以上人民政府负责地质矿产管理工作的部门按照国务院地质矿产主管部门规定的权限,责令改正,没收违法所得,处万元以下的罚款;情节严重的,由原发证机关吊销采矿许可证。”

② 《矿业权出让转让管理暂行规定》第38条规定:“采矿权人不得将采矿权以承包等方式转给他人开采经营。”

③ 《矿业权出让转让管理暂行规定》第62条规定:“矿业权出租方违反本规定的,矿业权人将矿业权承包给他人开采、经营的,由登记管理机关按照《探矿权采矿权转让管理办法》第十五条的规定予以处罚。”

六条的规定将探矿权、采矿权倒卖牟利的，吊销勘查许可证、采矿许可证，没收违法所得，处以罚款’的规定，其性质为管理性强制性规定，据此认定矿业权出租合同无效，不符合最高院《关于适用〈中华人民共和国合同法〉若干问题的解释(二)》第十四条关于‘合同法第五十二条第(五)项规定的强制性规定，是指效力性强制性规定’的规定。且从文义解释出发，《矿产资源法》第四十二条亦系针对‘出租……形式转让矿产资源’而作出的否定性法律评价，而非对矿业权出租的一律禁止。”

(二)以承包、租赁名义擅自转让矿业权的合同无效

矿业权承包和租赁是不同于矿业权转让的流转方式，《矿业权纠纷司法解释》第12条第2款对以承包、租赁名义擅自转让矿业权的合同效力给予了否定性评价。然而，如何在实践中甄别以承包、租赁名义擅自转让矿业权，即“名为承包或租赁，实为转让”的行为，却是一个相当复杂的问题，往往需要结合案件具体情况进行综合分析和判断。

《矿业权纠纷司法解释》第12条第2款列明了4种情形：其一，仅收取租金、承包费；其二，放弃矿山管理；其三，不履行安全生产、生态环境修复等法定义务；其四，不承担相应法律责任。最高院在2016年7月12日发布的《人民法院关于依法审理矿业权民事纠纷案件典型案例》中，以“四川省宝兴县大坪大理石矿与李竞采矿权承包合同纠纷案”为切入点对此问题作出了阐释：“区别两者的关键在于采矿权的权利主体是否变更，若采矿权人放弃享有采矿权的权利亦不履行经营管理义务，将采矿权完全交予承包人的，应认定为以承包形式转让采矿权，应当对其效力进行否定评价；若采矿权人仅是签订承包合同，并未退出矿山管理，亦继续履行义务、承担责任的，只要不违反效力性强制性规定，应当对合同效力予以肯认。”

值得注意的是，合同性质的认定需根据合同约定的权利义务内容进行全面理解和综合判断，其他案件事实亦可作为甄别矿业权承包、租赁是否构成实质性转让的重要参考因素。例如，最高院在(2013)民一终字第16号《民事判决书》中写明：“从协议内容以及双方实际履行情况来看，不符合采矿权转让的特点：(1)从承包的范围上看，承包开采的只是部分，并非整个包尔呼舒高布煤矿。(2)从承包的期限看，只约定了4年，并非永久性转让。(3)从双方的权利义务看，在对外关系的处理上，仍是以意隆煤业公司名义进行，合同也没有约定变更

采矿权人的内容。”

此外，关于矿业权承包、租赁是否构成实质性转让的认定不仅需要审查合同约定的权利义务内容，还应当综合考虑合同的实际履行。当合同约定的内容和实质履行不一致时，也即当事人虽没有在合同中约定实质转让矿业权的内容，但却按照矿业权转让进行实际履行的，应视为当事人以实际行为实质变更了原合同约定的内容，应按照实质重于形式的原则来认定合同的效力。

四、清晰抑或迷茫：矿业权承包和租赁的实际履行

虽然《矿业权纠纷司法解释》统一了矿业权承包和租赁合同效力的审查标准，但矿业权承包和租赁的实际履行仍处于尴尬的境地。

（一）矿业权承包的操作性规范存在缺失

我国矿业权承包的法律规范已经远远落后于矿业权承包的具体实践，现行法律规范不仅缺少对矿业权承包的内涵和外延的界定，而且也没有关于矿产权承包条件、程序、管理要求等具体操作的规定，矿业权承包在法律上仍处于真空地带。一方面，对于意图通过合法矿业权承包来实现财产利益的当事人而言，由于矿业权承包缺乏具体操作规定，他们往往在实践中无法可依、无据可循，总是在法律的边缘不断试探，从而导致矿业权承包活动纠纷不断；另一方面，对于意图逃避矿产资源行政监管的当事人而言，由于矿业权承包属于法律规定的盲区，矿业权承包就更具有隐蔽性，规避法律所要承担的违法成本相对较低，更加方便假借矿业权承包的名义来实现矿业权转让的目的，从而导致矿业权承包活动乱象丛生。

实践中，也有法律规范规定经营性承包应按照矿业权租赁进行管理。例如，贵州省高级人民法院、原贵州省国土资源厅印发的《关于处理乡镇煤矿采矿权案件的若干意见（试行）》（黔高法〔2005〕92号）第10条第1款、第2款规定：“处理煤矿承包案件应区分经营性承包和劳务性承包合同。经营性承包合同是采矿权出租的一种形式，应当具备采矿权转让的条件。”

（二）矿业权租赁的条件和程序规定过于严格

309号文对矿业权租赁的具体操作作出了较为全面的规定，主要包括以下方面：其一，矿业权承租人应当具备相应的资质条件；其二，矿业权租赁按照矿业权转让的条件和程序进行管理，由原发证机关审查批准；其三，采矿权的承租

人在开采过程中,需要改变开采方式和主矿种的,必须由出租人报经登记管理机关批准并办理变更登记手续;其四,矿业权租赁应当符合国务院规定的矿业权转让的条件;其五,矿业权人申请出租矿业权时应向登记管理机关提交出租申请书、许可证复印件、矿业权租赁合同书以及承租人的资质条件证明或营业执照等材料;其六,矿业权承租人不得再行转租矿业权,已出租的采矿权不得出售、合资、合作、上市和设定抵押,矿业权人在矿业权出租期间继续履行矿业权人的法定的义务并承担法律责任;其七,出租国家出资勘查形成的矿产地的采矿权的,应按照采矿权转让的规定进行评估、确认,采矿权价款按有关规定进行处置。

从上述规定不难看出,309 号文对矿业权租赁是按照矿业权转让的条件和程序要求进行严格管理的,不仅要求矿业权租赁应当符合国务院规定的矿业权转让条件,而且要求应当按照矿业权转让的程序办理审查批准登记手续。此类规定虽然有利于将矿业权租赁置于国家的强力监管之中,但却没有正确处理好公法规制和私法调整、行政监管和市场配置的关系,使现有法律规定既与矿业权租赁的债权法律属性不符,也同矿业权流转的市场化发展趋势相悖。

五、结论和建议

综上所述,我们可以得出以下结论:其一,从法律性质的角度来看,矿业权承包和租赁在法律规范和实践操作中通常难以区分;其二,从行为效力的角度来看,矿业权承包行为的合法性受到质疑,矿业权租赁行为的合法性得到确认;其三,从合同效力的角度来看,矿业权承包、租赁合同自依法成立之日起生效,以承包、租赁名义擅自转让矿业权的合同无效;其四,从实际履行的角度来看,矿业权承包的履行没有法律依据,矿业权租赁的履行规范过于严格。

不可否认的是,矿业权承包和租赁在实践中已经大量存在,与其“一刀切”地严格禁止,不如通过制定合理有效的法律法规加以引导和规范。《矿法修订草案》并未禁止或限制矿业权承包和租赁,我们建议未来应就矿业权承包和租赁制定合理、系统和具体的细则规定,既要对矿业权承包和租赁行为及合同的合法地位予以确认,又要根据矿业权的法律属性对矿业权承包和租赁作出必要和适当的规范,进而将矿业权承包和租赁纳入矿产资源法律体系之中。

分·明

——矿业权出让合同常见争议焦点

笔者在本书《因·果——矿业权出让制度的演变与相关实务问题解析》一文中已对矿业权出让制度的历史沿革作了详细梳理和评析。实践中,肩负着明确矿产资源出让法律关系最核心的文件便是矿产资源主管部门同矿业权人签订的矿业权出让合同了,而围绕着矿业权出让合同所发生的争议和纠纷,也一直是业内人士重点研究的热门话题。笔者将从中选取两个最主要也最具典型性的焦点问题进行梳理分析,并提出自身观点。

针对争议领域,虽然最高院已在《关于审理行政协议案件若干问题的规定》(法释〔2019〕17号,以下简称《行政协议规定》)中将矿业权出让合同定义为行政合同,但笔者仍倾向于认为将其作为民事合同并纳入民商事审判管理更为妥当。因此,即使最高院目前对此问题已有定论,但笔者仍想在此文中摆明立场,并就《行政协议规定》的出台将会给矿业权出让行为带来的一系列问题予以提示。

针对纠纷领域,笔者将以目前接触的一个司法判例为切入点,讨论矿业权出让合同中矿产资源主管部门所应承担的义务范围。同时,针对我国矿业权与土地使用权分开管理的现状,讨论在矿业权出让合同中矿产资源主管部门是否应对矿业权人能够取得完整、合法土地使用权负有合同义务。

一、争鸣——关于矿业权出让合同性质的讨论

(一)最高院观点——行政合同

2019年11月27日,最高院发布的《行政协议规定》第2条规定:"公民、法人或者其他组织就下列行政协议提起行政诉讼的,人民法院应当依法受理:

(一)政府特许经营协议;(二)土地、房屋等征收征用补偿协议;(三)矿业权等国有自然资源使用权出让协议;(四)政府投资的保障性住房的租赁、买卖等协议;(五)符合本规定第一条规定的政府与社会资本合作协议;(六)其他行政协议。"

据此,矿业权出让合同的性质之争尘埃落定,矿业权出让合同被列入行政协议的范畴(但请读者注意的是,《行政协议规定》并未将土地使用权明确纳入行政协议的范畴)。

(二)笔者观点——民事合同

在对矿业权出让合同性质进行界定前,我们先来梳理下民事合同和行政合同的区别。

1. 民事合同 vs 行政合同

学界通说认为,民事合同是平等主体的自然人、法人和其他组织所实施的一种以设立、变更或终止民事权利义务关系为目的和宗旨的民事法律行为,是当事人协商一致的产物或意思表示一致的协议。此外,《民法通则》第 4 条规定:"民事活动应当遵循自愿、公平、等价有偿、诚实信用的原则。"由此可见,民事合同具有以下特征:(1)缔约双方主体地位平等;(2)缔约双方遵循自愿、平等、等价有偿、诚实信用的原则。

对于行政合同的概念和特点,学界存在各种不同的看法,但主流观点认为,行政合同是指行政主体以实施行政管理为目的,而与行政相对方就有关事项协商一致后达成的协议。在行政合同关系中,行政主体享有行政优益权。某些学者将这种行政优益权称为"行政特权"。行政法学界主流观点认为,在行政合同关系中,合同双方的主体地位具有不平等性。故行政合同具有以下特征:(1)缔约双方主体地位不平等,缔约双方存在管理和被管理的关系,且行政主体一方具有行政优益权;(2)行政合同的目的是实施行政管理;(3)行政合同不适用自愿、平等、等价有偿的原则。

综上所述,行政合同和民事合同的本质区别在于:(1)在行政合同关系中,缔约双方主体地位不平等;(2)行政合同的目的是实施行政管理,而民事合同的目的则在于设立、变更或终止民事权利义务关系;(3)自愿、平等、等价有偿原则不适用于行政合同关系,但却适用并贯穿于整个民事合同关系中。

在对上述区别有所了解的前提下,笔者认为矿业权出让合同更多体现的是民事合同的特质。

2. 矿业权出让合同属于民事合同的理由

(1)矿业权的法律性质及物权的平等保护原则决定了矿业权出让合同属于民事合同

根据《物权法》的规定,建设用地使用权和探矿权、采矿权均属于用益物权。所有权为自物权,用益物权是从所有权的基础上派生出来的物权,是他物权。用益物权是所有权人让渡其对物的占有、使用、收益三项权能而形成的民事权利,是一项独立的物权。作为建设用地使用权,其产生的基础是国家对土地资源的所有权;而作为矿业权,其产生的基础则为国家对矿产资源的所有权。根据《民法总则》《民法通则》《物权法》的规定和精神,国家基于其矿产资源所有权人的地位,将其享有的矿产资源所有权这一民事权利中的部分权能,即占有、使用、收益的权能,通过收取一定的对价,让渡给其他人。设立矿业权这种用益物权的行为,是国家作为民事主体与其他民事主体之间的一种等价有偿的市场交易行为。

学界认为,《物权法》的上述规定,确立了我国物权法上的平等保护原则。该原则包括以下几方面的内容:①法律地位的平等性。一切进入市场的主体在法律地位上都是平等的,即使是国家所有权也不例外。②适用规则的平等性。除法律另有特别规定外,任何物权主体在取得、设定和移转物权时,都应当遵循共同的规则。即使是在国家所有权的基础上设定担保物权和用益物权,也应当遵循物权法的规则。③保护的平等性。在物权受到侵害后,各个物权主体都应当受到平等保护。

在所有权方面,我国《物权法》采用了“区别所有,平等保护”的立法原则,即将所有权区分为国家所有权、集体所有权和私人所有权,但各类所有权的法律地位平等,国家所有权不享有特权地位。因此,在矿业权出让合同关系中,作为国家矿产资源所有权人之代理人的矿产资源主管部门,与受让人一样,属于民事主体,并与受让人具有平等的法律地位。

综上所述,正是矿业权的用益物权性质及物权的平等保护原则,决定了矿业权出让合同是平等民事主体之间基于等价有偿的原则订立的民事合同。

(2)在矿业权出让合同中国家亦为平等主体

诚然,国家需要依靠行政手段对矿业权进行管理,但在出让环节,特别是在签订出让合同环节,虽然国家的性质决定了其无法同其他民事主体保持平等地位,但在出让行为中,其不能因天然具有的不平等性而选择继续以不平等的身份和做法签订矿业权出让合同。简言之,我们应该接受国家作为合同主体时存在天然不平等的现实,但也应坚持国家在通过交易行为让渡部分民事权利过程中应该遵守的主体平等的基本原则,否则,民事合同便当然排除了国家行政机关作为合同主体的可能。

因此,笔者认为,在矿业权出让合同中,双方主体的地位应是实质意义上的平等关系。

(3)矿业权出让市场交易行为和矿业权行政管理行为彼此独立共存

据笔者了解,矿业权出让合同被不少矿业内人士、专家学者、司法机关认为系行政合同的主要理由在于:①矿业权是基于行政许可设立和产生的,作为矿业权权属凭证的证书被称为“勘查许可证”和“采矿许可证”,“许可”两字充分反映了矿业权的行政性质;②矿业权人在行使矿业权的过程中,承担了大量公法上的义务,须接受矿产资源主管部门的管理和监督,矿业权的流转亦受到法律的严格规制;③矿业权出让合同中含有大量公法上的权利、义务,而这些条款是民事合同所无法容纳的。

对此,笔者认为,首先,在我国目前的矿产资源法律框架下,尽管矿业权仍是通过行政许可方式进行出让的,但其出让方式是招拍挂和有条件的协议出让。因此,矿业权并不是通过单方行政许可,而是通过民事合同,即双方的合意,并基于公平、平等、等价有偿的原则,以市场为主导的方式设立的。因此,行政许可只是手段,出让最终还是通过合同达成的。另外,关于矿业权证分别被称为“勘查许可证”和“采矿许可证”的问题,则属于计划经济时代遗留下来的产物。对此,前地质矿产部副部长张文驹一语中的地指出:“两权凭证的名称现在还叫‘勘查许可证’和‘采矿许可证’,是制定《矿产资源法》时理论准备不足遗留下来的问题。比照土地使用权证的用名,改称‘探矿权证’和‘采矿权证’,对两证体现的经济和法律关系,可能反映得更为准确。”与此同时,笔者也欣喜地注意到,最新的《矿法修订草案》第 25 条第 1 款规定:“受让人缴纳探矿权出让金、采矿权出让金后,有关人民政府自然资源主管部门应当将矿业权有关事项载入矿业权登记簿,办理矿业权登记,发放探矿权证书、采矿权证书。……”由此观之,在立法决策层面,矿业权作为民事用益物权的效能也正在逐步被认可并放大。

其次,关于矿业权人在行使矿业权的过程中承担的公法义务及受到的公法限制,并不意味着矿业权出让合同本身就是行政合同。《民法通则》第6条规定:"民事活动必须遵守法律,法律没有规定的,应当遵守国家政策。"第7条规定:"民事活动应当尊重社会公德,不得损害社会公共利益,破坏国家经济计划,扰乱社会经济秩序。"由此可见,根据具体从事的民事活动的性质和特点,民事活动中的主体或多或少都负有公法上的义务和受到公法的限制。民事主体所承担的公法义务的多寡,并不是区分民事合同和行政合同的标准。另外,需要特别强调的是,笔者认可国家通过行政行为调整矿业权法律关系,但应将矿业权出让合同所彰显的平等主体等价有偿交易性质同日常的矿业权行政管理行为区分开来:民事出让行为同行政行为不是彼此矛盾的,而应是在彼此独立的范围内和平共存。签订矿业权出让合同是国家作为矿产资源所有权人让渡部分权利的交易行为,而管理矿业权也同样是国家作为矿产资源所有权人通过行政手段对矿业权进行约束规制的必然要求。两者可以区分,也必须区分。

最后,笔者认为,即使矿产资源主管部门将公法上的权利、义务条款纳入矿业权出让合同中来,也不能就此改变合同的民事性质。

一言以蔽之,在签订矿业权出让合同的行为中,矿产资源主管部门是作为矿产资源所有权人的代理人,代表国家以平等的民事主体的身份出现的;而其在行使矿业法律、法规、规章及规范性文件授予的行政权力,对矿业权人行使矿业权的过程实施管理、监督的行为时,则是以行政管理主体的身份出现的。前者体现的是平等主体之间的民事法律关系,后者体现的是不平等主体之间的行政法律关系。而这两种身份和关系是明确区分、并行不悖的。

综上所述,笔者依然"顽固"地认为将矿业权出让合同归入民事合同进行管理是最能体现其合同性质和本意的做法。

(三)《行政协议规定》出台给矿业权出让行为带来的问题和影响

1. 如何理解《行政协议规定》中"行政法上权利义务"的含义

《行政协议规定》第1条规定:"行政机关为了实现行政管理或者公共服务目标,与公民、法人或者其他组织协商订立的具有行政法上权利义务内容的协议,属于行政诉讼法第十二条第一款第十一项规定的行政协议。"事实上,行政法上的权利义务完全可以通过行政机关作出行政行为予以规制,而协议则应更多体现平等和意思自治。该条规定是否具有合理性?另外,应如何协调行政机关"法无授权不可为"和行政协议"协商一致"的关系?

2. 司法机关对行政协议签订背后的行政行为审查的范围有多大

《行政协议规定》第 11 条第 1 款规定："人民法院审理行政协议案件，应当对被告订立、履行、变更、解除行政协议的行为是否具有法定职权、是否滥用职权、适用法律法规是否正确、是否遵守法定程序、是否明显不当、是否履行相应法定职责进行合法性审查。"对于矿业权出让合同来说，签订出让合同只是出让行为的一个环节，但签订合同的前提是由多个行政行为组成的，因此导致合同出现问题的原因可能是前述行政行为存在瑕疵。如此一来，司法机关是否需要对整个出让行为进行审查？民事纠纷遵循不告不理原则，法院仅对原告提出的诉讼请求所涉及的范围进行审查，而行政诉讼向来都是全面审查原则，当因行政协议提起诉讼时，法院是不是要对整个出让行为进行全面审查？

由此便产生一个问题，如果矿业权出让合同被法院撤销或确认无效，对引发签订出让合同的出让行为有何影响？出让行为的效力又应如何认定？

3. 行政协议无效变有效的规定是否违反行政法关于认定行政行为有效性的基本原则

《行政协议规定》第 12 条第 3 款规定："行政协议无效的原因在一审法庭辩论终结前消除的，人民法院可以确认行政协议有效。"对此规定，笔者认为，如果将矿业权出让合同定性为行政合同，那么签订该合同本身亦属于行政行为，应受行政法的调整。据此，按照行政法的基本原则，审查行政行为合法性应该以行政行为作出时的依据为准，而本条规定明显违反了这一基本原则。试想，假设矿产资源主管部门在非发证权限范围内组织了矿业权出让招拍挂活动，并以自身名义同竞得人签订了矿业权出让合同，后产生争议诉至法院，则据此规定，矿产资源主管部门只需在一审法庭辩论终结前取得上级机关的授权或委托文书即可恢复协议的合法性。此种规定不但是对矿产资源主管部门违法行政的纵容，更降低了行政机关作出行政行为的权威性和严肃性。

4. 矿业权出让合同被定性为行政协议后，矿产资源主管部门便不能主动发起诉讼要求矿业权人履行相关合同义务，只得倒逼行政机关采取更加严厉的行政处罚措施以督促矿业权人履行义务，从而激化了矛盾。

现实中，矿业权人不履行出让合同约定义务的情形和原因很多，有些是主观故意不履行，有些则是客观不能。因此，当矿业权出让合同被定性为行政协议后，由于矿产资源主管部门已不能采取相对温和且具有缓和余地的民事诉讼方式解决合同争议，故只能通过行政处罚或采取行政强制措施等方式对矿业权人不履行协议的问题进行处理。但要知道，对于矿业权人而言，任何行政处罚都有可能会导致其在投标领域以及其他竞标矿业权项目上受到责难和限制，特别是对于上市公司来说，该种影响是极其巨大和恶劣的。一旦矛盾激化，矿产资源主管部门的行政处罚决定亦会引发行政复议和行政诉讼，双方若彼此痴缠纠结，必将两败俱伤。

综上所述，笔者认为，《行政协议规定》的出台或将给矿业权的出让带来上述一系列问题，而这些问题到底应该如何解决，只能等待时间给出答案了。

二、纠纷——矿业权出让合同项下行政机关承担义务的范围

（一）从一宗案例开始讲起

2007 年 12 月，某省国土资源厅（以下简称“省国土厅”）发布《杨过铁矿详查探矿权拍卖出让公告》，公告载明：“该矿 D 级铁矿石 3000 万吨，总体看矿区水文地质条件为中等，现地质工作为普查，要求探矿权受让人应做到详查（含详查）以上工作程度，出让年限 2 年，起拍价为人民币 3400 万元。”

后小龙女公司以 1.7 亿元竞得杨过铁矿详查探矿权。同日，作为甲方的省国土厅（出让人）与作为乙方的小龙女公司（受让人）签订了《探矿权出让合同》，约定乙方同意以 1.7 亿元的竞买报价购买杨过铁矿详查探矿权，矿产资源勘查许可证有效期为 2 年。

合同第 4 条约定了甲方的权利义务：(1) 在收到乙方首次缴纳的探矿权价款后，10 日内向乙方移交《杨过铁矿详查地质报告》复印件一套；(2) 在收到乙方提交的探矿权完整申请材料和首次缴纳的探矿权价款后，于 40 日内依法向乙方颁发勘查许可证；(3) 在乙方经勘查达到申领采矿许可证的要求以及符合国家产业政策时依法办理采矿许可证，不收取采矿权价款。

合同第 5 条约定了乙方的权利义务：(1) 按本合同约定的缴款计划，按时足额向甲方缴纳探矿权价款；(2) 按照国家有关规定，及时向甲方提交该探矿权申请材料，取得探矿权后，按照批准的勘察设计和探矿工程施工方案进行施工；(3) 服从和执行国家有关产业政策；(4) 自觉接受甲方的监督管理，不得将该探矿权违法转让。

2008 年 5 月，在小龙女公司按时足额支付探矿权价款后，省国土厅向其颁发了《矿产资源勘查许可证》。

此后，小龙女公司委托倚天地质队于 2008 年 12 月出具了《杨过铁矿详查

地质报告》,报告中有关水文地质方面的结论是:“矿床属岩溶裂隙含水层充水为主的矿床,水文地质条件为复杂类型。”报告建议,由于矿层周边的碳酸盐岩类含水层富水泥性强,且为矿坑水的主要充水来源,预测的矿坑涌水量大,而且有突水的可能,在后期开采时必须提前做好预防措施,以防发生人身及生产安全事故。

2009 年 5 月,小龙女公司委托武穆设计院出具了环境影响报告书,指出杨过铁矿每日外排水总量为 45,000 立方米,总体结论为:“从环境保护的角度而言,杨过铁矿采选工程项目建设是可行的。”

2009 年 8 月,省国土厅向小龙女公司发出《预审意见函》,该函称:(1)该项目已取得省发改委核准,符合国家土地供应政策,同意通过用地预审;(2)该项目用地未列入土地利用总体规划,且占用基本农田,需制作土地利用总体规划修改方案。

2009 年 12 月,小龙女公司申请探转采,省国土厅向其颁发了《采矿权许可证》。

2010 年 5 月,小龙女公司向省国土厅发出请示函,报告公司取得探矿权后曾委托倚天地质队进行了详查工作,结论是水文地质条件复杂。小龙女公司已投资 6000 多万元,完成了探转采、征地、电力设施等基础工作,并对杨套楼主井、副井、东风井及洪河集副井进行了施工,但由于在竖井掘进过程中,发现涌水量大大超过预期的排水能力,不得不在掘进到岩石层后被迫停工。

因此,小龙女公司以省国土厅招标时在水文地质条件方面存在欺诈为由要求解除出让合同,由省国土厅收回采矿权、退回已缴纳的探矿权价款并给予一定补偿。

省国土厅随即回函表示不同意解除探矿权出让合同,已缴纳价款不予退还;在符合相关规定的前提下,同等条件下将优先考虑安排小龙女公司申报的矿山地质环境治理、矿产资源保护和公益性地质勘查等项目,在矿权配置和土地供应等方面也予以相应支持。

2018 年 8 月 30 日,小龙女公司向省国土厅发出《合同解除通知书》。

沟通谈判无果后,小龙女公司向法院提起民事诉讼,要求解除《探矿权出让合同》,并要求省国土厅退还探矿权价款。

(二)本案争议焦点

本案争议焦点唯一,即案涉《探矿权出让合同》是否应予解除。

（三）法院观点

法院认为，小龙女公司主张省国土厅在招标拍卖时实施了欺诈行为。经审查，省国土厅在发布拍卖出让公告时承诺杨过铁矿水文地质条件为中等，地质工作为普查，受让人负有对探矿权进行详查的任务。这一承诺与普查报告关于“矿区的水文地质条件为中等”的结论并不矛盾，省国土厅在对杨过铁矿挂牌出让时已将普查报告交与小龙女公司，虽然普查报告所附的审查意见书只有第一页内容，没有第二页关于报告存在问题和缺点即“矿区水文地质工作程度相应不够”的内容，但该审查意见并未否定普查报告水文地质条件中等的结论，因此省国土厅的上述行为不构成欺诈。

省国土厅辩称，本案出让的是探矿权，1.7 亿元是探矿权价款，采矿权系免费转让。法院认为，经审查，省国土厅先后两次发布的拍卖出让公告及挂牌出让公告均显示，出让的是杨过铁矿详查探矿权，起拍价为 3400 万元，而最终的出让价款为 1.7 亿元。虽然《探矿权出让合同》第 4 条第 4 项约定，若小龙女公司经勘查达到申领采矿许可证的要求以及符合国家产业政策时依法办理采矿许可证，省国土厅不收取采矿权价款，但结合起拍价与成交价之间的巨大差异来看，对于《探矿权出让合同》第 4 条第 4 项约定的“不收取采矿权价款”不能仅从字面含义理解。在双方对合同约定的内容产生争议时，两份公告作为向社会不特定对象发出的要约邀请，对合同的解释可以产生证据的效力。《探矿权出让合同》第 4 条第 4 项约定的实质是探矿权、采矿权一体转让，[①]对出让价款 1.7 亿元的约定应理解为包括采矿权转让价款在内。法律法规未有探采一体转让的禁止性规定，该条约定并不存在无效情形，在本案中，亦不能将存在探采一体转让认定为小龙女公司行使合同撤销权的障碍，省国土厅的这一主张不能成立。

根据请示函的内容可知，小龙女公司在取得探矿权后，开始详查工作，并完成了一些基础工作，对杨套楼主井、副井、东风井及洪河集副井进行了施工，后由于矿井涌水量大而被迫停工。环境影响报告书表明，杨过铁矿每日外排水总量为 45,000 立方米，对此专家辅助人认为开采有突水风险，且成本过高，在现有的条件下不宜进行。在综合分析的基础上，法院认为，当合同的履行成本过分高于履行合同可以获得的利益时，不符合合同履行的经济合理原则，合同目

---

① 此处的转让，表述为出让更为妥当。

的落空。省国土厅辩称，在小龙女公司取得《采矿权许可证》并已部分开展采矿活动情况下，合同目的已经实现，即小龙女公司丧失了主张解除《探矿权出让合同》的前提和基础。采矿权作为一种他物权，是指采矿权人开采特定之矿产并对开采的矿产资源享有占有、使用、收益和处分的权利。根据《矿产资源法实施细则》第 6 条第 3 款的规定，采矿权是指在依法取得的采矿许可证规定的范围内，开采矿产资源和获得所开采的矿产品的权利。本案原告并未实现收益，应认定为未完全实现合同目的。

关于土地的性质，小龙女公司取得探矿权后，政府为其预留了两块开采所需的工矿用地，但尾矿库、选矿厂所在位置为耕地和基本农田，省国土厅《预审意见函》称该项目占用基本农田，需作土地利用总体规划修改方案。本案现状是，矿山所占用的土地已部分被规划为基本农田，依据《基本农田保护条例》第 15 条的规定，基本农田保护区经依法划定后，任何单位和个人不得改变或者占用，因此，合同客观上已难以履行，省国土厅关于“开采方式为地下开采，地表现状不影响开采作业”的辩称不能成立。

综上所述，合同不能履行的原因为矿井涌水量大、所占土地为基本农田。虽然有关普查阶段和详查阶段水文地质条件等级的变化属于正常探采风险，但水文地质条件复杂与矿井涌水量大导致无法开采的情形之间并不完全等同，矿井涌水量大导致无法开采这一情况是双方在签订合同时不能预见的，小龙女公司的损失也并非全部由商业风险所致。

关于土地性质问题，由于矿山所占用的土地已部分被规划为基本农田，省国土厅未能保证小龙女公司可合法取得矿山用地，导致其不能建设选厂及尾矿库，进而无法实现采矿权的开采目的，对合同目的无法实现负有违约责任。

鉴于本案现状，如继续履行合同，必然导致省国土厅取得合同收益，而由小龙女公司承担全部投资损失，对小龙女公司有失公平。在此情况下，合同应立即予以解除，省国土厅应退还全部探矿权价款。

据此，法院依法作出判决，省国土厅败诉，并退还全部探矿权价款。

（四）笔者观点

笔者在研究该案例后认为，法院对探矿权和采矿权出让行为本身存在误解，进而扩大了省国土厅基于探矿权出让合同而应承担的义务范围，且法院混同了矿山占用土地同矿业权取得，认为在出让矿业权时即应保证矿业权人能够合法取得矿山占用土地。

1. 探转采不再缴纳价款并不意味着可将探矿权出让合同理解为是探矿权、采矿权作为整体出让的合同

该法院在审理中认为,《探矿权出让合同》第 4 条第 4 项约定的实质是探矿权、采矿权一体转让,对出让价款 1.7 亿元的约定应理解为包括采矿权出让价款在内的总额。

对此,笔者认为,法院显然对我国矿产资源法律体系不够了解。首先,我国不存在探矿权、采矿权一体出让的规定,但探矿权人在发现可供开采的资源储量后具有转为采矿权的法定优先申请。从探矿权到采矿权,是一个漫长而不确定的过程,不仅需要符合矿产资源总体规划(尤其应注意符合被作为专篇的矿业权设置方案),还要符合国土空间规划以及产业发展规划等;探矿权人还需完成大量的地质勘探工作,勘探程度一般都要达到详查以上,符合采矿权设置的储量以及品位要求;此后,还需划定矿区范围,编写提交开发利用方案、矿山环境恢复治理方案、土地复垦方案等,在一系列文件通过审批后方能完成采矿权的出让程序。然而遗憾的是,省国土厅在答辩时未对探转采的过程进行详细描述,亦未向法院释明两者存在的重大区别,导致法院在不了解矿业权设立相关法律逻辑的情况下,作出了同矿业权管理现状不符的结论。

其次,法院将 1.7 亿元探矿权价款视为探矿权和采矿权价款的总和是对我国矿业权价款制度的曲解。本案中,法院认为 1.7 亿元对应的是探矿权和采矿权的价值。因为《探矿权出让合同》目的已无法实现,且省国土厅存在过错,故认为应解除合同并要求退还全部款项。但事实上,该 1.7 亿元价款仅为探矿权价款,同采矿权无关。探转采不收取价款不意味着在探矿权阶段收取的价款可以直接延续到采矿权。鉴于矿业权价款对应的是国家投资收益权,因此,国家对于投资收益的处置要么在探矿权阶段实现,要么在采矿权阶段实现,但归根结底,都不能将单一阶段的处置视为两阶段处置的总和或延伸。而对于此问题,省国土厅亦未在庭审中予以解释和明确。

最后,《探矿权出让合同》所述内容仅调整探矿权出让阶段同小龙女公司发生的法律关系,不应延伸至采矿权阶段。法院恰恰是基于上述两个错误理解,顺理成章地将采矿权阶段放置于《探矿权出让合同》之中进行一并审理,并在此前提下,得出了《探矿权出让合同》目的无法实现的错误结论。但事实上,《探矿权出让合同》的合同目的只有一个,即小龙女公司依法依合同取得探矿权,省国

土厅依法依合同取得探矿权价款。

2. 矿山用地不是小龙女公司取得探矿权的法定前置要件，在我国矿业权、土地使用权实行二分管理的制度安排下，矿业权的取得同土地使用权的取得没有合同义务层面上的要求

笔者同时注意到，本案中，法院认为省国土厅在出让矿业权的同时，即负有保障矿业权用地能够以合法形式被矿业权人取得的合同义务。但事实上，我国矿业权的设立同土地使用权的审批、取得既不互为前置，也不互为因果。法院明显犯了经验主义的错误，认为矿业权的合法勘查开采有赖于矿业权人能够取得地表的土地使用权。因此，法院便当然地为省国土厅附加了须保证矿业权人取得合法矿业用地的"莫须有"的合同义务。但深表遗憾的是，省国土厅亦未在庭上对法院这一错误认识予以明确的解释和纠正。

与此同时，一个更深层次的问题和现状是需要矿业同人们关注的，即在我国仍施行矿业权与土地使用权二分管理的当下，矿业权人如何及时合法地取得采矿所需的土地使用权已经成为矿山企业发展的障碍和掣肘。为此，《矿法修订草案》第 30 条明确规定国家应建立矿业用地、矿业用海制度。与此同时，自然资源部于 2019 年 12 月 31 日发布的《关于推进矿产资源管理改革若干事项的意见（试行）》（自然资规〔2019〕7 号）第 3 条亦明确提出应积极推进"净矿出让"。但笔者认为，即使未来新修订的《矿产资源法》确立了净矿出让制度，在现实操作层面也可能只是将矿业权与所需土地使用权一并打包进行招拍挂出让，而各自的出让合同以及相应的权利义务关系仍会按照两套不同的法律体系予以规制。

综上所述，不难看出，对于矿业权纠纷案件，因其涉及矿产资源领域众多行政管理的专业问题，司法审判人员在没有相关背景知识的基础上，很难作出符合矿权管理现状的理解和判决。而矿产资源主管部门作为行政机关，亦缺乏同法院打交道的经验和将矿政管理现状转化为法言法语向法官输出的能力，这就导致对合同性质的纠结认定以及出现阴差阳错却又哭笑不得的个案判决结果。

笔者作为矿产资源法律服务领域的专业律师，尽管存在上述不同看法，但我们仍将在矿业权出让合同被认定为行政合同的今天，努力在行政机关同法院之间架起沟通之桥，助推彼此在同一频道上诉争裁夺，避免再次出现因认知偏差而导致的无可奈何。

无·常

——涉矿合同常见情势变更情形列举及法律适用

自1996年以来,《矿产资源法》便未经历过结构性调整,但矿产资源行业却早已发生了翻天覆地的变化。为了满足日新月异的矿政管理需求,各级矿产资源主管部门多以行政法规、地方性法规、部门规章、部门规范性文件,甚至一纸通知或会议纪要的方式来细化矿政管理。因此,矿业政策亦随着铺天盖地的文件出台而不断进行调整与变化,加之矿产资源行业本身开发周期长、不确定因素繁多,从而导致了矿业合作中总会出现些许无法左右的变化无常,使合同双方权利义务失衡,甚至对簿公堂。

笔者在实践中经常会遇到客户拿着一份已履行多年的涉矿合同找到我们,因为某些无常变化而陷入左右为难的境地,如果履约,实在觉得冤枉且无法承受;如果违约,又将面临高额的违约责任。但事实上而这些惨痛的"教训"无一例外都在提醒着我们,设置情势变更条款对于涉矿合同来说是多么重要的一件事情。

在本文中,笔者将通过讨论涉矿合同中常见的情势变更情形,试图向读者勾勒出司法审判确定的矿业行业情形变更情形的基本轮廓。首先从情势变更的概念出发,对中国法下的情势变更原则进行框定;其次以案例总结的方式深入解析情势变更构成要件在涉矿司法实践中的表现,最后基于实践经验提供一些具有建设性的意见。

一、情势变更的概念分析

《民法通则》《合同法》以及最新出台的《民法通则》均没有关于情势变更的规定,但最高院在1986年4月14日的《关于审理农村承包合同纠纷案件若干问题的意见》、1993 年 5 月 6 日的《全国经济审判工作会谈纪要》（法发〔1993〕第 8 号）中引入或肯定了情势变更原则。之后，最高院于 2009 年 4 月 24 日颁布的《关于适用〈中华人民共和国合同法〉若干问题的解释（二）》（法释〔2009〕5 号，以下简称《合同法司法解释（二）》）第 26 条①被认为是司法层面对情势变更原则的正式确认。在此之后，最高院通过发布《关于正确适用〈中华人民共和国合同法〉若干问题的解释（二）服务党和国家的工作大局的通知》（法〔2009〕165 号）、《关于当前形势下审理民商事合同纠纷案件若干问题的指导意见》（法发〔2009〕40 号）、《关于印发〈最高人民法院知识产权案件年度报告（2009）〉的通知》（法〔2010〕173 号）等文件，进一步细化了情势变更原则的具体规定。

根据《合同法司法解释（二）》第 26 条的规定，情势变更原则是指，合同成立以后客观情况发生了当事人在订立合同时无法预见的、非不可抗力造成的不属于商业风险的重大变化，继续履行合同对于一方当事人明显不公平或者不能实现合同目的，当事人请求人民法院变更或者解除合同的，人民法院应当根据公平原则，并结合案件的实际情况确定是否变更或者解除。

由此可见，该原则将合同订立时无法预见作为主观要件，将导致显失公平或不能实现合同目的的客观情况的重大变化作为客观要件，将变更或者解除合同作为法律后果，并列明了不可抗力和商业风险两项除外事件。

由于情势变更原则一经适用必然会挑战合同的稳定性、持续性，甚至对市场交易的走向产生决定性的影响，因此法院通常在适用该原则时慎之又慎。

我们以“情势变更”和“矿”为关键词在无讼案例库（https://www.itslaw.com）中进行检索，共收集到 194 份裁判文书。② 为保证判例的相关性和典型性，我们排除掉了刑事案例和裁判要旨不涉及情势变更的案例，最终整合确定典型案例 17 宗，涉及裁判文书共 32 个。

为使读者对该等案件有整体上的认识，我们进行了如下分类：

---

① 《合同法司法解释（二）》第 26 条规定：“合同成立以后客观情况发生了当事人在订立合同时无法预见的、非不可抗力造成的不属于商业风险的重大变化，继续履行合同对于一方当事人明显不公平或者不能实现合同目的，当事人请求人民法院变更或者解除合同的，人民法院应当根据公平原则，并结合案件的实际情况确定是否变更或者解除。”

② 最后访问日期：2020 年 2 月 23 日。

第一,按照案由来区分(见图1)。

	合同纠纷	股权转让纠纷	买卖合同纠纷	企业承包经营合同……	承包合同纠纷	采矿权转让合同纠纷	联营合同纠纷	侵权赔偿纠纷	运输合同纠纷
■案件宗数	4	4	2	2	1	1	1	1	1

图1 关于情势变更的涉矿司法裁判的案由统计

上述案件中,股权转让纠纷、企业承包经营纠纷、承包合同纠纷、采矿权转让合同纠纷、联营合同纠纷共计9宗,占全部案例的53%,这几种类型案件也对应着较为常见的几种矿业权或矿业权控制权的流转模式。也就是说,情势变更原则在涉矿案件的适用主要集中在矿业权或矿业权控制权的流转类案件上。

第二,按照管辖级别来区分。按照管辖级别来区分,共有6宗案件由最高院终审,有4宗案件由省级人民法院终审,占全部案例的59%。大多数案件管辖级别较高,也契合了矿业案件标的额大、专业强和难度高的特点。

第三,按照诉讼结果来区分。按照诉讼结果来区分,上述17宗案件中,仅有3件得到法院的支持,仅占全部案例的18%。因情势变更原则是对合同稳定性的撬动,为维护交易安全及市场活动的稳定性,法院更趋向于认可合同的稳定性,非必要情况下,一般不会对合同进行变更或解除。

为展现情势变更原则在涉矿案例中的具体运用情况,我们将从适用情势变更原则需满足的主观要件、客观要件、除外事件及法律后果等方面出发,结合案例逐一进行分析。

二、主观要件——须为当事人订立合同时所不能预见的事件

当事人主张情势变更时,法院首先会回溯到合同订立之初当事人所主张的情势变更理由是否为当事人订立合同时所不能预见的,即核心在于判断当事人是否具备预见能力。法院在作出具体判断时,通常会考虑合同是否对这种不可预见已经作出了安排,标的物的特性是否决定了其必然处于不可预见的环境变化之中以及当事人的商业判断能力和对客观事实的了解程度等诸多因素。

(一)从合同的约定来判断

就当事人是否对客观变化事实不可预见的问题,法院可从双方所订立的合

同条款进行判断,我们通过以下两个案例进行说明:

案例一:在"(2015)民二终字第236号大宗集团有限公司、宗锡晋与淮北圣火矿业有限公司、淮北圣火房地产开发有限责任公司、涡阳圣火房地产开发有限公司股权转让纠纷案"(以下简称"大宗公司案")中,圣火公司主张标的公司由于政策因素未取得采矿核准文件,股权转让的目的无法实现,构成情势变更。但最高院认为,双方签订的《股权转让协议》中约定,无论公司拥有的探矿许可证或采矿许可证是否作废、到期或失效,圣火公司都应无条件地履行该协议约定的所有条款,因此当事人对于未取得有关批准具有一定预见能力。

案例二:在"(2016)赣05民终207号新余市达隆矿业有限责任公司与朱辉、朱鹏汉运输合同纠纷案"(以下简称"达隆矿业案")中,达隆公司提出,公司系因国家政策、市场原因停产,要求解除与朱辉、朱鹏汉之间的运输合同。但新余中院认为,双方签署的运输合同中对承运铁矿石的运输价格、运量保底吨位补偿、合同期限进行了约定,并对因国家政策调整导致停产的情形进行了约定,故否认了达隆公司所提理由的不可预见性,认为不属于情势变更。

(二)从标的物的特性来判断

在买卖合同中,若标的物的市场属性活跃,市场价格变动较大,当事人对标的物的价格变动应当具有较高的预见能力。最高院在40号文中明确指出,对于涉及石油、焦炭、有色金属等市场属性活泼、长期以来价格波动较大的大宗商品标的物的合同,应慎重适用情势变更原则。如在"(2015)云高民二终字第410号玉溪大地宏景经贸有限公司与金平县兴胜矿业有限公司联营合同纠纷案"(以下简称"宏景公司案")中,云南高院并未将矿石价格跌幅过大认定为情势变更适用的条件,而仅将之认定为一般的市场风险。

(三)从当事方的商业预判能力来判断

投资有风险,市场中的商事主体对于商业风险应当具有一定的预判能力。矿产资源行业作为一种政策性较强的行业,法院在适用情势变更原则时,更倾向于通过观察合同履行中政策变更的趋势以及商事主体对政策趋势的预判能力,综合判断是属于情势变更还是商业风险。如在"(2018)最高法民终387号淮北矿业(集团)有限责任公司与新光集团有限公司股权转让纠纷案"(以下简称"淮北矿业股转案")中,最高院认为,新光集团作为从事煤矿经营的企业,对于经营煤矿的商业风险应有所了解,其所提出的国家关于煤炭行业化解过剩产能的政策变化,并不属于案涉《股权转让协议书》履行过程中发生的无法预见的、非不可抗力造成的情形。

另外,对于合同签订前矿业权本身便因已有政策而存在瑕疵,后因政策监管趋严等原因使矿业权无法延续的,应当认定为当事人对商业风险的明知。如在"(2019)最高法民终827号新疆龙煤能源有限责任公司与郑北平股权转让纠纷案"(以下简称"龙煤公司案")中,案涉矿业权位于风景名胜区内,龙煤公司称新疆政策把握一直较为宽松,后因政策收紧,导致矿业权无法延续。最高院认为,龙煤公司作为矿产企业,在《股权转让协议》签订时对于案涉矿区位于风景名胜区内应当知晓,即使如龙煤公司所称当地环保政策宽松,龙煤公司在行政法规有明确的规定下,也应对政策的走向有所预见,故之后当地政策逐步收紧导致探矿权不能延续对于龙煤公司而言不属于意外风险。

三、客观条件——须有情势变更的事实,即合同赖以存在的客观情况确实发生变化

法院对情势变更的客观条件通常通过两个层次来分析,一是情势变更本身是否构成重大变化,二是这种变更是否导致了显失公平或者合同目的不能实现的后果。

(一)情势变更事件本身是否构成重大变化

涉矿案件中,法院认可纳入情势变更的"重大变化"通常为法律法规的变化。这里所称的法律法规为广义概念,包括国家法律法规、国家政策,以及地方性法规与地方政府发布的相关政策等。合同一方若因法律法规变化导致无法履行合同义务,则可适用情势变更原则,请求法院解除或变更合同,我们通过以下两个案例来说明:

案例一:在"(2019)鄂2801民初1890号谭扬圣、蹇伦等与恩施红太阳矿业集团漂水岩煤矿有限公司企业承包经营合同纠纷案"(以下简称"漂水岩煤矿案")中,因矿山安全生产许可证无法延续致使双方之前已签署的协议无法履行。法院再审认为,安全生产许可证无法延期的主要原因在于煤炭行业化解过剩产能的政策原因,属政府政策调整,是当事人在订立合同时无法预见的情形,进而认为符合情势变更的情形,双方互不负违约责任。

案例二:在"(2015)玉中民二终字第1号通海源生石英砂开发有限公司与

通海县河西镇石碧村民委员会第一村民小组等合同纠纷案”(以下简称“源生公司案”)中,源生公司与石碧村一组等签署了《开采石英砂协议书》,但后因2012年原国土资源部办公厅颁发了《关于矿业权设置方案未编制入库的矿业权项目配号有关问题的函》(国土资源厅函〔2012〕229号)及原云南省国土资源厅的配套规定,致使案涉矿区能否设定采矿业权处于未知状态,案涉矿区的矿业权设置方案审批亦处于停滞状态。基于此,法院认为,结合《探矿权采矿权招标拍卖挂牌管理办法(试行)》(国土资发〔2003〕197号)相关规定,上诉人将来能否取得采矿权证仍处于不确定状态,如果合同继续存续,对上诉人显失公平。因此,法院支持了源生公司解除合同的请求。

具体说来,在援引法律法规变化作为情势变更事由时,可通过两个前提条件来判断是否达到重大变化的程度:

第一,法律法规变化是否导致合同情势变更的主要原因甚至唯一原因。若法律法规的变更并未直接导致合同无法履行,则法院可能认定不构成情势变更。如在大宗公司案中,当事人主张由于国家煤炭行业化解过剩产能政策原因无法取得项目核准构成情势变更。法院认为,自项目公司成立到国家去产能政策发布的3年时间内,项目公司一直在申请办理项目核准,但直到涉案国家政策出台之前,也未获得批准,因此,政策原因并非造成合作开发项目得不到核准的唯一原因。

第二,法律法规的变化应属于合同履行过程中的变化,违约在先的不能再以该变化为由进行抗辩。如在“(2014)民一终字第300号苍山县鲁南蔬菜运输有限公司与枣临铁路有限责任公司侵权责任纠纷案”(以下简称“鲁南蔬菜公司案”)中,枣临铁路公司因铁路设施压覆矿业权与鲁南蔬菜公司签署《补偿协议》,其未如期支付补偿款,后国务院颁布《铁路安全管理条例》,根据该条例,枣临铁路公司无须压覆鲁南蔬菜公司矿业权,枣临铁路公司主张情势变更,拒付补偿款。最高院认为,案涉《补偿协议》的签订时间及枣临铁路公司支付款项的最后期限均是在《铁路安全管理条例》颁布之前,该条例并没有强制规定此前行为适用该条例,因此,《铁路安全管理条例》对本案不具有溯及力。

(二)情势变更事件是否导致了显失公平或合同目的不能实现的结果

继续履行合同对于一方当事人明显不公平或者不能实现合同目的,法院可以根据当事人的请求和公平原则来决定变更或解除合同。

1. 显失公平的认定

公平原则是民法理论的基本原则，情势变更的适用是公平原则在具体个案中的延伸。在认定显失公平时，法院通常会综合合同对价因素、变更事件是否构成主导因素、继续履约对当事人的影响等多重因素来考量，会存在一定程度的自由裁量。为了更清晰地认知，以下通过两个案例来分析法院对显失公平的认定：

其一，在源生公司案中，源生公司根据政府有关文件的精神暂停了涉案采矿权的审批工作，其能否取得采矿权处于不确定的状态，如果合同继续存续，按照合同的约定需向石碧村一组等支付合同价款，对源生公司来说显失公平。基于此，法院支持源生公司解除该合同。

其二，在"（2009）浙商终字第41号玉环县境外引水开发有限公司与安钢集团永通球墨铸铁管有限责任公司买卖合同纠纷案"（以下简称"引水公司案"）中，当事人的买卖合同签订后，国内生铁原料价格出现大幅度上涨。浙江高院认可该种情势在订约时双方当事人均不能预见，但其认为永通公司作为供货方，自身拥有铁矿，具有较大规模的生产球墨铸铁管能力，并有常备库存，故原料价格的上涨不会造成永通公司生产成本的大幅增加，当然，永通公司所获取的利益或受到影响。最终，浙江高院从双方当事人的利益角度衡量并认定，即便按照原合同履行，也不会对永通公司造成极不公平的结果；反之，如果将原料成本上升的风险由双方当事人共同承担，则会给引水公司造成不必要的经济负担，因此驳回了永通公司的情势变更主张。

由此可知，对于情势变更下公平原则的适用，法院往往需要综合考虑合同当事人的具体情况、履约能力以及风险分担的公平性等多重因素。具体到个案中，原告方至少应抓住一个点，让法院确信在这种情势变更下继续履约确实会造成明显的不公，情势变更的主张才有可能获得支持。

2. 不能实现合同目的的认定

《最高人民法院知识产权案件年度报告（2009）》中称："合同目的是指合同双方当事人通过合同的订立和履行，期望最终得到的东西、结果或者达到的状态。"

一般而言，合同目的不同于动机，但在一定条件下，动机也可作为合同目的。（1）当事人明确地将其签订合同的动机告知了对方当事人，并且以此作为成交的基础，或者合同的条件；（2）虽然当事人在签订合同时没有明确告知，合同中也没有将该动机条款化，但有充分且确凿的证据证明该动机就是该合同（交易）成立的基础。

将动机作为合同目的时，需要注意以下两点：(1)合同目的应当是当事人双方在合同中通过一致的意思表示而确定的目的；(2)当事人双方内心所欲达到的目的不一致时，以双方均已知或应知的表示于外部的目的为准。就涉矿合同而言，当事人通常为了交易便利，并不会通过直接签署矿业权转让合同的方式获得矿业权或矿业权的控制权，而是以公司股权转让、公司经营权转让、联营或矿业权承包等多种方式来实现其商业目的，此时如何判断动机及合同目的便显得尤为重要。

如在龙煤公司案中，龙煤公司主张涉案合同名为股权转让实为矿业权的合作开发。最高院从《股权转让协议》的内容、协议条款的具体安排、条款的具体内容三个角度进行了深入分析，即最高院既从条款本身又从协议结构安排等角度探求协议之动机，但龙煤公司最终并不能使最高院确信双方之动机为合作开发。就目前查询到的案例而言，单就股权转让交易，如果协议中没有特殊约定，完成股权变更登记即被视为合同目的已经实现。为此我们建议，如果合同目的是通过收购矿业公司股权来实现对采矿权的控制并最终开发收益的，务必在鉴于条款或重要处表达清楚，如"收购方购买目标公司股权的目的是实现对X采矿权的控制，并通过开采该采矿权项下矿产资源获得投资收益"；同样，如果收购公司股权的目的是控制其所持探矿权并通过探矿权转成采矿权获取开发收益的，也务必在鉴于条款或重要处表达清楚，如"收购方购买目标公司股权的目的是实现对X探矿权的控制，并通过继续勘查或者其他维护工作使得该探矿权转为采矿权，以便通过开采矿产资源获得投资收益"。

四、该事件应排除不可抗力和商业风险等除外情形

《合同法司法解释（二）》第26条将不可抗力和商业风险作为情势变更原则适用的除外事件，故在司法实践中，要对不可抗力、商业风险进行区分，在排除该等因素后方可适用情势变更。

（一）不可抗力

不可抗力与情势变更并非完全平行不相关的概念，二者存在诸多重合之处。如发生自然灾害导致继续履约显失公平虽符合情势变更的客观要求，但在

司法实践中，自然灾害更多地被纳入“不可抗力”的范畴。这一概念上的交集有可能导致《合同法司法解释（二）》在司法实践中适用法律的混淆，实务中通常会作以下区分：（1）以不可抗力作为免责事由：主张不可抗力要求部分或全部免除违约责任或依法解除合同，通常容易被法院接受；（2）以情势变更作为变更事由：主张情势变更可请求法院对合同进行变更，要求改变商业条件达到公平地位或实现合同目的。

由此可见，适用情势变更原则的情况更常用于当事方积极主张合同变更。

（二）商业风险

根据法发〔2009〕40号文的规定，商业风险属于从事商业活动的固有风险，诸如尚未达到重大变化程度的供求关系变化、价格涨跌等。如在“（2016）闽0824民初2689号武平县天盛矿业投资集团有限公司与古惠军、张敬东企业承包经营合同纠纷案”（以下简称“古惠军承包矿业权案”）中，法院认为煤炭价格的涨跌应属于当事人应当预见且能够预见的商业活动风险，不应属于情势变更范畴。

另外，在矿业权交易合同中，某项重大变化到底属于情势变更还是不可预见的商业风险，实务中司法审判掌握的标准更多的是具有一定趋势性的矿业政策变化或矿业领域固有的一些政策变化，尚不构成情势变更，而这些往往被视为商业活动中的可预见的商业风险。

五、情势变更将引致变更或解除合同的法律后果

发生情势变更后，合同未全部履行的，当事人可请求法院判决变更合同或解除合同。如在漂水岩煤矿案、源生公司案中，法院均认可了政策变动对合同目的实现的影响，并基于公平原则，解除了当事人之间的合同。

合同的解除是对合同稳定性的最大考验，在涉矿合同中存在比较特殊的一类，即矿业权出让合同。该种合同的解除对于当事人的经济利益影响极大，同时因合同相对方为地方政府，其所能给予的补偿也非常有限。如出现情势变更导致合同解除，各方利益应该如何保护与平衡，是否仍会像一般民事合同一样根据公平原则、过错原则等确定各方责任分配？我们发现，在“（2019）云09民终667号镇康县自然资源局与舒毕洪合同纠纷案”中，舒毕洪与镇康县自然资源局签署了采矿权的出让合同，后因政府政策调整，导致舒毕洪取得的涉案采

石场采矿权因开采规模、最低服务年限达不到文件要求,未能办理采矿许可证,不能实现合同目的。法院认定符合情势变更的原则,判决解除合同。对于涉案合同,舒毕洪要求退还采矿权出让款并赔偿经济损失。其中,经济损失包括矿业权交易服务费、基于履行合同支付地质勘察报告及开发利用方案费用、土地复垦方案费用等。法院认为舒毕洪已享受了矿业权交易服务,该等费用不应赔偿;合同双方在合同履行过程中尽到合理注意义务后,因情势变更支出的费用应由各方自行承担,故并不支持地质勘察报告及开发利用方案费等费用。最终法院仅支持因自然资源局过错导致其多支付的土地复垦方案费用。

基于该种裁判思路,受让人在矿业权出让行为中较为弱势。另外,随着最高院《行政协议规定》(法释〔2019〕17 号)的实施,司法机关已将矿业权出让合同明确界定为行政协议。根据行政协议的司法审判标准,未来行政相对人在享有更多程序性权利的同时,将不得不面临实体权利与行政优益权的冲突,所以此类受让方更应注意防范政策变更的风险。

六、实践建议

通过梳理司法判例并结合实务经验,涉及情势变更的矿业类合同主要集中在矿业公司股权交易类和矿产品的买卖或运输类合同。为此,我们针对两类合同分别提出如下建议:

第一,在矿业公司股权交易类型的合同中,由于矿产资源行业是一个政策性极强、受各类行政监管最为集中的行业之一,在合同签订以及履行过程中,一项政策的出台甚至会使整个项目不具有营利性,如近几年来的出让收益问题、自然保护区问题等。又鉴于主张情势变更在中国司法实践中的难度,我们建议在交易合同中明确约定情势变更情形及相关风险的责任分担规则。一旦在合同中对国家政策变动等因素的风险承担和责任分配进行了明确约定,则各方可以直接按照约定履行、承担相应的责任,而不用再纠结于是否够构成情势变更,是否能被支持等。

第二,在矿产品的买卖或运输合同当中,作为专门从事矿产品买卖和运输的市场主体,对于标的物价格浮动应当存在一定程度的预见和判断能力,通常推断在一定程度上双方当事人可以预见合同标的物价格的变动。因此,价格的波动属于商业风险的正常范畴,除非存在超出合理预期的事由,具有付款义务的主体一般较难适用情势变更原则。基于此,我们建议在矿产品的买卖或运输合同中,根据实际情况引入调价机制,根据标的物价格浮动情况相应调整价格等。

通过上述分析,我们可以就情势变更原则得出几个基本结论:一是情势变更原则是对合同稳定性的挑战;二是基于交易安全及稳定性的考虑,法院在适用情势变更原则时持有相当谨慎的态度,需考量主观要件、客观要件、除外情况及可能引致的法律后果等多重因素;三是一旦合同稳定性受到挑战,作为合同的另一方其预期利益极有可能遭受一定的损失。矿业行业属于高风险行业,其高风险性除了交易标的巨大之外,还更多地体现在其行业政策变化大、监管集中、环保安全责任压力大以及资源本身风险大(资源负变以及其他水文地质等突发情况)等方面。为此,交易各方在交易协议的谈判、订立、变更、履行和终止等一系列行为中,应重点关注合同约定的严密性,严格本着诚实守信、公平公正等原则,共同践行双方之诺。

覆·收

——矿业权压覆纠纷中的核心法律问题

所谓矿业权压覆，是指在已设置矿业权的区域进行工程建设导致被占用部分的矿业权价值无法实现的情形。这一情形的出现主要有两个诱因：一是我国矿业权与矿业用地的取得并不同步，矿业权人在取得矿业权时多数无法同时甚至无法必然取得矿业权区域范围内的土地使用权，其他权利人完全有理由在矿业权人获得矿业权后取得其区域范围内的土地使用权；二是随着我国城市化、工业化进程的加快，大规模基础设施建设高峰期到来，公共利益或经济发展的需求导致建设项目压覆矿业权的情形也随之增加。因此，"压了我的矿，该如何补偿"这个问题也成为众多被压覆矿业权人最关心的问题，笔者希望厘清该核心问题，寻找合适的解决办法。

带着这个问题，笔者首先试图通过对矿业权压覆问题的溯源梳理和对各地矿产资源主管部门出台的矿业权压覆补偿制度的对比分析，从制度构建的角度厘清压覆赔偿的主要参考因素及标准；其次通过深入分析典型案例中的裁判思路，从司法审查角度考量司法裁量尺度；最后在结合两个观点的基础上给出实践建议，以期为压覆方及被压覆方尽快解决压覆争议提供思路。

一、矿业权压覆问题的制度渊源

（一）矿业权压覆原则的法律基础

《矿产资源法》第33条规定："在建设铁路、工厂、水库、输油管道、输电线路和各种大型建筑物或者建筑群之前，建设单位必须向所在省、自治区、直辖市地质矿产主管部门了解拟建工程所在地区的矿产资源分布和开采情况。非经国务院授权的部门批准，不得压覆重要矿床。"该条确立了未经矿产资源主管部门批准不得压覆矿产资源的基本原则(其中,压覆重要矿床必须经自然资源部批准)。

为进一步细化落实《矿产资源法》第33条的规定,原国土资源部于2000年12月18日发布了《关于规范建设项目压覆矿产资源审批工作的通知》(国土资发〔2000〕386号)。该文件在《矿产资源法》第33条的基础上进一步确立了以下原则:(1)建设工程项目在建设前应事先了解拟建工程所在地区的矿产资源分布和开采情况;(2)划定"重要矿产资源"的范围;(3)压覆重要矿产资源的建设项目由原国土资源部批准,压覆非重要矿产资源的建设项目由原省级国土资源主管部门批准。

此后,原国土资源部又于2010年9月8日发布《关于进一步做好建设项目压覆重要矿产资源审批管理工作的通知》(国土资发〔2010〕137号)。国土资发〔2010〕137号文对国土资发〔2000〕386号文确立的压覆审批规定进行了一定程度的扩展和变革:(1)扩大了"重要矿产资源"的范围;①(2)扩大了原省级国土资源主管部门的审批权限,原国土资源部仅负责对重要矿产资源中的部分压覆的审批。②

此外,国土资发〔2010〕137号文将签订补偿协议放到了"规范报批要求"项下,换言之,签订补偿协议成了批准压覆的前置条件,这种表述在一定程度上亦有利于维护矿业权人的合法权益。

(二)矿业权压覆补偿的法理基础

《物权法》第123条③将探矿权、采矿权均认定为用益物权。而用益物权是指在他人所有的财产上设立的权利,权利人享有对他人财产占有、使用和收益的权利。探矿权和采矿权作为一种用益物权,具有自身的价值,不仅包括探矿权人、采矿权人对其取得矿业权范围内的矿产拥有勘查、开采的行为权利,还应包括探矿权人、采矿权人对矿产资源的财产性权益。因此,一般认为,《物权法》

---

① 国土资发〔2010〕137号文第2条第2款规定:"重要矿产资源是指《矿产资源开采登记管理办法》附录所列34个矿种和省级国土资源行政主管部门确定的本行政区优势矿产、紧缺矿产。"

② 国土资发〔2010〕137号文第3条规定:"建设项目压覆重要矿产资源由省级以上国土资源行政主管部门审批。压覆石油、天然气、放射性矿产,或压覆《矿产资源开采登记管理办法》附录所列矿种(石油、天然气、放射性矿产除外)累计查明资源储量数量达大型矿区规模以上的,或矿区查明资源储量规模达到大型并且压覆占三分之一以上的,由国土资源部负责审批。"

③ 《物权法》第123条规定:"依法取得的探矿权、采矿权、取水权和使用水域、滩涂从事养殖、捕捞的权利受法律保护。"该条文列于"用益物权"一章中。

的上述意旨是矿业权人在矿业权压覆中获得补偿的基础。

基于压覆补偿的上述理论基础，接下来，我们将对矿业权压覆的具体条件、补偿原则、补偿范围等问题展开更加深入的分析。

压覆补偿的前提条件顾名思义即为压覆了已设置矿业权的矿产资源。根据国土资发〔2000〕386 号文的规定，压覆补偿的范围内有已设采矿权的，建设单位应与采矿权人签订补偿协议，即在国土资发〔2000〕386 号文的背景下，矿业权压覆的补偿前提仅限于采矿权。而随后出台的国土资发〔2010〕137 号文则明确压覆补偿的前提是压覆了已设置矿业权的矿产资源。由此，压覆补偿前提条件中关于对象的要求由采矿权扩大至矿业权，探矿权亦加入了压覆补偿的大家庭之中。然而，需要特别指出的是，虽然该条款规定相比以往已经有所进步，但仍存在一定的不周延性。例如，若工程建设项目压覆到矿业权区域内唯一可以设置尾矿库或选矿厂的区域，导致整个矿产资源开发项目无法进行或已不符合投资测算要求（不经济），则虽然未压覆到矿产资源，但却已经造成了导致整个矿业权价值无法实现的严重后果。

此外，国土资发〔2010〕137 号文非常明确地提出了压覆补偿范围认定的规则，具体包括：(1)矿业权人被压覆资源储量在当前市场条件下所应缴纳的价款（无偿取得的除外）；(2)所压覆的矿产资源分担的勘查投资、已建的开采设施投入和搬迁相应设施等直接损失。这一规则的确定有利有弊：利在于矿业权人终于有了和建设单位谈判赔补偿范围的依据；弊则体现在上述框定的范围并不是按照市场原则通过评估进行补偿，也未考虑到矿业权人的风险投资回报等问题，而只包括“价款”和“直接损失”，因此，对于矿业权人而言，期待利益则很难得到保护。但与此同时我们注意到，国土资发〔2010〕137 号文对压覆补偿范围的表述为“原则上应包括”，即上述范围应为补偿的最低限度，最终补偿金额的确定还有待矿业权人与建设单位的沟通协商。因此，还是留有一定的谈判余地的。

综上所述，无论是从矿业权压覆的法律基础还是从压覆补偿的具体规定上来看，矿业权压覆的审批及赔补偿问题经历了一个由混沌不清到逐步规范明确的过程。国土资发〔2010〕137 号文发布后，国土资发〔2000〕386 号文即于当年 12 月被废止。自此，国家层面有关矿业权压覆的规范依据主要为《矿产资源法》第 33 条、《物权法》第 123 条以及国土资发〔2010〕137 号文。

在实践操作中，各地又在上述文件及规定的基础上进行了细化，尤其是在矿业权压覆补偿的压覆范围及补偿范围的确定上，各地因对上述文件的理解不同，管理尺度不同，亦形成了不同的管理态度。与此同时，随着司法案例的增多，也逐渐形成了一些裁判规则，以下我们将逐一进行分析。

二、各地矿业权压覆补偿制度的对比分析

在矿业权压覆纠纷中，如何进行压覆补偿永远是最为核心的争议点，针对该问题，需重点关注以下两个方面，即前文提及的压覆范围及补偿范围的确定。

压覆范围确定的关键在于矿业权压覆的面积、所占矿区的比例如何确定。如压覆范围在垂直投影内并无矿产资源，是否应当补偿？如压覆到矿业权的核心区域导致无法实现矿业权的核心价值，是否应当补偿整个矿山的损失？如压覆范围在垂直投影内并无矿产资源，但对整个矿山的生产经营起到至关重要的作用（如所压覆的位置为矿山未来尾矿库、选矿厂的唯一合适选址），是否应当补偿？如补偿，是否应当补偿整个矿山的损失？

补偿范围确定的关键在于是否包含预期利益，即在评估计算补偿金额时，是应仅限于国土资发〔2010〕137号文中所限定的"价款"和"直接损失"，还是应当包括矿业权人的可期待利益？笔者认为，就矿业权压覆补偿的具体金额而言，通常认为矿业权作为一种用益物权，属于民事财产权的范畴，其范围为何及价值为何，应由矿业权压覆补偿协议的主体来确定，而非由政府部门通过发布规范性文件的方式来规定。因此，即使存在这样的规定，也不应具有民法上的法律效力，对当事人不产生约束力。但鉴于我国对于矿业权的监管及其作为强行政权的外在表现，国土资发〔2010〕137号文作为上位规定已经确立了矿业权压覆补偿的原则和范围，故下位规定对此进行的细化对于指导矿业权人与建设单位之间的矿业权压覆补偿谈判就具有一定的价值。另外，在处理纠纷和解决争议时，行政机关通常会将国土资发〔2010〕137号文及当地的有关规定作为确定补偿价值的最主要依据，而司法机关在解决此类争议时亦会对上述规定予以参考适用。

因此，在此背景和现状下，笔者认为有必要对各地的矿业权压覆补偿制度进行横向对比。关于上述压覆范围的问题，国土资发〔2010〕137号文并未给出明确具体的答案；关于补偿范围的问题，国土资发〔2010〕137号也仅指出要以"价款"和"直接损失"为原则。而针对这两个问题，各地又给出了不同的答案。

为此，我们选取了几个较为典型的省份，针对压覆范围和补偿范围的确定

问题为大家逐一进行分析。

（一）矿业权压覆范围的确定标准

将建设工程用地边界范围作为矿业权压覆范围已是业界共识，但对于建设工程边界范围外一定区域甚至整个矿区是否也应被视为压覆范围的问题，国家层面未作明确规定，各省的规定亦不相同。但考虑到矿业权压覆范围涉及最终补偿金额，因此确定压覆范围就十分重要了。

基于此，笔者将通过对比分析各地的矿业权压覆制度文件，就文件适用的合理性及确定压覆范围问题提出相关建议。各地关于压覆范围的规定梳理如下：

1. 未设定特定标准，因建设项目所属行业的不同而履行不同的安全标准

如福建省自然资源厅虽就矿业权压覆问题出台了基本规定，即福建省自然资源厅《关于规范建设项目压覆重要矿产资源审批工作的通知》（闽自然资发〔2019〕137 号），但并未就压覆范围的问题进行明确规定。因此，在该省份未出台规定或在规定中未予明确的情况下，一般认为建设单位仅就建设工程用地边界范围内的压覆区域进行补偿。

但同时考虑到不同建设项目所属行业的情况不同，建设单位还需遵守相应的行业用地影响范围的特殊规定。如在福建省政府发布的《福建省铁路建设压覆矿产资源评估补偿管理办法》（闽政办〔2012〕1 号，以下简称《福建铁路压覆办法》）中，明确铁路影响范围为"铁路两侧一重山可视范围或铁路两侧 1000 米以内"，即对该区域范围内的压覆矿业权均应进行补偿。

另外，根据《公路法》《公路安全保护条例》《铁路运输安全保护条例》《电力设施保护条例》《电力设施保护条例实施细则》《石油天然气管道保护条例》《水利法》等行业法律法规的规定，在建设相应设施时，应预留一定的安全距离或保护范围，该范围内均应补偿。这种行业的规定具有普适性，各地均应遵循。

2. 基于安全考虑设定统一的安全范围标准

如根据江苏省原国土资源厅《关于进一步规范江苏省建设项目压覆重要矿产资源审批管理工作的通知》（苏国土资规发〔2013〕4 号）的规定，基于矿山采矿安全爆破距离的考虑，要求矿业权压覆的评估范围应不小于用地边界外推 300 米。该规定虽扩展了矿业权压覆的区域范围，但在操作中显得过于机械，部分矿山可能并不涉及爆破问题，却也同样适用了规定的压覆补偿范围。此种规

定也同时增加了建设单位补偿的经济负担。

3. 探矿权压覆核心区域的,压覆范围为整个矿区

如根据江西省人民政府办公厅《关于进一步规范省重点建设项目压覆矿产资源评估补偿工作的通知》(赣府厅字〔2013〕15 号,以下简称《江西压覆补偿通知》)的规定,整个矿区或核心区域被压覆的,应按照取得该矿业权的全部投资为依据补偿。据此,笔者认为,在探矿权阶段如核心区域被压覆,则其未来探转采及开发都将受到严重影响,无法实现正常生产,相当于整个探矿权权益无法实现,因此行政机关才会作出如上认定结论,但该通知并未对采矿权的压覆范围进行明确规定。

4. 因部分压覆导致矿业权范围内的勘查或采矿活动无法进行的,压覆范围为整个矿业权范围

实践中最具争议的就是部分压覆导致整个矿业权无法实现价值的补偿问题。根据《山东省建设项目压覆重要矿产资源管理办法》(鲁国土资发〔2012〕161 号,以下简称《山东压覆办法》)中的规定,由于建设项目压覆需关闭矿山的,应开展资源和资产评估。笔者认为,结合该规定的上下文意及实践来看,本条主要针对的是采矿权,但并未进行细化。笔者认为,如将需要关闭矿山情形的出现视为该项目已经无法正常生产,则应对矿区范围内的全部剩余资源和相关矿山资产进行评估,并以此为基础确定补偿金额。同时,该办法亦明确了压覆行为与"关闭矿山"之间应具有因果关系。

相较而言,湖南省原国土资源厅《关于建设项目压覆矿产资源补偿有关问题的通知》(湘国土资发〔2013〕17 号,以下简称《湖南压覆补偿通知》)的规定就更为科学了,根据其规定,压覆矿产资源评估单位应对压覆范围进行科学、严格论证,不能简单、机械地以规定距离确定压覆范围。对于探矿权和采矿权部分压覆后,矿业权范围内勘查或采矿活动无法再正常进行,不能保留探矿权或采矿权的,压覆范围为整个探矿权或采矿权范围。即压覆矿产资源评估单位不应简单地以距离论,应对压覆范围进行专业论证。同时,对于部分压覆的情形,若主张补偿全部矿业权,则需要达到"勘查"或"采矿活动"无法正常进行的程度。

经过上述对比和分析可知,各地在确定压覆范围的标准上存在较大差异。相比而言,湖南省关于压覆范围的认定更加科学、合理,值得借鉴和学习。在部分无特殊规定的省份,矿业权人可以湖南省的确定模式作为参考并提出诉求。为确保满足诉求,就部分压覆但主张对全部矿业权范围进行补偿的证明标准应

至少满足以下两点：一是勘查或采矿活动确实无法正常进行；二是压覆与无法采矿之间存在因果关系。第一点在实践中较易证明，如《采矿权许可证》无法正常延续，本身即代表采矿活动无法正常进行；但第二点所述的因果关系认定却存在一定的难度。根据笔者的实践经验，证明上述因果关系是矿业权压覆纠纷中一项最为重要的内容，矿业权人务必给予高度重视，如通过聘请专家证人或相关机构出具压覆影响认定报告等方式将因果关系固定下来。

综上所述，笔者建议矿业权人在与建设单位确定压覆范围时，应重点关注建设项目所在地是否有明确规定。在谈判甚至诉讼前应了解建设项目所处行业的政策，充分研判压覆区域对整个矿业权的影响，并保留因果关系的重要证据。

（二）矿业权压覆补偿范围的确定标准

在压覆范围确定后，欲确定补偿的最终金额还需明确补偿范围，即仅补偿直接损失还是应补偿包括预期利益在内的全部损失。就此问题，各地的规定也存在较大差别。

1. 部分省份明确补偿范围仅限于直接损失

鉴于国土资发〔2010〕137 号文明确了压覆补偿范围原则上仅为矿业权价款（矿业权出让收益）和直接损失，故在此基础上仅补偿直接损失的原则各地皆有遵循。例如，《山东压覆办法》仅补偿“当时应缴纳的价款和勘查投资”，如涉及已建的开采设施投入和搬迁相应设施的，则补偿直接经济损失；同样地，《江西压覆补偿通知》规定，采矿权补偿由直接损失和出让合同已缴价款组成。

对此，我们认为，补偿范围仅包括直接损失并未完全体现矿业权作为用益物权财产属性的价值，在一定程度上否认了矿业权人的收益权利，也损害了矿业权人的预期利益。

基于此，有的省份在直接损失的基础上乘以一定的倍数予以补偿。例如，《关于做好建设项目压覆矿产资源补偿工作意见（试行）的通知》（新政办发〔2012〕74 号）规定，按照最高不超过实际投入的 1.5 倍予以补偿。然而，具体倍数的确定标准，以及补偿金额是否能够覆盖矿业权人的全部损失都无法确定。

2. 部分省份明确将补偿范围扩大至矿业权人的未来利润

部分省份在确定补偿范围时，将矿业权人的未来利润纳入考量范围，主要存在以下两种模式。一是采用年利润的倍数值来确定利润损失。例如,根据《福建铁路压覆办法》的规定,在确定企业损失时,应按照该企业前三年平均净利润的2.5倍计算。无法确认前三年平均利润的,依据核发年开采规模,参照国有同类企业有关数据进行核算。二是按照矿山投资中的剩余利润来计算。例如,根据《湖南压覆补偿通知》的规定,企业利润损失按照同类开采矿山行业投资平均利润减去已获投资回报的方法计算。相较第一种模式,笔者认为该种模式更能反映矿业权的实际价值。

三、矿业权压覆补偿纠纷司法裁判的尺度考量

相较于各地矿业权压覆补偿规定的百花齐放,司法裁判更讲究同案同判,故司法裁量的尺度对于陷入纠纷的矿业权压覆补偿问题具有更高的借鉴意义。值得注意的是,大部分法院对各地的规范性文件均持参考的态度,并未将其作为裁判的唯一标准。

同样地,笔者将从矿业权压覆范围和补偿范围两个角度来探究法院的司法裁量尺度。

(一)矿业权压覆范围的司法裁量

确定压覆范围是认定损失金额的前提。一般情况下,如果建设单位与矿业权人对于压覆范围没有争议,或者矿产资源主管部门就压覆范围出具正式文件(如压覆矿产资源补偿建议函)的,法院可据此确定压覆范围大小。但如果建设单位与矿业权人对压覆范围有争议,法院则具有一定的自由裁量权。

在矿业权压覆范围的认定上,法院通常会严格审查压覆行为对矿业权人压覆区域的影响是否具有法律上的因果关系,即矿业权人必须证明压覆行为同具体压覆范围具有明显且确定的因果关系。

如在"(2017)川18民初11号天全县金鑫矿业有限责任公司与四川雅康高速公路有限责任公司等财产损害赔偿纠纷案"中,因高速公路横穿矿区,原天全县国土局出具了《关于因高速公路经过需关闭矿山的函》和相关文件,并明确表示"由于查明的1.2号矿体均在雅康高速公路红线范围内,造成矿山无法开采,必须关闭"。据此,雅安中院认定,建设单位的压覆行为与关闭矿山导致探矿权无法实现全部价值之间存在明确的因果关系,建设单位应赔偿矿业权人的财产损害,因而认定建设单位应将探矿权全部矿区范围作为压覆范围予以补偿。又

如在“(2017)川民终196号乐山鑫达置业有限公司与国网四川省电力公司财产损害赔偿纠纷案”中,作为被压覆方的乐山公司认为,根据《电力设施保护条例实施细则》的规定,乐山公司将无法在被压覆探矿权区域500米范围内进行爆破等勘查作业工作,故要求认定压覆范围为电力设施外扩500米的范围。经专家证人质证后,法院认为案涉探矿权在输电基铁塔500米范围内可以采取安全措施实施爆破作业,在技术上可行,也并非属于500米范围内绝对禁止爆破作业范围,故最终未采纳乐山公司的观点。由此观之,法院对于压覆行为与损害程度之间因果关系的认定标准是非常严格且审慎的。

(二)矿业权压覆补偿范围的司法裁量

在司法实践中,法院对探矿权和采矿权财产价值上的认定存在一定的差异。就探矿权而言,因其未来能否完成探转采进而实现开采价值的事实存在不确定性,故法院一般对探矿权补偿范围的认定持谨慎态度,预期利润被认可的概率相对较小。如在“(2017)最高法民终724号丰宁长阁矿业有限公司与北京铁路局物权保护纠纷案”中,基于探矿权预期利润的不确定性,最高院并未将预期利润损失纳入补偿范围。

就采矿权而言,法院则更多地会综合考量矿业权的整体价值,而不仅仅着眼于采矿权人对该矿权的实际支出及投入。如在“(2018)赣民终534号江西丰广实业有限公司、沪昆铁路客运专线江西有限责任公司探矿权纠纷案”中,江西高院认为压覆补偿的范围应包括矿业权人所受的直接损害及所失的预期收益。又如在“(2018)云民终625号镇雄龙镇高速公路建设有限公司、镇雄县泼机岩脚2号采石场财产损害赔偿纠纷案”中,云南高院认定采矿权的压覆补偿范围包括了国土资发〔2010〕137号文确定的直接损失以外的预期收入。

另外,值得注意的是,在已存在补偿协议或双方当事人已确定补偿原则时,法院会尊重当事人之间的意思自治,以协议约定的内容确定补偿范围。如在“(2017)最高法民终493号广元市茂成商贸有限责任公司与兰渝铁路有限责任公司探矿权纠纷案”中,最高院即认可了双方签订的补偿协议所约定的补偿范围,支持对探矿权未来可能产生的合理利润进行补偿。

四、风险防范建议

由于矿业权压覆问题涉及的利益往往非常巨大,建设单位亦存在项目需要迅速推进和加快建设项目步伐的商业及公共利益层面的考量(如涉及民生工程),因此,建设单位往往倾向于先同矿业权人签署意向性的压覆协议,但该种协议一般语焉不详,不会对矿业权的压覆范围和补偿范围进行详细约定。待建设单位取得政府的压覆批复后,矿业权人的利益可能无法得到完全保障,即使诉诸公堂,亦可能会因为压覆范围和补偿范围约定不明而遭受损失。

基于上述风险,笔者站在矿业权人的角度提出以下几点建议:

(一)根据建设项目的属性确定相应的矿业权压覆范围

出现矿业权压覆时,应首先明确建设项目的属性,参照不同行业的管理规定,明确在特殊规定下的建设项目可能适用的压覆范围规定。另外,矿业权人应根据矿业权所在区域的地质条件、矿山开采情况等因素,注意预留部分安全距离(如预留安全煤柱的空间),安全距离内的区域亦应当被认定为矿业权的压覆范围。

在此基础上,矿业权人应具备判断压覆范围对矿业权整体价值影响的能力,如无法判断应尽快聘请专业的技术团队进行确认,判断压覆范围是否会使勘探无法继续进行或无继续进行的意义,是否会使矿山无法正常开采或持续开采。如出现该等问题,应要求对整个矿山进行补偿。

(二)在意向协议或补偿协议中应明确压覆行为对矿业权的整体影响,防止在出现纠纷时举证不能

在未经批准不得进行矿业权压覆的基本原则下,矿业权人能够掌握主动权的期间主要是在签订补偿协议等相关协议前,建议在矿业权人拥有谈判的优势地位时,将矿业权压覆与造成损失间的因果关系纳入协议,并在协议中明确对矿业权的整体影响。如仍无法明确,矿业权人应要求评估、技术等中介团队对于矿业权压覆行为对矿业权整体价值的影响进行重点论述。

(三)提前明确补偿范围

矿业权人应了解矿业权所在地对矿业权压覆是否出台了明确规定,选取有利于自身的政策解读或有关标准进行谈判。鉴于实践中经常出现先签署意向协议再签署正式补偿协议的情况,如无法在意向协议中列明补偿范围或金额,我们建议至少应当与建设单位确定补偿的原则,如是否包括预期利润以及如何确定预期利润等问题。

弥·补

——涉矿执行若干法律问题解析

强制执行是债权人依靠国家强制力实现胜诉裁判的重要手段。涉矿争议案件作出生效裁判后，如果债务人及担保人（本章统称被执行人）未及时偿还债务，债权人往往需要借助法院的强制执行手段实现生效裁判文书确定的债权。

基于矿业企业及矿业权（探矿权、采矿权）的特点，涉矿强制执行案件的办理程序、操作要点具有一定的特殊性。本章将在法院办理强制执行案件一般规范的基础上，结合矿业行业特点、涉矿特别规定以及办案经验等，就涉矿强制执行案件有关法律问题进行梳理，以期给予更多经验提示。

为了方便阅读，我们将根据执行程序的先后，分财产调查、控制、评估、拍卖等方面予以阐述。

一、涉矿强制执行中的财产调查问题

财产调查是强制执行中的重要环节，是进行财产查封和财产处置的前提，财产调查的成果在很大程度上也决定了强制执行的最终效果。针对矿业企业，财产调查的重点包括矿业权、土地房产、银行账户存款、对外债权等。

（一）关于矿业权的调查

1. 调查矿业权的权属以及查封、抵押状态等信息

登录自然资源部官网中的“全国矿业权人勘查开采信息公示系统”，输入企业名称，即可查询到该企业名下的所有现行有效的探矿权和采矿权基本信息（涵盖各级自然资源部门发证）。登录自然资源部官网中的“矿业权冻结信息查询”，输入企业名称，即可查询到该企业名下探矿权和采矿权的冻结情况和抵押情况（仅限部级发证）。此外，对于省级及以下自然资源部门发证的探矿权和采

矿权的冻结情况和抵押情况，多数省份目前尚未进行公开，只有个别省份进行了公示，如山西省自然资源厅每月公示新收到的矿业权查封登记信息。

2. 调查有关矿业权价值的信息

通常，矿业权的价值需通过矿业权评估机构的专业评估来确定。财产调查过程中，在缺少资料的情况下，债权人很难聘请矿业权评估机构对案涉矿业权进行专业评估。因此，债权人及律师需要通过深入调查，采取咨询专家、走访有关部门、现场勘查、资料收集等多种方式，争取对涉案矿业权价值作出判断。调查应关注以下内容：

（1）获取真实地质资料

我国实行地质资料公开制度，除涉及国家秘密和处于保护期内的地质资料外，其他地质资料应当依法公开。为了解被执行人名下的探矿权、采矿权价值，债权人及律师可向地质资料馆申请查看相应的地质资料。

（2）摸清出让收益的缴纳情况

出让收益是近年来国家权益金制度改革的重要内容，矿业律师需要准确判断已经调查出来的矿业权是否需要缴纳出让收益，或者是否存在原有价款没有缴清的情况，这是进一步判断矿业权价值的重要依据。

自 2017 年 7 月 1 日《矿业权出让收益征收管理暂行办法》（财综〔2017〕35 号）实施以来，各界对该办法争议较大，主要表现在：国家在征收出让收益时如何安排原矿业权人的勘查投入收益、大型矿山是能否按照市场基准率的方式在开采实现销售收入时收取、如何理解出让收益与资源税的区别、征收出让收益的法律渊源等一系列问题。很显然，矿产资源主管部门也注意到了这些冲突，2019 年 12 月自然资源部发布的《矿法修订草案》也非常明确地提出实行矿业权有偿取得制度，矿业权人应按照出让合同的约定交纳矿业权出让金。

鉴于目前出让收益争论的现状以及实务中由于各种历史原因很多矿山还存在欠缴价款[①]的情况，因此，对于拟进行司法评估拍卖的矿业权来说，核查是否存在欠缴价款或出让收益将直接关系到该矿业权的价值问题，同时也将直接关系到未来处置时是否能够直接过户的问题。根据财综〔2017〕35 号文的规

① 《矿产资源开采登记管理办法》第 10 条规定："申请国家出资勘查并已经探明矿产地的采矿权的，采矿权申请人除依照本办法第九条的规定缴纳采矿权使用费外，还应当缴纳经评估确认的国家出资勘查形成的采矿权价款；采矿权价款按照国家有关规定，可以一次缴纳，也可以分期缴纳。"

定，采矿权人转让采矿权并分期缴纳出让收益，采矿权人需缴清已到期的部分，剩余采矿权出让收益由受让人继续缴纳。如果原采矿权人不缴纳或者没有缴纳能力，则现实中将面临债权人在处置被执行人的采矿权前将不得不投入另外一部分资金解决欠缴问题，这无疑又给债权人增加了新的不确定风险。

（3）关注矿产资源整合以及新矿业权设置等政策

以笔者代理的一起采矿权抵押案件为例，债务人与债权人签订采矿权抵押合同，将其拥有的采矿权抵押给债权人，并办理了采矿权抵押登记。之后，当地政府进行矿产资源整合，债务人作为整合主体整合了周边多个矿业权，拥有的矿区面积和资源储量大幅增加，采矿权作为担保财产也大幅增值，债权的实现有了更充分的保障。当然，实务中也存在大量已经抵押的采矿权被整合的案例，对于债权人来讲，一旦被整合无疑将意味着抵押的采矿权多了一条变现的途径，无论是现金受偿还是置换为整合主体相对应的股权质押，对债权尽快受偿都是有利的。

（4）对中小型采矿权，应关注其是否有通过变更矿区范围（扩界）来增加资源量的可行性

2017 年以来，根据国务院新的矿业权出让制度改革精神，未来矿业权出让原则上一律招拍挂，严格限制协议出让，取消申请在先的要求。而对于协议出让，也从原来的五种情形①限缩为两种情形②，矿业权人通过协议出让获得矿产资源开采权利将会越来越难，所以对于中小矿山来讲，如果存在《自然资源部关于推进矿产资源管理改革若干事项的意见（试行）》（自然资规〔2019〕7 号）中规定的“已设采矿权深部或上部的同类矿产，需要利用原有生产系统进一步勘

---

① 原国土资源部《关于严格控制和规范矿业权协议出让管理有关问题的通知》：在“一、从严控制协议出让”中规定“（一）勘查、开采项目出资人已经确定，并经矿业权登记管理机关集体会审、属于下列五种情形之一的，准许以协议方式出让探矿权、采矿权：1. 国务院批准的重点矿产资源开发项目和为国务院批准的重点建设项目提供配套资源的矿产地；2. 省级人民政府批准的储量规模为大中型的矿产资源开发项目；3. 为列入国家专项的老矿山（危机矿山）寻找接替资源的找矿项目；4. 已设采矿权需要整合或利用原有生产系统扩大勘查开采范围的毗邻区域；5. 已设探矿权需要整合或因整体勘查扩大勘查范围涉及周边零星资源的。”

② 自然资源部《关于推进矿产资源管理改革若干事项的意见（试行）》在“……二、严格控制矿业权协议出让”中规定：“稀土、放射性矿产勘查开采项目或国务院批准的重点建设项目，自然资源主管部门可以协议方式向特定主体出让矿业权。基于矿山安全生产和资源合理开发利用等考虑，已设采矿权深部或上部的同类矿产（《矿产资源分类细目》的类别，普通建筑用砂石土类矿产除外），需要利用原有生产系统进一步勘查开采矿产资源的，可以协议方式向同一主体出让探矿权、采矿权。协议出让矿业权，必须实行价格评估、结果公示，矿业权出让收益由自然资源主管部门根据评估价值、市场基准价确定。”

查开采矿产资源的”申请协议出让的情形，能够以协议出让的方式进行扩界，则说明该矿业权具有资源潜力和价值潜力，将会在更大程度上保证债权清收的可能性。

（5）应注意了解矿业权期限问题

根据《矿产资源开采登记管理办法》（国务院令第241号）第7条的规定，采矿许可证有效期按照矿山建设规模不同确定，其中，大型以上的最长为30年，中型的最长为20年，小型的最长为10年。采矿许可证有效期满前需要继续采矿的，采矿权人应当自有效期届满的30日前到登记管理机关办理延续登记手续。《矿产资源勘查区块登记管理办法》（国务院令第240号）第10条也规定了勘查许可证有效期最长为3年，石油、天然气勘查许可证有效期最长为7年。但实务中，由于矿业行业具有强行政许可特征，地方矿产资源主管部门为了加强监管和其他产业政策管控，往往会忽略矿业权的物权属性，仅发放短期采矿许可证，如将中小型矿山采矿许可证期限限制在3年以内，笔者在实务中还见到很多一年一续的采矿许可证。所以关注矿业权什么时候期满、期满后续期有无重大障碍等问题都是非常重要的。

另外，笔者在实务中还遇到过很多进入执行拍卖阶段才发现，采矿许可证在漫长的司法程序期间由于债务人疏于管理或者不愿意再投入资金管理早已经过期的案例，针对此种案例还要分不同情况进行处理。为了尽量避免这种不利情况的出现，经办人员要仔细分析矿业权人在期满前是否已提出过续期申请、行政机关是否已作出不予延续决定、矿业权人没有提出续期申请是否存在不可抗力等非申请人自身原因等，以便于进一步判断有无进一步执行的可能。实务中笔者也办理过采矿许可证过期续期以及司法拍卖同时进行并成功的案例。

若涉及处置的探矿权期满，除了关注以上情形，还要考虑探矿权所处的阶段，如果已经处于详查或者勘探阶段，还要进一步了解是否已经完成划定矿区范围批复、是否已经申请探矿权保留等一系列问题，以便判断该探矿权还有无进一步执行的必要。

（6）对于探矿权应该重点关注其所处的勘查阶段

考虑到探矿权价值判断的特殊性，故笔者在此针对涉案探矿权作单独提示。

根据《固体矿产资源/储量分类》（GB/T 17766－1999）标准的规定，我国的矿产资源勘查活动一般分为预查、普查、详查、勘探四个阶段。2019年12月，自然资源部对外发布了《固体矿产资源储量分类》(征求意见稿),该征求意见稿将固体矿产资源勘查阶段由原来四个阶段,调整为普查、详查和勘探三个阶段;同时也简化了资源储量类型,删除了潜在矿产资源、预测的资源量、基础储量相应类型,只保留了资源量和储量两大类、五个类型。不同勘查阶段以及资源储量类型直接决定了探矿权的经济价值。对于处于较低地质工作阶段的探矿权,也要注意矿种的区别。对于高风险矿种,普查阶段的勘查成果通常可信度不高;但对于煤矿等低风险矿种,普查阶段的地质报告也有可能反映出可靠的储量情况。所以说,虽然我国法律有关探矿权定义的仅是指在规定的区块范围和期限内按批准的内容进行矿产资源勘查的权利,但实际情况是,由于探矿权人拥有法定优先转采的权利,所以探矿权越趋近于转采阶段,其价值就越大,如果一个探矿权到达勘探(部分矿种详查)阶段且已经完成划定矿区范围批复,则在实际交易中评估公司往往不是按照成本法评估,而是采用收益法进行评估。

(二)关于土地房产的调查

矿业企业出于生产经营需要,通常会通过出让或转让方式取得建设用地使用权,建设办公厂房、配套选冶厂等,一些矿业企业还会对外投资不动产。故若调查中的被执行人是矿业企业,对土地房产的调查也非常重要。

针对尚在审判阶段的案件,法院通常不会向律师出具调查令,部分地区的不动产登记机构允许律师持立案受理通知书及授权委托书、律所介绍信查询不动产信息,这样就可以在诉讼阶段掌握财产信息,进而申请诉讼财产保全,将财产查封的时间提前。对于执行案件,律师向法院申请开具调查令后,可到不动产登记部门、住建部门查询不动产信息。

(三)关于银行账户存款的调查

在强制执行过程中,查询到被执行人银行账户内的资金后,由于法院可直接冻结并扣划和支付给债权人,省去了执行其他财产所需要的评估拍卖等程序,因此银行账户存款是强制执行中的首选财产。对银行账户的调查应注意以下事项:

第一,诉讼前,债权人日常应注意收集与债务人业务往来中掌握的债务人银行账户,并在进入民事诉讼执行程序后将之及时提供给法院,由法院采取冻结措施。

第二,诉讼中,债权人申请财产保全时,确因客观原因不能提供明确的被保全财产信息的，可以向法院申请利用网络执行查控系统，对债务人的财产（主要是银行账户）进行查询，并采取相应的查封、冻结措施。

第三，进入执行阶段后，法院依职权通过网络执行查控系统查询被执行人的银行账户，并进行冻结和扣划。

从实践效果来看，法院网络执行查控系统尚不能做到全覆盖，被执行人在一些地方性银行开设的账户有时查询不到。为此，律师可持法院出具的调查令，至少到被执行人当地的所有地方性银行进行现场调查；如果为了防止债务人知情后转移资金，最好申请法院直接进行现场调查和冻结。

（四）关于对外债权的调查

最高院《关于适用〈中华人民共和国民事诉讼法〉的解释》（法释〔2015〕5号）第501条第1款规定："人民法院执行被执行人对他人的到期债权，可以作出冻结债权的裁定，并通知该他人向申请执行人履行。"对被执行人对外债权的调查应注意以下事项：

第一，被执行人享有的对外债权很多都是在日常生产经营活动中产生的，为此债权人应多关注被执行人的生产经营情况。例如，矿业企业在进行矿产品销售过程中，通常会形成一定的应收账款；矿业企业因矿产资源整合退出、矿业权被建设项目压覆、自然保护区退出补偿等事件，会获得来自其他企业、政府机关的补偿和赔偿；因国家取消矿山地质环境治理恢复保证金，建立矿山地质环境治理恢复基金制度，财政部门和自然资源部门应向矿业企业返还已收取的地质环境治理恢复保证金等。针对上述情形下矿业企业享有的对外债权，债权人可以申请法院进行冻结。

第二，矿业企业的对外债权种类可以分为已经过司法确权的债权和未经过司法确权的债权。对于被执行人尚未经过司法确权的对外债权，债权人需要搜集合同、转账凭证、还款协议等证据材料提交给法院，或者将相关线索提交给法院，由法院依法进行调查，获取证据后才能进行冻结。对于已经确权的，可以通过登录中国裁判文书网、中国执行信息公开网等公开途径进行查询。

二、涉矿强制执行中的财产控制问题

（一）如何选择需要查封的财产

在被执行人有多项财产可供执行的情况下（如同时拥有银行存款、矿业权、不动产、股权投资等财产），原则上债权人有权选择优先查封的财产，特别是涉及超标的额问题不能全部查封时，更需要在债权限额内选择。值得注意的是，根据最高院《关于在执行工作中进一步强化善意文明执行理念的意见》（法发〔2019〕35 号）的规定，被执行人有多项财产可供执行的，人民法院应选择对被执行人生产生活影响较小且方便执行的财产执行。故未来在执行过程中，准确选择便于执行且不会被法院不予执行的财产非常重要。

（二）如何避免超标的查封问题

最高院《关于人民法院民事执行中查封、扣押、冻结财产的规定》（法释〔2004〕15 号）第 21 条第 1 款规定："查封、扣押、冻结被执行人的财产，以其价额足以清偿法律文书确定的债权额及执行费用为限，不得明显超标的额查封、扣押、冻结。"法院采取查封措施前，需要对被查封财产的价值进行判断。对于不动产，特别是大中城市的不动产，由于房地产交易市场相对成熟，查封前对不动产的价值能够进行大致判断。对于股权，实践中一些法院将实缴注册资本金额作为判断是否超标的额查封的标准，但是对于矿业权，由于其价值往往需要通过专业评估才能确定，所以被法院认定为超标的查封的情形还比较少见。但是近两年来，由于所有没有进行过价款处置的采矿权均需要缴纳出让收益，也出现了被执行人向法院主张其缴纳的出让收益远远大于执行债权金额而申请解封的情况。

对相关财产采取查封措施后，一旦被执行人认为法院存在超标的额保全行为并提出执行异议，法院需要对执行异议行为进行审查。从司法实践来看，法院通常采用司法评估方式来确定查封、冻结财产的价值数额。

（三）查封期限和及时续封

最高院《关于适用〈中华人民共和国民事诉讼法〉的解释》（法释〔2015〕5 号）第 487 条第 1 款规定："人民法院冻结被执行人银行存款的期限不得超过一年，查封、扣押动产的期限不得超过两年，查封不动产、冻结其他财产权的期限不得超过三年。"其中，"不得超过"意味着法院的冻结期限可以短于上述时间。诉前阶段或诉讼阶段采取财产保全措施的，进入执行程序后，保全措施自动转为执行中的查封、扣押、冻结措施，期限连续计算。查封期限即将届满前，债权人应提前向法院提交续封申请书。

（四）矿业权查封办理机关及期限

通常，法院对债务人拥有的探矿权、采矿权进行查封时，应到矿业权发证机关进行查封登记。具体办理查封登记时,应事先了解具体区域的矿业权管理政策,例如,河北省办公厅、河北省人民政府办公厅于2018年下发了《关于严格控制矿产资源开发加强生态环境保护的通知》(冀字〔2018〕3号),将矿业权有关审批权一律依法调整至省级主管部门,目前,办理河北省内的采矿权查封应到河北省自然资源厅进行登记。矿业权被查封后,不得进行变更登记和抵押备案登记,但不影响办理采矿权、探矿权延续手续的办理。探矿权、采矿权查封期限最长不超过3年。

三、涉矿强制执行中的财产评估(确定财产处置参考价)问题

(一)执行法院的财产处置权问题

在执行过程中,原则上应当由首先查封、扣押、冻结的法院负责处置查封财产。

首封法院未及时处置的,轮候查封法院可依程序取得处置权。根据最高院《关于首先查封法院与优先债权执行法院处分查封财产有关问题的批复》(法释〔2016〕6号)的规定,已进入其他法院执行程序的债权对查封财产有顺位在先的担保物权、优先权,自首先查封之日起已超过60日,且首先查封法院就该查封财产尚未发布拍卖公告或者进入变卖程序的,优先债权执行法院可以要求将该查封财产移送执行。根据最高院《关于人民法院办理财产保全案件若干问题的规定》(法释〔2016〕22号)第21条①的规定,保全法院在首先采取查封、扣押、冻结措施后超过1年未对被保全财产进行处分的,除被保全财产系争议标的外,在先轮候查封、扣押、冻结的执行法院可以商请保全法院将被保全财产移送执行。

(二)确定财产处置参考价的方式

法院确定财产处置参考价,可以采取当事人议价、定向询价、网络询价、委托评估等方式。

---

① 最高院《关于人民法院办理财产保全案件若干问题的规定》第21条规定:"保全法院在首先采取查封、扣押、冻结措施后超过一年未对被保全财产进行处分的,除被保全财产系争议标的外,在先轮候查封、扣押、冻结的执行法院可以商请保全法院将被保全财产移送执行。但司法解释另有特别规定的,适用其规定。保全法院与在先轮候查封、扣押、冻结的执行法院就移送被保全财产发生争议的,可以逐级报请共同的上级法院指定该财产的执行法院。共同的上级法院应当根据被保全财产的种类及所在地、各债权数额与被保全财产价值之间的关系等案件具体情况指定执行法院,并督促其在指定期限内处分被保全财产。"

1. 当事人议价。采取当事人议价方式确定参考价的，除一方当事人拒绝议价或者下落不明外，法院应当以适当的方式通知或者组织当事人进行协商，当事人应当在指定期限内提交议价结果。双方当事人提交的议价结果一致，且不损害他人合法权益的，议价结果为参考价。

2. 定向询价。当事人议价不能或者不成，且财产有计税基准价、政府定价或者政府指导价的，法院应当向确定参考价时财产所在地的有关机构进行定向询价。双方当事人一致要求直接进行定向询价，且财产有计税基准价、政府定价或者政府指导价的，法院应当准许。

3. 网络询价。定向询价不能或者不成，或者当事人一直要求或同意进行网络询价，财产无须由专业人员现场勘验或者鉴定，且具备网络询价条件的，法院应当通过司法网络询价平台进行网络询价。

4. 委托评估。法律、行政法规规定必须委托评估、双方当事人要求委托评估或者网络询价不能或不成的，法院应当委托评估机构进行评估。

（三）矿业权评估程序要点

为了规范矿业权、房地产、珠宝玉石等资产的司法评估工作，最高院办公厅联合中国矿业权评估师协会等机构印发了《人民法院委托评估工作规范》。根据该规范内容，结合民事执行相关法律法规的规定，现将强制执行中矿业权的评估程序梳理如下：

1. 选定评估机构

法院应当通知双方当事人在指定期限内从司法评估机构名单库（由中国矿业权评估师协会推荐的评估机构组成）中协商确定3家评估机构以及顺序；双方当事人在指定期限内协商不成或者一方当事人下落不明的，采取摇号方式在名单分库或者财产所在地的名单子库中随机确定3家评估机构以及顺序。

2. 提供评估资料

法院应当向顺序在先的矿业权评估机构出具评估委托书，并同时提供评估所需资料。具体材料如下：

（1）评估探矿权必需的材料：权属材料，包括勘查许可证及其批准的区块范围图、探矿权出让收益（价款）缴纳情况说明及相关材料、探矿权人营业执照或事业单位法人证书；地质、储量及采矿、选矿类技术类材料，包括地质勘查全过程所取得各种地勘成果、综合性地质矿产平面图、矿区勘查工程布置图、典型剖面图、物化探成果图、主要矿体储量计算图、矿山建设可行性研究报告或初步设计或开发利用方案;财务统计类材料,包括地质勘查工作期间的历年投入的地勘费统计报表、地质勘查工作期间主要的大额地勘费发票、历年完成的勘查实物工作量统计;抵押等他项权证明;法院查明的财产权属、质量瑕疵等材料,以及关于财产的特殊情况说明。

(2)评估采矿权必需的材料有:权属材料,包括采矿权人及矿山法人营业执照、采矿许可证副本或划定矿区范围批复、采矿权出让收益(价款)缴纳情况说明及相关文件材料;地质材料,包括与本次评估基准日最接近的矿产资源储量报告及其储量评审意见及备案证明、储量核实基准日至评估基准日各年储量动态报表、矿区范围地质图、典型剖面图、主要矿体(层)储量计算图;采选材料,包括矿山开发利用方案或可行性研究报告或初步设计及其审查意见、矿山近三年来生产报表或主要技术经济指标统计表、开拓系统平面示意图、采选工艺流程图;财务统计类材料,包括按矿山采、选(冶)分列的近3年度财务决算报告和评估基准日会计表、近5年度和评估基准日当年产品销售统计;抵押等他项权证明;法院查明的财产权属、质量瑕疵等材料,以及关于财产的特殊情况说明。

3. 出具评估报告及报告送达

矿业权评估机构应当在30日内出具评估报告。评估机构不能在期限内出具评估报告的,应当在期限届满5日前书面向法院申请延长期限。法院决定延长期限的,延期次数不超过2次,每次不超过15日。

法院收到评估报告后,应当在3日内发送给当事人及利害关系人。当事人、利害关系人已提供有效送达地址的,法院应当将报告以直接送达、留置送达、委托送达、邮寄送达或者电子送达的方式送达;当事人、利害关系人下落不明或者无法获取其有效送达地址,法院无法按照前述规定送达的,应当在中国执行信息公开网上予以公示,公示满15日即视为收到。

4. 评估报告异议的处理

(1)当事人、利害关系人认为网络询价报告或者评估报告具有下列情形之一的,可以在收到报告后5日内提出书面异议:财产基本信息错误;超出财产范围或者遗漏财产;评估机构或者评估人员不具备相应评估资质;评估程序严重违法。对当事人、利害关系人提出的上述书面异议,法院应当参照《民事诉讼法》第225条[①]的规定处理。

(2)当事人、利害关系人收到评估报告后5日内对评估报告的参照标准、计算方法或者评估结果等提出书面异议的,法院应当在3日内交由评估机构予以书面说明。评估机构在5日内未作说明或者当事人、利害关系人对作出的说明仍有异议的,法院应当交由中国矿业权评估师协会进行专业技术评审,并根据专业技术评审出具的结论认定评估结果或者责令原评估机构予以补正。

现实中,由于各评估机构选择适用的方法不同、各评估参数取值不同、价格取值方法不同等,不同评估公司估值可能由于各种原因存在巨大差异。尤其是对于非在产矿山价格取值期间如何确定(按照过去3年市场均价/过去5年市场均价)、基准日如何选取、生产规模按照证载还是实际生产能力等问题都将是各方当事人关注的焦点。为了尽量避免出现上述问题,2018年6月出台的最高院《关于人民法院确定财产处置参考价若干问题的规定》(法释〔2018〕15号)规定,当事人、利害关系人对评估机构不补充或补充说明仍有有异议的,人民法院应当交由相关行业协会在指定期限内组织专业技术评审,并根据专业技术评审出具的结论认定评估结果或者责令原评估机构予以补正。该司法解释的出台,在很大程度上遏制了矿业权评估机构选择参数的主观随意性,同时也针对评估僵局给出了由行业协会也就是中国矿业权评估师协会来解决的最终途径。

四、涉矿强制执行中的财产拍卖问题

(一)拍卖及变卖程序

1. 司法拍卖平台的选择。法院以拍卖方式处置财产的,原则上都应当采取网络司法拍卖方式。目前,被纳入最高院司法拍卖网络服务提供者名单库的司法拍卖平台有淘宝网、京东网、人民法院诉讼资产网、公拍网、中国拍卖行业协会网、工商银行e购、北京产权交易所。网络拍卖平台可由申请执行人选择,申请执行人未选择或者多个申请执行人的选择不一致的,由法院指定网络拍卖平台。

2. 第一次司法拍卖。拍卖矿业权时,应当在拍卖30日前公告。法院还应

---

① 《民事诉讼法》第225条规定:"当事人、利害关系人认为执行行为违反法律规定的,可以向负责执行的人民法院提出书面异议。当事人、利害关系人提出书面异议的,人民法院应当自收到书面异议之日起十五日内审查,理由成立的,裁定撤销或者改正;理由不成立的,裁定驳回。当事人、利害关系人对裁定不服的,可以自裁定送达之日起十日内向上一级人民法院申请复议。"

将网络司法拍卖的事项在拍卖公告发布3日前以书面或者其他能够确认收悉的合理方式,通知当事人、已知优先购买权人。竞买人交纳的保证金数额由法院在起拍价的5%~20%范围内确定。起拍价由法院参照评估价确定,不得低于评估价或者市价的70%。拍卖时无人竞买或者竞买人的最高应价低于起拍价,到场的申请执行人或者其他执行债权人申请以该次拍卖所定的保留价接受拍卖财产的,应当将该财产交其抵债。

3. 第二次司法拍卖。首次拍卖流拍后,如果申请执行人或者其他执行债权人未申请以物抵债,法院应当在30日内在同一网络司法拍卖平台再次拍卖,同时应当在拍卖15日前公告。再次拍卖的起拍价降价幅度不得超过前次起拍价的20%。

4. 司法变卖。如果第二次司法拍卖流拍,法院应当于10日内询问申请执行人或其他执行债权人是否接受以物抵债。不接受以物抵债的,法院应当于网拍二拍流拍之日起15日内发布网络司法变卖公告。网络司法变卖期为60日,法院应当在公告中确定变卖期的开始时间。网络司法变卖的变卖价为网络司法拍卖二拍流拍价。

5. 以物抵债程序。在财产流拍的情况下,债权人可以向法院申请以流拍价进行抵债,法院根据申请作出抵债裁定。财产物所有权自抵债裁定送达接受抵债物的债权人时转移。

(二)采矿权拍卖有关问题

1. 采矿权与采矿、选冶设施、土地等一并评估拍卖的问题。

采矿权人的开采经营活动除了要拥有有效的采矿权外,还需要有支持开采活动的采矿、选冶设施设备和土地。在对采矿权进行司法处置时,如果未对采矿、选冶设施设备和附着土地同时进行处置,将不利于采矿权受让人迅速恢复生产,增加后续交易成本,给后续矿山生产经营带来不确定性影响。为此,在对采矿权进行司法处置时,应尽量将三项财产整体拍卖、变卖,最大限度地提高采矿权的价值,减少其他两项财产单独处置造成的不确定性。同时,建议债权人在办理采矿权抵押担保时,与采矿权人协商将设备设施、矿区范围内与之配套使用的国有建设用地使用权整体一并抵押。

在笔者办理的一起采矿权执行案件中,债权人为金融机构,对被执行人的采矿权享有抵押权。在财产调查过程中笔者发现,被执行人已将其拥有的土地使用权(矿山用地)抵押给了其他债权人,并且已被其他法院查封。为了提高拍卖成功率,债权人向执行法院申请将被执行人的土地使用权一并纳入强制执行范围,与采矿权一同进行评估拍卖。为此,执行法院主动与查封土地使用权的法院进行协商,取得了对土地使用权的司法处置权。最终,执行法院通过一并评估、一同挂网拍卖的方式,成功将采矿权和土地使用权进行了处置变现。

2. 采矿权拍卖成交或抵债后的过户问题

对于拍卖成交的采矿权,法院依法将采矿权裁定过户给竞得人;流拍后债权人申请以采矿权抵债的,法院依法将采矿权裁定过户给债权人。原国土资源部《关于完善矿产资源开采审批登记管理有关事项的通知》(国土资规〔2017〕16 号)第 19 条规定:"人民法院将采矿权拍卖或裁定给他人,受让人应当依法向登记管理机关申请变更登记。申请变更登记的受让人应当具备本通知第(七)条规定的条件,登记管理机关凭申请人提交的采矿权变更申请文件和人民法院协助执行通知书,予以办理采矿权变更登记。"该条规定中的两个"依法"充分表明,行政机关除了审核受让人是否为营利法人以及是否属于某些限制类矿种需要核准文件外,还应当严格按照法院的裁定为采矿权过户办理变更登记。在这个问题上,目前实务中各地做法不一,有的认为矿业权既然是用益物权,法院裁定送达后行政机关就应该无条件进行过户;有的认为,矿业权的来源基础是行政许可行为,对于受让人申请办理变更登记应该按照矿业权转让进行审批,如果不符合相关条件,包括采矿权投产满 1 年、垂直投影范围无重叠、无欠缴出让收益等,即便法院执行裁定亦不能办理过户登记。为此,最高院与自然资源部进行过多次沟通和座谈,我们也注意到国土资规〔2017〕16 号文中,自然资源部在描述该类变更登记时,从文字表达上看也有意识地将之与一般性质的转让变更登记作了区分。所以笔者认为,行政机关依法在办理人民法院裁定过户手续中,审核国土资规〔2017〕16 号文第 7 条规定的基本条件后,对于符合条件的应当办理变更登记;对于不符合要求的应当告知申请人在完善相关主体以及其他限制性条件后再行办理变更登记。反过来,这也提醒债权人,对于特殊矿种的执行拍卖,应当在拍卖前与人民法院进行沟通,尽量通过限定竞拍人资格来避免发生未来过户不能的风险。

最后,《矿产资源法》从 1986 年实施以来,除了 1996 年和 2009 年小部分修订外,并未像《土地管理法》一样经过多次符合国民经济发展需求的大修订,这就导致矿产资源主管部门不得不通过制定大量的规范性文件对矿业行业中的重大问题进行规制，如一级出让制度和二级市场矿业权转让、抵押、合资合作、承包、租赁等流转问题。此外，在矿产资源主管部门规范性文件的指引下，各地方又纷纷制定了自己辖区内的规范性文件。从笔者多年从事矿业行业法律服务的经验来看，掣肘矿业权流转效率的因素除了上述规范性文件的繁杂以及各文件之间出现的冲突之外，更多的是《矿产资源法》强行政许可与《物权法》下矿业权属用益物权之间的冲突，这种冲突也直接导致了矿业权执行程序中有关延续、过户等现实问题。可喜的是，《矿法修订草案》多处已经体现了未来监管部门对矿业权将按不动产进行登记管理的原则及指导精神，这也使我们相信未来涉案矿业权执行问题将会逐渐减少并最终得以解决。彼时，矿业权二级市场的流转也将更加畅通与高效，矿业权作为一项具有物权属性的资产也将在企业经营、市场流转过程中发挥更大的经济价值。

维·权

——越界开采民事侵权纠纷中被侵权人的权利救济方式及相关注意事项

越界开采作为矿产资源领域一种常见且高发的违法行为,一直以来都是行政机关严厉查处和重点整治的对象,国家也先后出台了一系列法律法规和相关政策,对越界开采进行了严格的监管和规范。然而令人遗憾的是,我国现行矿产资源法律制度主要以行政管理为本位,涉及越界开采的法律规范大多着眼于行政监管的实际需要,而没有从矿业权的私权属性出发,为越界开采民事侵权纠纷中被侵权人的权利救济提供明确的法律依据和制度安排,从而使得被侵权人只能适用侵权责任法的一般性规定去维护自己的合法权益。

虽然最高院《矿业权纠纷司法解释》针对越界开采民事侵权纠纷中的部分问题统一了审理思路和裁判规则,但这实际上远远不能满足越界开采民事侵权纠纷中错综复杂的现实需求,各种风险、矛盾与冲突在实践中大量存在。

本章主要结合越界开采的理论和实践,从越界开采侵权责任的适用范围、构成要件和法律后果三个维度展开论述,在探讨越界开采侵权责任适用范围的基础上,具体分析构成越界开采侵权责任的全部要件特征,进而确定加害人在越界开采侵权纠纷中需要承担什么责任,以及在多大范围内去承担责任,最终为被侵权人在越界开采民事侵权纠纷中应如何主张侵权责任提供借鉴和参考。

一、越界开采侵权责任的适用范围

《侵权责任法》第1条规定:"为保护民事主体的合法权益,明确侵权责任,预防并制裁侵权行为,促进社会和谐稳定,制定本法。"第2条第1款规定:"侵害民事权益,应当依照本法承担侵权责任。"由此可知,侵权责任法的本质是权益救济法，其基本功能在于为受害人受损的民事权益提供法律救济。具体到越界开采则意味着，只有当行为人越界开采的行为侵犯到当事人合法的民事权益时，被侵权人才有权请求侵权人承担侵权责任，侵权责任法也才可能有适用的余地和空间。

（一）矿业权人的矿业权受到侵害时，矿业权人有权请求侵权人承担侵权责任

矿业权包括探矿权和采矿权两种类型，依法取得的矿业权受法律保护，任何单位和个人不得侵犯。根据国务院于 1994 年 3 月 26 日发布的《矿产资源法实施细则》（国务院令第 152 号）第 6 条的规定，探矿权，是指在依法取得的勘查许可证规定的范围内，勘查矿产资源的权利。采矿权，是指在依法取得的采矿许可证规定的范围内，开采矿产资源和获得所开采的矿产品的权利。

关于矿业权的法律属性，存有用益物权说、特许物权说、他物权说、债权说等多种理论观点和认识，但鉴于《物权法》已经在第三编关于用益物权的一般规定项下明确规定依法取得的探矿权、采矿权受法律保护，这至少表明我国在法律层面认可了矿业权的用益物权法律属性。根据《侵权责任法》第 2 条第 2 款的规定，[①]用益物权属于侵权责任法保护和救济的范围之内，侵害用益物权的行为人应当依法承担侵权责任，故当行为人越界开采侵害矿业权人的矿业权时，矿业权人有权向侵权人主张侵权责任。

一般而言，行为人取得矿业权的时间应为矿业权证颁发的时间。根据《矿产资源法》第 3 条第 2 款“勘查、开采矿产资源，必须依法分别申请，经批准取得探矿权、采矿权，并办理登记”和国务院于 1994 年 3 月 26 日发布的《矿产资源法实施细则》第 5 条“国家对矿产资源的勘查、开采实行许可证制度。勘查矿产资源，必须依法申请登记，领取勘查许可证，取得探矿权；开采矿产资源，必须依法申请登记，领取采矿许可证，取得采矿权”以及第 6 条“取得勘查许可证的单位或者个人称为探矿权人。取得采矿许可证的单位或者个人称为采矿权人”的规定，我国现行矿产资源法律规范采用的是“权证合一”的矿业权确权原则，也即“有证则有权，无证则无权”，矿业权证是行为人取得矿业权的权利凭证，没有

---

① 《侵权责任法》第 2 条第 2 款规定：“本法所称民事权益，包括生命权、健康权、姓名权、名誉权、荣誉权、肖像权、隐私权、婚姻自主权、监护权、所有权、用益物权、担保物权、著作权、专利权、商标专用权、发现权、股权、继承权等人身、财产权益。”

取得矿业权证的单位和个人通常不享有矿业权。

基于上述分析，依法取得矿业权的权利人，在越界开采行为侵犯其矿业权的情况下，有权请求侵权人承担侵权责任。

（二）占有人的占有利益受到侵害时，占有人有权请求侵权人承担侵权责任

《矿业权纠纷司法解释》第 3 条第 2 款规定："矿业权出让合同生效后、矿产资源勘查许可证或者采矿许可证颁发前，第三人越界或者以其他方式非法勘查开采，经出让人同意已实际占有勘查作业区或者矿区的受让人，请求第三人承担停止侵害、排除妨碍、赔偿损失等侵权责任的，人民法院应予支持。"该条款明确规定，符合条件的占有人有权向越界开采行为人主张侵权责任。然而，存有争议的是，占有人在此种情形下主张侵权责任的权益基础。

我们认为，虽然基于"权证合一"的矿业权确权基本原则，没有取得矿业许可证的行为人不享有矿业权，但如果受让人基于生效的矿业权出让合同并经出让人同意已实际占有勘查作业区或者矿区，则受让人对该勘查作业区或者矿区依法享有相应的占有利益。根据《物权法》第 245 条第 1 款的规定，"占有的不动产或者动产被侵占的，占有人有权请求返还原物；对妨害占有的行为，占有人有权请求排除妨害或者消除危险；因侵占或者妨害造成损害的，占有人有权请求损害赔偿"，当第三人越界开采对占有人合法的占有利益造成了妨害，使其占有处于不圆满的状态时，占有人有权基于合法的占用利益请求第三人承担相应的侵权责任。

当然，占有保护制度主要是对占有人合法享有的占有利益提供法律保障和救济，而不适用行为人丧失合法占有利益的情形，例如，最高院在"（2012）民申字第 823 号赵国胜与被申请人莫桂祥、韩福清、张志来和张小芹侵权纠纷案"的《民事裁定书》中写明："赵国胜将铁矿转包给韩福清、莫桂祥后，事实上已丧失了对铁矿的实际控制力和管领力，不应适用关于占有保护的有关规定，且该规定是对合法利益的保护，未赋予无权占有人对非法利益享有返还原物或取得相应赔偿的权利。"

综上所述，经出让人同意已实际合法占有勘查作业区或者矿区的受让人，在行为人的越界开采侵犯其合法占有利益的情况下，有权请求侵权人承担侵权责任。

二、越界开采侵权责任的构成要件

根据《侵权责任法》第6条①和第7条②的规定，侵权责任受归责原则的影响分为过错侵权责任和无过错侵权责任，③由于无过错侵权责任仅限于法律明确规定的特定情形，越界开采侵权责任的认定应适用过错侵权责任的构成要件，主要包括以下四个方面：一是采矿权人实施了越界开采的行为；二是受害人遭受了可救济的损害；三是越界开采与损害之间具有因果关系；四是加害人对损害的发生具有过错。

（一）采矿权人实施了越界开采的行为

原国土资源部于2014年9月10日印发的《国土资源违法行为查处工作规程》（国土资发〔2014〕117号）对越界开采的概念作出明确界定："越界开采是指采矿权人擅自超出《采矿许可证》载明的矿区范围（含平面范围和开采深度）开采矿产资源的行为。"根据该规定，越界开采的加害行为主要包括两方面内容：一是越界开采的行为人应具有采矿权人身份，二是越界开采的表现形式为超过证载矿区范围进行采矿活动。

1. 越界开采的行为人应具有采矿权人身份

越界开采是具有采矿权人身份的主体实施的特定行为，根据国务院《矿产资源法实施细则》第6条"取得采矿许可证的单位或者个人称为采矿权人"的规定，越界开采的行为主体应为取得采矿许可证的单位或者个人，没有采矿权人身份的行为人实施的开采矿产资源的行为，原则上不构成越界开采侵权，而是涉嫌刑法体系下的非法开采行为，不属于本篇文章讨论的范围。

值得注意的是，越界开采侵权责任的承担者并不仅限于采矿权人，不具有采矿权人身份的行为人基于与采矿权人的主观关联共同实施越界开采活动致

---

① 《侵权责任法》第6条规定："行为人因过错侵害他人民事权益，应当承担侵权责任。根据法律规定推定行为人有过错，行为人不能证明自己没有过错的，应当承担侵权责任。"

② 《侵权责任法》第7条规定："行为人损害他人民事权益，不论行为人有无过错，法律规定应当承担侵权责任的，依照其规定。"

③ 《侵权责任法》第24条规定了公平责任："受害人和行为人对损害的发生都没有过错的，可以根据实际情况，由双方分担损失。"从本质上讲，公平责任并不是一项独立的归责原则，而更倾向于系一种法定补偿义务，是法律基于公平考量在当事人之间强制进行的损失分摊。公平责任原则上只能适用于法律明文规定的特定情形，鉴于我国现行法律并未明文规定越界开采的公平责任，本章在此对公平责任不予展开分析。

人损害,成立共同侵权的,也是越界开采侵权责任的承担主体。例如,最高院在"(2011)民二终字第22号茅德贤、成县茨坝须弥山实业有限公司、甘肃有色地质勘查局106队、成县恒兴矿业有限公司与白银有色金属公司采矿权纠纷案"的《民事判决书》中写明:没有106队将自己的探矿权合并到须弥山公司名下,并将自己有权使用的原有探矿巷道作为此次非法越界开采的主运输巷道,供须弥山公司与黄渚选矿厂实际使用,没有106队多年的技术支持,就不会有本案非法越界开采后果的发生。因此,原审判决将106队列为本案被告,同样符合我国《民事诉讼法》第108条的规定。

2. 越界开采的表现形式为超过证载矿区范围进行采矿活动

关于越界开采的行为,主要从两个方面来进行分析:一是如何理解越界开采行为的构成要素;二是如何对越界开采事实进行确认和固定。

(1)越界开采行为的构成要素

越界开采的行为包括两个重要的构成因素:一是越"界",即超出《采矿许可证》载明的矿区范围;二是开"采",即开采矿产资源。

就矿区范围而言,根据国务院于1998年2月12日发布的《矿产资源开采登记管理办法》(国务院令第241号)第32条第1款规定:"本法所称矿区范围,是指经登记管理机关依法划定的可供开采矿产资源的范围、井巷工程设施分布范围或者露天剥离范围的立体空间区域。"采矿许可证载明的矿区范围是三维的空间概念,不仅包括平面空间区域范围,还包括立体空间区域范围;不仅包括可供开采矿产资源的范围,还包括井巷工程设施分布范围。而采矿是指与矿产资源开采直接相关的生产活动,通常包括露天采矿和地下采矿两种方式。

如最高院在"(2013)民一终字第148号大庆开发区吉大油脂有限公司与大庆石油管理局、大庆油田有限责任公司侵权损害赔偿案"的《民事判决书》中写明:"石管局所打的案涉西22-21、22-22、31-21、32-22四口油井,既属于《开采许可证》所载明的萨尔图油田坐标范围内,也坐落于《萨尔图油田地理位置及开采范围图》《萨尔图油田开采区块位置图》所标示的开采范围内。黑龙江高院在本案原审期间曾就该问题向大庆市国土资源局进行过调查,该单位亦证实石管局打井的位置在其《开采许可证》所许可开采的经纬度范围内。油田公司是2000年1月1日在石管局重组改制中分立成立的,吉大公司主张油田公司违法越界开采,无事实及法律依据。"

(2)越界开采事实的确认和固定

根据“谁主张,谁举证”的一般规则,受害人应当对侵权人越界开采的事实承担举证责任。对越界开采的事实予以确认和固定,是受害人主张侵权责任的重要前提。

从行政程序的角度而言,根据《矿业权纠纷司法解释》第19条的规定,“因越界勘查开采矿产资源引发的侵权责任纠纷,涉及国土资源主管部门批准的勘查开采范围重复或者界限不清的,人民法院应告知当事人先向国土资源主管部门申请解决”。根据上述规定,在范围重复或者界限不清而涉嫌越界开采侵权纠纷中,行政裁决是解决当事人矿业权权属纠纷的前置程序,也即若因自然资源主管部门批准的勘查开采范围重复或者界限不清,当事人就“是否越界”发生争议的,应当由自然资源主管部门先行处理。《矿产资源法实施细则》第23条①和第36条②也对矿业权属纠纷的行政裁决作出了具体规定。同时,由于行政裁决属于具体行政行为,当事人对行政裁决不服的,有权依法申请行政复议或提起行政诉讼。

从民事程序的角度而言,受害人对侵权人实施了越界开采的行为承担举证责任,主要包括三个层次:其一,受害人对自己提出的越界开采事实主张,应当提出证据;其二,受害人对自己提出的证据,应当予以证明,以表明其提出的证据能够证明自己的主张;其三,若受害人对自己的主张不能提出证据或提出的证据不能证明自己的主张,将可能承担不利的诉讼后果。

值得注意的是,因越界开采通常也涉及行政责任的承担问题,对于越界开采的事实,一般会有行政机关介入进行调查取证,而国家机关或其他依法具有社会管理职能的组织,在其职权范围内制作的文书所记载的事实通常推定为真实,但有相反证据足以推翻的除外,这对受害人在越界开采侵权纠纷中固定证

---

① 《矿产资源法实施细则》第23条规定:“探矿权人之间对勘查范围发生争议时,由当事人协商解决;协商不成的,由勘查作业区所在地的省、自治区、直辖市人民政府地质矿产主管部门裁决;跨省、自治区、直辖市的勘查范围争议,当事人协商不成的,由有关省、自治区、直辖市人民政府协商解决;协商不成的,由国务院地质矿产主管部门裁决。特定矿种的勘查范围争议,当事人协商不成的,由国务院授权的有关主管部门裁决。”

② 《矿产资源法实施细则》第36条规定:“采矿权人之间对矿区范围发生争议时,由当事人协商解决;协商不成的,由矿产资源所在地的县级以上地方人民政府根据依法核定的矿区范围处理;跨省、自治区、直辖市的矿区范围争议,当事人协商不成的,由有关省、自治区、直辖市人民政府协商解决;协商不成的,由国务院地质矿产主管部门提出处理意见,报国务院决定。”

据起到了积极作用。例如,最高院在"(2017)最高法民终80号张保安、李春兰、坚公平因与白银有色金属公司破产清算组采矿权纠纷案"的《民事判决书》中写明:"联合调查组虽属临时组建,但属履行国家的行政管理职权,其形成或制作的有关文书及记载的事项具有公信力,没有相反事实不能予以推翻。"

此外,符合法律规定的鉴定意见通常对待证事实也具有较高程度的证明效力,例如,最高院在"(2018)最高法民申1276号甲盛龙集团矿业投资有限公司惠水县长田乡金顺煤矿因与贵州吉顺矿业有限公司惠水县长田乡大冲煤矿侵权责任纠纷案"的《民事裁定书》中写明:"原判决所采信的鉴定意见系法院经双方当事人同意后指定鉴定机构作出的,鉴定机构及鉴定人员具有相应的鉴定资质,鉴定程序合法。金顺煤矿在原审中对鉴定意见提出异议,鉴定人员已出庭接受质询,对其提出的异议作出了解释说明。金顺煤矿提出鉴定人员无相关资质,鉴定方法不合理,但其未举示证据予以证明。在无相反证据推翻鉴定意见的情况下,原判决采信该鉴定意见并无不当。"

(二)受害人遭受了可救济的损害

侵权责任法本质上属于权益救济法,有权益损害才会有权益救济,在探讨行为人是否应当为越界开采的行为承担侵权责任时,必须要求受害人证明有损害事实的发生,并且侵权人所承担的侵权责任往往以填补受害人所遭受的实际损害为限,损害事实通常包括侵害权利和侵害法益两种类型。

具体而言,越界开采侵害权利主要表现为对国家的自然资源所有权①和矿业权人的矿业权侵害,越界开采侵害权利在实践中主要表现为三种类型:一是行为人越界进入矿业权空白区开采矿产资源,二是行为人越界进入他人勘查区块范围开采矿产资源,三是行为人越界进入他人的矿区范围开采矿产资源。第一种情形下,越界开采主要侵害的是国家的自然资源所有权;第二种情形下,越界开采主要侵害的是国家的自然资源所有权和他人的探矿权;第三种情形下,越界开采主要侵害的是国家的自然资源所有权和他人的采矿权。而越界开采侵害法益主要表现为第三人越界开采对占有人合法享有的占有利益造成了妨害,并使其占有利益处于不圆满的状态。

① 关于国家的自然资源所有权是否属于《侵权责任法》所要保护和救济的民事权利,理论上和实践中都存有争议,本章主要围绕者矿业权人的侵权纠纷进行论述,对国有的自然资源所有权问题不予展开。

（三）加害行为与损害之间具有因果关系

若越界开采的行为和受害人所遭受的损害之间不存在因果关系，则侵权责任也将不成立。侵权责任法上的因果关系，是指加害行为和损害结果之间所具有的引起和被引起的关系。关于因果关系的判断，在理论上和实践中都是相当复杂的问题，大陆法系国家对因果关系的判断原则上采用“相当因果关系说”①，同时也通过法规目的说、危险范围说等其他因果关系的理论加以弥补和修正，在因果关系的判断过程中，越来越强调价值判断，实质上赋予了法官在因果关系的判断方面更大的自由裁量权。②

司法实践中，越界开侵权责任的因果关系也主要由受害人负责举证证明。例如，湖南省高级人民法院在“（2017）湘民终659号南振兴股份有限公司与花垣县中发锰业有限责任公司、李志平侵权纠纷案”的《民事判决书》中写明：“能证明中发公司当时是否越界开采、是否因开采形成采空区的人不只有李志平一人，如参与本案所涉越界开采纠纷处理的花垣县国土资源管理局相关负责人、负责采矿的工人等，但振兴公司并未提交相应的证据。且‘7·20’事故调查报告记载的是中发公司‘也’违法进入了振兴锰矿矿界内开采，说明事实上还有其他公司违法进入振兴锰矿矿界内开采。据此，本院认为，上诉人振兴公司提交的相关证据，不足以证明中发公司越界开采行为导致了振兴公司所主张的损失的客观存在。”

（四）加害人对损害的发生具有过错

侵权责任法的基本精神在于，一个人的行为给他人造成损害的，原则上是应当承担赔偿责任的，除非具备正当的理由。而在过错侵权责任的构成要件中，过错就是让越界开采行为人承担侵权责任的正当理由。侵权责任法上的过错包括故意和过失两种类型，所谓故意是指加害人明知自己的行为必然或可能产生损害后果，希望或放任其发生的主观心理状态；所谓过失是指加害人应当预见自己的行为可能产生损害结果，却因疏忽大意没有预见，或者虽然已经预见但轻信能够避免，以致损害结果发生的心理状态。

---

① 相当因果关系说包含两个层面：一是加害行为须为损害的条件，也即在观念中假设，若无加害行为，损害是否会发生；二是加害行为具有引起损害的“相当性”，也即依照一般的社会观念，该加害行为通常会导致这样的损害。

② 王利明：《我国侵权责任法的体系构建——以救济法为中心的思考》，载《中国法学》2008年第4期。

由于越界开采侵权责任采用的是过错归责原则，越界开采行为人的过错主要由受害人来举证证明。实践中，对越界开采侵权责任中过错的判断原则上采用的是“合理人标准”。所谓“合理人标准”是一种客观化和类型化的判断标准，也即判断行为人的行为是否达到了其所属的年纪阶层、职业阶层等范围内一个理性谨慎的人在此情形下应当达到的行为标准。具体到越界开采，由于越界开采的行为人通常是具有特定身份的采矿权人，其对矿产资源的开采活动具有相当程度的理论知识和实践经验，如果行为人没有达到一个理性谨慎的采矿权人在此情形下应当达到的行为标准，则其对权益损害的发生具有主观过错，从而具备承担侵权责任的正当事由。

三、越界开采侵权责任的法律后果

越界开采侵权责任的法律后果通常表现为侵权人对民事权益的损害结果承担侵权责任，具体而言，其主要包括三个方面的内容：一是行为人承担侵权责任的形态；二是行为人承担侵权责任的方式；三是行为人所能主张的侵权责任免责事由。

（一）越界开采侵权责任的责任形态

所谓侵权责任的责任形态，主要是指侵权责任由谁承担，以及如何承担的问题。《侵权责任法》主要规定了三种类型的责任形态：其一，直接责任和替代责任；其二，单方责任和双方责任；其三，单独责任和共同责任。

1. 直接责任和替代责任

所谓直接责任是指行为人对自己的行为或者管控的物致人损害承担的侵权责任，直接责任体现了“责任自负”的基本原则，也是一般的侵权责任形态。替代责任则是指行为人依照法律的明文规定，对他人的侵权行为承担侵权责任，替代责任仅限于法律明文规定的特定情形，是特殊的侵权责任形态。具体到越界开采的侵权责任，侵权责任法并没有对越界开采中的替代责任作出明确的例外规定，越界开采的侵权责任原则上属于直接责任的侵权责任形态，行为人无须对他人的侵权行为承担侵权责任。

2. 单方责任和双方责任

所谓单方责任是指仅由加害人一方承担全部的侵权责任或者仅由受害人一方承担侵权责任，通常情形下越界开采的侵权责任由侵权人单方承担，但根据《侵权责任法》第27条“损害是因受害人故意造成的,行为人不承担责任”的规定,受害人故意导致损害的,由受害人单独承担责任。双方责任主要是指损害由加害人和受害人共同分担,根据《侵权责任法》第26条“被侵权人对损害的发生也有过错的,可以减轻侵权人的责任”的规定,加害人和受害人均对损害的发生具有过错的,应当共同承担责任,也即此种情形减轻了加害人的侵权责任。

3.单独责任和共同责任

所谓单独责任是指仅由一个责任人单独对受害人承担侵权责任。共同责任是指由两个以上的责任人依照法律规定共同对受害人承担侵权责任,共同责任主要包括四种具体形态:一是按份责任,二是连带责任,三是不真正连带责任,四是补充责任。

具体而言,按份责任是指两个以上的侵权人对同一损害的责任承担有份额分担,应按确定的份额对受害人承担责任。连带责任是指两个人以上的侵权人就同一损害共同对受害人承担责任,但就外部法律关系来说,任何一个侵权人都负有清偿全部债务的义务,而从内部法律关系来看,每个侵权人仅就自己的份额承担侵权责任,对超过自己份额的部分有权进行追偿。不真正连带责任是指两个人以上的侵权人就同一损害共同对受害人承担责任,就外部法律关系来说,任何一个侵权人都负有清偿全部债务的义务,而从内部法律关系来看,仅有一个侵权人最终承担全部的侵权责任。补充责任是指两个人以上的侵权人就同一损害共同对受害人承担责任,但就外部法律关系来说,先由第一顺位的侵权人承担侵权责任,仅在第一顺位的侵权人无力承担责任的情形下,才由第二顺位的侵权人承担侵权责任。

司法实践中,共同责任在越界开采的侵权责任承担问题上也较为普遍。例如,最高院在“(2011)民二终字第22号德贤、成县茨坝须弥山实业有限公司、甘肃有色地质勘查局106队、成县恒兴矿业有限公司与白银有色金属公司采矿权纠纷案”的《民事判决书》中写明:“须弥山公司、黄渚选矿厂与106队实际不仅联合探矿,亦实际联合采矿,106队提供自用矿硐、技术力量,获取收益,为本次越界开采提供条件并奠定了基础。该三方当事人就联合探矿与联合采矿存在共同的意思联络与风险共担的合意,在本案中存在共同的侵权行为,该共同侵权行为与白银公司合法采矿权的损失之间存在直接的因果关系,须弥山公司、黄渚选矿厂与106队应对本案侵权造成的损失承担连带赔偿责任。同时,既然黄渚选矿厂在本案中应承担民事责任,而恒兴公司接收了黄渚选矿厂的采矿许可证等财产，故原审判决判令恒兴公司就茅德贤承担赔偿部分在其承接黄渚选矿厂的财产范围内承担补充赔偿责任，同样具有事实依据，符合法律规定，本院予以维持。”

（二）越界开采侵权责任的责任方式

所谓侵权责任的方式，是指侵权人所承担侵权责任的具体表现形式。《侵权责任法》第15条[①]规定了8种承担责任的方式，由于越界开采主要是对矿业权人财产权益的侵犯，加害人主要承担停止侵害、排除妨碍、消除危险、返还财产、恢复原状、赔偿损失等财产责任。尽管越界开采侵权责任的方式已经多样化了，但是主要的责任承担方式仍然是赔偿损失，其他类型的责任方式通常起到补充或辅助作用。

关于财产损失的计算标准，根据《侵权责任法》第19条的规定，基于侵权和损害发生通常具有同时性，对受害人侵权损失原则上按照损失发生时的市场价格计算。但当侵权行为和损害结果的发生都具有持续性时，最高院在“（2017）最高法民终80号白银有色金属公司破产清算组与张保安、坚公平、李春兰采矿权纠纷案”的《民事判决书》中写明：“持续性侵权的财产损失一般应以被侵权人知道或应该知道损失发生时的市场价格或其他方式确定，但持续性侵权期间根据平均市场价格或其他方式计算的侵权人所获收益高于上述一般情形的除外。”

此外，值得注意的是，《矿业权纠纷司法解释》第20条规定：“因他人越界勘查开采矿产资源，矿业权人请求侵权人承担停止侵害、排除妨碍、返还财产、赔偿损失等侵权责任的，人民法院应予支持，但探矿权人请求侵权人返还越界开采的矿产品及收益的除外。”该条对探矿权人能够主张的侵权责任作出了限制性规定。由于探矿权人仅享有在勘查许可证的范围内进行勘查矿产资源的权利，并不具有开采矿产资源以及获得矿产品的权利，故探矿权人无权就侵权人越界开采所受的矿产资源利益主张向自己返还。

（三）越界开采侵权责任的免责事由

当行为人的越界开采行为已经满足侵权责任的构成要件，需要承担侵权责

---

① 《侵权责任法》第15条规定：“承担侵权责任的方式主要有：（一）停止侵害；（二）排除妨碍；（三）消除危险；（四）返还财产；（五）恢复原状；（六）赔偿损失；（七）赔礼道歉；（八）消除影响、恢复名誉。以上承担侵权责任的方式，可以单独适用，也可以合并适用。”

任时，行为人可以基于特定的事由主张减轻或免除其侵权责任，其中，特定的事由也即侵权责任的免责事由。《侵权责任法》总则规定了一般免责事由，在分则中也对特定情形下的免责事由进行了列举。遗憾的是，对于越界开采的免责事由并没有法律作出明确的规定，只能适用《侵权责任法》规定的一般免责事由。实践中，常见的越界开采侵权责任免责事由包括受害人过错和第三人原因。

受害人过错分为受害人故意和受害人过失两种情形。根据《侵权责任法》第 26 条“被侵权人对损害的发生也有过错的，可以减轻侵权人的责任”和第 27 条“损害是因受害人故意造成的，行为人不承担责任”的规定，当受害人对损害的发生具有过失，且两者之间具有因果关系时，越界开采行为人可以受害人过失的心理状态为由主张减轻责任，而当损害是因受害人故意造成的时，越界开采人可以受害人故意的心理状态为由主张不承担责任。

此外，第三人原因也能成为越界开采侵权责任的免责事由。《侵权责任法》第 28 条规定：“损害是因第三人造成的，第三人应当承担侵权责任。”该条规定明确了，若第三人的行为与损害之间具有因果关系，则第三人需要承担责任，然而该条规定对于其他人是否需要承担责任，以及承担多大范围的责任都没有明确规定。笔者认为，当第三人的行为是损害发生的唯一原因或者导致原有的因果关系中断，第三人应当对损害事实单独承担责任，其他行为人不再承担责任；而当第三人的行为与越界开采行为人的行为构成原因力上的竞合，且共同导致同一损害结果的发生，则应当依据法律的规定承担按份责任、连带责任、不真正连带责任或者补充责任等。

此外，越界开采行为人能否主张在已经承担的行政责任或刑事责任范围内免除其对矿业人的民事侵权责任，也即行为人能否以已经承担行政责任或刑事责任作为民事侵权责任的免责事由？我们认为，行政责任或刑事责任的承担不能成为越界开采侵权责任的免责事由，具体理由如下：

从法律规定的角度来看，根据《民法总则》第 187 条的规定，民事主体因同一行为应当承担民事责任、行政责任和刑事责任的，承担行政责任或者刑事责任不影响承担民事责任；民事主体的财产不足以支付的，优先用于承担民事责任。《侵权责任法》第 4 条规定：“侵权人因同一行为应当承担行政责任或者刑事责任的，不影响依法承担侵权责任。因同一行为应当承担侵权责任和行政责任、刑事责任，侵权人的财产不足以支付的，先承担侵权责任。”《行政处罚法》第 7 条规定：“公民、法人或者其他组织因违法受到行政处罚，其违法行为对他人造成损害的,应当依法承担民事责任。违法行为构成犯罪,应当依法追究刑事责任,不得以行政处罚代替刑事处罚”。由此可知,与行政责任和刑事责任相比,民事侵权责任在适用上处于优先顺位,行政责任或者刑事责任的承担原则上不影响民事侵权责任的承担。

从司法实践的角度来看,最高院在“(2017)最高法民终80号白银有色金属公司破产清算组与张保安等采矿权纠纷上诉案”的《民事判决书》中表明:“虽有行政处罚在先,但本案民事赔偿仍应确定为5694.57万元;有关行政处罚部分应从相应损失价值中减除及进行了没收、罚款等行政处罚后即不应再行民事赔偿的观点,因民事责任与行政责任在责任原则、责任目的、责任认定方法、责任判断标准等方面存在明显的差异,本院不予采纳。”

正如王泽鉴先生所言:“侵权行为法的重要机能在于填补损害及预防损害。”当越界开采的行为侵犯他人合法的民事权益并造成损害时,侵权责任法为受害人构建了权利救济的制度路径,被侵权人有权请求侵权人承担侵权责任,若越界开采的侵权行为符合侵权责任的构成要件,越界开采行为人原则上应当承担填补损害的不利后果。同时,侵权责任法亦为侵权人保留了一面坚盾:一方面,受害人应当对越界开采过错侵权责任的构成要件承担举证责任;另一方面,侵权人的侵权责任免责事由的存在提出减轻或免除责任的抗辩,从而防止侵权责任请求权的滥用。

第三篇　行政争议

抉·择

——从一起矿权重叠纠纷案看最高院对矿权行政权与用益物权属性的平衡与优先保护

2018 年 3 月 29 日，一份由最高院副院长江必新担任审判长的(2018)最高法行再 6 号《行政判决书》在中国裁判文书网上被公示出来，一时间备受关注。

笔者认为，该份判决书“走红”的原因，不仅是因为江法官作为行政诉讼领域大咖的“江湖地位”，也不仅是因为败诉方是原国土资源部，更是因为该份判决书本身所体现的诗性般的法律语言，以及利用信赖利益保护和行政比例原则对矿业权行政权和用益物权双重权利属性作出兼顾平衡并最大限度保护民事权益的裁判思维。

因此，这份判决所承载的重量和意义已不是案件本身所能完全体现和消纳的了。我们要站在更高的角度，为矿业权人、矿产资源主管部门深挖判决背后所体现的法律智慧和逻辑。唯有如此，才能通过个案，引发或者推动矿产资源主管部门在依法行政时对于执法行权思维的完善和调整，构建更加和谐的矿政管理体系。而这样的目标和结果，才是有意义的。

一、案情介绍

(一)双线剧情之中信兴光主线故事

故事要从 2005 年开始说起。本案案涉红旗岭矿采矿权原为国有企业郴州市桥口铅锌矿红旗岭矿区所有。2005 年该国有企业改制，通过招拍挂处置该矿业权，郴州市兴光矿业有限公司(以下简称“兴光矿业公司”)竞得该采矿权。

2006 年 1 月 16 日，湖南省原国土资源厅(以下简称“湖南省原国土厅”，现已更名为“湖南省自然资源厅”)向兴光矿业公司颁发了 4300000620008 号《采矿许可证》,矿山名称为“郴州市兴光矿业有限公司红旗岭矿”,开采矿种为“锡矿、钨、砷”,有效期限为 2006 年 1 月 ~2010 年 1 月。

2009 年,兴光矿业公司同中信集团合作,成立中信兴光矿业有限公司(以下简称“中信兴光公司”)作为该采矿权主体,并于 2010 年在湖南省国土厅办理完毕转让和变更(延续)登记手续,采矿权人变更为中信兴光公司。由于锡矿储量达到中型以上,2010 年 11 月和 2011 年 10 月,中信兴光公司在原国土资源部办理了采矿许可延续登记手续,证号变更为 C4300002010013210053832。经延续,该采矿许可证的有效期为 2011 年 10 月 7 日 ~2012 年 10 月 7 日,发证日期为 2011 年 12 月 26 日。同时,原国土资源部在该采矿许可证上标注:“请在本证有效期内解决重叠问题,重叠问题解决后,再申请办理延续登记,否则不再予以延续。”

(二)双线剧情之饭垄堆公司主线故事

2006 年 3 月 24 日,郴州市原国土资源局(以下简称“郴州市国土局”,现已更名为“郴州市自然资源和规划局”)向苏仙区饭垄堆北段有色金属矿颁发了《采矿许可证》,矿山名称为“苏仙区饭垄堆北段有色金属矿”,开采矿种为“铅矿、锌、银”,有效期为 2006 年 3 月 ~2011 年 3 月。

2010 年 12 月,郴州市国土局进行换证工作,上述《采矿许可证》证号变更为 C4300002010123230090905。

2011 年该证到期后,湖南省原国土厅办理了采矿权延续登记手续,并将开采矿种变更为“锡矿、铅、锌,综合回收钨、银、铜”。同时,由于原矿山企业(即苏仙区饭垄堆北段有色金属矿)不具备法人资格,矿山重新登记成立了郴州饭垄堆矿业有限公司(以下简称“饭垄堆公司”)作为新的采矿权人,并办理了变更登记手续,证号不变,该采矿许可证的有效期为 2011 年 9 月 1 日 ~2014 年 9 月 1 日。

(三)两条主线因各自持有的采矿权存在垂直投影重叠问题而相互碰撞,并发生纠葛

根据两矿区地质资料和矿山储量核实文件确认,红旗岭矿与饭垄堆矿存在矿区垂直投影重叠的问题。自 2010 年起,为了确保矿山安全生产,郴州市人民政府和郴州市苏仙区人民政府将红旗岭矿区列为重点整合矿区,拟通过资源整合彻底解决矿区矿山设置过密及部分矿区范围垂直投影重叠等问题。

2011 年 5 月 16 日,饭垄堆公司与中信兴光公司签订承诺书,双方承诺在采

矿生产过程中保证做到合法开采、安全生产,不超深越界。

然而,签订承诺书并不意味着重叠问题已解决。在原国土资源部要求的红旗岭矿山《采矿许可证》有效期内,中信兴光公司并未同饭垄堆公司达成一致解决意见。因此,为防范采矿许可证过期无法延续所带来的矿权灭失重大风险,中信兴光公司于 2012 年 11 月向原国土资源部提出行政复议申请,以湖南省原国土厅授权郴州市国土局向饭垄堆公司颁发《采矿许可证》违法,湖南省原国土厅在该公司矿业权坐标范围内重叠、交叉向饭垄堆公司设置采矿权侵权,湖南省原国土厅授权郴州市国土局向饭垄堆公司颁发《采矿许可证》违反法定程序等为由,请求撤销湖南省原国土厅(授权郴州市原国土局)于 2006 年向饭垄堆公司颁发(采矿许可证号:4310000610044)、于 2011 年又经湖南省原国土厅延续的《采矿许可证》(采矿许可证号:C4300002010123230090905)的具体行政行为。

(四)原国土资源部复议决定撤销饭垄堆公司持有的饭垄堆《采矿许可证》

2012 年 12 月 12 日,原国土资源部决定受理中信兴光公司提出的复议申请,并通知饭垄堆公司参加行政复议。因认为需要进一步查明有关事实和依据,原国土资源部于 2013 年 1 月 30 日中止该案的审理。

2014 年 7 月 14 日,原国土资源部恢复该案审理,并于同日作出《行政复议决定书》(国土资复议〔2014〕453 号),撤销了湖南省原国土厅向饭垄堆公司颁发的 C4300002010123230090905 号《采矿许可证》。

饭垄堆公司遂向北京市第一中级人民法院(以下简称"北京市一中院")提起行政诉讼。至此,该争议进入司法审判阶段。

二、各级法院裁判结果

本案历经一审、二审、再审程序,各级法院裁判结果既有认识一致的地方,也有观点及认知存在高度差异的情况,具体如下:

(一)一审裁判观点

2015 年 7 月 1 日,北京市一中院作出(2015)一中行初字第 839 号《行政判决书》,判决针对三个核心争议问题进行了论述:(1)郴州市原国土局向饭垄堆公司颁发的采矿许可证与湖南省原国土厅颁发的案涉采矿许可证是何关系,前者是否属于后者的合法性审查要素;(2)湖南省原国土厅委托郴州市国土局为原告颁发采矿许可证的行为是否违法;(3)饭垄堆公司与中信兴光公司的采矿权在矿权范围内是否存在重叠与交叉,且足以导致案涉采矿许可证被撤销。

关于争议焦点一,北京市一中院认为,从权利来源来看,饭垄堆公司最初系通过挂牌出让方式取得饭垄堆矿采矿权的。对此,郴州市原国土局为其颁发了4310000610044号采矿许可证,对该采矿权予以了登记。2010年12月,郴州市原国土局进行换证,将该采矿许可证的证号变更为C4300002010123230090905。2011年该证到期后,由湖南省原国土厅办理采矿权延续和变更手续,向饭垄堆公司颁发了新的采矿许可证。由此可知,案涉采矿许可证系由郴州市原国土局向饭垄堆公司颁发的采矿权证延续变更而来。虽然两者的发证机关、矿种和生产规模有所区别,但这无法否定两者之间的权利延续关系:前者是后者的基础,后者是对前者的延续。因此,案涉采矿许可证的合法性审查应当包含以下几个要素:一是案涉采矿许可证记载的采矿权设立的合法性;二是采矿权延续手续的合法性;三是采矿权变更手续的合法性。故从结果上看,郴州市原国土局向饭垄堆公司颁发的采矿许可证的合法性属于案涉采矿许可证的合法性审查要素。

关于争议焦点二,北京市一中院认为,根据《矿产资源开采登记管理办法》第3条、《关于授权颁发勘查许可证采矿许可证的规定》第2条、原国土资源部《关于规范勘查许可证采矿许可证权限有关问题的通知》第10条、第11条、第17条的规定可知,案涉采矿许可证所涉及的矿种属于原国土资源部授权湖南省原国土厅审批发证的范围,而湖南省原国土厅不得再行授权。本案中,湖南省原国土厅委托郴州市原国土局为饭垄堆公司颁发采矿许可证的行为违反了上述禁止性规定,该颁证行为违法。因此,作为郴州市原国土局所颁发的采矿许可证的延续,案涉采矿许可证亦存在上述违法问题。

关于争议焦点三,北京市一中院认为,饭垄堆公司与中信兴光公司的采矿权矿区范围在空间上相互独立,但存在平面投影重叠的情形。对此,根据《国务院办公厅转发国土资源部关于进一步治理整顿矿产资源管理秩序意见的通知》(国办发〔2001〕85号)第2条的规定,一个矿山原则上只能审批一个采矿主体,不能违法重叠和交叉设置探矿权、采矿权。对存在违法设置情形的,都要依法抓紧进行纠正,该吊销的要依法吊销,该注销的要坚决注销。因此,饭垄堆公司的采矿权存在上述违法设置问题,应当依法予以纠正。

从权利产生的时间而言,鉴于中信兴光公司取得采矿许可证的时间(2006

年1月16日)早于饭垄堆公司取得采矿许可证的时间(2006年3月24日)。因此中信兴光公司的采矿权取得在先,属于在先权利。当饭垄堆公司取得的采矿权与其发生冲突时,原国土资源部予以纠正,撤销饭垄堆公司采矿权的行为并无不当。

据此,北京市一中院维持了原国土资源部作出的复议决定,并驳回了饭垄堆公司的全部诉讼请求。饭垄堆公司不服,遂向北京市高级人民法院(以下简称"北京市高院")提起上诉。

(二)二审裁判观点

2016年3月2日,北京市高院作出(2015)一中行初字第839号《行政判决书》。二审判决基本上肯定了一审判决的结论,但不同的是,北京市高院区分了一般性违法与重大明显违法,其认为郴州市国土局于2006年向饭垄堆公司颁发《采矿许可证》的行为仅构成一般性违法而非重大明显违法,故将一般性违法行为作为撤销《采矿许可证》的依据显得有失偏颇。但与此同时,北京市高院更加突出强调湖南省原国土厅于2011年在对饭垄堆公司《采矿许可证》延续时存在垂直投影重叠而构成重大明显违法,其指出,在该采矿许可证颁发时,《国务院办公厅转发国土资源部关于进一步治理整顿矿产资源管理秩序意见的通知》已生效,且明确禁止采矿权存在垂直投影重叠。

据此,北京市高院认为,北京市一中院应当在判决中突出饭垄堆公司于2011年取得的《采矿许可证》存在重大违法性,但鉴于北京市一中院作出的判决结论和原国土资源部作出的复议决定基本正确,故维持了一审判决。

饭垄堆公司对二审判决不服,遂向最高院提出再审申请。最高院在了解基本案情后,依法受理了再审申请,并予以立案。

(三)再审裁判观点

2018年3月7日,最高院经审理后作出了(2018)最高法行再6号《行政判决书》,作出了几乎颠覆一、二审裁判结论的判决。

首先,针对郴州市国土局2006年的颁证行为违法是否必然影响湖南省原国土厅2011年颁证行为合法性的问题。最高院认为,虽然湖南省原国土厅2011年行政许可行为(颁证延续行为)系对郴州市原国土局2006年行政许可行为(颁证设立采矿权)的承继和延续,但是不能认为只要2006年的行政许可存在合法性问题,就必然影响2011年行政许可的合法性。一方面,2006年行政许可已经超过法定申请行政复议和提起行政诉讼的期限,具有不可争力,因而,不能认为只要2006年行政许可存在违法性问题,就必然要对2011年行政许可的合法性作出否定性评价。另一方面,不论是行政许可机关、行政复议机关还是人民法院,对首次许可与延续许可行为合法性的判断标准与审查重点均应有所不同。对许可期限届满的行政许可,许可机关在延续时,既会考虑原许可的适法性问题,也必然会考虑法律规范的变化对是否延续的影响,甚至会考虑其基于公共利益需要是否能够延续的问题。但显然,行政许可机关作出首次许可、许可延续以及撤销许可时,裁量幅度应当有所不同。首次许可时,许可机关可以依法裁量不予许可;但是否延续许可的裁量和判断,则应受首次许可的约束,兼顾信赖利益保护问题。即使首次许可存在瑕疵或者违法,许可机关仍应审慎行使不予延续职权。同理,行政复议机关或者人民法院对许可机关裁量权进行审查时,亦应秉持谦抑原则,尊重许可机关对自身裁量权的限缩,除非这种限缩性裁量明显不合理或者违背了立法目的,抑或构成滥用裁量权。

本案中,原国土资源管理部门2006年可以裁量不设定矿区范围垂直投影重叠的采矿权,也可以不颁发相应的采矿许可证,但其一旦实施了首次许可,那么在其后的延续许可,以至行政复议机关、人民法院对延续许可合法性进行审查时,则既要考虑首次许可的适法性,也要考虑维持许可是否必然损害公共利益,以及是否有必要的防范可能的不利影响并保障被许可人信赖利益等问题的措施。因此,不能简单以首次许可存在适法性问题即否定许可延续行为的合法性。

因此,具体到本案中,最高院认为,郴州市原国土局的颁证行为虽然违反了相关委托及授权的规定,但一方面,湖南省原国土厅将审批发证权限违法下放至市级国土资源部门的法律责任不应由饭垄堆公司承担,应保障其作为矿业权用益物权人的合法民事财产权益,让行政的归行政,民事的归民事,行政的锅,不能让民事背;另一方面,郴州市原国土局颁发的2006年《采矿许可证》于2011年到期后,延续许可的审批主体已经由郴州市原国土局变更为湖南省原国土厅,并由湖南省原国土厅以自己的名义颁发了2011年《采矿许可证》。因此,2006年许可行为存在的越权情形,已经得到2011年许可行为的治愈,其越权颁证的后果已经消除,并不构成违法性继承问题,此乃行政法理论上的瑕疵治愈原则。

其次,关于采矿权矿区范围垂直投影能否重叠的问题。最高院认为,原国土资源部援引的国办发〔2001〕85 号和国土资发〔2011〕14 号文件，均未规定对重叠设置的采矿权只能予以撤销，且均强调对因历史原因形成重叠且采矿权人不同一的情况，应当逐步妥善处理。因此，在现行法律、法规并未禁止设立垂直投影重叠的采矿权的情形下，矿产资源主管部门对因历史原因设立的部分重叠采矿权应在不影响安全生产和环境保护且更有利于不同种类矿产资源全面节约利用的前提下，尊重不同矿业权人的采矿权，区别处理。此处，也再次表明了最高院对于保护矿业权人依法取得的民事用益物权的尊重。

再次，关于重叠采矿许可证的处理与撤销的条件问题。最高院认为，实践中，解决重叠有多种方式，包括将不同采矿权主体推动整合为同一采矿权主体、调整并缩小采矿许可证范围以解决重叠问题、在不同采矿权主体间建立开采协调机制、区分矿产资源开发时序且在确保安全生产的前提下签订承诺协议、撤销一方采矿许可并通过补偿或者赔偿等方式弥补损失等。据此，对因采矿权主体不同一且采矿权重叠之情形，处理方式是多重的且可以综合运用，撤销重叠的采矿许可仅为其中一种处理方式。

原国土资源部在作出撤证决定时，既未认定现有重叠是否存在影响安全生产等情形，也未征求安全生产等行政主管部门意见或者专业机构鉴定意见，即简单以构成重叠为由作出撤销决定，未能全面认定事实。而在采矿许可证被撤销后，饭垄堆公司将因此而承受巨大的经济损失。矿产资源主管部门在解决类似历史遗留问题时，应在查明事实情况及穷尽其他途径或方式仍不能解决重叠问题时，方能在经过充分论证的基础上通过撤销采矿许可证的行为解决双方争议。

最后，关于被诉复议决定说明理由义务的问题。注意，这是一审、二审人民法院均未归结的焦点问题。最高院认为，对本案而言，颁发采矿许可证属于典型的许可类授益性行政行为，撤销采矿许可必须考虑对被许可人信赖利益的保护，衡量撤销许可对国家、他人和权利人造成的利益损失大小问题。确需撤销的，还应当坚持比例原则，衡量全部撤销与部分撤销的关系及影响。

坚持依法行政和有错必纠是法治的基本要求，但法治并不要求硬性地、概无例外地撤销已经存续的、存在瑕疵甚至是违法情形的行政行为，而是要求根据不同情况作出不同处理。根据《行政复议法》第 28 条第 1 款第 3 项的规定，复议机关对违法的行政行为，可以作出撤销、变更或者确认违法等行政复议决定。因此，复议机关应当审慎选择适用复议决定的种类，权衡撤销对法秩序的维护、撤销对权利人合法权益造成损害的程度以及采取补救措施的成本等诸相关因素。当认为撤销存在不符合公共利益等情形时，可以决定不予撤销而选择确认违法等复议结果；确需撤销的，还需指明对因撤销许可而给被许可人造成的损失如何给予以及给予何种程度的补偿或者赔偿问题。如此，方能构成一个合法的撤销决定。

原国土资源部选择作出撤销决定，更应充分说明理由。但从复议机关所提供的证据与全案卷宗情况来看，被诉复议决定并未体现相应的衡量因素，也未进行充分说理，仅简单以构成重叠即作出撤销决定，难以得到法院支持。

综上所述，最高院判决认为，湖南省原国土厅委托郴州市原国土局颁发2006年《采矿许可证》的行为虽然存在瑕疵，但该瑕疵已经因为2011年湖南省原国土厅以自己的名义颁证而得到纠正和治愈，被诉复议决定以2006年颁证行为违法作为撤销2011年颁证行为的理由不能成立。饭垄堆公司2011年《采矿许可证》与中信兴光公司相应《采矿许可证》载明的矿区范围存在部分垂直投影重叠情形属实，但被诉复议决定未全面查清案件事实与重叠情形，在对重叠问题有多种处理方式、有多种复议决定结论可供选择的情况下，未履行充分说明理由义务，也未能提供有关撤销的必要性和紧迫性的相应证据，径行撤销2011年采矿许可，且援引法律规范不明确不具体，依法应予纠正。

最终，最高院依法撤销了一审、二审判决及原国土资源部作出的复议决定。

笔者之所以在本文中花费如此篇幅阐述归纳各级司法机关的裁判意见，一方面是作为案例分析文章体例的需要，但更重要的，是通过对比彰显最高院在面对矿业权行政纠纷时运用信赖利益保护原则、瑕疵治愈原则、比例原则，在最大限度内保障矿业权人民事用益物权权益的决心和温存。

接下来，笔者将从信赖利益保护和比例原则出发，试图复盘或还原最高院在判决背后的思维逻辑。

三、关于信赖利益的认定

信赖利益保护原则的作用，更多的是强调信赖保护原则赋予相对人要求行政主体或法院保护其信赖利益的权利。其中，信赖基础是信赖利益保护原则适用的前提，只有存在信赖基础，相对人利益才有予以保护的必要。

在信赖利益保护原则中，信赖基础指向行政机关的行为，即只要行政机关实施了导致信赖利益产生的行为，则可认为信赖基础即已存在。而作为信赖基础的行政行为是否合法并不影响信赖利益的产生,即只要行政机关实施了能够引发信赖的行为,则不论该行为合法与否,对由此引发的相对人信赖利益都应当予以保护。与此同时,《行政许可法》对作为信赖基础之行政活动是否需要具备合法性也并无特别规定,其仅规定公民、法人或者其他组织"依法取得"的行政许可受法律保护,即相对人只要是"依法取得"的行政许可,就可进入信赖保护的范围内。

但在本案中,三级法院对信赖利益保护适用前提的理解却是不同的:

就一审法院来说,其"剑走偏锋"地要求信赖基础的成立应以行政行为合法为前提。在一审判决中,北京市一中院先是论证了2006年采矿许可证的合法性属于2011年采矿许可证的合法性审查要素,并在此基础上提出湖南省原国土厅违反规定将许可权授予郴州市原国土局行使的行为导致该局颁发的2006年采矿许可证存在合法性问题;而2011年采矿许可证作为2006年采矿许可证的延续,当然继承了2006年许可证存在的合法性瑕疵。除此之外,北京市一中院还从垂直投影重叠的角度论证了2011年采矿许可证的违法性。在此基础上,该院作出了维持原国土资源部复议决定的判决。

由此观之,一审法院对信赖基础成立的认定采用了"行政许可合法"的标准,认为只有行政许可行为合法,相对人的信赖利益才能得到保护。这一标准与《行政许可法》第8条的规定不符,也与信赖利益保护原则的价值追求相悖。这也是一审判决之所以被撤销的重要理由。

就二审法院来说,北京市高院提出了"重大明显违法除外"的标准。针对2006年采矿许可证,二审法院提出,2006年采矿权证确实违反了许可权不得再次授权的规定,其由不具有许可实施主体资格的郴州市原国土局颁发,存在违法情形;当然,2006年采矿许可证确系郴州市原国土局依授权实施,且获得了2011年采矿许可证的追认,因此该许可行为并未构成重大明显违法。基于这一理由,二审法院认为,原国土资源部以2006年采矿许可证的颁布存在违法性为由撤销2011年许可证的行为属于不当行政行为。

由此可见,二审法院对信赖基础之认定应持"重大明显违法除外"的标准,2006年采矿许可证虽违法但未达到"重大明显违法"的标准,因此不能据此认定其不构成信赖基础。二审法院对2011年采矿许可证不构成信赖基础的认定同样也采用了这一标准,即二审法院认为,郴州市原国土局和湖南省原国土厅颁发的许可证皆违反了垂直投影重叠的禁止性规定而存在重大明显违法,进而否认信赖基础的存在。

就再审法院来说,最高院将“重大明显违法除外”的标准予以明确化。具体而言,针对2006年采矿许可证存在的许可主体资格缺失问题,最高院认为,此种情形确属违法,但违法责任不应由相对人承担;针对2011年延续的采矿许可证问题,最高院更是明确提出,“即使首次许可存在瑕疵或者违法,许可机关仍应审慎行使不予延续职权”,“只有首次许可具有重大明显违法或者存在显而易见的违法且无法补正情形的,复议机关才可以撤销延续许可”。通过这两段表述可知,最高院认为,当矿业权行政许可存在的一般性瑕疵或违法时,对相对人的信赖利益仍应予以保护;只有当行政许可行为存在“重大明显违法”且无法补正时,才能忍痛“牺牲”掉矿业权人的信赖利益。

综上所述,最高院在矿业权纠纷领域对矿业权人信赖利益的保护是全面的,而对行政机关的要求则是“苛刻”的。究其原因,主要还是因为在矿政管理领域,矿业权的行政权属性长期占据主导地位,导致矿业权人民事用益物权的财产性权利在很长一段时期内未能得到法律的保护,进而产生了大量争议金额巨大的矿业权纠纷案件。而在2007年《物权法》明确将矿业权定义为用益物权后,矿业权的财产权益才最终得以认可,并开始受到法律的严格保护。而这种保护,亦是对过去的弥补和对矿业权权利属性的重构。

四、对于最高院关于要求矿产资源主管部门“不得擅自改变”行政许可行为的理解

根据《行政许可法》第8条①的规定,相对人合法取得的行政许可“受法律保护”。当然,基于行政许可所形成的法律状态受法律保护并不意味着该状态完全不可改变,最高院在本案中也阐明了受法律保护的限度。

(一)行政许可的改变有所限制

根据《行政许可法》第8条的规定,行政机关“不得擅自改变”相对人依法取得的行政许可。“不可擅自改变”首先即表明行政许可决定是可以改变的,只不

① 《行政许可法》第8条规定:“公民、法人或者其他组织依法取得的行政许可受法律保护,行政机关不得擅自改变已经生效的行政许可。行政许可所依据的法律、法规、规章修改或者废止,或者准予行政许可所依据的客观情况发生重大变化的,为了公共利益的需要,行政机关可以依法变更或者撤回已经生效的行政许可。由此给公民、法人或者其他组织造成财产损失的,行政机关应当依法给予补偿。”

过此种改变应受到严格限制。从行政许可行为开展的过程来看,行政机关实施的许可虽需设置信赖利益保护原则以维系行政法秩序的安定性,但法秩序的安定性仅是众多法律价值中的一个。在许可实施过程中,当法秩序的安定性与其他价值产生冲突时,行政机关便有必要对所有价值进行衡量,并选择能够实现社会利益最大化的处理方式。

(二)行政许可的改变在实体上应合乎比例

根据《行政许可法》第69条[①]的规定,具有该条规定的违法情形的,行政许可可以撤销。"可以撤销"的表述即意味着行政机关对撤销与否享有裁量权,而最高院在本案中则明确了这一裁量权的行使应符合比例原则。

比例原则被誉为行政法的"帝王条款",其不仅要求行政措施能够实现法律目的或至少有助于实现法律目的,更要求为实现法律目的采取的行政措施对人权的损害须最小,须得失平衡。最高院对这一原则的运用主要表现在其对重叠采矿许可证的处理与撤销的论述中。最高院认为,实践中存在多种解决重叠的方式,包括整合采矿权重叠的主体、调整并缩小采矿许可证范围、推动不同采矿主体建立协调机制等,而撤销一方许可证仅为其中一种。在此基础上,最高院列举了复议机关可以采用的复议决定形式,包括撤销、变更或者确认违法等,并指出:"复议机关应当审慎选择适用复议决定的种类,权衡撤销对法秩序的维护与撤销对权利人合法权益造成损害的程度以及采取补救措施的成本等诸相关因素。"这实际上是将比例原则具体化为两项规则:一是是否改变许可决定应合乎比例。最高院指出,复议机关可以选择确认违法这一复议决定形式,确认违法决定实际上并不改变行政许可决定的内容,在确认违法的基础上,行政机关可以采用整合采矿权重叠的主体等方式解决争议,据此也阐明了行政许可决定是否改变应合乎比例。二是改变的方式也应合乎比例。显而易见,相较于其他手段,撤销采矿权证对相对人造成的损害是最大的。最高院认为,复议机关未

---

① 《行政许可法》第69条规定:"有下列情形之一的,作出行政许可决定的行政机关或者其上级行政机关,根据利害关系人的请求或者依据职权,可以撤销行政许可:(一)行政机关工作人员滥用职权、玩忽职守作出准予行政许可决定的;(二)超越法定职权作出准予行政许可决定的;(三)违反法定程序作出准予行政许可决定的;(四)对不具备申请资格或者不符合法定条件的申请人准予行政许可的;(五)依法可以撤销行政许可的其他情形。被许可人以欺骗、贿赂等不正当手段取得行政许可的,应当予以撤销。依照前两款的规定撤销行政许可,可能对公共利益造成重大损害的,不予撤销。依照本条第一款的规定撤销行政许可,被许可人的合法权益受到损害的,行政机关应当依法给予赔偿。依照本条第二款的规定撤销行政许可的,被许可人基于行政许可取得的利益不受保护。"

说明撤销的紧迫性和必要性，其撤销使"饭垄堆公司在可能的整合中处于明显不利地位"，对其损害较大，并据此推翻了复议机关的复议决定。

（三）行政许可的改变在程序上应充分说理

说明理由是程序法的基本规则，是良好公共行政的基本要求，它可以促进决定者将心智集中于正确问题之上，并展示给相对人。法律要求行政机关对案件事实与相对人意见予以慎重考虑，而慎重考虑的表征则是说明理由，即行政机关只有将"慎重考虑"以说明理由的方式传达给相对人，其慎重考虑的义务方可履行完毕，同时能够为司法审查的展开提供基础。

本案中，最高院也对行政机关之说明理由义务进行了充分阐述。其在判决中指出："行政复议决定和复议卷宗也应当依法说明理由，以此表明复议机关已经全面客观地查清了事实，综合衡量了与案情相关的全部因素，而非轻率或者武断地作出决定。"这实际上是将全面查清事实、慎重考虑案件情况与说明理由相关联。据此，说明理由义务即构成对行政许可变更的程序性约束。

综上所述，我们不难看出，对于矿业权行政许可纠纷案件，最高院通过严格审查行政许可行为的程序及实体合法性，以信赖利益保护和比例原则衡量行政许可行为的合理性，以是否穷尽一切非剥夺相对人矿业权的方式解决历史争议衡量行政行为的必要性，并通过对上述维度的审查，从而在最大限度内实现对矿业权人民事财产权益的保护。

关·系

——涉矿行政诉讼中关于利害关系的认定问题

在涉矿行政诉讼案件中,原告最不能接受的结果便是法院以被诉行政行为与其没有利害关系为由予以驳回,特别是那些看似有着密切关系但事实上又不符合行政法意义上利害关系界定标准的诉讼,原告经常会“咆哮”般地抒发着自己的不解和不满,但失望并不代表着正确。

对于被告矿产资源主管部门来说,最郁闷的便是被法院告知管多了或者管少了。管多了,即申请人同相关行政行为没有行政法上的利害关系,但行政机关作出了相关行政决定或复议决定;管少了,即申请人同相关行政行为有行政法上的利害关系,但行政机关却作出了不予受理或者驳回申请的决定。因此,无论是对于行政诉讼的原告还是被告,尽最大努力去了解行政法上利害关系的认定标准都是必须且必要的。

笔者正是基于上述考量和现实需要,决定以涉矿行政诉讼案例中涉及的利害关系认定标准作为研究对象,并试图从中总结出具有普适意义的利害关系认定方法。

鉴于行政法领域利害关系问题纷繁复杂,且学界和司法实践界亦存在诸多争议,故本章仅代表一家之言,读者在选择适用时亦应审慎对待。

一、行政诉讼利害关系的法律定义和认定现状

根据我国《行政诉讼法》第 25 条第 1 款的规定,行政行为的相对人以及其他与行政行为有利害关系的公民、法人或者其他组织,有权提起诉讼。同时,

《行政诉讼法》第 49 条[①]也明确规定，原告与行政行为有利害关系是行政诉讼案件的受理条件之一。由此可见，利害关系不仅是行政诉讼中原告资格取得的核心要件，也是行政诉讼程序启动的关键因素。

然而，“利害关系”这一语词本身却具有高度的概括性和抽象性。虽然，最高院《关于适用〈中华人民共和国行政诉讼法〉的解释》（法释〔2018〕1 号）试图对“利害关系”的情形进行概括式列举，[②]法院也一直尝试在裁判文书中对“利害关系”的含义[③]和判断标准进行诠释，但究竟如何准确认定行政诉讼中的“利害关系”，却依旧是司法实践的难题之一。

现笔者试图在对矿产资源领域行政诉讼的典型案例进行整理分析的基础上，总结和归纳出涉矿行政诉讼中利害关系认定的一般性标准，供读者参考并根据具体情况有限适用。

二、矿业权证期限届满后原矿业权人同该矿权上发生的后续行政行为利害关系的认定问题

根据我国矿产资源相关法律法规规定，矿产资源属于国家所有，国家对矿产资源的勘查和开采实行行政许可制度。通常情况下，矿业权的设立和取得，是行政机关与相对人多阶段、多步骤、多个行为共同作用的结果。同时，《矿产资源勘查区块登记管理办法》（国务院令第 240 号）和《矿产资源开采登记管理办法》（国务院令第 241 号）也明确规定，矿业权人逾期不办理延续登记手续的，矿业权证自动废止。而关于矿业权证期限届满后原矿业权人同该矿权上发生的后续行政行

① 《行政诉讼法》第 49 条规定：“提起诉讼应当符合下列条件：（一）原告是符合本法第二十五条规定的公民、法人或者其他组织；（二）有明确的被告；（三）有具体的诉讼请求和事实根据；（四）属于人民法院受案范围和受诉人民法院管辖。”

② 最高院《关于适用〈中华人民共和国行政诉讼法〉的解释》第 12 条规定：“有下列情形之一的，属于行政诉讼法第二十五条第一款规定的‘与行政行为有利害关系’：（一）被诉的行政行为涉及其相邻权或者公平竞争权的；（二）在行政复议等行政程序中被追加为第三人的；（三）要求行政机关依法追究加害人法律责任的；（四）撤销或者变更行政行为涉及其合法权益的；（五）为维护自身合法权益向行政机关投诉，具有处理投诉职责的行政机关作出或者未作出处理的；（六）其他与行政行为有利害关系的情形。”

③ 最高院在（2018）最高法行申 9653 号《行政裁定书》中认为，所谓“利害关系”应当是指被诉行政行为对起诉人的合法权益可能造成现实的、特别的直接损害或者不利影响；最高院在（2018）最高法行申 927 号《行政裁定书》中认为，该条规定的利害关系是指，起诉人享有的合法权益存在受到被诉行政行为不利影响的可能性；最高院在（2017）最高法行申 4137 号《行政裁定书》中认为，所谓利害关系，就是有可能受到行政行为的不利影响，具体要考虑以下三个要素：是否存在一项权利、该权利是否属于原告的主观权利、该权利是否可能受到了被诉行政行为的侵害。

为之间是否具有利害关系的问题，则需要结合多种因素予以综合考虑。

（一）原矿业权人因自身原因导致矿业权证期满未延续的，原矿业权人原则上与矿产资源主管部门向第三人出让该矿业权的行为没有利害关系

矿业权证是认定矿业权人与矿政管理行政行为具有利害关系的重要纽带和凭借，但在矿业权人因自身原因导致矿业权证期限届满而未进行延续时，两者之间的利害关系在通常情况下也会因此而被切断。

例如，最高院在"（2016）最高法行申 4011 号张玉山诉山西省原国土资源厅行政许可案"中认为，原矿业权人在原先的采矿许可证到期后因自身原因未办理延续登记，自那时起即失去了对案涉矿产资源的合法、完整的采矿权，故其与之后山西省原国土资源厅向第三人发放新的采矿许可证的行政行为之间不具有利害关系。山东省枣庄市中级人民法院在"（2015）枣行再终字第 1 号张立宽诉枣庄市原国土资源局行政出让案"中也秉持着基本相同的裁判思路，法院同样认为原采矿权人在原先的采矿许可证到期后未办理延续登记，自那时起即对原《采矿许可证》许可的矿区范围丧失了合法、完整的采矿权，故原矿业权人与原枣庄市国土资源局之后发布的《枣庄市薛城区周营镇侯许庄北山建筑石料用灰岩矿采矿权出让公告》行为之间不再具有法律上的利害关系。

据此，笔者认为，对于因自身原因导致矿业权证期限届满未延续的原矿业权人而言，虽然其矿业权的部分财产权益仍未完全消灭，但行政机关已然可以对该矿业权进行再次出让，且出让行为本身同原矿业权人不具有行政法上的利害关系。

（二）矿业权证期限届满，不影响原矿业权人与在先矿业权许可行为之间利害关系的认定，也不影响其先前取得的矿产资源相关财产性权益

虽然矿业权证是矿业权人取得勘查或开采矿产资源权利的标志，但是在矿业权出让合同依法生效后，即使尚未取得矿业权证，也仅能表明受让人暂时不具有进行勘查或开采的权利，除此之外的其他占有性权利仍应依法受到保障。同样，在矿业权证期限届满后，原矿业权人未办理延续登记，也仅能表明原矿业权人不再拥有继续勘查或开采相关矿产资源的权利，除此之外的其他已经依法取得的矿产资源财产性权利仍然有效，更不应以矿业权证事后期满未延续的事实来否认其与在先的矿业权许可行为之间的利害关系。

例如，在"（2018）最高法行再 6 号郴州饭垄堆矿业有限公司诉原国土资源部行政复议案"中，最高院认为，《矿产资源开采登记管理办法》第 7 条第 2 款中

的"自行废止"不能理解为所有矿产资源产权权益一并丧失,且本案中案涉公司在采矿许可证到期之前已经提出延续登记手续,仅仅是因为重叠问题未解决,采矿许可证暂未得到延续,并不具备采矿许可证自行废止的条件,也不影响其基于采矿权出让合同等已经取得的矿产资源财产性权利(如在采矿许可证有效期内已开采矿产资源销售权利、矿山资产所有权等),更不应以采矿许可证事后未得到延续的事实来否定其与在先的采矿许可行为之间的利害关系。

同样,湖南省高级人民法院在"(2018)湘行申31号湖南省沅陵县黄壤坪乡九四八金矿诉湖南省原国土资源厅行政许可案"中认为,原采矿权人逾期未办理相关延续登记手续,其取得的采矿许可证已经自行失效,相应地也失去了相关矿产资源的开采权,但其先前基于采矿许可证所获得的合法投入等权利仍然存在。原湖南省国土资源厅在给第三人颁发采矿许可证时涵盖了原矿业权人的部分矿区,但未考量原矿业权人已经发生的矿山资产相关权益,故其向第三人颁证的行政行为存在程序上的瑕疵,应予以完善。

此外,在"(2017)桂行再15号资源县梅溪乡随滩大水坑萤石矿诉桂林市原国土资源局行政复议案"中,广西壮族自治区高级人民法院认为,虽然有权机关颁发的采矿许可证是采矿权人取得开采矿产资源权利的标志,但是采矿权出让合同依法生效后即使未取得采矿许可证,也仅能表明受让人暂时无权进行开采作业,对除此之外的其他占有性权利仍应依法予以保障;采矿许可证规定的期限届满,仅仅表明采矿权人在未经延续前不得继续开采相应矿产资源,采矿权人其他依法可以独立行使的权利仍然有效,不影响其基于采矿权出让合同等已经取得的矿产资源权利,更不应以采矿许可证事后未得到延续的事实来否定其与在先的采矿许可行为之间的利害关系。

据此,笔者认为,对于矿业权证期限届满后的原矿业权人向法院申请行使涉及矿证到期前已开采矿产资源的销售回收权利,以及要求对矿业权出让收益(价款)进行部分返还等请求,在涉及矿产资源财产权益的行政诉讼案件时,原矿业权人同在先行政许可行为具有利害关系,该利害关系不因矿业权证的到期而消灭。

(三)矿业权证期限届满,原矿业权人作为新的行政行为所指向的特定主体,与该行政行为之间具有利害关系

在"(2018)云行终380号巍山县南诏矿业有限公司诉巍山彝族回族自治县

人民政府行政处罚案"中，云南省高级人民法院认为，虽然南诏公司所持有的采矿许可证因未获得延续批准而废止，但巍山彝族回族县政府通过发布《关于依法关闭巍山县建红石膏矿业有限责任公司大黑山石膏矿等3座非煤矿山的通告》的方式关闭了辖区内无证矿山，并在《关于依法关闭巍山县建红石膏矿业有限责任公司大黑山石膏矿等3座非煤矿山的通告》中对所要关闭的3座矿山进行了具体明确，南诏公司作为所发布《关于依法关闭巍山县建红石膏矿业有限责任公司大黑山石膏矿等3座非煤矿山的通告》的特定主体之一，对该行为提起行政诉讼并无不当。

据此，笔者认为，对于矿产资源主管部门已废止甚至注销的矿业权，如果其他行政机关在作出相关行政行为时仍以原矿业权人作为有效的矿业权主体，则针对该行政行为，原矿业权人仍享有诉权。

三、第三人因矿产勘查开采行为遭受损失而引发的同矿业权颁证行为的利害关系认定

根据241号令第5条第1款①、第15条②的规定，登记管理机关在办理采矿许可证时，主要审查申请登记书和矿区范围图、采矿权申请人资质条件的证明、矿产资源开发利用方案、依法设立矿山企业的批准文件、开采矿产资源的环境影响评价报告、国务院地质矿产主管部门规定提交的其他资料；办理采矿许可证的变更时，主要审查采矿许可证是否在有效期内以及变更矿山企业名称等情形。因此，第三人所主张的事后民事权益受损并非登记管理机关在颁发和变更采矿许可证时所需考量的因素，第三人与案涉采矿许可证不具有法律上的利害关系。

（一）采矿活动导致房屋受到破坏，不能因此认定受害人与案涉采矿权颁证行政行为具有利害关系

原告主张，采矿活动导致其房屋受到破坏并不能说明其与被诉颁证行政行

① 《矿产资源开采登记管理办法》第5条第1款规定："采矿权申请人申请办理采矿许可证时，应当向登记管理机关提交下列资料：（一）申请登记书和矿区范围图；（二）采矿权申请人资质条件的证明；（三）矿产资源开发利用方案；（四）依法设立矿山企业的批准文件；（五）开采矿产资源的环境影响评价报告；（六）国务院地质矿产主管部门规定提交的其他资料。"

② 《矿产资源开采登记管理办法》第15条规定："有下列情形之一的，采矿权人应当在采矿许可证有效期内，向登记管理机关申请变更登记：（一）变更矿区范围的；（二）变更主要开采矿种的；（三）变更开采方式的；（四）变更矿山企业名称的；（五）经依法批准转让采矿权的。"

为之间存在利害关系。例如，北京市高级人民法院在“（2017）京行终 4079 号马凯耀诉原国土资源部行政许可案”中认为，上诉人主张采矿活动导致其房屋受到破坏，但依据《矿产资源开采登记管理办法》第 5 条第 1 款的规定，矿产资源主管部门在办理采矿许可证时，主要对申请登记书等资料进行审查。办理采矿许可证并不对上诉人所主张的受损民事权益产生实际影响，上诉人与被诉许可证之间不具有法律上的利害关系。

另在“（2017）京行终 474 号王威臻诉原国土资源部行政复议案”中，上诉人认为，导致其房屋受到破坏的原因是采矿活动，故进而对案涉采矿许可证提出行政复议申请，后不服复议决定向法院提起诉讼。北京市高级人民法院也秉持着基本相同的裁判思路，以办理和变更采矿许可证并不对上诉人所主张的受损民事权益产生实际影响为由，否定了上诉人与涉案采矿许可证之间的利害关系。

同样，在“（2015）川行终字第 39 号刘兴文等 37 人诉四川省原国土资源厅行政许可案”中，上诉人以采矿权人在其承包土地上的采矿行为导致自然水源中断和村民房屋开裂为由，请求法院撤销采矿许可证，四川省高级人民法院亦没有认可原告与颁证行政行为之间的利害关系。

（二）采矿活动导致土地承包经营权受损，不能因此认定受害人与案涉行政许可行为之间具有利害关系

原告主张采矿活动导致其土地承包经营权受损，不能因此构建其与被诉许可证之间的利害关系。在“（2017）京 02 行终 1159 号孟祥贵等七人诉四川省原国土资源厅行政许可及原国土资源部行政复议案”中，上诉人主张采矿权人占用了其承包的土地和林地用于露天开采矿石，进而请求法院撤销案涉的采矿许可证，北京市第二中级人民法院认为上诉人与被诉采矿许可证之间不具有法律上的利害关系。

北京市第一中级人民法院在“（2019）京 01 行初 707 号吴成华诉自然资源部行政复议案”中认为，原告主张采矿活动导致其土地承包经营权受到侵害，其主张的受损民事权益并非登记管理部门在办理采矿许可证时所需考量的因素，因此原告与涉案采矿许可证之间不具有法律上利害关系。

据此，笔者认为，一言以蔽之，应让民事侵权的归民事，让行政颁证的归行政。

四、采矿权承包经营中的利害关系认定问题

我国矿产资源法律法规禁止以承包方式转让采矿权。实践中,法院通常根据《承包合同》的内容进行区分处理,对“名为承包、实为转让”的采矿权承包合同,法院通常认定为无效;对依法成立的采矿权承包合同,法院不会因此否认合同的效力。

而对于依法成立的采矿权承包合同,法院通常倾向于认可承包人与采矿许可证之间具有利害关系。例如,河北省石家庄市中级人民法院在“(2015)石行再终字第00001号胡红燕诉河北省原国土资源厅行政许可案”中认为,因再审申请人对案涉矿产资源享有承包经营权,故其与原河北省国土资源厅为第三人颁发的采矿许可证之间有法律上的利害关系,从而具备行政诉讼的原告主体资格。值得注意的是,承包合同中的“中间人”与案涉行政许可行为不具有利害关系,[①]将矿产资源的承包经营权转让给第三人的承包人亦不再与案涉行政许可行为具有利害关系。[②]

据此,矿业权承包经营权人同行政机关颁发矿业权证的行为具有利害关系。但与此同时,亦有观点认为矿业权承包人仅享有《承包合同》项下的债权权利,而不享有用益物权层面上的权利。如果此种观点成立,那么上述情形即为典型的“债权人提起行政诉讼的原告资格判定”问题。

而针对该类问题,笔者将在下文中予以单独论述。

五、矿业权出租中的利害关系认定问题

矿业权出租是矿业权人作为出租人将矿业权租赁给承租人,并向承租人收取租金的行为。矿业权出租形成的是债权债务关系,矿业权的承租人在通常情况下与矿产资源相关的行政行为不具有利害关系,但是在具体个案中,也会因为特殊的关联性与案涉行政行为之间具有法律上的利害关系。

矿业权承租人在特定情况下与返还采矿权价款的行政行为之间存在利害关系。例如,在“(2018)湘行再66号陈述平诉湖南省自然资源厅、张家界市原

---

① 参见秦全桂诉吕梁市国土资源局撤销采矿权行政许可纠纷二审行政裁定案(2014晋行终字第76号)。

② 参见冯智权、白忠凯与陕西省国土资源厅、第三人神木市孙家岔镇人民政府、神木县孙家岔镇瓷窑塔矿业有限责任公司、张世华、刘标治地矿行政许可纠纷申请再审行政裁定案(2018陕行申343号)。

国土资源局、慈利县原国土资源局行政给付案”中，慈利县三合口乡企业管理站将麦湾煤矿租赁给陈述平开采经营，后因慈利县麦湾煤矿发生瓦斯爆炸事故，慈利县人民政府决定立即关闭慈利县麦湾煤矿，陈述平要求原湖南省国土资源厅退还采矿权价款未果，遂向法院提起诉讼。湖南省高级人民法院再审认为，陈述平享有的是债权请求权，根据债权的相对性原则，一般情况下，其只能向债务人主张权利，但鉴于本案慈利县麦湾煤矿已经吊销，且其明确表示将申请退还采矿权价款的权利转让给陈述平，为了保障权利的实现，陈述平与被诉的返还采矿权价款的行政行为之间存在利害关系。

另外，在“(2015)哈行终字第1号哈尔滨市广富山石英开发有限公司诉黑龙江省原国土资源厅行政许可案”中，黑龙江省哈尔滨市中级人民法院认为，广富山公司被招商引资到大罗密镇投资开发广富山石英矿，原方正县地质矿产局违法越权为大罗密镇政府颁发《采矿许可证》，大罗密镇政府又违反法律强制性规定，以签订合同的方式将采矿权租赁给广富山公司。上述相关行为直接导致广富山公司在完成前期投入并长期实际经营的情况下，无法取得采矿许可资质。因此，广富山公司与原黑龙江省国土资源厅授予第三人采矿许可证事项之间具有直接利害关系。

据此，笔者认为，鉴于矿业权出租的本质是债权关系，故一般情况下，承租人均同案涉矿业权的相关行政行为之间没有利害关系。

六、矿山实际出资权利人及矿山企业股东的利害关系认定问题

对于矿山实际出资权利人的问题，只要相关权利人举证证明其为实际投资人及负责人，法院一般均认可其作为利害关系人享有发起行政诉讼的权利。

甘肃省高级人民法院在“(2018)甘行终492号杜学文诉武威市凉州区人民政府行政强制案”中认为，案涉煤矿为股份合作企业，虽未办理工商登记和营业执照等，但是被上诉人为该矿的实际投资人、负责人，一直负责案涉煤矿的建设、运行，相关协议均由被上诉人以该矿负责人身份代表该矿参与、决策、签署，其所诉强制关闭煤矿行政行为与其权益之间有利害关系。

湖南省高级人民法院在“(2017)湘行赔终24号李凡忠诉保靖县人民政府行政赔偿案”中认为，老场煤矿虽未办理工商注册登记，且所持采矿许可证、安全生产许可证、煤炭生产许可证的登记人为集体企业，但上诉人系老场煤矿的实际出资人，一直从事该煤矿的生产经营，且保靖县野竹坪镇小溪村委会也证

实，该矿系上诉人个人出资建设，并非村办集体企业，债权债务由上诉人个人承担，上诉人与本案中保靖县人民政府的行政行为之间有法律上的利害关系。

湖南省衡阳市中级人民法院在“（2015）衡中法行再终字第7号伍徽桦诉湖南省耒阳市人民政府与湖南省耒阳市原国土资源局行政赔偿案”中认为，耒阳市小水镇超群煤矿矿山登记的采矿权人为耒阳市小水镇超群煤矿，登记的经济类型为集体，但超群煤矿实为伍徽桦个人投资，伍徽桦是该矿的实际权利人，故伍徽桦对关闭超群煤矿的具体行政行为具有法律上的利害关系。

与此同时，需要特别注意的是，与矿山实际出资权利人不同的是，矿山企业法人的股东与矿业权相关行政行为之间通常不存在利害关系。正如甘肃省高级人民法院在“（2017）甘行终14号闫银柱诉甘肃省原国土资源厅、金塔县人民政府行政批复案”中所述，公司的股东不是被诉行政行为直接针对的主体，该行政行为对公司产生影响后，股东因与公司之间存在的股权关系而受到影响。此种影响显然不是公法上的权利或利益受到的影响，且从行政机关审查的角度讲，对于是否准予采矿权转让的判断，无须考量出让人公司内部各个股东的意见和利益，因为这些意见和利益是在公司内部治理中处理和解决的。因此，公司的股东与被诉行政行为之间不存在行政法上的利害关系。

据此，笔者认为，在一般情况下，原历史遗留下来的个体矿、集体矿、个人独资企业、合伙企业等矿山的实际投资人会被认定为矿业权相关行政行为的利害关系人。但公司主体下的法人股东均不能以自身名义向法院就矿业权涉及的相关行政行为提起行政诉讼，与矿业权涉及的相关行政行为之间不存在利害关系。

七、划定矿区范围批复时相邻矿业权人的利害关系认定问题

矿区范围是指可供开采矿产资源范围、井巷工程设施分布范围或者露天剥离范围的立体空间区域。行政机关在划定矿区范围时也应当依法对相关权利人所享有的权利予以考量和保护。

吉林省高级人民法院在“（2018）吉行申573号吉林省白山市友人矿业有限公司诉白山市原国土资源局行政许可案”中认为，友人公司向浑江分局递交《新立采石场》申请中的“浑江区六道江镇江沿村岔心子采石场”的矿区范围与金刚九矿的矿区范围部分重合，原白山市国土资源局为金刚九矿颁发的《采矿许可证》，可能侵犯友人公司的公平竞争权（采矿权），友人公司系上述行政许可行为

的利害关系人。在“(2017)京01行初401号金寨县金龙矿业有限责任公司诉原国土资源部行政许可案”中,北京第一中级人民法院认为,行政机关在划定矿区范围时,负有依法对相邻矿业人权利是否受到影响予以考量和评估的义务,故矿业权人与被诉的划定矿区范围批复行政行为之间具有利害关系。

据此,笔者认为,在划定矿区范围批复行政诉讼中,行政机关负有考量相邻矿业权人合法利益的义务。因此,相邻矿业权人具有利害关系。

以上即为笔者通过检索分析涉矿行政诉讼案例后总结的六类常见利害关系认定标准及结论。此外,关于债权人能否作为行政诉讼利害关系人的问题,实践中由于存在较多争议,亦属读者需要重点关注及理解的。

八、债权人原则上不具有行政诉讼原告资格,但亦有例外情况

根据最高院《关于适用〈中华人民共和国行政诉讼法〉的解释》(法释〔2018〕1号)第13条的规定,债权人以行政机关对债务人所作的行政行为损害债权实现为由提起行政诉讼的,人民法院应当告知其就民事争议提起民事诉讼,但行政机关作出行政行为时依法应予保护或者应予考虑的除外。

由此可知,我国现行法律制度对债权人是否具备行政诉讼原告资格系持否定态度,原则上不认可债权人的行政诉讼原告资格,债权人的民事争议可以通过民事诉讼解决。

但原则以外,亦有例外。该条同时写明,行政机关作出行政行为时依法应予保护或者应予考虑的除外。据此,笔者认为,根据信赖利益保护原则,债权人若是基于对一定行政程序中的特定事实不渝的合理信赖,且此种信赖值得被保护,则行政机关改变或者不作出合理行为的,应当对债权人的信赖利益给予保护,方式即为例外承认债权人的行政诉讼原告资格,以维护其合法权益。例如,若矿许可证的抵押权人因行政机关不予延续该采矿许可证,则其在采矿权人亦怠于行使相关延续权利时提起的行政诉讼中,即应被认定为利害关系人。

九、结论——涉矿行政诉讼中认定利害关系的一般原则及标准

通过上文的介绍和论述,笔者认为,对于行政诉讼中利害关系的认定,应当尽量从案件的角度出发,以具体行政行为是否与当事人存在因果关系为基础(行政机关实施的行政行为是否直接导致当事人的权利义务受到侵害),兼顾当事人与具体行政行为之间是否存在利益关系、权益影响以及是否还存在其他法

律上的救济途径等情形予以综合认定。

另外,需要特别指出的是,关于利害关系的认定标准,大陆法系主流的“保护规范理论”在司法实践中逐渐得到更多的认可,在我国渐有成为通说之势。最高院在(2017)最高法行申 4361 号《行政裁定书》中对“保护规范理论”进行了较为系统的阐释,即以行政机关作出行政行为时所依据的行政实体法和所适用的行政实体法律规范体系是否要求行政机关考虑、尊重和保护原告诉请保护的权利或法律上的利益,作为判断是否存在公法上利害关系的重要标准。

最后,需要特别感慨一下的是,梳理清楚涉矿利害关系人的认定标准是本书写作团队长期以来的想法,但因该问题涉及对大量司法案例的收集、归类、提炼总结等,在日常工作中几经拿起又放下,却始终没能形成一版全面、令人满意并达成共识的文章。在抗击疫情的日子里,我们穷尽一切公开途径收集分析了近百件公开发布的涉矿及土地类行政诉讼案件,经反复甄选后在本章中引用了二十余个案例,以期能够尽量完整地向各位读者呈现涉矿利害关系的认定标准及相关原则。如有引用或理解分析不妥之处,还请见谅并不吝赐教。

门·槛

——常见涉矿行政批文是否具备可诉性的法律分析

在涉矿行政诉讼案件中,行政批文是否具有可诉性是法院审查行政行为合法性的前提条件。因此,可诉性便成为案件能否叩开法院大门并进入实质性审理阶段的"敲门砖"。

在实践过程中,笔者注意到,有太多涉矿行政诉讼案件的当事人在选择诉争批文的时候,因缺乏对于行政行为可诉性的研究和了解,在付出大量心力、精力、财力后却只能无奈接受被法院驳回起诉的惨痛教训,而这也是笔者写下这篇文章的原因和初衷。

接下来,笔者将以经手的典型案例为切入点,并结合多年从事矿产资源法律服务的实践经验,试图归纳总结出涉矿领域常见行政批文是否具有可诉性的认定方式和原则,以期能够帮助到行业的同人们——执灯前行,少走弯路。

一、案情介绍①

2013 年 12 月,本案第三人安徽金沙钼业有限公司(以下简称"金沙钼业公司")向被告原国土资源部申请办理沙坪沟钼矿划定矿区范围批复登记。原国土资源部经审查后,依法向金沙钼业公司作出了《国土资源部划定矿区范围批复》。

2015 年 4 月,原告金寨县金龙矿业有限责任公司(以下简称"金龙矿业公司")认为,沙坪沟钼矿同其持有的银冲铅锌矿探矿权和采矿权存在重叠侵权问

① 该案件涉及的裁判文书均已经在中国裁判文书网上公开发布,具体案号为:(2017)京 01 行初 401 号、(2017)京 01 行初 402 号、(2017)京行终 5494 号、(2017)京行终 5500 号。

题,故向原国土资源部提出申请,要求公开金沙钼业公司沙坪沟钼矿划定矿区范围申请资料并依法对其组织技术论证。同年6月,原国土资源部将金龙矿业公司的上述申请函转原安徽省国土资源厅(现为安徽省自然资源厅),要求其依法核查处理,并将结果及时报告。

2015年7月11日和9月26日,原安徽省国土资源厅两次就沙坪沟钼矿拟申请划定的矿区范围组织专家论证会,专家组意见为:“申请划定的矿区范围基本合理,对东侧金龙矿业银冲铅锌矿采矿权不构成影响。”

原安徽省国土资源厅随即将核查情况书面报告原国土资源部,并于2016年1月25日将上述专家论证意见在安徽省地质矿产勘查局的网站上进行了公示,其间,原告金龙矿业公司并未提出异议,其后,原安徽省国土资源厅将上述情况书面报告原国土资源部。

2016年12月,原告金龙矿业公司在原国土资源部网站上公布的《安徽金沙钼业有限公司沙坪沟钼矿矿山地质环境保护与恢复治理方案》(以下简称《沙坪沟钼矿环保恢复治理方案》)中发现,中国有色金属工业协会编制的《沙坪沟钼矿开发利用方案》成为《沙坪沟钼矿环保恢复治理方案》的依据,即说明原国土资源部已经批准了该开发利用方案。金龙矿业公司认为,由于沙坪沟钼矿尾矿库选址和矿山开拓运输方案是开发利用方案的必备内容之一,批准开发利用方案即意味着同时批准了尾矿库的建设,而该尾矿库将直接导致金龙矿业公司的铅锌矿探矿权和采矿权被全部压覆而不能勘探和开采,故认为原国土资源部的批准行为亦侵害了其作为矿业权人的合法权益。

随后,金龙矿业公司以原国土资源部为被告,向北京市第一中级人民法院(以下简称“北京市一中院”)提起行政诉讼,要求:(1)撤销原国土资源部向金沙钼业公司作出的《划定矿区范围批复》;(2)撤销原国土资源部批准的《沙坪沟钼矿开发利用方案》。

二、争议焦点

第一,原告金龙矿业公司与被诉划定矿区范围批复是否具有利害关系,该划定矿区范围批复是否可诉;

第二,被诉划定矿区范围批复是否侵害了金龙矿业公司的相邻矿业权;

第三,被诉划定矿区范围批复作出程序是否侵犯了金龙矿业公司的程序性权利;

第四，原告金龙矿业公司与被诉开发利用方案是否具有利害关系，该方案是否可诉。

三、法院观点

本案历经一审、二审，结论为：《划定矿业范围批复》可诉，《开发利用方案》不可诉，现将两级法院观点列明如下。

（一）一审法院观点

针对争议焦点一，北京市一中院认为，行政诉讼法上所指的利害关系，是指行政机关在作出行政行为时，依法负有对原告个人的合法权益予以考量、评估的义务。对此，《矿产资源开采登记有关规定》（国土资发〔1998〕7号）在"（三）划定矿区范围"中规定："4.保护已有探矿权、采矿权人利益。申请人申请划定的矿区范围，其地面投影或地表塌陷区与已设立探矿权、采矿权的区块范围、矿区范围重叠或有其他影响的，采矿登记管理机关在审批矿区范围时应以不影响已有的探矿权人或采矿权人权益为原则。采矿权申请人应与已有的探矿权人或采矿权人就可能造成对探矿权或采矿权影响的诸方面签有协议。探矿权人或采矿权人同意开采的，采矿登记管理机关可划定矿区范围；探矿权人或采矿权人认为有影响且出具充分证明的，采矿登记管理机关可以组织技术论证。论证结果确有影响且无法进行技术处理的，不予划定矿区范围。"

基于上述规定，对于相邻探矿权、采矿权的权利人，行政机关在划定矿区范围时，负有依法对其权利是否会受到影响予以考量和评估的义务。本案原告金龙矿业公司是沙坪沟钼矿划定范围东侧的相邻探矿权、采矿权人，对此各方当事人并无争议。原国土资源部在作出被诉划定矿区范围批复时依法应当对金龙矿业公司的矿业权予以考量，因此，原告与被诉划定矿区范围批复具有利害关系，该批复具有可诉性。

针对争议焦点二，北京市一中院认为，根据已查明的事实，沙坪沟钼矿划定的矿区范围与金龙矿业公司的矿区范围并不重叠。原告主张其矿业权受到影响的理由主要有两个方面：一是认为沙坪沟钼矿的地表塌陷区覆盖了原告的矿区，将导致原告的矿业权报废；二是认为沙坪沟钼矿的爆破作业会对各自矿区的施工安全造成影响。但北京市一中院经审理后认为，原告的上述两点理由均不能成立。

第一,关于地表塌陷区的问题。在案证据并不能证明原告的矿区属于沙坪沟钼矿地面塌陷影响范围,因此原告认为沙坪沟钼矿的地表塌陷区覆盖了其矿区并无事实根据。而且,对地面塌陷范围及其影响的评估,也需要结合诸多因素进行综合技术判断。至于《沙坪沟钼矿环保恢复治理方案》中提及的需要对村民实施搬迁的问题,居民所享有的相邻权与相邻矿业权的权利内容并不相同,因此对于矿区周围居民影响的评估与对相邻矿业权影响的评估,双方各自的考量因素也不相同,仅仅基于周围居民是否需要搬迁并不足以认定相邻的矿业权是否也会受到损害。因此,原告以沙坪沟钼矿的地表塌陷区覆盖了其矿区为由,认为被诉划区批复不合法,缺乏事实根据。

第二,关于爆破的问题。相邻矿区之间如何进行爆破设计,以避免对各自的安全生产造成影响,属于矿产开采过程中的具体安全技术问题,并不影响矿区范围的划定。原国土资源部作为矿产登记主管机关,在作出划定矿区范围的行政许可时,并无对矿产开采过程中的具体爆破安全问题进行审查的法定义务。原告以爆破作业可能对其施工产生影响为由,认为被诉划定矿区范围批复不合法,缺乏事实和法律依据。

据此,北京市一中院认为,被诉划定矿区范围批复没有侵害金龙矿业公司的相邻矿业权。

针对争议焦点三,北京市一中院认为,在被诉划定矿区范围批复作出过程中,金龙矿业公司已经通过书面方式提出了意见,原国土资源部也通过地方主管机关针对原告的意见组织专家论证并进行了公示,金龙矿业公司亦未提出异议,客观上已经保障了原告的陈述申辩权。至于原告认为应待金沙钼业公司与其签订《互不影响及安全开采承诺协议》之后才能批准划定矿区范围之主张,根据 7 号文的规定,签订协议的内容是针对“可能造成对探矿权或采矿权影响的诸方面”,所谓“可能造成影响”,应指已经具有造成影响的事实根据,为避免影响的实际发生而通过签订协议的方式以明确权利义务。基于前述分析,并无证据证明沙坪沟钼矿会对原告的矿业权产生影响,故不涉及需要先签订协议以确定双方权利义务的问题。

据此,北京市一中院认为,被诉划定矿区范围批复作出程序没有侵犯金龙矿业公司的程序性权利。

针对争议焦点四,北京市一中院认为,根据《行政诉讼法》第 2 条第 1 款的规定,公民、法人或者其他组织认为行政机关和行政机关工作人员的行政行为侵犯其合法权益,有权依照本法向人民法院提起诉讼。行政诉讼中可诉的行政行为,应当对于相应事项具有最终的法律拘束力。在多阶段行政程序中,程序中的行为是否具有独立的法律拘束力,取决于其是否已经对之后的行政程序产生了法律上的遮断效力。

根据《矿产资源开采登记管理办法》(国务院令第 241 号)第 5 条第 1 款第 3 项的规定,采矿权申请人申请办理采矿许可证时,应当向登记管理机关提交矿产资源开发利用方案。因此,开发利用方案是采矿权申请人在申请办理采矿许可证时的申请材料之一。根据原国土资源部《关于加强对矿产资源开发利用方案审查的通知》(国土资发〔1999〕98 号)中规定,"凡新建矿山申请采矿权时,申请人必须按《编写内容》的要求编报开发利用方案,采矿登记管理机关必须按《审查大纲》的要求对开发利用方案进行审查,并将其作为采矿权授予中必经的、重要的程序,纳入采矿权审批的内部管理责任制中"。上述规定表明,采矿登记管理机关对开发利用方案的审查,在法律上仍然只是采矿权许可程序中的一个审查管理环节。上述通知还进一步明确,"审查不合格或经限期修改仍不合格的开发利用方案,登记管理机关不予颁发采矿许可证"。虽然采矿权许可程序针对开发利用方案设置了专门的审查环节,但该环节的审查意见对之后的许可程序并不产生法律上的遮断效力,对开发利用方案的审查并不单独设定行政法律关系,其审查合格与否的法律效果仍然包含在最终的采矿许可决定之中。

因此,原国土资源部对开发利用方案的审查行为并不属于可诉的行政行为,至于《沙坪沟钼矿环保恢复治理方案》目前是否已经获得审查通过,并不影响对开发利用方案审查行为可诉性的判断。

综上,北京市一中院驳回了金龙矿业公司的全部诉讼请求。金龙矿业公司不服,遂上诉至北京市高级人民法院(以下简称"北京市高院")。

(二)二审法院观点

北京市高院支持了一审法院的全部观点,驳回上诉,维持原判。

笔者之所以会将本案作为涉矿行政批文可诉性问题研究的典型案例,是因为在本案中,针对《划定矿区范围批复》和《开发利用方案》是否具有可诉性的认定结论是不同的。通过上述比较,能够总结出到底哪一类涉矿行政批文具有可诉性,哪些不具有可诉性。此可谓从正面和反面均论证了可诉性的认定标准，乃典型案例也。

下面，笔者将从法学理论、本案判决、实践经验等方面，总结涉矿行政批文可诉性的认定标准问题。

四、关于涉矿行政批文可诉性认定标准的分析

（一）行政法学理论上对于行政行为可诉性的研究

在行政法学理论中，研究具体行政行为是否可诉，首先就要厘清“具体行政行为”这一概念。

所谓具体行政行为，即指国家行政机关及其工作人员在行政管理活动中，依法行使行政管理权，针对特定的公民、法人或其他组织，就特定的具体事项，作出的有关该公民、法人或其他组织权利义务的单方行为。由此可见，具体行政行为具有对象的特定性、实施的单方性以及强制性等特点。

但并不是说所有具体行政行为都具有可诉的性质，只有那些有着特定的内涵和外延，并被纳入行政诉讼受案范围的具体行政行为，才具有可诉的性质。而这也是我们要讨论的第二个问题，即可诉性的具体行政行为到底需要具备什么特点？

所谓可诉性的具体行政行为，即指具体行政行为中那些被相对人认为在侵犯其合法权益时可进行诉讼的，且被置于司法监督审查之下的具体行政行为。由此可见，行政诉讼中诉权的成立条件有二：一是具体行政行为违法，二是侵犯公民合法权益。一般来说，侵犯行政相对人合法权益的行为应当是违法行为，但违法并不一定构成侵权，即违法行为虽然存在，但未对行政相对人的权利义务产生影响，而未产生影响，利害关系就不能成立，行政相对人的诉权也就不能形成。因此，只有当具体行政行为存在违法并侵犯行政相对方合法权益，导致其权利义务产生影响时，才是可诉的具体行政行为。

综上所述，判断涉矿行政批文是否可诉，首先要确定该行政批文对应的行政行为是否是具体行政行为，其次要判断该行政批文内容是否对当事人的权利义务构成影响。上述认定标准看似简单，但法律研究同实践操作之间永远有着“理想无法照进现实”的纠结。虽然判断标准宛若明晰，但现实争议却真的不少。而难点即在于，在涉矿行政诉讼中，很多原告并非相关行政批文的相对人，但却以利害关系人的身份诉诸法院，此种情形下，应如何判断原告是否具备针对该涉矿行政批文的可诉权力。

对此，法院给出了实践中的判断标准。

（二）法院进一步明确了非行政批文相对方主张行政行为具有可诉性的判断标准

笔者在检索了相关司法判例以及法院对于行政诉讼案件可诉性分析意见的基础上得出结论：

在原告不是涉诉行政批文的行政相对方时，应考量该行政行为是否同其有利害关系，是否对其权利义务产生影响，即申请人的合法权益是否有受到具体行政行为侵害的可能性。如果行政机关在作出具体行政行为时负有考量和保护申请人相关权利的义务，则申请人的相关权益就有可能因为行政机关未尽上述义务而受到侵害；反之，如果行政机关在作出具体行政行为时，并不负有前述考量和保护义务，则申请人与具体行政行为之间不具有利害关系。

因此，让我们回忆一下上文所述案件。对于《划定矿区范围批复》的行政批文，《矿产资源开采登记有关规定》第 3 条明确写明矿产资源主管部门在进行划定矿区范围审批时，应保护已有探矿权、采矿权人的利益。采矿登记管理机关在审批矿区范围时应以不影响已有的探矿权人或采矿权人权益为原则。如果探矿权人或采矿权人认为有影响且出具充分证明的，采矿登记管理机关还应组织技术论证。论证结果若为确有影响且无法进行技术处理的，应不予划定矿区范围。

由此可知，原国土资源部在作出《划定矿区范围批复》时是负有考量金龙矿业公司作为相邻矿业权人利益的法定义务和职责的。也正是基于此项原因，法院才最终判定金龙矿业公司具有针对该批复的行政诉讼资格，可诉性成立。但对于金龙矿业公司提出的关于撤销《开发利用方案》的诉请，法院虽然主要以“遮断效力”理论否定了其可诉性，但亦从此角度进行了基本判断，即由于原国土资源部在审查《开发利用方案》时不负有考量金龙矿业公司相关权利义务的法定责任，故《开发利用方案》的审查通过与否同金龙矿业公司没有利害关系，对其权利义务不构成任何影响。

综上所述，法院相比于法学理论研究，更加“接地气”地点明了原告作为非涉诉行政批文的相对人时，应如何判断其是否具备可诉性的问题。

敏感的读者可能会注意到，笔者在上文中提及了一个很重要的概念，即“遮断效力理论”，下面，就来跟大家聊一聊这个理论在涉矿行政诉讼中的应用。

（三）遮断效力理论分析

遮断效力不是行政法学体系中的概念。该理论起源于民法，特指既判力的遮断效力，又称失权效力、排除效力。其具体含义为，在后诉中，不能基于前诉之基准时前存在的事由，对前诉之诉讼标的及权利关系的存否提出异议。作为基准时之诉讼标的及权利关系存否确定的效果，就基准时前已经存在的事由，不论当事人知道与否，也不论过失的有无，一律依据既判力加以排斥，该消极作用即为既判力遮断效力。

由此可见，法学理论术语之拗口，所以笔者简言之，将“遮断效力理论”称为“独立宣言理论”。即在判断涉矿行政批文是否可诉时，要特别注意该批文系过程性批文还是能够直接产生行政行为效果的批文，说白了，就是批文本身的效果是否具有独立性，是否对世发表了“独立宣言”。

我们继续以上述案件为例。针对划定矿区范围的批复，原国土资源部发布了《划定矿区范围登记（非油气）服务指南》，且划定矿区范围批复亦可作为原国土资源部开采矿产资源审批事项中的一个独立子项获得行政许可。因此，该批复是一项具有独立“行政行为人格”且能依法产生独立行政行为后果的可诉行为。

反观《开发利用方案》，其仅是采矿权设立登记中的一个审查要件，即开发利用方案的通过与否不直接导致采矿权的取得与否，而此行政行为又不能脱离于采矿权设立登记而独立存在，故其审查合格与否的法律效果仍然包含在最终的采矿许可决定之中。因此，当事人仅就《开发利用方案》的审批行为提起行政诉讼时，由于该行为不能单独引起采矿权设立的法律效果，而其自身又仅能作为采矿权登记审批中众多考量文件中的一员，实属孤掌难鸣。

综上所述，笔者需要特别提示的是，在判断涉矿行政批文是否可诉时，一定要对其独立性予以判断，最好的方式便是比照着最新版《国土资源部行政许可事项目录》（2017 年 10 月 11 日）中涉及矿产资源行政审批的子项进行分析梳理。

此外，笔者比照上述认定标准，对常见涉矿行政批文的可诉性进行了归纳总结（见表 1）。

表1 常见涉矿行政批文的可诉性

序号	项目名称	子项	注意事项
1	勘查矿产资源审批	新设探矿权登记	《准予登记或不予登记决定书》及行为、《储量评审备案证明》可诉，但勘查实施方案和评审意见书的审批行为，以及下级矿产资源主管部门对于是否准予登记的审查意见（如有）不可诉。
2		探矿权延续登记	《准予延续和不准延续的决定书》及行为、《储量评审备案证明》可诉，但勘查实施方案和评审意见书的审批行为，以及下级矿产资源主管部门对于是否准予延续的审查意见（如有）不可诉。
3		探矿权保留登记	《准予保留和不准保留的决定书》及行为、《储量评审备案证明》可诉，但下级矿产资源主管部门对于是否准予保留的审查意见（如有）不可诉。
4		探矿权注销登记	《准予注销和不准注销的决定书》及行为可诉，但对勘查项目完成报告或者终止报告的审批行为，以及下级矿产资源主管部门对于是否准予注销的审查意见（如有）不可诉。
5		探矿权变更登记	《准予变更和不准变更的决定书》及行为可诉，涉及的《储量评审备案证明》可诉，其他过程性文件审批，如对查明矿产资源储量登记书等审批行为均不可诉。
6		探矿权转让审批	《准予转让和不准转让的决定书》及行为可诉，涉及的《储量评审备案证明》可诉，其他转让审批文件不可诉。
7	开采矿产资源审批	新设采矿权登记	《准予登记或不予登记决定书》及行为、《储量评审备案证明》、《划定矿区范围批复》、《矿山地质环境保护与治理恢复方案审批意见》、《环评批复》可诉，《开发利用方案》《地质汇交凭证》以及下级矿产资源主管部门对于是否准予设立的审查意见（如有）不可诉。
8		采矿权转让审批	《准予转让和不准转让的决定书》及行为可诉，涉及的《储量评审备案证明》可诉，其他转让审批文件不可诉。
9		采矿权延续登记	《准予延续和不准延续的决定书》及行为、《储量评审备案证明》以及《矿山地质环境保护与治理恢复方案审批意见》可诉，但原采矿权占用矿产资源储量登记书审查行为，以及下级矿产资源主管部门对于是否准予延续的审查意见（如有）不可诉。
10		矿区范围划定	《准予划定和不准划定的决定书》及行为、《储量评审备案证明》可诉，《查明矿产资源储量登记书》《地质资料汇交证明》审查行为，以及下级矿产资源主管部门对于是否准予划定矿区范围的审查意见（如有）不可诉。

续表

序号	项目名称	子项	注意事项
11	开采矿产资源审批	采矿权变更登记	《准予变更和不准变更的决定书》及行为可诉，涉及的《储量评审备案证明》可诉，其他过程性文件审批，如对查明矿产资源储量登记书、开发利用方案等审批行为均不可诉。
12		采矿权注销登记	《准予注销和不准注销的决定书》及行为可诉，但对《关闭矿山报告或完成报告、终止报告》《地质资料汇交凭证》《停办（关闭）矿山残留矿产资源储量登记书》的审查行为，以及下级矿产资源主管部门对于是否准予注销的审查意见（如有）不可诉。
13		矿山地质环境保护与治理恢复方案审批	对《矿山地质环境恢复治理方案》是否准予审批的决定及行为可诉，在此期间所有提交的过程性文件审查行为不可诉。

本·质

——从一起矿权设立行政许可诉讼案件看行政诉讼的审判范围、内容、原则及逻辑

笔者作为矿产资源领域的专业律师,不仅参与了诸多关于矿业的投融资并购项目,在矿业诉讼领域也同样积累了丰富的经验和感悟。尤其是对于行政诉讼类案件,自从业以来已为矿产资源主管部门代理10余件重大涉矿类行政诉讼的一审、二审甚至再审程序。

在案件经办过程中,笔者亦深刻体会到,相比于土地类行政诉讼,涉矿类行政诉讼因矿产资源领域的专业性和“不足为外人道也”的相对小众的特点,导致法院在审理该类案件时也是相当吃力的。因此,无论是原告还是被告的代理人,在进行涉矿类行政诉讼案件的代理时均有责任(律师执业责任)也有义务(代理合同义务)向法院阐明相关问题的矿政背景和历史沿革,以便各方能在同一轨道和频率上定分止争。

因此,笔者正是基于上述经验和感受,决定以一起涉矿行政诉讼案件作为切入点,审视该类案件中法院的审判范围、原则、内容及逻辑,试图通过个案总结出一些共性的问题,即涉矿行政诉讼中哪些问题是法院需要审查的?审查范围到底有多广?而对于涉矿案件,原告和被告在诉讼前应该做哪些前期准备工作,以保证案件在同一知识背景、思维逻辑下得到公正的判决?

一、案情介绍

此案始于2005年,时至今日,仍未解决,案件核心为矿业权设立行政许可,此亦是矿产资源领域重点问题,作为今日文章谈论事宜之引子,再合适不过。

（一）小龙女公司提出探矿权申请及引发行政复议及诉讼的过程（2005～2009年）

2005年8月5日，小龙女公司向矿产资源主管部门提交了《杨过煤矿矿区详查探矿权申请登记书》，申请勘查总面积为80平方千米，计划勘查投入资金为1000万元。

2005年8月10日，矿产资源主管部门向下级矿产资源主管部门发出《调查函》，要求其对小龙女公司拟进行煤炭详查工作的探矿权申请事项进行核实。

2006年2月，下级矿产资源主管部门上报核实情况复函，并指出：(1)申请探矿权范围同其他已设探矿权、采矿权重叠；(2)申请范围内过去由地方政府投资，地质部门在本区做过一些地质工作，并形成了储量；(3)杨过矿区是我区目前保存较完整的煤矿区之一，已被列入自治区煤炭资源勘查专项规划，故建议矿产资源主管部门不予受理或审批小龙女公司提出的探矿权申请事宜。

2007年9月，小龙女公司针对矿产资源主管部门未予受理探矿权申请为由提起行政复议，复议机关经审理后要求矿产资源主管部门限期作出是否登记的书面决定。

2008年2月，矿产资源主管部门作出《探矿权申请不予受理通知书》，对小龙女公司提交的探矿权申请不予受理。

2008年4月，小龙女公司向一审法院提起诉讼，要求撤销该《探矿权申请不予受理通知书》，并作出向其颁发探矿权证的具体行政行为。

2008年7月，一审法院作出《行政判决书》，判决撤销矿产资源主管部门作出的探矿权申请不予受理通知，并责令其对小龙女公司提出的探矿权登记申请作出是否准予登记的具体行政行为。矿产资源主管部门遂提起上诉。

2008年11月，二审法院作出《行政判决书》，判决驳回上诉，维持一审判决。

2008年12月，矿产资源主管部门撤销了不予受理通知，并再次向下级矿产资源主管部门发文要求对杨过矿区探矿权申请事项进行核实。

2009年1月，下级矿产资源主管部门回函，仍不同意矿产资源主管部门批准小龙女公司的探矿权申请。

（二）小龙女公司营业执照被吊销，申请中止执行（2009～2017年）

2009年3月，一审法院作出《执行通知》，责令矿产资源主管部门限期作出是否许可小龙女公司取得杨过探矿权的具体行政行为，逾期仍不履行，将依法强制执行。

2009 年 6 月，小龙女公司当地工商局对其作出《行政处罚决定书》，依法吊销了公司的营业执照。小龙女公司遂向一审法院申请中止执行，该案亦由此被搁置下来。

（三）小龙女公司营业执照恢复，执行亦恢复，矿产资源主管部门最终作出不予许可的决定，小龙女公司继续诉诸法院（2017 年至今）

2017 年 8 月，最高院作出《行政判决书》，撤销小龙女公司所在地工商局作出的《行政处罚决定书》，恢复了小龙女公司的营业执照。

2017 年 9 月，小龙女公司向一审法院申请执行。

2017 年 11 月，矿产资源主管部门向下级矿产资源主管部门发函，要求其核实该拟设杨过探矿权是否涉及国家出资已探明矿产地，并提出是否同意该探矿权新立申请的意见。

2017 年 12 月，下级矿产资源主管部门复函（宁国土资函〔2017〕890 号）称：（1）申请范围与已设矿业权存在重叠；（2）申请范围内有国家出资勘查并已探明可供进一步勘查的矿产地，不属于以申请在先方式设立探矿权的情形，故不同意设立该探矿权。

据此，矿产资源主管部门经全面审查，向小龙女公司作出《不予行政许可决定书》。鉴于小龙女公司申请的探矿权区域系国家出资勘查并已探明可供进一步勘查的矿产地，故依据《探矿权采矿权招标拍卖挂牌管理办法（试行）》（国土资发〔2003〕197 号）第 7 条的规定，[①]认定该探矿权的出让应适用于招拍挂，不属于可以申请在先方式取得的法定情形，故作出了不予许可的决定。

小龙女公司随即向一审法院提起行政诉讼，要求：（1）撤销《不予行政许可决定书》；（2）依法判决其以申请在先方式取得杨过探矿权。

至此，该争议才算触碰到本案的核心问题——矿业权的出让取得方式。

---

① 《探矿权采矿权招标拍卖挂牌管理办法（试行）》第 7 条规定："新设探矿权有下列情形之一的，主管部门应当以招标拍卖挂牌的方式授予：（一）国家出资勘查并已探明可供进一步勘查的矿产地；（二）探矿权灭失的矿产地；（三）国家和省两级矿产资源勘查专项规划划定的勘查区块；（四）主管部门规定的其他情形。"

二、本案争议焦点

第一,矿产资源主管部门作出不予许可决定的程序是否符合法律规定,即程序审查。

第二,矿产资源主管部门认定杨过探矿权系国家出资勘查并已探明可供进一步勘查的矿产地,故不能适用申请在先取得的依据是否充分,即实体审查。

三、法院观点

本案历经一审、二审和即将发生的再审。

(一)一审法院观点

对于程序认定的问题,因仅为事实阐述,故本章不再浪费笔墨予以梳理,而是直接告知结论:一审法院认为矿产资源主管部门作出不予许可的程序符合法律规定,但二审法院对此却有着截然相反的看法。

对于实体审查的问题,一审法院认为:根据国土资发〔2003〕197 号文第 7 条第 1 项的规定,对国家出资勘查并已探明可供进一步勘查的矿产地新设探矿权的,主管部门应当以招标拍卖挂牌方式授予。所谓国家出资探明矿产地,是指中央财政和地方财政出资开展矿产资源勘查所发现的具有工业价值或是有进一步工作价值的地段。适用该条款规定应具备以下两个条件:一是矿产资源的勘查系由国家出资进行;二是经勘查已探明一定储量可供进一步勘查。首先,国家出资是指中央财政和地方财政以地质勘探费、矿产资源补偿费、矿业权使用费和价款以收入以及各种基金等安排用于矿产资源勘查、开发的拨款。认定是否属于国家出资勘查的矿产地,应当看用于矿产资源勘查、开发的费用是否是中央财政和地方财政的拨款。根据本院查明的事实,1985 年杨过矿区已由郭靖地质调查队进行了勘探工作,勘探资金由当地煤炭厅拨付,属于国家出资的情形。此外,根据此次勘查后编制的杨过矿区煤矿普查报告中的储量计算结果以及对该矿区基本情况的分析,可以证明该矿区属于已经探明一定储量可供进一步勘查的矿产地。

因此,矿产资源主管部门认定,小龙女公司申请的区域属于国土资发〔2003〕197 号文规定的应当以招拍挂方式授予探矿权的情形,具有事实和法律依据。据此,一审法院未支持小龙女公司提出的诉讼请求。

小龙女公司不服,遂向二审法院提出上诉。

(二)二审法院观点

经审理,二审法院形成了颠覆性的判决观点,具体为:

1. 二审法院认为,矿产资源主管部门对于"国家出资勘查并已探明可供进一步勘查的矿产地"的认定应严格遵循《关于清理国家出资勘查已探明矿产地的通知》(国土资厅发〔2000〕32 号)和《国家出资勘查并已探明的矿产地公告》(2002 年第 14 号)的程序和实体要求,凡未按照前述规定程序进行认定的,法院均不予认可提交证据的效力和证明事实。二审法院认为,上述两文件对于探明矿产地的认定程序及清理公告行为进行了明确规定。因此,原国土资源部上述清理、认定及公告"国家出资勘查已探明可供进一步勘查的矿产地"的行为,具有规范探矿权出让、转让行为的意义,是对矿产权益和相关行政许可条件的明确。国家出资勘查已探明矿产地应当按照与行政许可相关规范性文件事先规定的程序进行认定和公开。

进而,二审法院认为,矿产资源主管部门在被诉不予许可决定中对杨过矿区的认定,不符合原国土资源部有关国家出资勘查已探明矿产地清理、认定和公告程序的规定。

据此,二审法院未对矿产资源主管部门于一审时提交的证明杨过矿区属于"国家出资勘查并已探明可供进一步勘查的矿产地"的所有证据予以认定和采纳。

2. 二审法院认为,本案中矿产资源主管部门未保障小龙女公司的陈述、申辩及听证的权利,属于程序违法。

首先,二审法院认为,根据《行政许可法》第 7 条[①]的规定,小龙女公司对矿产资源主管部门实施的行政许可,享有陈述权、申辩权。在矿产资源主管部门审查作出被诉《不予行政许可决定书》过程中,小龙女公司并未作出任何陈述、申辩。因此,二审法院认为矿产资源主管部门未依法保障其权利。

---

① 《行政许可法》第 7 条规定:"公民、法人或者其他组织对行政机关实施行政许可,享有陈述权、申辩权;有权依法申请行政复议或者提起行政诉讼;其合法权益因行政机关违法实施行政许可受到损害的,有权依法要求赔偿。"

其次,二审法院认为,根据《行政许可法》第36条[①]的规定,行政机关对行政许可申请进行审查时,发现行政许可事项直接关系他人重大利益的,应当告知该利害关系人。鉴于本案涉及矿业权是否存在重叠问题,故应告知相关权利人,但矿产资源主管部门未履行告知义务,属于程序违法。

最后,二审法院认为,矿产资源主管部门未保障小龙女公司依据《行政许可法》第47条[②]的规定所享有的听证权利。

据此,二审法院撤销了一审判决和矿产资源主管部门作出的《不予行政许可决定书》,并要求矿产资源主管部门限期作出是否准予许可登记的决定。

矿产资源主管部门不服,遂向最高院申请再审。

四、从本案看涉矿行政诉讼的审判范围、内容、原则及逻辑

(一)行政诉讼的本质是司法机关对行政机关行政行为的监督审查,这同其他类型的诉讼是有本质区别的

笔者认为,需要强调的第一个问题便是行政诉讼的本质。同民事诉讼、刑事诉讼不同的是,国家设立行政诉讼制度的目的是实现司法权对行政权的有限监督。

从法律性质上来看,《行政诉讼法》不仅是一部诉讼程序法,更是具体明确法院享有司法审查权的实体法。就《行政诉讼法》的法律规定来看,许多条文都涉及司法审查的法律关系。这种司法审查法律关系在《行政诉讼法》中主要体现在两种性质的条款中。一类是有关法院对行政机关行使的权力进行监督的条款。这些条款赋予了法院在审理具体行政案件时,对作为被告的行政机关行使相应的权力,如受理权、取证权、审理权、裁定权、判决权以及强制执行权。另一类则是有关行政机关义务的条款,如行政机关应在规定期限内提交证据,应对作出行政行为时的合法性和合理性负有举证责任等。

---

① 《行政许可法》第36条规定:“行政机关对行政许可申请进行审查时,发现行政许可事项直接关系他人重大利益的,应当告知该利害关系人。申请人、利害关系人有权进行陈述和申辩。行政机关应当听取申请人、利害关系人的意见。”

② 《行政许可法》第47条规定:“行政许可直接涉及申请人与他人之间重大利益关系的,行政机关在作出行政许可决定前,应当告知申请人、利害关系人享有要求听证的权利;申请人、利害关系人在被告知听证权利之日起五日内提出听证申请的,行政机关应当在二十日内组织听证。申请人、利害关系人不承担行政机关组织听证的费用。”

一言以蔽之，在行政诉讼中，原告起到的往往是一个争议发起人的作用，此后，法院便会依据自身对行政行为的全面审查原则进行相对独立的审查。所谓相对独立审查，即法院审查范围远大于当事人主张的行政行为违法原因。

但需要特别注意的是，笔者在上文中已强调该种审查监督是有限的，不能越俎代庖。因此，法院只能认定行政机关作出的行政行为是否存在需要撤销或确认违法的情况，但不能在撤销行政行为后代替行政机关作出法院认为正确的行政行为决定。因此，对于行政诉讼的原告来说，其在起诉状中对于希望法院直接作出某种行政行为认定的诉求都是没有意义的。如本案的小龙女公司，一直希望法院直接判令将杨过探矿权授予给它的诉求即是无意义的主张。

（二）行政诉讼既审查行政行为的程序合法性，亦审查其作出的实体合法性，即体现了全面审查的原则

需要强调的第二个问题便是对行政诉讼审查范围及内容的确定。与民事诉讼不同的是，行政诉讼不遵循"不告不理"或"不主张便不审查"的原则。例如，在一个行政诉讼案件中，原告针对利害关系没有提出任何异议或就此主张被告不应作出某种行政行为，但法院会在庭审中对是否存在利害关系的问题予以主动审查，并要求行政机关作出解释；再如，原告未对行政复议决定书作出的时间和邮寄送达时间提出异议，但法院在庭上依然会要求行政机关对作出相应行政行为的程序问题予以详细说明，如何时收到申请，何时向下级机关提出复核要求，何时收到回复意见，何时作出行政行为决定，何时寄出相关决定文书，原告何时收到，如何确认其已收到等细致入微的程序问题。如果在审查中发现，虽然行政机关作出该行政行为的程序轻微违法，但在实体审核层面不存在问题时，大多以确认违法但不撤销的方式予以处理。但当程序问题出现重大违法情形（如应当告知听证而没有告知、严重超过法定的行政行为作出期限等情况）时，即使实体审查层面不存在问题，也可能会面临被撤销的重大后果。

至于实体审查层面，我们将在后续相关建议中列明涉矿行政诉讼中较常见和需要关注的争议焦点。

（三）在行政诉讼中，受限于行政机关提交证明行政行为合法性的证据必须是行政行为作出时依据的证据，故行政诉讼采用的审判逻辑是有窗口期的，即对窗口期前的证据予以认可，对窗口期后的证据不予采纳

窗口期概念是行政诉讼领域独有的特点，即法院审查的是行政机关作出行

政行为时所依据的证据，行政机关不能以作出行政行为后搜集和主张的证据作为行政行为实施时的依据。

因此，在发生行政诉讼时，作为行政机关的代理人，可答辩的空间不像民事诉讼那般广阔，需要在认可行政机关已作出行政行为的基础上进行补充说明。

（四）受限于司法权对行政权的有限监管，行政诉讼不具有帮助原告直接解决行政法律关系中实体问题的能力，具体问题仍需在行政行为范畴内予以推动解决

笔者在亲身经历的200余件行政诉讼纠纷中感悟最深的是，大多数行政诉讼的结果都是完成了一次又一次程序上的空转，但未解决任何实体上的争议。原因笔者已在上文中予以阐述，司法权只能揭示错误，并让行政行为回到没有作出错误决定时的状态，但却无法替代行政机关作出任何行政行为。也正是由于诉讼制度设计本身的缺陷，原告在行政诉讼胜诉后也只是获得了一种“民告官”取得胜利的快感，却没有真正解决存在的行政争议。

接下来，综合上文内容，笔者将对涉矿行政诉讼所应关注的问题予以提示和建议，希望可以对即将面临涉矿行政诉讼的双方当事人都能起到提示的作用。

五、对涉矿行政诉讼的相关建议

（一）重视行政行为程序合法的审查

无论是对原告还是对被告而言，行政行为合法性的问题都是庭上争论的焦点和法院必然审查的内容。因此，对于原告来说，其应在程序层面注意被诉行政行为的合法性，清晰精确地了解和把握关键时间节点，并留存相应的证据；对于被告来说，其应在作出行政行为时即注重对程序合法的要求，并留存一切证明程序合法的证据，在庭上亦应对行政行为的程序节点了如指掌。

（二）行政诉讼当事人双方均应将核心争议问题所蕴含的矿政管理政策、历史沿革、相关专属概念转化为便于法官了解的其他辅助材料的形式予以提交

笔者认为，此点非常重要，可以说，这是保障双方当事人能否在法院层面针对涉矿类纠纷案件得到公正判决的前提条件。对于矿产资源领域的纠纷来说，法官在不具备相关基础背景知识的前提下，只能依据固有的经验主义和一般法律逻辑对矿业权领域的问题进行判断，但经验和教训告诉我们，这些判断往往

是同现实管理不符的。

因此，无论笔者作为涉矿行政诉讼哪一方的代理人，都会根据案件争议焦点事先准备大量的辅助说理材料，介绍相关政策出台的背景、历史沿革、实施情况以及在执行过程中的出入和差距。例如，在上文提及的杨过探矿权设立登记案中，笔者在给最高院提交的再审申请中对“探明矿产地”概念的由来，管理现状，以及为何《国家出资勘查并已探明的矿产地公告》无法穷尽囊括所有探明矿产地的实际情况予以了汇报，最高院也在充分了解案件背景的情况下决定再审。

（三）涉矿行政诉讼纠纷中常见的争议焦点梳理

如上文所言，笔者接下来将罗列一些在涉矿行政诉讼中常见的争议焦点，并建议针对这些焦点问题在庭审前做足功课，以便向法官进行相关背景知识的输出：

1. 矿业权出让制度现状及历史沿革（涉及矿业权出让、设立、延续等许可问题）；

2. 探矿权、采矿权分开管理的现状介绍（涉及探矿权、采矿权管理争议问题）；

3. 探矿权的取得并不意味着必然能够完成探转采手续的说明（涉及探转采行政审批争议问题）；

4. 矿业权权益金制度的历史沿革和现状介绍（涉及矿业权价款、出让收益争议等问题）；

5. 矿业权管理领域不构成对矿业权人权利义务产生影响的行政行为情形（涉及矿政管理行为是否可诉的问题）。

以上均为笔者在现实案例中遇到的比较常见的涉矿争议焦点问题。当然，尽管涉矿行政诉讼案由千差万别，但仍万变不离其宗。如果双方当事人能够尽可能地做到将上述内容呈报给法官令其知晓，不仅能够替法官解决背景知识上的苦恼和难题，更是保证自身能够获得公正判决的前提和基础。

（四）行政机关应重视那些足以导致矿业权人持有的矿业权产生重大不利后果的行政行为的程序合法性，应在最大限度内举行听证程序，保障行政相对人的陈述、申辩权

笔者在涉矿行政诉讼中注意到，对于不予登记、撤销、不予延续、吊销矿业

权证等直接导致矿业权人持有或将要持有的矿业权发生重大不利后果的,法院在审理时对于矿产资源主管部门保障原告程序性权利的要求是非常严格的。这就要求矿产资源主管部门在处理此类涉矿行政行为时必须采用更高的标准予以应对,虽然存在过分苛责的情况,但矿产资源主管部门还是要注意在此类情形下应尽可能地召开听证会,落实听证程序,在程序层面保障行政相对人拥有充分的陈述、申辩权,从而在综合判断的基础上得出相应的结论。如此看来,这也是目前法院进行司法审查的尺度和对行政机关提出的更高要求。

(五)行政机关应重视对作出行政行为引用法律法规条文的准确性,避免因事实认定清楚,但适用法条错误而被确认违法

笔者在代理行政诉讼案件的过程中注意到,一些行政决定书存在引用法律法规条、款、项错误的问题,在此种情况下,即使法院最终认为行政机关在事实认定方面并无问题,但适用法律错误同样可以导致行政行为被确认违法甚至被撤销。因此,特别提示行政机关在作出书面行政决定时反复核查决定书引用法律条文的准确性问题,避免出现此类比较“冤枉”的败诉案例。

综上所述,涉矿行政诉讼虽然在整个自然资源行政诉讼领域中的占比不高,甚至可以说很小,但由于其涉及财产金额往往较大,且相对小众化,故一直以来都是让法院最为“挠头”的行政诉讼案件类型。这就要求作为提供该类案件法律服务的我们本着对客户负责的执业态度和精神,钻研案件核心问题背后的政策背景,并以妥当而精准的法言法语进行传输和表达,方能不负所托。

复·议

——涉矿复议案件程序的梳理与解析

行政复议作为解决行政争议的法定途径之一，不仅是当事人维护自身合法权益的行政救济手段，也是行政机关系统内部实现自我纠错、自我监督的重要方式。涉矿纠纷通常都带有较强的行政监管色彩，与行政机关的行政行为密切相关，这也使得行政复议往往能够在化解涉矿纠纷中发挥重要作用。本章立足于具体实践，通过对涉矿复议案件程序中存在的重难点问题进行有针对性的梳理和分析，以期为解决实践中的涉矿纠纷提供借鉴和参考。

一、行政复议的申请

行政复议程序的启动以当事人的申请为前提条件，当公民、法人或其他组织认为行政主体的具体行政行为侵犯自身合法权益，有权以自己的名义向行政复议机关提出行政复议申请，要求行政复议机关对其提出的行政复议请求事项进行审查并依法作出行政复议决定。根据《行政复议法》第 11 条和《行政复议法实施条例》第 18 条的规定，申请人可以采取当面递交、邮寄或者传真等方式书面申请行政复议，也可以选择口头方式申请行政复议，有条件的行政复议机构可以接受以电子邮件形式提出的行政复议申请。

一般而言，行政复议申请人在行政复议申请中仅需承担初步的举证责任，原具体行政行为的合法性主要由被申请人举证证明。但根据《行政复议法实施条例》第 21 条的规定，在特殊情况下，申请人也要承担特定举证责任：其一，申请人认为被申请人不履行法定职责的，应当提供曾经要求被申请人履行法定职责而被申请人未履行的证明材料；其二，申请人申请行政复议时一并提出行政赔偿请求的，应当提供受具体行政行为侵害而造成损害的证明材料；其三，法律、法规规定需要申请人提供证据材料的其他情形。

二、行政复议的受理

行政复议机关在收到行政复议申请后,会对行政复议申请进行初步审查,以判断申请人的行政复议申请是否满足行政复议受理条件。

(一)受理的条件

《行政复议法实施条例》第28条规定:"行政复议申请符合下列规定的,应当予以受理:(一)有明确的申请人和符合规定的被申请人;(二)申请人与具体行政行为有利害关系;(三)有具体的行政复议请求和理由;(四)在法定申请期限内提出;(五)属于行政复议法规定的行政复议范围;(六)属于收到行政复议申请的行政复议机构的职责范围;(七)其他行政复议机关尚未受理同一行政复议申请,人民法院尚未受理同一主体就同一事实提起的行政诉讼。"笔者在实践中注意到,涉矿复议案件中关于受理条件的争议焦点主要集中在对利害关系的认定和申请期限的判断问题上,故在此主要就这两个问题展开分析。

(二)关于行政复议中利害关系的认定

"利害关系"这一语词属于不确定法律概念,本身即具有高度概括性和抽象性,《行政复议法》《行政复议法实施条例》等法律规范并未对该概念作出明确界定。2017年12月,原国土资源部在发布的《国土资源部行政复议十大典型案例》中对行政复议的利害关系作出了解读:"在利害关系的认定上,理论界与实务界通常所采用的标准是'行政法律上的利害关系说',即复议申请人之合法权益有受具体行政行为直接侵害之虞,并不包括具体行政行为所产生之一般事实上的影响。判断构成行政法律上利害关系的要素有二:一是申请人的权益受到损害或有受到损害的现实可能性;二是权益损害与具体行政行为具有因果关系,即具体行政行为是因,权益损害是果。"此外,行政复议和行政诉讼中利害关系的认定具有相似性和共通性,最高院《关于适用〈中华人民共和国行政诉讼法〉的解释》(法释〔2018〕1号)对利害关系的情形作了概括式列举,最高院也在裁判文书中对利害关系的含义和判断标准①进行了诠释,这些都对行政复议中

① 关于"利害关系"的判断标准,大陆法系主流的"保护规范理论或者说保护规范标准"在司法实践中逐渐得到更多的认可,在我国渐有成为通说之势。最高院在《行政裁定书》[(2017)最高法行申4361号]中对"保护规范理论或者说保护规范标准"进行了较为系统的阐释,即以行政机关作出行政行为时所依据的行政实体法和所适用的行政实体法律规范体系,是否要求行政机关考虑、尊重和保护原告诉请保护的权利或法律上的利益,作为判断是否存在公法上利害关系的重要标准。

利害关系的认定具有重要参考意义。[①] 此外,以下案例亦可兹参考:

其一,在"(2019)最高法行申2841号徽县恒通商贸有限责任公司诉甘肃省原国土资源厅不履行行政复议法定职责案"中,原国土资源部认为申请人持有的黄金矿产准采证书只是采矿权申请人向矿产资源开采登记管理机关提交的办理相关采矿许可证的必要资料之一,并不是申请人取得矿业权的证明文件,被申请人作出的矿业许可证与申请人没有直接的利害关系,该行政复议申请不符合行政复议受理条件,并最终驳回申请人的行政复议申请。

其二,在"(2018)最高法行再6号中信兴光矿业有限公司作为第三人的郴州饭垄堆矿业有限公司诉湖南省原国土资源厅采矿权许可行政复议决定案"中,虽然中信兴光矿业有限公司采矿许可证在2012年10月7日期限届满后未获延续,但基于其已经取得的矿产资源等权益,其与原湖南省国土资源厅2011年的许可行为仍具有法律上的利害关系,有权以自己的名义申请行政复议,原国土资源部也最终受理了中信兴光矿业有限公司提出的行政复议申请并作出行政复议决定。

其三,在"(2019)京01行初707号吴成华不服山西省自然资源厅采矿权许可复议案"中,吴成华认为,山西华瑞煤业有限公司的采矿活动导致其土地承包经营权受到侵害,进而向自然资源部申请行政复议,请求撤销山西华瑞煤业有限公司持有的涉案采矿许可证,自然资源部经审查认为,申请人与采矿许可证不具有行政法律上的利害关系,申请人提出的行政复议申请不符合行政复议受理条件,决定驳回申请人的行政复议申请。

(三)关于行政复议中申请期限的判断

根据《行政复议法》第9条的规定,申请人可以自知道具体行政行为之日起60日内申请行政复议,同时也存在两种例外情况:其一,法律规定的申请期限超过60日的从其规定,但此种情形在涉矿复议案件中基本无适用空间;其二,因不可抗力或者其他正当理由耽误法定申请期限的,申请期限自障碍消除之日起继续计算。《行政复议法实施条例》第15条也通过列举的方式对行政复议申请

---

① 行政诉讼中利害关系的认定在《关·系——涉矿行政诉讼中关于利害关系的认定问题》一章中有作详细分析,在此不予赘述。

期限的起算时间作出了具体规定。① 实践中,涉矿复议案件中申请期限的争议焦点,主要集中在行政复议申请期限的确定方式以及如何判断耽误法定期限是否构成正当理由的认定问题上。具体而言:

第一,具体行政行为未告知行政管理相对人行政复议权时申请期限的确定方式。北京市高级人民法院《关于印发〈北京市高级人民法院关于行政审判适用法律问题的解答〉的通知》(京高法发〔2006〕212 号)对此问题作出回应:“具体行政行为未告知行政管理相对人起诉权和复议权,行政管理相对人申请复议,复议机关以《行政复议法》第九条的规定不予受理复议申请,复议申请人起诉复议机关不履行法定职责的,如何处理?答:在判断复议申请人是否超过复议申请期限时,人民法院可以参照《最高院关于执行〈中华人民共和国行政诉讼法〉若干问题的解释》第四十一条、第四十二条的规定,审查当事人申请复议是否超过法定履行复议期限。”目前,最高院《关于执行〈中华人民共和国行政诉讼法〉若干问题的解释》已经被最高院《关于适用〈中华人民共和国行政诉讼法〉的解释》所替代,而新的司法解释第 64 条规定:“行政机关作出行政行为时,未告知公民、法人或者其他组织起诉期限的,起诉期限从公民、法人或者其他组织知道或者应当知道起诉期限之日起计算,但从知道或者应当知道行政行为内容之日起最长不得超过一年。”此外,最高院发布的(2016)最高法行申 1828 号《行政裁定书》等案例,均认为此种情况下应参照行政诉讼中关于起诉期限的相关规定来确定行政复议申请期限。

第二,耽误法定期限是否构成正当理由的认定问题。“正当理由”这一语词属于不确定法律概念,是否构成行政复议上的正当理由通常需要结合案件具体情况进行综合判断。例如,在“中信兴光矿业有限公司作为第三人的郴州饭垄堆矿业有限公司诉湖南省原国土资源厅采矿权许可行政复议决定案”中,中信

---

① 《行政复议法实施条例》第 15 条规定:“行政复议法第九条第一款规定的行政复议申请期限的计算,依照下列规定办理:(一)当场作出具体行政行为的,自具体行政行为作出之日起计算;(二)载明具体行政行为的法律文书直接送达的,自受送达人签收之日起计算;(三)载明具体行政行为的法律文书邮寄送达的,自受送达人在邮件签收单上签收之日起计算;没有邮件签收单的,自受送达人在送达回执上签名之日起计算;(四)具体行政行为依法通过公告形式告知受送达人的,自公告规定的期限届满之日起计算;(五)行政机关作出具体行政行为时未告知公民、法人或者其他组织,事后补充告知的,自该公民、法人或者其他组织收到行政机关补充告知的通知之日起计算;(六)被申请人能够证明公民、法人或者其他组织知道具体行政行为的,自证据材料证明其知道具体行政行为之日起计算。行政机关作出具体行政行为,依法应当向有关公民、法人或者其他组织送达法律文书而未送达的,视为该公民、法人或者其他组织不知道该具体行政行为。”

兴光矿业有限公司一直在积极主张权利:一方面,向被申请人反映矿区重叠问题,要求予以解决,当地政府及相关部门也确实在进行协调;另一方面,原国土资源部在为中信兴光矿业有限公司办理采矿许可证延续时明确指出,需在有效期内解决重叠问题,否则不再准予延续。申请人出于对当地政府及自然资源主管部门的信任,一直等待其协调解决问题,虽然存在申请超过法定期限的情形,但行政复议机关认为申请人是由于正当理由耽误了法定申请期限,最终仍然受理了申请人的行政复议申请。

此外,值得注意的是,最高院在2019年11月27日发布的最高院《关于审理行政协议案件若干问题的规定》(法释〔2019〕17号)中明确了当事人就矿业权出让协议提起行政诉讼的,法院应当依法受理,但关于矿业权出让协议是否属于行政复议的受案范围尚没有明确规定,故申请人能否就此申请行政复议仍存在不确定性。

(四)审查后的处理

行政复议机关经过初步审查后,针对不同的情形作出了相应的处理决定,主要包括以下几种类型:

1. 申请材料补正的通知

根据《行政复议法实施条例》第29条的规定,对于行政复议申请材料不齐全或者表述不清楚的,行政复议机构可以自收到该行政复议申请之日起5日内书面通知申请人补正,补正通知应当载明需要补正的事项和合理的补正期限。若申请人在合理期限内依法进行了补正的,行政复议机构根据审查的情况决定受理或不受理行政复议申请;若申请人无正当理由逾期不补正的,视为申请人放弃行政复议申请。补正申请材料所用时间不计入行政复议审理期限。

关于行政复议机构能够要求材料补正的次数问题,《行政复议法》《行政复议法实施条例》并未作出明确规定,《自然资源行政复议规定》第12条规定行政复议机构应当自收到该行政复议申请书之日起5个工作日内一次性书面通知申请人补正。实践中,若行政复议机构通知申请人补正的次数与《自然资源行政复议规定》中一次性通知补正的规定不一致,通常也仅有可能被法院裁定确认违法。

2. 不予受理的决定

根据《行政复议法》第17条的规定,对于不符合法律规定的行政复议申请,行政复议机关应当在收到行政复议申请后5日内作出不予受理的决定并书面告知申请人。对于不予受理的决定，申请人通常可以寻求两种救济途径：一是行政救济途径，申请人可以向行政复议机关的上级行政机关申请责令其受理；二是司法救济途径，申请人可以自收到不予受理决定书之日起15日内，依法向人民法院提起行政诉讼。

3. 行政复议申请的告知

根据《行政复议法》第17条的规定，对于符合法律规定但是不属于本机关受理的行政复议申请，行政复议机关应当在收到行政复议申请后5日内向申请人作出告知，告知申请人向有关行政复议机关提出。

4. 立案受理

对于符合法律规定的行政复议申请，行政复议机关应当立案受理，行政复议受理的时间为行政复议机关负责法制工作的机构收到行政复议申请的日期。

(五)受理的后果

原国土资源部《关于办理矿产资源行政复议案件有关意见的通知》(国土资发〔2009〕180号)第7条规定："国土资源部正在审理的矿产资源行政复议案件，相关国土资源行政主管部门应当暂停所涉区块范围、矿区范围内的矿业权审批发证行为。"该条规定的出发点在于，对于矿产资源这类涉及重大利益的行政复议案件，行政复议的审查结果通常会对行政审批发证行为产生重大影响，在行政争议尚未解决的情况下，如果不停止所涉区块范围、矿区范围内的矿业权审批发证行为，很有可能将会引发新的行政争议，产生不必要的纠纷。同时，该条规定也在一定程度上提升了行政复议在化解涉矿行政争议中所能起到的作用，有利于促进矿业权人和行政机关尽快解决纠纷，实现案结事了。然而，不可否认的是，该条规定也因法律依据不足和容易造成权利滥用的弊端在实践中备受争议。

三、行政复议的审查

(一)审查的方式

根据《行政复议法》第22条和《自然资源行政复议规定》第23条的规定，行政复议案件的审查原则上采用书面方式，行政复议机构根据实际需要也可以选择采用书面以外的其他方式进行审查。书面以外的审查方式包括实地调查、审查会、听证会、专家论证等，启动的条件既可以是由申请人提出请求，也可以是由行政复议机构认为必要时依职权决定。涉矿复议案件多为重大、复杂的案件,行政复议申请人可以根据具体情况提出采用书面以外的方式审查的要求。例如,在"(2018)豫7101行初177号卢氏县地质勘查研究所不服河南省原国土资源厅不予批准采矿登记通知复议案"中,河南省人民政府采取了行政复议听证会等方式审理复议案件;在"(2018)黑行申108号谭树清不服黑龙江省原国土资源厅采矿权转让复议案"中,原国土资源部采取了行政复议审查会等方式审理复议案件。

(二)审查的程序

根据《行政复议法》第23条的规定,行政复议机关应当自行政复议申请受理之日起7日内,将行政复议申请书副本或者行政复议申请笔录复印件发送被申请人,被申请人应当自收到申请书副本或申请笔录复印件之日起10日内提出书面答复,并提交当初作出该具体行政行为的证据、依据和其他有关材料。被申请人的答复既是一项行政复议权利,同时也是一项法律义务,逾期未提出书面答复,未提交当初作出具体行政行为的证据、依据和其他有关材料的,依据《行政复议法》第28条的规定,被视为该具体行政行为没有证据、依据,可由行政复议机关决定撤销。

值得注意的是,根据《行政复议法》第23条的规定,申请人可以查阅被申请人提出的书面答复、作出具体行政行为的证据、依据和其他有关材料,并且除涉及国家秘密、商业秘密或者个人隐私外,行政复议机关不得拒绝。涉矿复议案件的材料通常较为繁多复杂,申请人行使阅卷权不仅能够在行政复议期间有效固定证据,而且有利于保障申请人知情权,并为后续的权利救济奠定基础。

此外,根据《行政复议法实施条例》第9条的规定,同被审查的具体行政行为有利害关系的其他公民、法人或者其他组织,在行政复议期间可以作为第三人参加行政复议。第三人参加行政复议的途径有两种:一是第三人主动申请参加,申请人以外的与被审查的具体行政行为有利害关系的公民、法人或者其他组织可以在行政复议期间向复议机构申请作为第三人参加行政复议;二是行政复议机构通知第三人参加,行政复议机构在复议期间认为申请人以外的公民、法人或者其他组织与被审查的具体行政行为有利害关系的,可以通知其作为第三人参加行政复议。第三人和行政复议申请人一样,都可以委托代理人参加复议,并有权申请查阅复议案件材料,对复议决定不服的有权提起行政诉讼。当然,第三人参加行政复议是第三人享有的权利,第三人可以自愿放弃,行政复议机关不得强迫其行使。第三人不参加行政复议也不影响行政复议案件的审理。

(三)和解和调解

根据《行政复议法实施条例》第40条、第50条的规定,在行政复议期间,满足一定条件的情形下,复议申请人可以与被申请人进行和解,行政复议机关也可以进行调解。具体而言,行政复议中的和解主要包括以下要点:其一,和解需要遵守自愿、合法的原则;其二,和解的适用范围仅限于行政机关行使法律、法规规定的自由裁量权作出的具体行政行为;其三,和解的时间为行政复议决定作出之前;其四,和解的内容不得损害社会公共利益和他人合法权益;其五,申请人和被申请人需要达成书面和解协议,并向行政复议机构提交,经行政复议机构准许后,行政复议终止。行政复议中的调解主要包括以下要点:其一,调解需要遵守自愿、合法的原则;其二,调解的适用范围限于行政机关行使法律、法规规定的自由裁量权作出的具体行政行为和当事人之间的行政赔偿、补偿纠纷;其三,调解是由行政复议机关主持、当事人参加的活动,当事人达成调解协议的,行政复议机关应当制作行政复议调解书,调解书经双方当事人签字即发生法律效力。

实践中,很多涉矿复议案件是通过直接或间接和解和调解方式予以结案,此种方式既有利于简化程序、节约成本和提高行政效率,又有利于实质性地解决涉矿行政争议,促使涉矿纠纷得到圆满化解。例如,在"成都金珏地矿业公司不服四川省原国土资源厅探矿权申请不予受理复议案"(原国土资源部于2017年12月发布的《国土资源部行政复议十大典型案例》)中,在行政复议案件审理期间,双方当事人都希望通过协调来实质性地解决行政争议。经复议机关同意,双方当事人进行协商并达成一致意见,被申请人最终同意受理申请人提交的变更申请,并经依法审查为申请人颁发了新的勘查许可证,申请人也撤回了行政复议申请,行政复议终止,成功实现案结事了。

四、行政复议的决定

行政复议机关在处理涉矿复议案件时,应当对行政行为的合法性和合理性进行全面审查,并充分考量矿产资源以及矿业权的特殊属性,综合衡量与案件有关的全部因素,依法作出行政复议决定。

(一)决定的类型

具体而言,行政复议决定主要包括以下几种类型:

1. 维持决定

根据《行政复议法》第28条和《行政复议法实施条例》第43条的规定,具体行政行为认定事实清楚,证据确凿,适用依据正确,程序合法,内容适当的,行政复议机关应当决定维持。

2. 驳回复议申请决定

驳回复议申请决定是《行政复议法实施条例》第48条规定的复议决定类型,适用于以下两种情形:其一,申请人认为行政机关不履行法定职责申请行政复议,行政复议机关受理后发现该行政机关没有相应法定职责或者在受理前已经履行法定职责的;其二,受理行政复议申请后,发现该行政复议申请不符合《行政复议法》和本条例规定的受理条件的。

3. 撤销、变更、确认违法决定

《行政复议法》第28条规定了撤销、变更、确认违法决定的适用情形:其一,主要事实不清、证据不足的;其二,适用依据错误的;其三,违反法定程序的;其四,超越或者滥用职权的;其五,具体行政行为明显不当的。另根据《行政复议法实施条例》第47条的规定,具体行政行为有下列情形之一,行政复议机关可以决定变更:其一,认定事实清楚,证据确凿,程序合法,但是明显不当或者适用依据错误的;其二,认定事实不清,证据不足,但是经行政复议机关审理查明事实清楚,证据确凿的。行政复议机关决定撤销或者确认该具体行政行为违法的,可以责令被申请人在一定期限内重新作出具体行政行为,且行政复议机关责令被申请人重新作出具体行政行为的,被申请人不得以同一事实和理由作出与原具体行政行为相同或者基本相同的具体行政行为。

4. 责令履行决定

根据《行政复议法》第28条的规定,被申请人不履行法定职责的,行政复议机关决定其在一定期限内履行。在涉矿复议案件中,被申请人未履行法定职责的,鉴于行政复议机关对申请人提出的涉矿申请作出何种处理决定仍需被申请人对申请人提交的原申请材料进行审查,复议机关通常不会直接支持申请人请求责令被申请人为其颁证的复议请求,而是决定责令被申请人在一定期限内履行法定职责。

（二）涉矿复议决定中应当重点考量的因素

行政复议机关在审理涉矿复议案件并作出复议决定的过程中，应当重点注意以下要点：

1. 以法律、法规为依据

根据《行政许可法》第16条“法规、规章对实施上位法设定的行政许可作出的具体规定，不得增设行政许可；对行政许可条件作出的具体规定，不得增设违反上位法的其他条件”和原国土资源部《关于办理矿产资源行政复议案件有关意见的通知》（国土资发〔2009〕180号）“地方规范性文件、政策与法律、法规不一致，增设行政许可或者行政许可条件的，行政复议案件审理应当以法律、法规为依据”的规定，行政复议机关审理涉矿复议案件应严格遵守法定原则，地方出台的矿产资源相关规范性文件、政策与法律、法规不一致的，应当以法律法规为依据作出行政复议决定。

例如，在“灵石县梁家焉乡圪塔硫铁矿不服山西省国土资源厅采矿权延续不作为复议案”（原国土资源部于2017年12月发布的《国土资源部行政复议十大典型案例》）中，对在整合过程中无法律、法规、规章依据，以其他规范性文件形式限制申请人许可权利或者增加其义务的规定，亦不存在《行政许可法》第8条第2款①规定的例外情形的，行政复议机关在复议决定中对此不予支持。

2. 民事物权的保护

矿业权兼具民事物权和行政许可的双重属性，受公法和私法的共同调整和规范。行政复议机关在审理涉矿复议案件时，不仅要实现行政机关监督管理的行政目标，也要尊重和保护矿业权人合法拥有的财产性权益。原国土资源部《关于办理矿产资源行政复议案件有关意见的通知》（国土资发〔2009〕180号）第4条也明确规定：“依法取得的矿业权受法律保护。整合、处置矿业权，应当维护矿业权人的合法权益。行政复议案件涉及整合、处置矿业权的，应当审查整合、处置矿业权行为是否按照有关法律、法规和国家政策采用平等协商、等价有偿等方式进行。”

例如，在“中信兴光矿业有限公司作为第三人的郴州饭垄堆矿业有限公司

---

① 《行政许可法》第8条第2款规定：“行政许可所依据的法律、法规、规章修改或者废止，或者准予行政许可所依据的客观情况发生重大变化的，为了公共利益的需要，行政机关可以依法变更或者撤回已经生效的行政许可。由此给公民、法人或者其他组织造成财产损失的，行政机关应当依法给予补偿。”

诉湖南省原国土资源厅采矿权许可行政复议决定案”中，最高院认为，“采矿权人开采矿产资源权利的取得，虽以有权机关颁发采矿许可证为标志，但采矿权出让合同依法生效后即使未取得采矿许可证，也仅表明受让人暂时无权进行开采作业，除此之外的其他占有性权利仍应依法予以保障。同样，采矿许可证规定的期限届满，仅仅表明采矿权人在未经延续前不得继续开采相应矿产资源，采矿权人其他依法可以独立行使的权利仍然有效”。

3. 信赖利益的保护

信赖利益的保护主要包含两层含义：其一，当个人对行政机关作出的行政决定已产生信赖利益，并且这种信赖利益因其具有正当性而得到保护时，非因法定事由并经法定程序，行政机关不得撤销、变更已经生效的行政决定；其二，为了国家利益、公共利益或者其他法定事由需要撤回或者变更行政决定的，应当依照法定权限和程序进行，并对行政相对人因此遭受的信赖利益损失依法予以补偿。

原国土资源部《关于办理矿产资源行政复议案件有关意见的通知》（国土资发〔2009〕180 号）对涉矿复议案件审理中矿业权人信赖利益的保护作出了细化规定，具体为：其一，矿业权人在勘查许可证、采矿许可证有效期内依法向国土资源行政主管部门提出了行政许可申请，但因地方政府及其有关部门的原因致使矿业权人超过勘查许可证、采矿许可证有效期再次提出行政许可申请的，应当认定矿业权人在勘查许可证、采矿许可证有效期内提出了行政许可申请；其二，地方政府或者地方国土资源行政主管部门规定应当或者可以向下级国土资源行政主管部门递交矿业权行政许可申请，矿业权申请人根据该规定向下级国土资源行政主管部门递交矿业权行政许可申请的，应当认定矿业权申请人向登记管理机关提出了行政许可申请，申请的起算时间为矿业权申请人向下级国土资源行政主管部门递交行政许可申请的时间；其三，因地方政府及其有关部门对矿业权人合法的勘查、开采活动设置法律、法规以外的限制条件等原因，造成矿业权人无法开工或者投入不足，致使矿业权人工作进度达不到法定要求或者无法完成法定义务的，不影响矿业权的保留、延续；其四，矿业权人因地方政府及其有关部门的原因或者不可抗力，未在勘查许可证、采矿许可证有效期届满的 30 日前但在有效期内提出矿业权延续登记申请的，应当认定矿业权人仍有权利提出矿业权延续登记申请，但矿业权人应当书面说明理由。

例如，在“灵石县梁家焉乡圪塔硫铁矿不服山西省原国土资源厅采矿权延续不作为复议案”(原国土资源部于2017年12月发布的《国土资源部行政复议十大典型案例》)中,灵石县梁家焉乡圪塔硫铁矿按要求完成了换证手续,但由于矿产资源整合政策,以及当地政府未在规定期限内完成相关工作等原因,导致其采矿许可证到期未能及时申请延续,灵石县梁家焉乡圪塔硫铁矿不服山西省原国土资源厅未对其采矿权延续申请作出的处理申请行政复议。行政复议机关认为矿业权人的信赖利益依法受到保护,被申请人不予处理的行为属于未履行法定职责,并据此决定要求被申请人限期履行法定职责。

4.比例原则的衡量

所谓比例原则,是指行政主体实施行政行为应兼顾行政目标的实现和相对人的权益保护,如为实现行政目标可能对相对人造成某种不利影响,应使这种不利影响限制在尽可能小的范围和限度内,保持二者处于适度的比例。

例如,在“中信兴光矿业有限公司作为第三人的反恐对矿业诉原湖南省国土资源厅采矿权许可行政复议决定案”中,最高院认为,“颁发采矿许可证属于典型的许可类授益性行政行为,撤销采矿许可必须考虑被许可人的信赖利益保护,衡量撤销许可对国家、他人和权利人造成的利益损失大小问题。确需撤销的,还应当坚持比例原则,衡量全部撤销与部分撤销的关系问题。坚持依法行政和有错必纠是法治的基本要求,但法治并不要求硬性地、概无例外地撤销已经存续的、存在瑕疵甚至是违法情形的行政行为,而是要求根据不同情况作出不同处理。”

五、行政复议的执行

行政复议机关作出复议决定应当制作行政复议决定书,行政复议决定书一经送达即发生法律效力,当事人应当依法履行行政决定所确立的义务。

(一)申请人不履行义务的执行措施

根据《行政复议法》第33条的规定,申请人逾期不起诉又不履行行政复议决定的,或者不履行最终裁决的行政复议决定的,按照下列规定分别处理:(一)维持具体行政行为的行政复议决定,由作出具体行政行为的行政机关依法强制执行,或者申请人民法院强制执行;(二)变更具体行政行为的行政复议决定,由行政复议机关依法强制执行,或者申请人民法院强制执行。

(二)被申请人不履行义务的执行措施

《行政复议法》第32条规定,被申请人不履行或者无正当理由拖延履行行政复议决定的，行政复议机关或者有关上级行政机关应当责令其限期履行。同时，《自然资源行政复议规定》第 33 条规定，行政复议决定履行期满，被申请人不履行行政复议决定的，申请人可以向行政复议机关提出责令履行申请。

此外，《行政复议法》第 37 条规定，被申请人不履行或者无正当理由拖延履行行政复议决定的，对直接负责的主管人员和其他直接责任人员依法给予警告、记过、记大过的行政处分；经责令履行仍拒不履行的，依法给予降级、撤职、开除的行政处分。《自然资源行政复议规定》还建立了行政复议约谈制度，明确规定对逾期不履行行政复议决定的，上级自然资源主管部门可以约谈下级自然资源主管部门的负责人，通报有关地方人民政府，以督促被申请人切实履行行政复议决定所确定的义务。

（三）第三人不履行义务的执行措施

根据《行政复议法实施条例》第 52 条的规定，第三人逾期不起诉又不履行行政复议决定的，依照《行政复议法》第 33 条的规定处理。

“有权利必有救济，无救济即无权利。”行政复议既是化解涉矿行政争议、维护当事人合法权益的重要手段，也是倒逼依法行政、加快自然资源法治建设的重要途径。同时，行政复议在审查的广度、深度以及效率等问题上具有行政诉讼不可比拟的优越性，在推进全面依法治国的进程中发挥着重要作用。

双·雄

——涉矿行政行为听证程序和瑕疵治愈的适用

谈及涉矿行政行为，有两大重要的前沿制度是不得不提的：一为听证制度，二为瑕疵治愈制度。这两大制度有共同的特点，既是对行政相对人权利的保障，亦是对行政机关行使行政权力的约束和修正，时刻提醒着矿产资源主管部门要审慎地、全面地、认真地作出每一个涉矿行政行为。

而在实践过程中，笔者注意到，对于听证程序来说，矿产资源主管部门同司法机关对于涉矿行政行为需要进行听证情形的理解和适用存在偏差。有时候，确是行政机关没有尽到审慎义务，出现应该举行听证而未举行的程序瑕疵，但也存在着由于司法机关对于矿政管理政策和现状不甚了解而导致的过分苛责听证程序的情况。

涉矿行政行为瑕疵治愈制度则是一项比较前沿的制度设计和探索。该制度首见于2018年1月1日实施的《国土资源行政复议规定》(国土资源部令第76号)。[①] 但在实践中笔者注意到，瑕疵治愈制度不仅适用于涉矿行政复议领域，其在司法审判领域也是一项重要的裁判规则。

因此，基于上述情况和背景，笔者旨在通过本文对涉矿听证制度的适用范围进行积极但肤浅的讨论，并对瑕疵治愈制度在行政复议和司法审判领域的适用予以介绍和延伸思考。

---

① 2019年7月19日，自然资源部印发《自然资源行政复议规定》(自然资源部令第3号)，废止了《国土资源行政复议规定》。

一、关于涉矿行政听证程序适用情形的法律规定

(一)法律层面的基本规定

《立法法》第 67 条:“行政法规由国务院有关部门或者国务院法制机构具体负责起草,重要行政管理的法律、行政法规草案由国务院法制机构组织起草。行政法规在起草过程中,应当广泛听取有关机关、组织、人民代表大会代表和社会公众的意见。听取意见可以采取座谈会、论证会、听证会等多种形式……”

《行政处罚法》第 42 条:“行政机关作出责令停产停业、吊销许可证或者执照、较大数额罚款等行政处罚决定之前,应当告知当事人有要求举行听证的权利;当事人要求听证的,行政机关应当组织听证……”

《行政许可法》第 19 条:“起草法律草案、法规草案和省、自治区、直辖市人民政府规章草案,拟设定行政许可的,起草单位应当采取听证会、论证会等形式听取意见,并向制定机关说明设定该行政许可的必要性、对经济和社会可能产生的影响以及听取和采纳意见的情况。”

《行政处罚法》第 46 条:“法律、法规、规章规定实施行政许可应当听证的事项,或者行政机关认为需要听证的其他涉及公共利益的重大行政许可事项,行政机关应当向社会公告,并举行听证。”

《行政处罚法》第 47 条:“行政许可直接涉及申请人与他人之间重大利益关系的,行政机关在作出行政许可决定前,应当告知申请人、利害关系人享有要求听证的权利;申请人、利害关系人在被告知听证权利之日起五日内提出听证申请的,行政机关应当在二十日内组织听证。”

《行政复议法》第 22 条:“行政复议原则上采取书面审查的办法,但是申请人提出要求或者行政复议机关负责法制工作的机构认为有必要时,可以向有关组织和人员调查情况,听取申请人、被申请人和第三人的意见。”

(二)涉矿行政法规、部门规章及规范性文件层面的规定

《国土资源听证规定》(国土资源部令第 22 号)第 3 条:“听证由拟作出行政处罚、行政许可决定,制定规章和规范性文件、实施需报政府批准的事项的主管部门组织……”

《行政处罚法》第 12 条:“有下列情形之一的,主管部门应当组织听证:(一)拟定或者修改基准地价;(二)编制或者修改土地利用总体规划和矿产资源规划;(三)拟定或者修改区域性征地补偿标准。有下列情形之一的,直接涉

及公民、法人或者其他组织的重大利益的,主管部门根据需要组织听证:(一)制定规章和规范性文件;(二)主管部门规定的其他情形。”

《行政处罚法》第 19 条:“有下列情形之一的,主管部门在报批之前,应当书面告知当事人有要求举行听证的权利:(一)拟定拟征地项目的补偿标准和安置方案的;(二)拟定非农业建设占用基本农田方案的。有下列情形之一的,主管部门在作出决定之前,应当书面告知当事人有要求举行听证的权利:(一)较大数额罚款、责令停止违法勘查或者违法开采行为、吊销勘查许可证或者采矿许可证等行政处罚的;(二)国有土地使用权、探矿权、采矿权的许可直接涉及申请人与他人之间重大利益关系的;(三)法律、法规或者规章规定的其他情形。”

《国土资源行政处罚办法》(国土资源部令第 60 号)第 28 条:“对拟给予较大数额罚款或者吊销勘查许可证、采矿许可证等行政处罚的,国土资源主管部门应当制作《行政处罚听证告知书》,按照法律规定的方式,送达当事人。当事人要求听证的,应当在收到《行政处罚听证告知书》后三个工作日内提出。”

《自然资源行政复议规定》第 23 条:“行政复议案件以书面审理为主。必要时,行政复议机构可以采取实地调查、审查会、听证会、专家论证等方式审理行政复议案件。”

据上述规定总结可知,我国关于涉矿行政听证程序的适用应包括两大类情形,第一类为决定类:(1)涉矿较大额度行政处罚;(2)责令停止违法勘查、开采;(3)吊销矿业权证;(4)矿业权设立许可;(5)矿业权延续、保留等影响矿业权权利的重大行政行为等;(6)其他争议时间久远,案情较为复杂的行政行为,需行政机关审慎作出行政行为的决定。第二类为立法决策类:(1)制定矿产资源总体规划;(2)涉及矿业权人重大利益的规章及规范性文件的制定;(3)行政机关认为需要举行听证的情形等。

随后,笔者将根据上述规定,结合行政听证理论知识及司法判例的经验,试图总结出涉矿行政听证的适用条件及范围。

二、关于涉矿行政听证程序适用条件的分析

就目前学术界和司法界对于行政听证适用条件的研究和实践,笔者总结了以下三种衡量标准模式:

(一)以利益的重大性为标准

1. 影响公共利益的重大事项。行政机关作出的影响公共利益的行为,是指行政机关针对不特定对象作出的影响不特定人利益的确定、变更以及消灭行为。如矿业权出让收益(价款)的调整,矿产资源领域宏观调控措施的实施,矿产资源配置政策的调整,涉矿行业和人员的资质、资格的设定,矿产资源总体规划的修订等都是影响公共利益的行为。

2. 影响相对人或者第三人利益的重大事项。目前,我国涉矿法律法规确立的听证主要集中在此类事项上。这里的利益既可以是人身的,也可以是财产的;既可以是既得的,也可以是预期的,具有广义性。重大性的价值判断,一方面可以由法律、法规作出规定;另一方面,亦赋予了相关利益主体自行裁量的权利。对于矿产资源主管部门来说,当其认为行政行为的作出会有损相对人或第三方的重大利益时,其有权主动进行听证;而对于行政相对人或第三人来说,其也可以自行提出要求听证的申请,维护自身合法权益。而法律赋予的行政机关该种自行裁量的空间,却恰恰成为其在司法审判中的"阿喀琉斯之踵"。

司法机关眼中的重大利益同行政机关确定重大利益的认定标准不尽相同,造成这种差异的原因主要有三:一是因为司法机关同行政机关对于相关矿业管理政策的认知程度不同。基于认知上的差异,对于行政机关认为的已经确认的事实无须再通过听证程序予以确认,但司法机关则认为行政机关的审查工作未做到位,尚未穷尽一切手段和审慎义务将事实通过更加公正、客观、全面的听证程序固定下来。二是因为行政机关在作出行政行为时,不仅要恪守公平、公正、公开依法行政的原则,更要兼顾作出行政行为的效率。因此,对于一些已确认的事实和法律的适用,虽然涉及行政相对人的重大利益,但行政机关在行政行为作出过程中已充分保障各方当事人陈述、申辩权的基础上,综合考量后未予履行听证程序。但司法机关站在严格适用法律的角度上,则会认为听证程序是不可省略的,行政机关省略即构成程序违法。三是因为行政机关对于行政行为合法性的证据标准及程度同司法机关认定行政行为合法性的证据标准不同。即司法机关对于依据及证据的要求会更高,而行政机关已在日常行政管理中针对某类涉矿行政行为的认定标准产生了共识和思维定式,因此很难全面理解和参照适用司法审查时的依据及证据。

司法机关在审查行政行为时,更多考量的是行政行为作出依据的全面合法性,即全面审查原则。因此,当某个行政行为存在多个不予许可的法定事由时,行政机关仅以其中一个事由作出不予许可的决定,而另一个事由又涉及可能需要履行听证程序予以确认时,司法机关往往会以未经听证程序为由否认整个不予许可行政行为的合法性。如在笔者亲历的一起案件中,矿产资源主管部门经审查后确认行政相对人拟申请在先取得的探矿权系国家出资探明可供进一步勘查的矿产地,应通过招拍挂方式出让。与此同时,其亦发现申请探矿权同其他已设矿业权存在重叠的情形,但鉴于第一项事由已足以构成不予许可的主要依据,故行政机关依法作出了不予许可的决定。但法院认为,由于案涉探矿权同已设矿业权存在重叠,故矿产资源主管部门应通知相关重叠矿业权人,并履行听证程序,查明重叠影响,进而认定程序违法,撤销了行政机关作出的不予许可决定。

笔者认为,行政机关和司法机关的理解无关对错,而是因认知程度、行为价值、思维方式的不同而导致的矛盾和差异。笔者唯一能够给出的建议是,希望各方均能意识到这些差异,并相互理解,因为我们的目标是一致的,即为民行政、为民裁判。

(二)以关系人为立足点,确定听证的适用范围

1.相对人申请的确有听证必要的事项。申请听证是申请人的一项权利,一般应予以保护,而权利限制的考虑因素是利益、效率及成本。申请人就自己的利益申请听证的事项,一般是行政机关代表国家利益对其拟作出的不利行政行为,如行政处罚、行政强制、不予行政许可等。

2.第三人参加的听证事项。第三人参加听证的事由有二:一是第三人的利益与拟作出的行政决定的他人利益有直接的利害关系;二是第三人的利益与拟作出决定的公共利益有直接的利害关系。第三人参加听证的身份有两种:一是以申请人身份参加听证,即当相对人或者行政机关不申请听证或者决定不听证时,第三人因事关自己的利益而申请听证;二是行政主体就公共利益或者他人利益作出决定前,相对人已经申请听证或者行政主体已经决定听证的,利害关系人以第三人的身份参加听证。

3.行政主体认为有必要听证的事项。即行政机关认为需要听证的其他涉及公共利益的重大行政许可事项,应当向社会公告,并举行听证,即赋予了行政机关自行裁量定夺的权力。

（三）以行政行为的性质为标准

1. 抽象行政行为：对矿业权人重大利益造成影响的行政法规、规章、规范性文件；矿业行业重大政策文件、矿产资源总体规划等。

2. 具体行政行为：涉矿具体行政行为的种类繁多，包括行政处罚、行政强制、行政许可、行政征收等对重大利益构成影响的行政行为。

综上所述，虽然涉矿听证程序同其他领域的听证程序在适用时出现的问题大同小异，但笔者仍希望通过此文进一步明确行政机关同司法机关在涉矿听证程序上存在认知差异的原因。

三、瑕疵治愈理论在涉矿行政复议和司法审判中的概念和适用

（一）自然资源行政复议中的瑕疵治愈制度

《国土资源行政复议规定》第 30 条规定："符合下列条件，行政复议机关可以在行政复议决定书中对被申请人予以指正，作出驳回复议申请或者维持原行政行为的决定：（一）被复议行政行为的处理结果正确；（二）不损害申请人的实体性权益；（三）在事实认定、引用依据、证据提交方面存在非实质性瑕疵，且情节轻微的。被申请人应当在收到行政复议决定书之日起 60 日内，向行政复议机关作出书面说明，并报告改正情况。行政复议机关应当将被申请人的改正情况告知申请人。"

这是瑕疵治愈制度在涉矿行政复议领域中的首次创设和体现，此后，《自然资源行政复议规定》出台，《国土资源行政复议规定》废止，但在第 27 条第 1 款亦规定："被复议行政行为的处理结果正确，且不损害申请人的实体权利，但在事实认定、引用依据、证据提交方面有轻微错误的，行政复议机关可以作出驳回复议申请或者维持原行政行为的决定，但应当在行政复议决定书中对被申请人予以指正。"

瑕疵治愈是指在一定条件下，通过对原行政行为的追加、补充或者其他方式消除行政行为的瑕疵，使之转变为合法行政行为，从而使法律效力得以维持的一项法律制度。瑕疵治愈的主体，既可以是原行政机关，也可以是行政复议机关。瑕疵治愈的对象，主要是行政程序瑕疵，即对行政相对人权利义务不产生实质影响的程序性违法行为。但随着行政法实践的发展，一些对行政相对人权利产生实质性影响的程序瑕疵也被容忍进入治愈范围。例如，根据德国《行政程序法》的规定，"义务性听证"的缺失可以被治愈。但总体上来看，瑕疵治愈

的对象仍然集中在轻微的行政程序违法领域,实体违法、重大程序缺陷仍然被排除在治愈的范围之外。

与此同时,笔者注意到,适用行政复议瑕疵治愈的条件有三种:一是被复议行政行为的处理结果正确。所谓处理结果正确,即要求行政行为的结论符合法律要求,这是最大的前提,结论错误的行政行为,不是瑕疵,而是实打实的错误。二是要求不损害申请人的实体性权益。因为瑕疵治愈不会根本改变结论,而行政行为的结论如果对于申请人的实体性权益造成损害,那么该行政行为必须在源头给予纠正,而非仅通过治愈便能弥补对于行政相对人的损害。三是在事实认定、引用依据、证据提交方面存在非实质性瑕疵,且情节轻微的,即允许行政复议机关在主要事实清楚,证据基本充足,引用法律基本准确的前提下,对原行政行为不当之处予以补充调查并修正,且该种修正是轻微的,不构成实质性瑕疵。

由此观之,行政行为瑕疵治愈的范围还是比较窄的,适用情形也比较严格,且目前在涉矿行政行为方面也只有行政复议机关对原行政行为可以进行瑕疵治愈,还没有原行政机关对于自身作出的行政行为予以自我治愈的规定。

（二）司法审判中的瑕疵治愈

司法审判实践中对"瑕疵治愈"的一般认识是,尽管被诉行政行为存在某一或某些不符合法律规定的情形,但这一或这些不合法之处并不影响行政行为最终的合法性认定,或虽然"前手"行政行为存在违法行为,但后续行政行为已对前述行政行为予以了纠正,使得该行政行为作为连续整体行为被治愈。

涉矿司法实践中常见的"瑕疵治愈"主要包括以下几种情形:

1. 作出的行政行为超过法定期限。如未在规定期限内作出是否受理、许可、延续矿业权的决定等行政行为。

2. 告知、送达有不合法之处。如未在法定期限内邮寄行政决定书,未按照法定告知方式予以告知、送达等。

3. 遗漏签章。如行政复议决定书遗漏签章或签章错误等。

4. 行政行为决定书引用法条存在轻微错误或笔误。此种情况在行政诉讼案件中亦较为常见。如行政复议决定书引用的法条条款正确,但适用条款"项、目"出现错误或笔误等。

5. 延续行政行为,后行政行为视为对前行政行为瑕疵的治愈和合法延续。

此种情况主要发生在涉及矿业权延续的行政诉讼中,如前手矿业权延续行为存在矿产资源主管部门无权颁证行为,但后手矿业权延续时有权行政机关给予了延续,那么后手行政行为即视为对前行政行为瑕疵的治愈和合法延续。

综上所述,笔者认为,无论是行政复议还是司法审判中的瑕疵治愈,都必须满足以下条件:行政行为仅是程序上的轻微瑕疵;行政行为未给相对人造成实体权益损害;治愈后的行政行为不会使相对人的实体权益造成减少,或者增加负担。总而言之,瑕疵治愈制度应建立在公共利益本位论的价值基础上,在追求公益的过程中,平衡公正与效率的关系。

四、对瑕疵治愈制度设立的相关建议

(一)在《行政复议法》层面明确建立瑕疵治愈制度

虽然瑕疵治愈制度的雏形在《国土资源行政复议规定》中得以确立和体现,但无论是在法律位阶,还是在具体规定层面都有待完善和加强。因此,笔者建议在《行政复议法》中明确设立瑕疵治愈制度,赋予行政复议机关瑕疵治愈权。在《行政复议法》进行修改时,除了保留行政复议机关对原行政机关明显且严重违反法定程序的行政行为可以决定撤销的规定外,还应规定对不影响当事人权益或者原行政机关程序违法能够补正或者瑕疵治愈的,行政复议机关可以在完善相应手续的情况下作出驳回复议申请或者维持原行政行为的决定。

此种制度设立的必要性和合理性在于,不仅为自然资源行政复议瑕疵治愈的制度设计提供了更高位阶的法律支持,更在自然资源行政管理体制内找到了一条自我纠正、自我治愈的出路。要知道,原行政行为在事实认定、法律依据等方面存在瑕疵绝不等于原行政行为就必须被撤销,许多瑕疵是可以修正和弥补的。此外,面对无须撤销但又有必要予以纠正的错误,作为行政机关而且还是上级机关的复议机关,理应肩负起这样的责任,无论是对于行政机关来说,还是行政相对人而言,这都是有益的。

(二)在作出原具体行政行为的行政机关层面推行瑕疵治愈制度

笔者认为,除了在行政复议机关层面,也可鼓励或推行作出原具体行政行为的行政机关主动进行瑕疵治愈。行政机关如经行政相对人反映或自身发现行政行为确有瑕疵,应主动发起瑕疵治愈程序,对已作出的行政行为进行自我纠正,这在减少行政相对人主张合法权益所消耗的人力、财力和精神成本的同时,也是对上级行政机关复议工作的支持。

(三)在司法审判层面上建立补正判决制度

笔者建议在司法审判层面增加补正判决制度。所谓补正判决,即是法院在审查行政行为过程中,针对程序上存在轻微瑕疵但未给相对人实体利益造成损害的行政行为责令行政机关给予补正的判决。也就是说,补正判决对行政行为的程序性错误给予了事后补救的机会,而不是一律撤销推倒重来,其实质是对被诉行政行为效力附条件的肯定,是基于现代法治理念,强调行政行为实质合法性,强调公正和效率的统一。如可规定:“行政行为在程序上存在轻微瑕疵的,人民法院可以在确认被诉具体行政行为违法的前提下,责令行政机关在指定期限内补正;造成损害的,可以依法判决承担赔偿责任。”

因此,补正判决实际上是在主判决基础上对行政机关附加的作为义务,即限期予以纠正。此种判决的好处即在于一方面要求行政机关必须为其作出的瑕疵行政行为埋单,通过再次履行行政行为纠正以往犯下的错误;另一方面使得行政行为本身完成从瑕疵到合法的转变过程,体现了行政行为的严肃性和合法性。

第四篇　重大资产重组

破·局

——矿业新政下上市公司收购矿业公司股权及矿业权应关注的重点问题

随着新《证券法》和上市公司再融资新规[①]的实施,证券市场以信息披露为核心的注册制理念将进一步得到贯彻和落实。上市公司更加透明的信息披露不但能减少与投资者的信息不对称,更能够降低上市公司交易活动的成本,提高交易效率。

上市公司经营过程中的信息披露表现方式包括定期报告和临时报告。定期报告主要为年度报告、中期报告和季度报告。发布临时报告的主要情形规定在《上市公司信息披露管理办法》(证监会令〔2007〕第40号)第30条:"发生可能对上市公司证券及其衍生品种交易价格产生较大影响的重大事件,投资者尚未得知时,上市公司应当立即披露,说明事件的起因、目前的状态和可能产生的影响"。其中,所谓重大事件即指为公司的重大投资行为和重大购置财产行为所作出的决定。因此,但凡涉及重大投资和重大资产购置,上市公司均需及时披露;同时,如已披露事项对上市公司证券及衍生品种交易价格产生较大影响,亦应当及时披露进展或者变化情况及可能产生的影响。

关于上述信息披露事项的具体要求,证券监管机构基于各个行业不同的特点就行业信息披露要求作出了指引。就矿业行业而言,上交所印发了《上市公司行业信息披露指引第三号——煤炭》《上市公司行业信息披露指引第八号——石油和天然气开采》《上市公司行业信息披露指引第二十八号——有色

① 中国证券监督管理委员会于2020年2月14日发布了修订后的《上市公司证券发行管理办法》《创业板上市公司证券发行管理暂行办法》《上市公司非公开发行股票实施细则》《发行监管问答——关于引导规范上市公司融资行为的监管要求》(统称"再融资新规")。

金属》等行业信息披露指引；深交所印发了《深圳证券交易所行业信息披露指引第 2 号——上市公司从事固体矿产资源相关业务》《信息披露业务备忘录第 14 号——矿业权相关信息披露》等行业信息披露指引。

近年来，在生态文明建设理念的指引下，国家对矿产资源权益金征收制度、矿业权出让制度以及自然资源监管机构等进行了重大改革，上述重大改革势必对矿业企业生产经营产生重大影响。因此，笔者基于商业考量、交易监管及信息披露要求，结合对矿业政策的理解和上市公司收购经验，在本章中通过分析涉矿交易信息披露的现状以及交易所问询的监管重点，总结上市公司在涉矿收购时都不得不关注的重点问题。考虑到无论是收购矿业公司股权还是直接收购矿业权（以下简称“涉矿交易”）交易的终极目的均是控制矿业权并获得勘查开发权益，故在本文中不再区分具体收购目标，而直接从收购目的角度来分析应关注的重点问题。

一、是否符合矿产资源等各种规划是涉矿交易的前置条件

一个矿业项目能否顺利推进，能否纳入各级矿产资源规划是基本前提，在矿产资源规划的基础上，还需进一步核查其是否符合产业发展规划甚至国土空间规划。

（一）是否符合矿产资源规划

《矿产资源法》第 7 条规定：“国家对矿产资源的勘查、开发实行统一规划、合理布局、综合勘查、合理开发和综合利用的方针。”第 17 条规定：“国家对国家规划矿区、对国民经济具有重要价值的矿区和国家规定实行保护性开采的特定矿种，实行有计划的开采；……”实践中根据规划的级别可分为全国矿产资源规划及省级矿产资源规划。

根据《矿产资源规划编制实施办法》（自然资源部令第 5 号）、原国土资源部《关于进一步规范矿产资源勘查审批登记管理的通知》（国土资规〔2017〕14 号）、原国土资源部《关于做好矿业权设置方案审批或备案核准取消后相关工作的通知》（国土资规〔2015〕2 号）的规定，自然资源主管部门在审批登记矿业权时将首先关注该矿业权设置是否符合矿产资源规划。不符合矿产资源规划的，矿业权的延续、探转采、分立、合并、扩界、变更矿种等都将不予审批。另外，实践中问题比较突出的是政府各类矿业权整合项目。由于矿业权设置方案已经

作为专篇被纳入矿产资源规划中,各地临时性的整合方案设置已经不能作为矿业权审批的依据,故核实整合项目的标的矿业权是否符合现行矿产资源规划以及预测未来持续规划纳入的可能性成为重中之重。

(二)是否符合产业发展规划

除矿产资源规划外,国家对于能源类矿种或其他特殊矿种都由产业主管部门进行产业规划管控。如目前煤炭项目不但要受到《国家"十三五"能源发展规划》的规制,还受到《煤炭工业发展"十三五"规划》以及各地方煤炭能源发展规划的规制。

以笔者经历的两个案例为例。一是某大型集团在内蒙古鄂尔多斯投资的超10亿吨煤矿项目,在开展了大量前提工作后,由于该项目未被纳入国家"十三五"能源发展规划,亦未被纳入国家煤炭工业发展"十三五"规划,导致该煤矿建设无法通过国家发改委的核准,从而进一步导致该标的探矿权的转采工作无法推进,前期投入的大量资金处于闲置状态。二是新疆某大型煤矿项目出于技改扩产的需要,公司以自身采矿权为基础收购部分周边探矿权及部分采矿权,意图整合扩储未来矿权。但产能技改投资完成且验收合格后,在办理环评批复和安全生产许可证时才发现,该项目由于位于水源保护区早已经被能源主管部门剔除在"十二五"能源发展规划之外,无法正常合法生产。

(三)是否符合国土空间规划等

2019年5月23日,中共中央、国务院下发《关于建立国土空间规划体系并监督实施的若干意见》,要求将主体功能区规划、土地利用规划、城乡规划等空间规划融合为统一的国土空间规划,实现"多规合一",同时确立了2020~2035年的国土空间规划工作目标。

2019年5月28日,自然资源部下发《关于全面开展国土空间规划工作的通知》(自然资发〔2019〕87号),要求主动履职尽责,建立"多规合一"的国土空间规划体系并监督实施,同时对多项具体工作如何衔接和布置进行了安排和落实。从各地目前国土空间规划编制的情况来看,各地均在快速推进编制工作,多个市县公开报道要在2020年6月之前完成本辖区国土空间规划的编制。国土空间规划的编制对矿业发展的影响主要集中在生态红线范围与矿业建设项目的冲突,以及土地利用总量限制与矿业建设用地的冲突。

从规划立法逻辑上来讲,国土空间规划是前提,各类规划以及生态保护区域的开发政策应围绕国土空间规划并彼此衔接制定。但由于我国规划立法的滞后以及各规划编制的现状,往往会出现各规划之间没有衔接甚至相互冲突的问题,这就要求在重大矿业项目交易前务必核实是否存在与规划或生态保护红线冲突的否决项。可喜的是,2019 年 12 月 17 日自然资源部发布了《矿法修订草案》。该草案第 12 条第 2 款已经明确规定:国务院自然资源主管部门应当依据全国国民经济和社会发展规划纲要、全国国土空间规划纲要,会同国务院有关部门编制全国矿产资源规划,对矿产资源的保护、勘查和开采的总量、结构、布局等作出安排,报国务院批准后实施。

二、矿业权基础资料的真实性、合法性是涉矿交易的核心

涉矿交易的核心是通过收购得到有价值的矿业权,而矿业权价值高低的判断除了依据市场交易经验外,还直接受该矿业权对应的矿产资源储量以及与储量有关的其他参数的影响,如规模、三率、开采方式等。当然,一切的前提还是必须拥有真实合法有效的矿业权证。为避免重复,下文将以采矿许可证为例进行阐述。

(一)对采矿许可证真实性、合法性、有效性的核查

随着网络技术的发展,可以足不出户地在自然资源部的网站上查出目标采矿许可证的基本信息,包括矿业权人、生产规模、矿种、矿权范围等主要信息。但即便这样,矿业权证一定真实、合法、有效吗?未来一定不会因其他原因被行政机关撤销、吊销、注销或者不予延续吗?

笔者在矿业法律服务生涯中,已经碰到至少数十起因为各种原因导致采矿许可证被撤销、撤回或者吊销的案例。为给予投资人提示,在此简要列举如下:

1. 因地质资料严重造假采矿许可证被撤销的。例如,在原国土资源部对外发布的 2017 年十大复议案件中的“梁某明不服内蒙古自治区国土资源厅采矿权注销公告案”中,复议机关认为,根据《行政许可法》第 69 条的规定,被许可人以欺骗、贿赂等不正当手段取得行政许可的,行政许可应当予以撤销。由于兴和县白红沟铁矿采矿许可证取得时提供的有关文件和材料已经被司法机关认定为伪造,该采矿许可证自始无效。但内蒙古区厅作出采矿权公告注销,仅对该矿业权已经废止的自然状态进行了认定,属于事实不清、依据错误。据此,原国土资源部作出行政复议决定,撤销了内蒙古厅注销兴和县白红沟铁矿采矿权

公告行为,并责令重新作出决定。同时其在发布的案例评析中认为,内蒙古区厅应当主动撤销该采矿权许可证。

2. 因违反矿业权出让招投标制度采矿许可证被撤销的。例如,在广西某案件中,采矿许可证因该采矿权的取得违反出让招拍挂制度而被利害关系人申请撤销。

3. 因政府产业政策调整要求某类矿山关停并转而被注销的。例如,原国土资源部《关于完善矿产资源开采审批登记管理有关事项的通知》(国土资规〔2017〕16号)第3条第22项规定:"登记管理机关应及时清理过期采矿权,对采矿许可证有效期届满前未按要求申请延续登记的,由登记管理机关纳入已自行废止矿业权名单向社会公告。采矿权在有效期内因生态保护、安全生产、公共利益、产业政策等被县级及以上人民政府决定关闭并公告的,由同级国土资源主管部门函告原登记管理机关。采矿权人应当自决定关闭矿山之日起30日内,向原登记管理机关申请办理采矿许可证注销登记手续。采矿权人不办理采矿许可证注销登记手续的,由登记管理机关责令限期改正;逾期不改正的,由原登记管理机关吊销采矿许可证,并根据《中华人民共和国行政许可法》第七十条规定办理采矿许可证注销手续。"

4. 因为自然保护区退出、矿业权整合没有按期完成、未按期缴纳矿业权出让收益、矿业权重叠未解决等情形而不予延续的

综上所述,即便是形式上合法有效的采矿许可证,也往往会因为其设立的各种前提条件发生重大变化而存在被撤销、吊销的风险,最终导致被行政机关注销。而此种风险是每个交易都无法承受的重大不利变化,近几年已上演多幕这样折戟沉沙的案例。因此,专业的矿业律师不能仅限于帮助客户去查询采矿许可证的基本信息及状态,真正需要去核实判断的是,基于采矿许可证的资料,未来标的采矿许可证是否存在灭失的风险,以及判断标的勘查许可证未来转采以及采矿许可证到期延续是否存在重大否决性障碍。

(二)地质储量报告可靠性核查

储量规模是各方交易的基础,如何判断交易所依据的地质储量报告的可靠性,同时规避业内经常出现的"雷坑",也是涉矿交易中的重中之重。

1. 一份合规地质储量报告形成的过程,不同主体扮演着不同的角色

一是矿业权人。其作为勘查资金的投入方,委托地勘单位对标的矿区进行地质勘查,是矿业权交易主体之一。但实践中,部分矿业权人基于不同的目的,

往往会要求地勘单位扩大或缩小矿产资源储量。

二是地勘单位。作为地质勘查工作的实际执行人,其工作及结果是地质储量形成的基础,在矿产资源储量形成中至关重要。地勘单位在接受矿业权人委托后,按照勘察设计及规范等进行野外勘查工作、编制地质储量报告或储量核实报告。但现实中,部分地勘单位出租、出借勘查资质严重影响报告质量,甚至不进行野外工作、样品采集,而是闭门造车,编制虚假报告。

三是矿产资源储量评审机构。作为对矿产资源储量进行审查、评价和技术鉴定的专业机构,其储量评审工作是矿产资源储量确认的一个关键环节。实践中,评审机构主要为矿产资源主管部门下属储量评审中心,部分具有评审资质的矿产资源评估公司也可从事储量评审工作。评审机构不仅要解决储量报告公信力和市场认可度的问题,其工作也是从技术角度分析地质储量可靠性的一个保证措施。但实践中,部分评审机构仅进行书面分析,对勘查岩心、原始资料核实较少甚至不予核实,抑或是聘请专家无针对性,导致评审失去实质意义。

四是自然资源主管部门。作为自然资源主管部门,以及矿产资源储量评审报告的备案主管部门,其负责对由矿产资源储量评审中心提交的评审后的矿产资源储量的备案工作。自然资源部《关于推进矿产资源管理改革若干事项的意见(试行)》(自然资规〔2019〕7 号)①第 10 条规定:“……自然资源部负责本级已颁发矿业权证的矿产资源储量评审备案工作,其他由省级自然资源主管部门负责。”

2.“地质储量”交易中常见的“雷坑”

从笔者亲历以及整理的案例来看,有相当一部分涉矿交易争议案件是由于赖以交易的基础即资源储量问题而引发的。这种问题往往存在以下几个类型:

(1)储量评审备案行为因存在重大瑕疵而无效。如在某铜业有限公司不服青海省国土资源厅矿产资源储量评审备案证明案中,复议机关认为,矿产资源储量评审备案是行政机关对矿产资源储量评审报告以及储量评审意见进行审核,并予以确认的具体行政行为,发现矿产资源储量评审备案过程中存在不符合法律规定情形的,行政机关应当予以撤销。

(2)地质储量报告未经评审备案。笔者经历的大量涉矿交易均因该原因引起争议。部分矿业权人因某种商业目的,在原地质储量报告隐瞒新发现储量,

---

① 本规范性文件将于 2020 年 5 月 1 日生效。

不进行相应的评审备案并交纳价款或者出让收益等。但是在交易时,各方以未经备案的新地质储量报告进行交易,导致出现新报告地质储量可靠性不足的问题,同时也面临着新形成的地质储量报告虽经评审,但与原采矿许可证无法匹配,导致未来扩能等存在障碍,采矿权变更困难而新认可储量无法形成产能的情况。各方最终因新报告新增储量的可靠性、无法实现等问题而对簿公堂。

(3)基础资料如提供虚假钻孔资料、岩心造假等导致资源储量报告失实。例如,在某金矿并购案中,[①]据原矿主交代,其通过买通某地质大队相关人员,在地质大队采集到的岩芯中添加金粉,人为提高黄金储量数据。又如,在东方时空报道的"假报告办出真矿证案件"中,探矿权人委托某个人不经勘探,编造地质勘查报告及其他相关材料并加盖伪造的地勘单位公章。该编造的地质勘查报告经过储量评审备案后,作为交易价格确定基础资料。该探矿权人与投资人进行了股权交易,投资人交割完成后发现该矿无矿可采,遂提起了民事、行政、刑事等一系列诉讼。投资人虽最终胜诉,但因该探矿权人已无其他资产可供执行而损失巨大。

综上,在涉矿交易中,建议聘请专业技术团队参与地质储量编制机构的编制过程,对签章的主要负责人进行访谈,对作为地质储量报告编制基础的钻孔、样品、化验结果等进行查看,尽可能通过多种手段确定报告及数据的真实性。在资金、时间、技术力量等均允许的情况下,可以地质储量报告为基础选点打验证钻,验证报告真实性。

(三)开发利用方案和可行性研究报告的核查

根据《矿产资源开采登记管理办法》(国务院令第241号)第5条的规定,采矿权申请人申请办理采矿许可证时,应当向登记管理机关提交申请登记书、和矿区范围图、矿产资源开发利用方案等申请资料。《关于加强对矿产资源开发利用方案审查的通知》(国土资发〔1999〕98号)要求,凡新建矿山申请采矿权时,申请人必须编报开发利用方案,并经审批机关委托的技术机构组织专家审查及审批机关审定后方可作为申请采矿权的依据。实践中,矿业权人往往委托矿山设计院等技术机构在评审备案的地质储量报告基础上,结合其他材料编制可行性研究报告,并把开发利用方案作为专篇编入可行性研究报告中。同时,在开发利用方案中,通常是依据市场分析、建设方案、主要生产工艺、矿床开采、

① 赵铁龙、刘键、苏泽:《举报信揭开金矿黑幕》,载《检察日报》2017年11月21日。

选矿及尾矿设施、环保、安全、投资总额及技术经济评价等，确定设计可利用资源储量、可采出的资源储量、采出原矿石量、采出原矿石品位，确定矿山采矿回收率、选矿回收率、采矿贫化率、设计生产规模及矿山服务年限等。开发利用方案也是矿业权评估的一个重要依据，其数据尤其是“三率”的真实性直接影响到矿业权的估值。

但实践中也存在开发利用方案未经评审备案、开发利用方案数据不真实或不合理，导致投资人损失的案例。例如，美利云（000815）在收购梁水园煤矿时就因该矿“《开发利用方案》未经过专家评审及备案，且方案中的生产成本水平明显不合理等”原因而被评估机构列明“情况说明”，从而在一定程度上影响了采矿权的取得。

三、核查是否存在矿业权重叠的问题

矿业权重叠是指不同矿业权人持有的矿区空间范围彼此出现平面交叉或者立体垂直投影上下重叠的问题。由于我国共伴生矿床多、单一矿床少的矿产资源分布特点，矿产资源规划和矿业权设置方案制度建设滞后以及历史上私挖滥采遗留问题等原因，实践中还存在大量矿业权重叠现象，引发了多起安全事故。为此，自然资源主管机关先后出台多项制度对此进行限制，实践中甚至作出不解决重叠问题就不予延续矿业权的决定。[①] 因此，上市公司在涉矿交易过程中有必要了解矿业权重叠的立法现状以及行政机关的监管态度，以便于在判断是否可行时作出正确决策。

（一）《矿产资源法》并未对矿业权重叠作出规定

《矿产资源法》第 30 条规定：“在开采主要矿产的同时，对具有工业价值的共生和伴生矿产应当统一规划，综合开采，综合利用，防止浪费；对暂时不能综合开采或者必须同时采出而暂时还不能综合利用的矿产以及含有有用组分的尾矿，应当采取有效的保护措施，防止损失破坏。”但该条款只是侧重于规范矿产资源的综合开采和利用，并没有具体的共生伴生矿矿业权的设立规定，亦未明确规定矿业权重叠问题。就实践中普遍存在的矿业权重叠问题，《矿法修订草案》第 21 条第 2 款规定：“县级以上人民政府自然资源主管部门在同一区域分层设置不同种类矿业权时，应当符合安全生产要求，并依法保障已有矿业权

① （2018）最高法行再 6 号“郴州饭垄堆矿业有限公司与原国土资源部行政复议决定案”。

人的权益。”

（二）矿业权在垂直投影范围内原则上不得重叠

国土资规〔2017〕和原国土资源部《关于完善矿产资源开采审批登记管理有关事项的通知》（国土资规〔2017〕16号）分别规定了新立探矿权和采矿权不得与已设矿业权垂直投影范围重叠，并进一步规定了例外情形。以国土资规〔2017〕16号文规定的采矿权重叠除外情形为例：

一是申请范围与已设矿业权范围重叠，申请人与已设矿业权人为同一主体的。

二是油气与非油气之间，新立采矿权与已设矿业权重叠，双方签订了互不影响和权益保护协议的。其中包括，新立油气采矿权与已设小型露采砂石土类采矿权重叠，或新立小型露采砂石土类采矿权与已设油气矿业权重叠，申请人向登记管理机关提交了不影响已设矿业权人权益承诺的。

三是新立可地浸砂岩型铀矿采矿权与已设煤炭矿业权重叠，双方签订了互不影响和权益保护协议的，互不影响和权益保护协议不得损害国家利益和第三方合法权益。采取承诺方式的，小型露采砂石土类采矿权申请人应当承诺不影响已设油气矿业权勘查开采活动，确保安全生产、保护对方合法权益等；油气采矿权申请人应当承诺合理避让已设小型露采砂石土类采矿权，且不影响其开采活动，无法避让的要主动退出，以确保安全生产、保护对方合法权益等。

（三）同一矿业权人存在重叠的矿业权不得单独转让

国土资规〔2017〕14号文明确规定，属同一主体的已设采矿权与其上部或者深部勘查探矿权，不得单独转让。同时，16号文第3条第17项明确规定，同一矿业权人存在重叠的矿业权单独转让变更的，采矿权不得办理转让变更登记。

综上，拟收购标的矿业权如存在重叠问题，可能导致无法探转采，采矿权无法延续。如同一矿业权人的不同矿权存在重叠，将矿业权单独转让的，也将面临无法办理转让变更登记的风险。因此建议上市公司在涉矿交易过程中应与自然资源主管部门沟通，并核实标的矿业权是否存在重叠。

四、核查矿业权所在土地合法性以及未来取得建设用地的可能性

在实践中存在大量合法采矿、违法用地的现象，部分矿业企业为了降低成

本或其他原因采用“以租代征”等不符合我国《土地管理法》规定的用地方式，矿业权与土地使用权冲突较为明显且长期存在。了解矿业用地冲突产生的原因并试图规避不同阶段矿业用地的风险，同时探讨如何满足证券监管机构的要求，是上市公司涉矿交易以及未来矿山运营必须要解决的问题。

(一)矿业权与土地使用权冲突的根本原因

矿业权与土地使用权冲突问题的根本原因在于法律关系要素之间的冲突，然而规范该种冲突的立法又相对滞后。

一是权利主体的矛盾。矿业权和土地使用权分别由两套法律体系来规范，实行两套审批制度。两者很有可能归属于不同的权利人，取得矿业权的人不一定能够取得土地使用权；反之亦然。

二是权利客体的矛盾。矿业权的客体是赋存于其权利范围内的矿产资源；土地使用权的客体则为其权利范围内的土地资源，两者在地理空间上存在一定范围交叉。

三是权利内容的矛盾。矿业权和土地使用权均属于物权法的调整范畴，都具有对世性和排他性，但若两个不同的权利主体均行使权利，则无法界定哪一权利更具排他性，哪一权利较之另一权利更优先。

四是行使方式的矛盾。矿业权人在从事矿产资源勘探、开采等活动中很有可能会对地表土地产生破坏等不利影响，土地使用权人在从事地面建设等活动时也可能会给矿产资源带来压覆等方面的妨害。

二者冲突的直接原因则是缺乏明确具体的冲突协调规范。矿业用地法律规范缺位，没有形成统一、明确和具体的矿业权与土地使用权的冲突协调机制，上述冲突也导致矿业项目用地问题需要被重点关注。

(二)勘查阶段用地问题及提示

勘查用地主要涉及钻孔所占面积、部分矿种涉及道路，绝大部分都在探矿权区域范围内。根据《土地管理法》第 57 条①以及《土地管理法实施条例》

---

① 《土地管理法》第 57 条规定：“建设项目施工和地质勘查需要临时使用国有土地或者农民集体所有的土地的，由县级以上人民政府自然资源主管部门批准。其中，在城市规划区内的临时用地，在报批前，应当先经有关城市规划行政主管部门同意。土地使用者应当根据土地权属，与有关自然资源主管部门或者农村集体经济组织、村民委员会签订临时使用土地合同，并按照合同的约定支付临时使用土地补偿费。临时使用土地的使用者应当按照临时使用土地合同约定的用途使用土地，并不得修建永久性建筑物。临时使用土地期限一般不超过二年。”

第28条①的规定以及勘查用地占用面积小、占用时间短、对植被及周边环境破坏较小等特点,勘查用地在实践中较多采用临时用地方式。此外,如临时用地涉及城市规划区域内的土地,应经城市规划主管部门同意。如涉及国有土地,需与自然资源主管部门签署临时使用土地合同。如涉及农村集体所有的土地,需与农村集体经济组织、村民委员会签订临时使用土地合同。

需要关注的是,油气类勘查项目除了钻井、道路等使用临时用地,还必须对应配建各类站,同时根据矿权管理规定,油气勘探取得成果后必须开展试采,且基于安全环保及工艺流程的要求,在配建各类站及处理厂等配套设施时将涉及永久性建筑问题。

(三)采矿阶段用地问题及提示

采矿用地根据开采方式不同可分为露天开采项目用地和井工开采项目用地,实践中,露天开采项目由于露天开采区域及采排土较多,一般相较井工开采占地面积大,其余用地露天开采和井工开采基本相同,主要包括办公区用地、工矿厂区用地、道路用地、尾矿库用地等。

根据《土地管理法》第4条第3款②以及《土地利用现状分类》(GB/T 21010-2017)的规定,采矿、采石、采砂(沙)场、砖瓦窑等地面生产用地,排土(石)及尾矿堆放地属于第二类建设用地中0602类。故从法律规定上来讲,进行采矿所需占用的土地均应属于建设用地。但事实是,采矿活动基于其特点多位于农用地或林地中,往往需要先行通过征转并出让完成后才能合法使用土地。在办理征转等手续时又多会遇到诸多问题:一是办理矿业建设用地之前需要采矿权的信息来计算使用面积,因此在采矿权审批未完成的情况下,占用面积信息无法确定,导致土地征转手续不能与采矿许可证的办理同步推行;二是矿业用地往往占用面积较大,各地建设用地的指标有限,能够在采矿的同时取得合法的全部土地使用权难度较大;三是对于井工矿山,开采区表面对应的土地按照法律规定也必须征用,导致矿业企业用地浪费,投资加大;四是部分企业为节约成本,

① 《土地管理法实施条例》第28条规定:"建设项目施工和地质勘查需要临时占用耕地的,土地使用者应当自临时用地期满之日起1年内恢复种植条件。"

② 《土地管理法》第4条第3款规定:"前款所称农用地是指直接用于农业生产的土地,包括耕地、林地、草地、农田水利用地、养殖水面等;建设用地是指建造建筑物、构筑物的土地,包括城乡住宅和公共设施用地、工矿用地、交通水利设施用地、旅游用地、军事设施用地等;未利用地是指农用地和建设用地以外的土地。"

采取以租代征方式使用土地，违反土地管理法律法规的规定，属于违法用地；五是已核准项目的接续项目，如需使用土地的，仍需履行土地预审等一系列手续；六是已经取得的土地使用权用地期限与采矿许可证证载期限不同，如采矿权期限较之土地使用权期限更长，则还需办理相应的土地延续审批或租赁手续。

同时，在上市公司进行涉矿交易时，证监会及交易所对于其用地的合法性亦给予了特别关注。如大中矿业 IPO 因以租代征违法占地问题未能上市成功。证监会就矿业用地部分，主要核实其矿业项目是否已合法获得土地使用权，或已合法租赁取得相应土地使用权。就以租赁方式取得土地使用权的，则需说明土地租赁持续性问题。

基于证监会、交易所重点关注的及现实中存在的土地使用权问题，建议上市公司在收购过程中关注矿业用地的合法性和持续性。

五、核查矿业权权益金缴纳情况，避免存在潜在风险

2017 年 4 月 13 日，国务院印发的《关于印发〈矿产资源权益金制度改革方案〉的通知》（国发〔2017〕29 号）开启了矿产资源权益金制度的改革。该通知以维护和实现国家矿产资源权益为重点，以营造公平的矿业市场竞争环境为目的，分别在矿业权出让环节、占有环节、使用环节以及矿山环境治理恢复环节建立了符合我国特点的新型矿产资源权益金制度。为使上市公司在涉矿交易中充分关注此类问题，笔者简要梳理及建议如下：

（一）矿业权出让环节的出让收益制度

根据国发〔2017〕29 号文的规定，在矿业权出让环节，将探矿权采矿权价款调整为矿业权出让收益。将现行只对国家出资探明矿产地收取、反映国家投资收益的探矿权采矿权价款，调整为适用于所有国家出让矿业权、体现国家所有者权益的矿业权出让收益。具体征收办法由财政部会同国土资源部另行制定。至此，国家出资探明矿产地的概念被抛弃，国家对矿产资源享有的权益利益亦从投资收益转变为所有者权益。并将出让收益的确定方式调整为以拍卖、挂牌、招标方式出让的，竞得人报价金额作为矿业权出让收益；以协议方式出让的，按照评估价值、类似条件的市场基准价就高确定矿业权出让收益。

为落实中央出让收益改革方案，2017 年 6 月 29 日，财政部、原国土资源部发布了《关于印发〈矿业权出让收益征收管理暂行办法〉的通知》（财综〔2017〕

35号),其中第2条规定:"申请在先方式取得探矿权后已转为采矿权的,如完成有偿处置的,不再征收采矿权出让收益;如未完成有偿处置的,应按剩余资源储量以协议出让方式征收采矿权出让收益。尚未转为采矿权的,应在采矿权新立时以协议出让方式征收采矿权出让收益。"第3条规定:"对于无偿占有属于国家出资探明矿产地的探矿权和无偿取得的采矿权,应缴纳价款但尚未缴纳的,按协议出让方式征收矿业权出让收益。其中,探矿权出让收益在采矿权新立时征收;采矿权出让收益以2006年9月30日为剩余资源储量估算基准日征收(剩余资源储量估算的基准日,地方已有规定的从其规定)。"至此明确了无论是以何种方式取得的矿业权,只要未处置过价款或者按照过往政策不需要处置价款,均需要按照财综〔2017〕35号文缴纳出让收益。该变化对于通过申请在先方式取得矿业权且尚未完成有偿处置的矿业权人将产生重大影响,因此建议上市公司在进行交易时务必关注矿业权的取得方式以及价款的处置情况,避免出现遗漏矿业权出让收益需要重新缴纳的情形。

(二)矿业权占有环节的矿业权占用费

在矿业权占有环节,将探矿权采矿权使用费整合为矿业权占用费,将现行主要依据占地面积、单位面积按年定额征收的探矿权采矿权使用费,整合为根据矿产品价格变动情况和经济发展需要实行动态调整的矿业权占用费,能有效防范矿业权市场中的"跑马圈地"或"圈而不探"行为,提高矿产资源利用效率。截至目前,自然资源主管部门还未制定相应的管理规定。建议在规定出台前交易的,在矿业权使用费标准的基础上综合考虑未来占用费的缴纳情况。

(三)矿业权开采环节的资源税

我国从1984年开始征收煤炭、石油和天然气的资源税,此后又历经《资源税暂行条例》(国务院令第139号)、《资源税暂行条例实施细则》(财政部令第66号)以及财政部、国家税务总局《关于全面推进资源税改革的通知》(财税〔2016〕53号)等立法过程。2019年8月26日,全国人大常委会在过往立法以及试点的基础上颁布了《资源税法》(主席令第33号),并明确该法于2020年9月1日起全面实施。根据《资源税法》第3条的规定,各省、自治区、直辖市人民政府根据本省情况依据《税目税率表》执行各省具体计征方式及税率,因此,在测算税费负担时需根据不同省份核实其税率后计算资源税。同时考虑到目前正处于资源税法实施过渡期,也需要考虑各地具体过渡期的政策,如根据内蒙古自治区人民政府《关于调整全区煤炭资源税适用税率的通告》(内政发〔2019〕14号)规定,全区煤炭资源税适用税率由9%调整为10%。2020年9月1日《资源税法》施行后,全区煤炭资源税适用税率由自治区人大常委会另行决定。

六、核实矿山建设项目的项目立项、环保等审批手续

矿业项目是强行政许可和监管项目,项目从建设、验收到正式生产,往往需要取得大量许可及批复,其中,矿山建设项目的立项核准或备案、环评批复等又最为重要。

(一)项目立项问题

根据《企业投资项目核准和备案管理办法》第4条的规定,根据项目不同情况,分别实行核准管理或备案管理。对关系国家安全、涉及全国重大生产力布局、战略性资源开发和重大公共利益等项目,实行核准管理;对其他项目实行备案管理。同时,根据国务院《关于发布政府核准的投资项目目录(2016年本)的通知》(国发〔2016〕72号)的规定,其中需要核准的矿业开发项目有:一是国家规划矿区内新增年生产能力120万吨及以上煤炭开发项目由国务院行业管理部门核准,其中,新增年生产能力500万吨及以上的项目由国务院投资主管部门核准并报国务院备案;国家规划矿区内的其余煤炭开发项目和一般煤炭开发项目由省级政府核准;国家规定禁止建设或列入淘汰退出范围的项目,不得核准。二是稀土、铁矿、有色矿山开发,由省级政府核准。三是稀土冶炼分离项目、稀土深加工项目由省级政府核准。四是黄金的采选矿项目由省级政府核准。当然,国家发改委和各地发改委也会根据行业具体发展状况适时出台临时性的项目管制措施,收购时也需要研究判断。如国发〔2016〕72号文也同时规定,对于煤矿项目,要严格执行国务院《关于煤炭行业化解过剩产能实现脱困发展的意见》(国发〔2016〕7号)的要求,从2016年起3年内原则上停止审批新建煤矿项目、新增产能的技术改造项目和产能核增项目;确需新建煤矿的,一律实行减量置换。

(二)是否位于生态保护红线等禁止或限制开发区域是涉矿交易的另一前置条件

在涉矿交易中除了核实是否符合规划外,还有另一个重要的前置性问题就

是要核实目标矿业权是否处于生态保护红线禁止和限制开发区域，是否处于自然保护区、国家森林公园、各类风景名胜区或者野生动植物保护区等，这也是决定投资项目能否继续推进的重大否决事项。

根据《自然保护区条例》第 18 条、第 26 条及第 32 条的规定，禁止在自然保护区内进行开矿活动，核心区和缓冲区内不得建设任何生产设施，实验区内不得建设污染环境、破坏资源或者景观的生产设施。

原环境保护部、财政部、住房和城乡建设部、水利部、原农业部、原国土资源部、国家发展和改革委员会、原国家林业局、原国家海洋局、中国科学院联合下发的《关于进一步加强涉及自然保护区开发建设活动监督管理的通知》（环发〔2015〕57 号）第 2 条规定："……禁止在自然保护区核心区、缓冲区开展任何开发建设活动，建设任何生产经营设施。"第 4 条规定："……对自然保护区内已设置的商业探矿权、采矿权和取水权，要限期退出；对自然保护区设立之前已存在的合法探矿权、采矿权和取水权，以及自然保护区设立之后各项手续完备且已征得保护区主管部门同意设立的探矿权、采矿权和取水权，要分类提出差别化的补偿和退出方案，在保障探矿权、采矿权和取水权人合法权益的前提下，依法退出自然保护区核心区和缓冲区。"

同时，依据《环境保护法》，中共中央、国务院《关于加快推进生态文明建设的意见》，《关于加强资源环境生态红线管控的指导意见》（发改环资〔2016〕1162 号）及中共中央办公厅、国务院办公厅《关于划定并严守生态保护红线的若干意见》的规定，各省份依据涵养水源、保持水土、防风固沙、调蓄洪水、保护生物多样性，以及保持自然本底、保障生态系统完整和稳定性等要求，兼顾经济社会发展需要，划定生态保护红线。生态保护红线原则上按禁止开发区域的要求进行管理。严禁不符合主体功能定位的各类开发活动，严禁任意改变用途。

自然资规〔2019〕7 号文第 3 条规定："依据地质工作成果和市场主体需求，建立矿业权出让项目库，会同相关部门，依法依规避让生态保护红线等禁止限制勘查开采区，合理确定出让范围，并做好与用地用海用林用草等审批事项的衔接，以便矿业权出让后，矿业权人正常开展勘查开采工作。"

综上，自然生态保护红线范围等禁止限制开发区域内的矿业权将可能面临着被要求限期退出的风险。如盛达资源在收购内蒙古光大矿业时，就因收购标的矿业权位于自然保护区内，导致盛达资源不得不回购股权，而且标的矿业权是否位于生态保护红线内也是证监会和交易所关注的重要问题之一。因此，建议上市公司进行涉矿交易时，前往生态环境主管部门、自然资源主管部门核实其是否处于生态保护红线范围内或是否面临着被划入的风险，是否存在被限期退出的风险。

（三）环评批复、环保设施验收及环保税缴纳问题

1. 是否已经完成环境影响评价及环境保护设施验收

根据《环境影响评价法》《建设项目环境影响评价分类管理目录》以及《建设项目环境保护管理条例》等相关规定，矿业建设项目应制作环境影响评价报告书并由生态环境主管部门审批。如未进行环境影响评价报告书审批即擅自开工建设的，则可能被处以责令停止建设、限期恢复原状和/或罚款的行政处罚。

同时根据《环境保护法》以及《建设项目环境保护管理条例》的规定，建设项目应进行环境保护设施验收，如未规定时间未申请或未通过验收即投入使用的，将面临被处以责令停止试生产和/或罚款的行政处罚。

2. 矿业项目环境保护税的问题

（1）缴纳标准和区别

2018 年实施的《环境保护税法》用环境保护税取代了施行近 40 年的排污收费制度，其中，大气、水、固体废物、噪声四类污染物采用从量计征的模式，并且除对工业噪声采用了累进税额外，对大气污染、水污染和固体废物污染都采用定额税率。

大气污染物适用税额为每污染当量 1.2～12 元，水污染物适用税额为每污染当量 1.4～14 元。随后，各省、自治区、直辖市也陆续出台了具体应税大气污染物和水污染物的税额标准。从具体数据来看，北京及北京周边河北、天津标准最高，长三角地区次之。除此之外，各不同矿种基于其污染物的不同还需就除水、大气污染物外的其他污染物缴纳环境保护税。以煤矿为例，应税污染物还包括固体废物煤矸石、尾矿、冶炼渣、粉煤灰、炉渣及其他固体废物，各自的计收标准为煤矸石每吨 5 元，尾矿每吨 15 元，冶炼渣、粉煤灰、炉渣及其他固体废物每吨 25 元。

（2）未缴纳环境保护税的处罚

《环境保护税法》第 23 条规定："纳税人和税务机关、生态环境主管部门及其工作人员违反本法规定的，依照《税收征收管理法》、《环境保护法》和有关法

律法规的规定追究法律责任。”据此,就环境保护税违法行为的处罚,不仅包括基于税收征收管理规定的处罚,还有对于污染行为导致的处罚。

就未缴纳环境保护税的处罚,《税收征收管理法》第68条规定:“纳税人、扣缴义务人在规定期限内不缴或者少缴应纳或者应解缴的税款,经税务机关责令限期缴纳,逾期仍未缴纳的,税务机关除依照本法第四十条的规定采取强制执行措施追缴其不缴或者少缴的税款外,可以处不缴或者少缴的税款百分之五十以上五倍以下的罚款。”

环境保护违法行为将依据《环境保护法》《大气污染防治法》《水污染防治法》《固体废物污染环境防治法》等法律法规的规定处罚。

综上,就环保问题,建议上市公司进行涉矿交易时,首先需要核查该矿业权是否与生态保护红线存在冲突,如存在冲突,需要判断未来能否调出;其次要核实其环评批复及环保设施验收文件,避免因环评审批问题导致项目停滞;再次要考虑环保税负对项目商业可行性的影响;最后建议通过公开途径、走访主管机关、公司财务记载的支付信息等推断前期是否存在环保违法及处罚情况。

七、矿业权交易过程中关于评估需关注的问题

根据《矿业权评估方法规范》(CMVS206-2017)的规定,矿业权评估方法包括:折现现金流量法、折现现金流量风险系数调整法、收入权益法、交易案例比较调整法、单位面积倍数法、资源价值比例法、勘查成本效用法、地质要素评序法、基准价因素调整法等九种。但在实务中,对于初期勘查阶段的探矿权多采用地质要素评序法或者勘查成本效用法,对于勘探阶段或者已经完成划定矿区范围批复的探矿权及采矿权多采用折现现金流量或收入权益法。在项目公司持有多个矿业权时,基于不同的矿业权可选择不同的评估方法。如银泰资源(000975)在收购埃尔拉多所持国内黄金资产时,对拟收购资产包含的14个矿业权采用了三种评估方法。其中,东安采矿权、金英采矿权使用的是折现现金流量法,涧间山采矿权、青龙沟采矿权、青龙山探矿权(详查)使用的是收入权益法,其余矿权使用勘查成本效用法。

无论采用何种评估方式,在交易时均需对其选择的合理性予以说明或在问询后予以合理解释。同时需要关注的是,如评估采用折现现金流量法、收入权益法等以未来收益作为估值基础的估值方法时,则应进行业绩对赌,并合理设置业绩对赌条款。关于业绩对赌条款设置等问题详见《业绩对赌条款在涉矿企

业重组交易过程中的应用》。

八、核实矿业权转让和矿业公司股权转让是否需要强制行政审批问题

(一)矿业权转让是否需要审批,矿业权转让合同何时生效

《探矿权采矿权转让管理办法》(国务院令第242号)第4条第1款规定:“地质矿产主管部门是探矿权、采矿权转让的审批管理机关。”《矿业权出让转让管理暂行规定》(国土资发〔2000〕309号)第46条规定:“矿业权转让的当事人须依法签订矿业权转让合同。依转让方式的不同,转让合同可以是出售转让合同、合资转让合同或合作转让合同。转让申请被批准之日起,转让合同生效。”由此,行政法规和规范性文件层面明确规定矿业权转让需要审批。

但在实践中,理论界、行政机关以及司法裁判机构就矿业权转让审批是否影响矿业权转让合同效力的问题一直存在争议。2017年6月24日,最高院发布了《关于审理矿业权纠纷案件适用法律若干问题的解释》(法释〔2017〕12号)。该解释以另外一个角度认可了矿业权转让申请在经自然资源主管部门批准前合同已经成立并对合同双方具有法律约束力。一方当事人拒绝履行报批义务或协助履行报批义务或其他合同义务的,甚至以此为由主张合同无效或要求解除合同的,法院将不予支持。矿业权转让申请获得批准后,矿业权转让合同如不存在违反《合同法》第52条规定情形的则有效。

同时,《矿法修订草案》第25条第2款规定:“矿业权的变更、续期、转让、抵押、灭失,应当进行登记,自记载于矿业权登记簿时发生效力。”矿业权转让审批手续拟变更为登记,未来该问题可能被有效解决,但在新《矿产资源法》颁行前,建议在交易文件中就矿业权转让审批的报批义务进行明确约定,并辅以违约责任。

(二)股权转让能否被视为矿业权转让的问题

股权转让能否被视为矿业权转让的问题已在行政审批及监管程序中纠结多年。从法律上来讲,就转让标的而言,股权转让的标的为项目公司股权,属股东的资产;而矿业权转让的标的为项目公司的无形资产,属项目公司资产,并不相同。但从矿政管理上来讲,基于矿产资源的稀缺性、对国民经济发展的重要性以及行政管理色彩较强的特点,在实践中,部分省份的矿政主管部门将矿业公司股权转让视为矿业权转让,并要求按照矿业权转让办理审批手续。例如,山东省原国土资源厅下发的《关于转发〈国土资源部关于进一步完善采矿权登

记管理有关问题的通知〉的通知》(鲁国土资字〔2011〕508号)第2条第3款规定:“采矿权人以出售、作价出资,引进他人资金、技术、管理等合作经营,企业重组改制等原因,只要采矿权人的股东、股比发生变化,均属采矿权转让行为,必须办理采矿权转让手续”。湖北省原国土资源厅下发的《关于进一步规范探矿权采矿权管理的暂行规定》(鄂土资规〔2009〕1号)第4条第18项要求:“凡两个不同的企业(事业)法人之间发生探矿权、采矿权全部或部分转移的,矿业企业投资主体(控股人)发生变化的,应依法申请探矿权、采矿权转让,并逐级报经原审批登记机关批准。同时,根据《矿法修订草案》第29条第1款、第2款的规定,矿业权人可以依法转让、出租、抵押矿业权。矿业权人以股权转让等形式变更矿业权实际控制人的,视为矿业权转让,应当办理登记手续。”

从上述规定来看,矿产资源行政主管部门倾向于将变更矿业权实际控制人的股权转让视为矿业权转让,应当办理矿业权登记手续。但需要提示的是,此处为登记手续而非审批手续,与目前实践中的规定亦有所不同。考虑到目前监管政策的混乱局面,笔者建议上市公司进行涉矿交易时应将实践中需要审批的可能以及义务落实到交易协议中。同时,如直接转让矿业权,建议将获得行政机关审批列为转让合同的生效条件。

最后,一言以蔽之,其实无论对于上市公司还是非上市公司来说,在进行涉矿交易时都需要关注很多层面的问题。可以说,涉矿交易是一项专业且复杂的并购领域。而对于从事该领域并购交易的律师来说,则需要极强的专业知识和极其丰富的并购经验,方能在交易中维护客户的利益,并促成交易的完成。本章所罗列内容或许仍不能完全覆盖涉矿交易中所需控制的全部风险,但作为交易的一般指引性文件还是基本全面且细致的。笔者也希望能够通过本章的介绍,让更多的上市公司为未来进行涉矿交易中具备该领域的底线交易思维,即在本章阐明的各项标准之上去衡量、思索交易的可行性和未来要面临的风险,从而制定相应的应对措施和交易安排。

出·路

——如何实现煤炭资源配置权益的合法路径分析

在一个阳光明媚春暖花开的午后,笔者的邮箱收到了一封内蒙古客户的来信。信件内容大体如下:

中伦律师您好！我是内蒙古东邪公司(化名)的,我司于2015年通过内蒙古自治区煤炭资源配置政府会议纪要的方式取得西狂井田(化名)3.6亿吨煤炭资源。

西狂井田煤炭资源总储量为26亿吨,现全部储量已被内蒙古自治区人民政府(以下简称"自治区政府")分配给五家企业持有,但井田探矿权已于2018年由南帝公司(化名)通过矿权转让方式取得并一直持有。现自治区政府要求南帝公司作为股权整合主体负责整合井田内的其余三家煤炭资源持有企业,通过按照各自持有的西狂井田资源量等比例配股组建合资公司或向南帝公司增资等方式最终通过股权形式实现配置资源收益。

然而,政府的愿望是美好的,但现实的分歧却是客观存在的。南帝公司不同意增资,且资源配置各方主体对于出资组建合资公司亦始终无法达成一致意见,我司这3.6亿吨煤炭资源收益便始终无法固定下来,且未来遥遥无期,我们该怎么办?

基于上述事实,烦请贵所为我们寻条出路,设计出一条各方都能合规的交易路径,从而保障各方能够顺利完成自治区政府资源配置的会议决议。

笔者审阅本案的所有资料后认为,这是一起典型的"结婚结不成,分手不甘心"的案件。而欲解决本困境,则必须研究明确以下几个问题:(1)内蒙古煤炭资源配置政策的历史沿革是什么?(2)煤炭资源配置的法律依据、权力基础以及法律性质是什么?(3)南帝公司不同意"结婚"的原因是什么?(4)东邪公司

"结婚不成"索要"分手费"的理由及依据是什么？南帝公司支付分手费的合理性依据是什么？如何设计分手协议？(5)达成分手协议的条款拟定需注意什么问题？

接下来，笔者将把上述问题的研究成果全部分享给广大读者，希望能为在内蒙古发生的类似的实现煤炭资源配置收益问题的路径设计提供新思路。

一、内蒙古煤炭资源配置政策的历史沿革

(一)煤炭资源配置政策的兴起

2004年8月19日，自治区政府对外发布《关于进一步加强煤炭资源矿业权设置及重点转化项目资源配置管理工作的意见》(内政字〔2004〕281号)，对内蒙古重点转化项目配置煤炭资源的工作管理要求进行了规范，但未对具体配置标准、方式等问题予以细化。

2005年6月7日，国务院对外发布《关于促进煤炭工业健康发展的若干意见》(国发〔2005〕18号)，提出"坚持煤炭开发与地方经济和社会发展相结合的原则，合理开发利用煤炭资源，促进煤炭、电力、冶金、化工等相关产业的联合和煤炭就地转化，带动地方经济和社会协调发展"。对合理配置煤炭资源进行了原则性的规定，但同样未对资源配置的具体实施作出详细规定。

2009年6月12日，自治区政府对外发布《关于进一步完善煤炭资源管理的意见》(内政发〔2009〕50号)，该文件对煤炭资源配置管理的基本原则，配置条件、标准与要求，资源配置审批程序，资源配置监管等问题进行了规定。具体内容包括：

第一，煤炭资源配置的条件：(1)国家和自治区重点煤炭转化和综合利用项目。(2)符合国家和自治区产业政策，经自治区人民政府确认，一次性完成固定资产投资额在40亿元以上的新建大型装备制造和高新技术项目，个别技术装备水平居全国同行业领先的项目，经自治区人民政府同意，可适当降低有关条件。(3)经自治区人民政府批准同意通过招拍挂方式取得的矿权。(4)自治区内矿山保有资源储量服务年限不足10年、职工安置困难大、无接续资源的资源枯竭型国有及国有控股重点煤炭企业。(5)资源整合中需要扩大周边不宜单独设置采矿权区域的项目。(6)现已配置的煤炭资源量超过项目实际需求的企业，新上项目可先利用已配置的煤炭资源，如果新上项目后续资源不足，可按有关规定另行配置接续资源。(7)已获得国家批准的采矿权并已配置褐煤资源，

上褐煤干燥项目，可视为转化项目，但不再为新上褐煤干燥项目配置资源。

第二，煤炭资源配置的标准：(1)煤炭转化和综合利用项目，按项目有效生产期内实际用煤量1:2的比例配置煤炭资源。(2)新建煤炭资源开发项目，井工单井规模不低于120万吨/年，露天开采规模不低于300万吨/年，且就地转化率均要达到50%以上。(3)特殊稀缺性煤种资源配置，按国家产业政策标准执行，资源就地转化率必须达到60%以上。(4)装备制造项目、高新技术项目固定资产投资每20亿元配置煤炭资源1亿吨，一个项目主体配置煤炭资源最多不超过10亿吨。(5)经批准符合国家产业政策的PVC项目(包括电石)，由自治区经济委员会协调组建1~2个配套兰碳合资企业，根据自治区人民政府确定的生产规模，按1:1的比例配置煤炭资源。(6)经招拍挂获得的矿权，配置煤炭资源条件可适当放宽。

第三，煤炭资源配置的要求：(1)申请配置资源的企业要在自治区内注册独立法人企业，实行属地管理。(2)严禁非法转让矿业权。企业所配置的矿业权转让必须按照法定程序征得有关部门同意，并报自治区人民政府批准。(3)严禁大矿小开、占而不开、越界开采等违法行为。(4)坚持一个规则井田由一个项目主体开发的原则。一个项目主体配置的资源量未达到矿区总体规划要求的，可由批准配置资源的若干项目主体联合开发。(5)自然保护区、重要水源涵养地、国家公园等明令禁止开发区域的煤炭资源不得配置和开发。

据此，我们不难发现，自治区政府出台煤炭资源配置政策的初衷旨在推动发展煤炭转化项目、综合利用项目、装备制造项目及高新技术项目等国家鼓励和支持的产业，利用自身煤炭资源优势发展经济，但在实施过程中却低估了井田出现多个资源配置主体时如何共存并实现煤炭资源配置收益所带来的问题。

2011年7月，内蒙古自治区经济和信息化委员会对外发布了《关于煤炭资源配置项目审核工作程序》①(内经信投规字〔2011〕517号)，进一步对煤炭资源配置项目审核工作的认定程序进行了详细的规定。

2012年4月，自治区政府对外发布了《关于印发自治区完善煤炭资源配置管理若干规定的通知》(内政发〔2012〕126号)。该文件对于煤炭资源配置条件，配置煤炭资源实现方式，以及配置量的计算进行了进一步的调整与明确，并

---

① 根据2015年12月25日向内蒙古自治区人民政府法制工作办公室报送的《内蒙古自治区经济和信息化委员会规范性文件清理目录》内容显示，该文件有效期已届满。

明确了矿业权价款的缴纳标准。

2013年8月，自治区政府对外发布了《关于执行内政发〔2012〕126号文件有关事宜的通知》(内政办发〔2013〕74号)。该通知一方面进一步细化了执行126号文的具体措施，另一方面亦明确了甲醇项目和特色园区项目煤炭资源配置要求。

2014年7月，自治区政府对外发布了《关于印发自治区煤炭资源配置清理工作方案的通知》(内政办发〔2014〕79号)，该文件对于以项目配置资源取得的矿业权的清理、检查及验收提出了清理范围、目标及具体措施。

自此，内蒙古所有同煤炭资源配置工作紧密相关的文件均罗列如上，这里需要提示读者们特别注意内政办发〔2014〕79号文。该文件出台后，自治区政府曾清理了一批不符合资源配置政策的矿业权，但由此引发了一些行政诉讼案件，而煤炭资源配置行为及取得的配置权益的性质也因此进入了司法机关的视野。

(二)煤炭资源配置政策的落幕

受国务院自然资源有偿使用制度以及矿业权出让制度改革的影响，2018年6月20日，自治区政府对外发布了《关于全面实施煤炭资源市场化出让的意见》(内政发〔2018〕22号)。该文件指出："除协议出让情形外的新设煤炭矿业权全面实行招标、拍卖、挂牌等竞争性方式出让，自治区人民政府不再研究新设井田的煤炭资源配置事宜。2018年12月31日前，企业已按照承诺落实了转化项目需配置资源，或将项目变更到其他井田配置的，可由转化项目所在地盟行政公署、市人民政府报请自治区人民政府研究确定。"与此同时，内政发〔2018〕22号文还对缴纳矿业权出让收益进行了规定，即"自治区配置的煤炭矿业权，按照要求落实了转化项目，其同意配置资源量已按照原评估的矿业权价款标准缴纳的，不再新缴纳矿业权出让收益。其余另行配置的资源量，按照现行标准缴纳矿业权出让收益"。

进入2019年后，内蒙古已不再为任何新建投资项目通过赋予煤炭资源配置权的方式变相进行补贴，也不再以项目配资源的名义协议出让任何矿业权。然而，虽然持续了十多年的煤炭资源配置政策已退出历史舞台，但留在舞台上的众多资源配置主体却因无法实现配置收益而始终无法释然，由此引发的争议也在不断上演着。

二、煤炭资源配置行为的法律依据、权力基础、法律性质

解决问题的前提是发现问题，那么，煤炭资源配置行为的问题到底在哪里呢？

(一)煤炭资源配置行为的法律依据不充足

依据《宪法》第9条[①]和《矿产资源法》第3条[②]的规定，自然资源归国家所有。因此，煤炭资源作为自然资源，本身是无法进行配置的，即使是行政机关，亦无权通过让渡煤炭资源所有权的方式实现资源配置的目的。

因此，内蒙古的煤炭资源配置行为不是广大资源配置主体在口头交流中、在邮件往来中、在书面报告中认为的对于资源本身的占有，这是对内蒙古自治区项目配资源政策的误读。根据笔者的理解，政府的初心就是在投资主体完成相应项目投资后，由政府通过资源配置决议的形式，使投资主体获得在未来能够取得矿业权的一种期待性权利。而由此引发的一个问题是，那些在资源配置转让协议、股权整合协议中直接将配置资源储量进行交易或作价出资的约定因违反了强制性规定而无效，但客户们往往会忽略这个问题。

(二)煤炭资源配置行为的权力基础还是矿业权

依据内政发〔2009〕50号文、内经信投规字〔2011〕517号文、内政发〔2012〕126号文等相关煤炭资源配置管理的文件，煤炭资源配置行为本质上即是一种政府承诺在相关手续完善后即授予特定对象矿业权的行为。由于自然资源本身不允许流转，因此依然只能通过授予矿业权的形式实现煤炭资源的配置。

据此可知，煤炭资源配置行为的权力基础还是矿业权，任何脱离矿业权概念而单独讨论配置行为的性质问题都是缺乏法律依据的，存在被认定为无效甚

---

① 《宪法》第9条规定："矿藏、水流、森林、山岭、草原、荒地、滩涂等自然资源，都属于国家所有，即全民所有；由法律规定属于集体所有的森林和山岭、草原、荒地、滩涂除外。国家保障自然资源的合理利用，保护珍贵的动物和植物。禁止任何组织或者个人用任何手段侵占或者破坏自然资源。"

② 《矿产资源法》第3条规定："矿产资源属于国家所有，由国务院行使国家对矿产资源的所有权。地表或者地下的矿产资源的国家所有权，不因其所依附的土地的所有权或者使用权的不同而改变。国家保障矿产资源的合理开发利用。禁止任何组织或者个人用任何手段侵占或者破坏矿产资源。各级人民政府必须加强矿产资源的保护工作。勘查、开采矿产资源，必须依法分别申请、经批准取得探矿权、采矿权，并办理登记；但是，已经依法申请取得采矿权的矿山企业在划定的矿区范围内为本企业的生产而进行的勘查除外。国家保护探矿权和采矿权不受侵犯，保障矿区和勘查作业区的生产秩序、工作秩序不受影响和破坏。从事矿产资源勘查和开采的，必须符合规定的资质条件。"

至违法的重大法律风险。

（三）煤炭资源配置行为的法律性质是为配置主体创设未来取得矿业权的期待性权利

期待权，即指将来有取得与实现的可能性的权利。如上文所述，煤炭资源配置行为不能独立于矿业权而被单独论述，矿业权是实现资源流转的唯一合法路径和载体。因此，东邪公司通过自治区政府会议纪要取得的煤炭资源配置权益事实上即是未来在符合条件后，政府承诺将3.6亿吨煤炭资源对应的矿业权授予东邪公司的行为。

三、各资源配置主体作为公司体现强烈的人合性质，企业间的合作重组不是政府一纸政策指示便能完成的

回到本案中来，南帝公司作为一家上市公司，不仅有该井田所对应的煤矿项目，还有其他配套重资产项目。因此，无论是基于企业内部的审核程序，还是上市公司的监管要求，企业理念、发展规划和项目情况等具体差异，都无法接受其他主体通过增资成为南帝公司的股东。而事实上，类似情况在内蒙古发生的众多煤炭资源配置股权重组案件中都是很常见的，也是可以理解的。

任何企业都具有人合和资合性质，一个合字，体现的是想法合、三观合、做法合、梦想合、理念合。问题可以解决，各方也都想解决，但解决的方式绝不是粗暴的“婚配”，不是用股权解决煤炭资源配置权的问题，而是大家坐下来，讨论多种路径。能够合作的，期待走到一起的，自然最好；但理念不合的，难言苦衷的，非要结合，便是争议，便是僵局。因此很多时候，其实不是各方不愿配合，而是有实在不得已的障碍和苦衷。如果体会不到这个层面上的问题，便无法解决你所看到的问题。

因此，作为律师能够做的，是在彼此都能接受的程度和范围内，运用法律知识和商务思维设计出具有可操作性的“分手路径”。

四、“分手路径”的设计

（一）分手目标——需满足双方诉求

分手路径的设计不仅需要保证在法律层面上合法合规且具有可操作性，更要保证在公司审核层面、财务合规层面（上市公司还需符合上市披露规则，国有企业还需考量是否存在国有资产流失等风险）、时间成本层面等符合交

易双方的要求，这样的路径设计方案才有可能最终解决双方的争议，实现和平分手。

对于东邪公司来说，如果其不能作为主体开发该标的矿业权，那么退而求其次的最大诉求便是如何实现3.6亿吨煤炭资源配置权益的收益，俗称“要钱”。作为企业来说，只要交易路径符合法律法规的规定，对价合理，财务处理有理有据且依法纳税，便可以接受。

对于南帝公司来说，首先，其必须具有交易取得煤炭资源配置权益的合理理由和需求；其次，必须具有向东邪公司支付相应对价的法律依据和公允价值的依据；最后，本次交易如果涉及国有资产，还需要履行相应的审批手续，确保不存在国有资产流失的法律风险。

因此，综上所述，我们在考量交易双方全部担忧和需解决问题的基础上，设计出了如下两套“分手路径”。

(二)具体分手方案——直接交易煤炭资源配置权益 vs 通过股权转让方式完成煤炭资源配置权益的处置

1. 东邪公司同南帝公司签订《煤炭资源配置权转让协议》，自治区政府或内蒙古自然资源厅可作为合同一方，在合同中明示同意该转让行为，或不作为合同一方，但需以批复的方式同意转让。

首先，需在合同鉴于条款部分对煤炭资源配置权的定义及取得过程进行描述，明确煤炭资源配置权的法律性质，这是确保该协议合法有效的前提条件。

其次，南帝公司向东邪公司受让煤炭资源配置权的原因和理由是确保其已经取得的西狂井田探矿权在储量层面上的完整性。即其虽然已合法取得该井田探矿权，但探矿权所蕴含着的储量利用权利却是四分五裂的。如果该问题不能得到解决，将直接导致其无法完成关键的探转采工作，进而无法开采井田以获取收益。因此，这是必须要完成的一笔交易。

最后，便是解决如何衡量和确定交易价值及南帝公司财务如何入账的问题了。如果仅从煤炭资源配置权作为期待权的角度来说，其价值是根本无法得到实现的。原因即在于该配置资源对应的唯一合法矿业权人即为南帝公司，但也恰恰因为本次交易的受让人为南帝公司，才使东邪公司在将该期待权能且仅能转让给南帝公司时才能实现期待权的财产价值，使这3.6亿吨煤炭资源进入合法的权利外壳之中。而对于南帝公司来说，其在交易完成后，即可将3.6亿吨煤炭储量价值计入无形资产科目,实现探矿权的增值。因此,在财务入账方面也是合法妥帖的。至于交易估值的确定,笔者在咨询矿业权评估机构后确认,矿权评估机构在南帝公司出具欲购买该煤炭资源配置权书面文件的基础上进行附条件的评估,即可确定3.6亿吨煤炭储量对应的价值。

在解决了上述问题的基础上还需特别说明的是,鉴于煤炭资源配置权的授权主体为自治区人民政府,故在签订本协议时,应将自治区政府或其行政授权的内蒙古自然资源厅或盟市政府作为合同的一方,但鉴于现实操作中行政机关可能很难成为民事合同的一方主体,故亦可将取得前述政府或部门同意该资源配置权转让行为作为协议生效的条件,以保证权利转让行为的合法有效性。

2. 东邪公司将自治区政府为其配置的3.6亿吨煤炭资源权益整合转移至其设立的全资子公司名下(此行为需取得自治区政府或其授权的内蒙古自然资源厅或盟市政府出具的专项审批/备案文件),再由南帝公司收购该全资子公司100%的股权,进而间接实现该煤炭资源配置权益的交易转移。

与此同时,笔者考虑到煤炭资源配置权益本身并非现行法律法规框架内已有明确规定的法定权利,故对其权利类别、权利性质等问题只能进行创设性的理解和解释(期待权)。因此,如果双方直接交易煤炭资源配置权,恐将在未来受到诸多质疑和挑战。

正是出于对交易双方安全的考虑,我们认为亦可将煤炭资源配置权益嵌入到现行法律法规明确规定可供交易的权利外壳中来,一方面可以确保交易标的的合法合规性,另一方面亦可实现间接转移煤炭资源配置权的合同根本目的。此种交易方式即为股权转让。

首先,交易双方共同向内蒙古各级政府进行释明,恳请自治区政府将配置给东邪公司3.6亿吨煤炭资源配置权整合转移至其设立的全资子公司名下,需要特别注意的是,此行为需取得自治区政府或其授权的内蒙古自然资源厅或盟市政府出具的书面专项审批/备案文件。

其次,南帝公司收购该全资子公司100%的股权,双方签订《股权转让协议》,并由交易双方共同委托符合国有企业(如涉及上市公司的还应符合上市公司的要求)审计评估资质要求的会计师事务所和资产评估事务所对该全资子公司的所有者权益进行审计及评估工作,并出具相应的审计和评估报告/咨询意见。评估结果应包括全资子公司自身的净资产价值和西狂井田3.6亿吨煤炭资源储量所对应的矿业权市场价值。

最后,随着各方依约完成工商部门股权变更登记。自治区政府项目配资源政策也将被有效落实。

五、拟订“分手协议”时需明确释明的事项

除上述“分手路径”的设计思路外,在拟订“分手协议”时,还需注意明确释明如下事项(鉴于股权转让协议内容比较常规,故此文仅以方案一所形成的交易文件为例)。

(一)应在“鉴于条款”中对交易的背景和目的予以充分明晰的说明

首先,应说明东邪公司基于自治区政府主席会议纪要取得了西狂井田3.6亿吨煤炭资源配置权,南帝公司已取得西狂井田的探矿权,目前正在办理探转采。南帝公司欲受让东邪公司所有的煤炭资源配置权,即确定本协议的交易标的物为煤炭资源配置权。

其次,应对合作双方无法通过向南帝公司增资的方式实现资源配置收益的现实进行披露和说明。此方案是经各方协调磋商、深思熟虑后的解决方案,对合同双方都是有益的,即体现为双方在穷尽常规合作方式仍无法解决争议后方才形成的符合法律规定的交易模式。

最后,应明确南帝公司在交易完成后所能达到的合同目的,即通过受让煤炭资源配置权的行为,使得自身持有的西狂井田探矿权可采资源量得到提升,探矿权价值实现增值。

另外,如将自治区政府或经授权的内蒙古自然资源厅或盟市政府列入合同一方,则应在该部分写明转让行为已经政府同意。

(二)应在转让协议中对煤炭资源配置权的价值予以说明,并约定具体的转让价格确定方式

如上文所述,交易协议应对煤炭资源配置权的价值予以说明,使其具有交易价值的合理性。另外,应在协议中约定双方自协议签订后一定期限内共同委托矿权评估机构配置储量所对应的矿权价值进行评估。

与此同时,鉴于本交易正处于矿业权出让收益改革时期,对于矿业权出让收益的缴纳及金额确定问题尚未明朗,故在对该煤炭资源配置权进行交易时,还需结合政策变动等原因设计相应的风险防范条款。

(三)应在签署协议前取得政府的同意或者在转让协议中将“取得政府同意转让的批复”作为合同生效的条件

如果政府不同意作为转让协议的一方(这是大概率发生的事件),则交易双方应在签署转让协议前取得政府或者其授权机关的同意或者将“取得政府同意转让的批复”作为合同生效的条件。因为对于煤炭资源配置权来说,其配置权的授权主体为政府,如果政府方不同意,则会影响转让协议的履行和合同目的的实现,故应将此条件作为合同生效的要件。

总之,煤炭资源配置权益实现路径问题虽然属于矿产资源法律体系中一个看似小众的问题,但其引发的争议和蕴含着的法律问题却是值得引起足够重视和研究的。

内蒙古作为煤炭资源大省,该项资源配置政策运行了十年,且为内蒙古的经济发展作出了巨大贡献。虽然该政策已于2019年不再执行,但政策的落幕不代表着争议的结束。这些问题随着时间的推移都会变成历史遗留问题,但遗留问题不是遗留在那里永远不能解决,而是试图在现行法律法规的框架内找出一条各方都能走通的道路。当然,这同样需要政府的理解和支持。

唯有尊重历史,尊重各方合理合法利益诉求,依法合规统筹解决发展中存在的问题,那些不得已的苦衷才能通过交易模式的调整逐渐消解,最终迎来双方都能过得去的美好结局。

博·弈

——业绩对赌条款在涉矿企业重组交易过程中的应用

对赌协议(Valuation Adjustment Mechanism)直译为估值调整机制,最早出现于私募股权投资领域,是指投资方与融资方在达成股权性融资协议时,为解决交易双方对项目公司未来发展的不确定性、信息不对称以及代理成本而设计的,包含了股权回购、金钱补偿等对未来目标公司的估值进行调整的协议。对赌虽存在部分风险,但可以在很大程度上促使投资方加速扩张,在行业竞争中快速获得优势地位,因此在各个领域的重组交易中被广泛吸收和运用。对赌协议的形式很多,按照订立对赌协议的主体,可分为投资方与项目公司股东或者实际控制人"对赌",投资方与项目公司"对赌",投资方与项目公司股东、项目公司混合"对赌"等。按照目的的不同,对赌又可分为业绩对赌和上市对赌。

由于矿业领域投资金额大、勘查风险高、开发周期长、价格波动频繁等原因,对赌条款已被广泛应用于涉矿重组交易中,其中,业绩对赌是较为常用的一种对赌形式。本文将以企业重组和业绩对赌的关系为基础,阐述矿业领域不同阶段的业绩对赌要素,并提出合理设计业绩对赌条款的相关建议。

一、业绩对赌与企业重组的关系

(一)企业重组的定义

我国法律法规并未对企业重组的概念进行明确规定,仅由财政部、国家税务总局在《关于企业重组业务企业所得税处理若干问题的通知》[①]及《关于促进企业重组有关企业所得税处理问题的通知》中对税务层面的企业重组进行了定义，即企业在日常经营活动以外发生的法律结构或经济结构重大变化的交易，包括企业法律形式改变、债务重组、股权收购、资产收购、合并、分立等。上述通知对企业重组的定义与实践基本一致，本章亦采用该定义。

考虑到企业重组主体中上市公司与有限责任公司对业绩对赌的规定不尽一致，故在本章"涉矿上市公司重组时的对赌特殊规定"中对上市公司业绩对赌进行分析，其他部分均以有限责任公司为主体进行阐述。

(二)业绩对赌的适用

企业重组的交易价格是交易的基础条件，需要由具有专业资质的资产评估机构进行评估。中国资产评估协会于 2019 年 12 月 4 日印发的《资产评估执业准则——资产评估方法》(中评协〔2019〕35 号)规定，资产评估方法包括市场法、收益法和成本法，其中，市场法是通过将评估对象与可比参照物进行比较，以可比参考物的市场价格为基础确定评估对象价值；收益法是通过将评估对象的预期收益资本化或折现确定其价值。根据《上市公司重大资产重组管理办法》《关于上市公司业绩补偿承诺的相关问题与解答》以及《上海证券交易所上市公司关联交易实施指引》(上证公字〔2011〕5 号)的规定，上市公司在收购环节使用收益法或市场法评估时，应签署补偿协议，即应约定业绩对赌条款。综上所述，监管机构对于采用收益法或市场法评估作为上市公司重组定价基础的基本态度是，交易对方必须在一定期限内完成或者实现评估时的假设前提条件，业绩对赌条款由此而生。

---

① 《关于企业重组业务企业所得税处理若干问题的通知》第 1 条规定："一、本通知所称企业重组，是指企业在日常经营活动以外发生的法律结构或经济结构重大改变的交易，包括企业法律形式改变、债务重组、股权收购、资产收购、合并、分立等。(一)企业法律形式改变，是指企业注册名称、住所以及企业组织形式等的简单改变，但符合本通知规定其他重组的类型除外。(二)债务重组，是指在债务人发生财务困难的情况下，债权人按照其与债务人达成的书面协议或者法院裁定书，就其债务人的债务作出让步的事项。(三)股权收购，是指一家企业(以下称为收购企业)购买另一家企业(以下称为被收购企业)的股权，以实现对被收购企业控制的交易。收购企业支付对价的形式包括股权支付、非股权支付或两者的组合。(四)资产收购，是指一家企业(以下称为受让企业)购买另一家企业(以下称为转让企业)实质经营性资产的交易。受让企业支付对价的形式包括股权支付、非股权支付或两者的组合。(五)合并，是指一家或多家企业(以下称为被合并企业)将其全部资产和负债转让给另一家现存或新设企业(以下称为合并企业)，被合并企业股东换取合并企业的股权或非股权支付，实现两个或两个以上企业的依法合并。(六)分立，是指一家企业(以下称为被分立企业)将部分或全部资产分离转让给现存或新设的企业(以下称为分立企业)，被分立企业股东换取分立企业的股权或非股权支付，实现企业的依法分立。"

（三）业绩对赌在企业重组中的适用

鉴于业绩对赌条款设计的逻辑是投资方基于其未来盈利能力对项目公司进行估值，若项目公司未能达成相应业绩目标，则会触发项目公司的估值调整，惯用的调价方式为交易对方给予投资方股权或现金补偿。若在交割后投资方发现重组业绩赖以实现的基础不存在或者出现其他重大不利情形导致交易目的根本无法实现，则将触发投资方的退出机制，而退出机制之一即为项目公司或其控股股东、实际控制人或其控制的关联方回购投资方所持有的项目公司股权。因此，企业重组中涉及的业绩对赌条款通常包含业绩补偿条款、股权回购条款等。

二、对赌条款的效力问题

对赌条款被顺利实施的前提为该条款合法有效。实务中，由于某些对赌条款与《公司法》资本维持原则、股权回购或者盈利分配等强制性规定存在冲突，导致过往实践中大量交易协议中的对赌条款被法院判定无效。因此，设计有效的对赌条款是实现企业重组交易目的的关键。

根据近几年来的对赌案例，各级法院对对赌条款效力的论证逻辑和裁判结果不尽相同，对投资方与项目公司控股股东间对赌条款的有效性持支持态度；对投资方与项目公司间对赌条款的有效性认定，在《九民纪要》发布后逐渐向落实层面细化。

（一）司法实践中对赌协议效力认定的变化与进步

2012 年，最高院在“（2012）民提字第 11 号甘肃世恒有色资源再利用有限公司、香港迪亚有限公司与苏州工业园区海富投资有限公司、陆波增资纠纷案”中，就对赌条款的效力问题首次作出明确回应，法院认定投资方与项目公司签署的业绩补偿条款使投资方可取得相对固定的收益，且该收益会脱离项目公司的经营业绩，违反了投资领域风险共担的原则，直接或间接地损害公司利益和公司债权人利益，因此应认定无效；但项目公司股东对投资方的补偿承诺因不违反法律法规的禁止性规定，根据合同当事人意思自治、诚实信用的原则，应认定为有效。“海富案”奠定了“项目公司作为对赌义务主体的对赌条款无效”的裁判原则。

2016 年，在“（2016）最高法民再 128 号强静延与曹务波等股权转让纠纷再审案”以及“（2017）最高法民再 258 号通联资本管理有限公司与成都新方向科技发展有限公司等与公司有关的纠纷再审案”中，最高院虽仍未认可项目公司作为对赌义务主体的对赌条款的效力，但就项目公司对原股东的回购义务所承担的“连带责任”，最高院认定该等约定是对原股东所承担的股权回购价款本息所承担的连带责任，属于金钱债务范畴，视为有效约定，而《公司法》第16条第2款明确规定“公司为公司股东或者实际控制人提供担保的，必须经股东会或者股东大会决议”，因此，项目公司作出该等担保需经股东会决议通过。虽然“曹务波案”和“通联案”并非直接针对业绩对赌条款，但回购条款同为对赌条款的一种，亦体现了最高院对对赌条款效力的再探讨，即肯定了项目公司在经公司内部决策的情况下对股东对赌义务提供担保的效力。

2019年4月，在江苏省高院提审的“(2019)苏民再62号江苏华工创业投资有限公司与扬州锻压机床股份有限公司、潘云虎等请求公司收购股份纠纷案”中，江苏省高院认为，首先，《公司法》并不禁止有限责任公司回购本公司股权，有限责任公司回购本公司股权不当然违反《公司法》的强制性规定；有限责任公司在履行法定程序后回购本公司股权，不会损害公司股东及债权人利益，亦不会构成对公司资本维持原则的违反。其次，该约定虽为相对固定收益，但约定的年回报率为8%，与同期企业融资成本相比并不明显过高，不存在脱离项目公司正常经营下所应负担的经营成本及所能获得的经营业绩的企业正常经营规律。综上，江苏省高院认为，在不违反强制性规定的情况下，投资方与项目公司签署的对赌条款合法有效。

从以上判例可知，司法实践中，对于项目公司与投资方业绩对赌条款的认识也从“对赌无效”到“项目公司为股东对赌义务提供担保有效”，再到“在不违反强制性规定的情况下，对赌条款有效”的演变与进步。

(二)《九民纪要》对对赌条款效力的处理规则

2019年11月8日发布的《九民纪要》进一步明确了法院对对赌条款效力在未来审判工作的处理规则，具体汇总如下：

1. 投资方与交易对方、项目公司控股股东、实际控制人或其控制的关联人之间签订的对赌协议的效力，应属有效。

2. 投资方与项目公司签订的对赌协议，如不存在其他影响合同效力事由，应认定有效。在对赌失败时，关于项目公司原股东向项目公司承担现金补偿义务的约定，不存在履行的法律障碍，投资方请求履行的，法院应予支持；但关于由项目公司回购投资方的股权或者向投资方承担现金补偿义务的约定，能否判决强制履行，则要看相关约定是否符合《公司法》关于股权回购或者盈利分配等强制性规定：符合强制性规定的，应予支持；不符合强制性规定，存在法律上不能履行情形的，则法院应根据《合同法》第110条[①]的规定，驳回投资方请求履行上述约定的诉讼请求。针对上述观点，《九民纪要》还进一步列举了两种具体情况：

（1）关于股权回购，《九民纪要》指出：投资方请求项目公司收购其股权的，而项目公司一旦履行该义务，就会违反《公司法》第35条[②]、第74条[③]和第142条[④]的规定。如要符合《公司法》的上述强制性规定，项目公司须履行减少公司注册资本的义务。因此，在项目公司未履行减资义务时，对投资方请求项目公司收购其股权的不予支持。

（2）关于现金补偿，《九民纪要》指出：根据《公司法》第166条第4款[⑤]的规定，公司只有在弥补亏损和提取公积金后仍有利润的情况下才能进行分配。投资方请求项目公司承担现金补偿义务的，人民法院应查明项目公司是否有可供分配的利润。只有在存在可供分配的利润时，才能由项目公司用可供分配利润对投资方进行补偿，投资方的诉讼请求才能得到全部或部分支持。否则，对投资方请求项目公司向其承担现金补偿义务的，不应予以支持。

综上，通过对过往生效案例的分析以及研究《九民纪要》中对赌条款内容可知，司法实践中对于对赌条款的定性主要从对赌条款的效力以及条款的可履行

---

① 《合同法》第110条规定，“当事人一方不履行非金钱债务或者履行非金钱债务不符合约定的，对方可以要求履行，但有下列情形之一的除外：（一）法律上或者事实上不能履行；（二）债务的标的不适于强制履行或者履行费用过高；（三）债权人在合理期限内未要求履行。”

② 《公司法》第35条规定：“实缴的出资比例分取红利；公司新增资本时，股东有权优先按照实缴的出资比例认缴出资。但是，全体股东约定不按照出资比例分取红利或者不按照出资比例优先认缴出资的除外。”

③ 《公司法》第74条规定：“依照本法第七十二条、第七十三条转让股权后，公司应当注销原股东的出资证明书，向新股东签发出资证明书，并相应修改公司章程和股东名册中有关股东及其出资额的记载。对公司章程的该项修改不需再由股东会表决。”

④ 《公司法》第142条规定：“发起人持有的本公司股份，自公司成立之日起一年内不得转让。公司公开发行股份前已发行的股份，自公司股票在证券交易所上市交易之日起一年内不得转让。公司董事、监事、高级管理人员应当向公司申报所持有的本公司的股份及其变动情况，在任职期间每年转让的股份不得超过其所持有本公司股份总数的百分之二十五；所持本公司股份自公司股票上市交易之日起一年内不得转让。上述人员离职后半年内，不得转让其所持有的本公司股份。公司章程可以对公司董事、监事、高级管理人员转让其所持有的本公司股份作出其他限制性规定。”

⑤ 《公司法》第166条第4款规定：“公司弥补亏损和提取公积金后所余税后利润，有限责任公司依照本法第三十四条的规定分配；股份有限公司按照股东持有的股份比例分配，但股份有限公司章程规定不按持股比例分配的除外。”

性来判断。就对赌条款效力问题,《九民纪要》已明确给出裁判指引,即不存在其他影响合同效力事由的对赌条款应认定有效。这意味着,对赌失败后,投资方有权根据条款约定要求项目公司承担回购义务,如项目公司怠于履行,则投资方可要求项目公司承担合同法项下的违约责任。就对赌条款可履行性问题,《九民纪要》强调,是否可以强制履行还需核查是否符合《公司法》关于股权回购或盈利分配等相关规定,仅在对赌协议有效且具备法律和事实上的可履行性时,对赌条款才能被强制履行。

三、涉矿企业业绩对赌条款的可对赌要素

一个完整的矿业项目需经过勘查、建设和矿产品开采生产三个阶段。不同阶段中企业重组对应的主要资产不同,关注重点不同,影响项目成败的关键因素也不同。对涉矿企业重组过程中不同阶段的业绩对赌要素,笔者将分为勘查(含建设)和开采两个阶段分别列举。

(一)勘查阶段常见业绩对赌要素分析

按照相关国家标准及地质工作规范,勘查阶段通常被分为普查、详查和勘探三个阶段,每个阶段对应的地质发现以及未来的价值亦不相同,但是总体来说,交易双方也总是会围绕着资金到位后是否有进一步勘查的必要、是否发现有可供开采的矿产资源、矿产资源量和品位如何、矿山建设规模以及探矿采时间节点等几个关键因素进行对赌。

1. 将是否探明“可供进一步勘查的矿产地”或获得“可供开采的矿产资源”作为对赌要素

该种对赌要素主要适用于绿地项目。惯常的做法是,探矿权人已合法取得探矿权且急需资金进行后续勘查,此时投资方与探矿权人签署协议约定,由投资方给予部分前期勘查费用,如探明可供进一步勘查的矿产地或获得可供开采的矿产资源的,则投资方可进一步投资并取得项目公司部分股权或一定比例的探矿权收益;如未获得的,则投资方无条件决定不再继续投资。如西藏自治区四大铜矿之一的日喀则谢通门县雄村铜(金)矿的原始探矿权人为西藏地勘六队,西藏天圆矿产资源开发有限公司(以下简称“天圆公司”)于2004年取得了雄村铜矿的探矿权。2005年,天圆公司股东高地矿业公司与加拿大大陆公司签署《西藏谢通门铜矿勘查期权协议》约定:在协议经过中加两国政府审批后,大陆矿业公司按

照协议约定逐步支付前期勘查费用,如勘查有重大发现的,则加拿大陆矿业公司有权投入后续资金,如无重大发现,加拿大陆地矿业可不再继续投资。

此种方式在境外勘查项目中运用的较多,国内也存在该种对赌形式,但多以矿业权合作等方式出现,从效果上也仅仅是以勘查结果来规制投资方必须开展进一步的投资,并非典型意义上的对赌方式。

2. 将探明并备案一定的“资源量/储量”作为对赌要素

勘查阶段的交易中,随着地质工作程度的深入,尤其是详查或者勘探阶段,探矿权人对探矿权估值的期望也在不断加大。在笔者过往交易经验中,尤其矿业市场较为活跃时,交易双方对标的探矿权的估值往往基于未来一定时间内可能发现的资源储量。实践中,对于如何确定资源储量也存在多种方式,常见的有直接采用评审备案的地质储量报告数据或在原有地质储量报告基础上再聘请专业地质勘查单位复核后确定等。但无论何种方式都无法改变矿产资源藏于地下,无法准确判断的天然属性,因此便极有可能在交易中甚至交易后出现资源储量负变,这也是涉矿交易中多将资源量或储量作为最重要的对赌要素的原因。

对于储量分类的问题,自然资源部组织修订了国家标准《固体矿产资源/储量分类》(GB/T17766－1999)和《石油天然气资源/储量分类》(GB/T19492－2004),并于2019年12月31日公开征求意见。最新标准将固体矿产资源的量分为资源量和储量。其中,资源量为矿产资源勘查查明并经概括研究,预期可开采利用的固体矿产资源,分为推断资源量、控制资源量、探明资源量。上述资源量可根据采矿、加工、选冶、基础设施、经济、市场、法律、环境、社区和政策等转化为储量。储量即为通过(预)可行性研究确定的探明资源量和控制资源量中的可经济采出部分,分为可信储量和确信储量(见图1)。

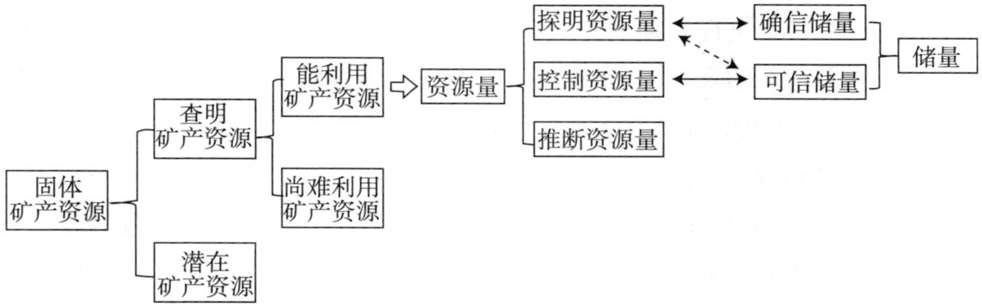

图1 固体矿产资源储量

故在以资源量或储量作为对赌要素时，建议依据最新的国家标准明确具体对赌内容，具体内容包括但不限于探矿权证载名称、勘查资源种类、资源量或储量、最低对赌数量或所占比例等。如笔者在某铅锌多金属矿收购项目中表述为："根据现行地质规范估算332类以上资源量，332类以上资源量所占总资源量比例不低于30%，其中矿石资源量不低于45万吨，铅金属量不低于6000吨，锌金属量不低于15,000吨。"

3. 将矿床平均品位作为对赌要素

矿石品位是矿石或产品中所含有用成分（元素或化合物）的百分含量，包括边界品位、最低工业品位以及矿床平均品位等。其中，边界品位主要分析的是矿石与废石之间的边界，对交易影响不大；最低工业品位为工业上可利用的矿体或块段中有用成分的最低平均品位，即低于该品位的矿产资源无法被有效地工业化开采，该标准往往随着开采技术的变化而变化；矿床平均品位是某矿体或块段矿石的最低总平均品位，即经济品位，是衡量矿床矿石的贫富程度、是否值得开发以及开发后能否获得预期经济效益的一项重要标准。因此，在交易中，为保证矿产资源具有可开采价值，交易各方通常将矿床平均品位的最低值作为对赌要素之一。

截至目前，国家针对不同矿种的矿床平均品位已陆续出台规范文件予以明确，但实践中每个矿床均有其特殊性，因此仍需根据各矿区不同的地质构造的确定矿床平均品位。随着国家经济的发展、选冶技术的不断进步、矿产品需求程度的提高以及储量分类的修订，各矿种的矿床平均品位指标也会有所变化，故以矿床平均品位作为对赌要素时，建议结合最新规定、矿山的特殊情况及经济价值等合理确定矿床平均品位指标，如在某金矿收购项目中约定"项目公司某矿区的矿床平均品位不低于3.8克/吨"。同时也可考虑在交易价款计算时以在对赌条款中明确的最低矿床平均品位以上的金属量作为金属量计算基础。如约定为"按照平均品位不低于3.8克/吨的金属量每吨人民币2200万元计算转让价格"。

4. 将未来矿山生产建设规模作为对赌要素

矿山生产建设规模即每年开采的总矿石量或日处理矿石量的能力，通常依据产业政策标准、储量规模、矿体赋存情况、矿石选冶能力、工程地质情况等开发条件来确定。

根据《关于调整部分矿种矿山生产建设规模标准的通知》（国土资发

〔2004〕208 号）的规定，矿山生产建设规模级别分为大型、中型和小型。从目前各矿种产业政策的调整趋势来看，大中型矿山，甚至超大型矿山的建设开发日趋成为主流，如煤炭年产能向千万级靠拢。同时，随着生态环境保护政策的愈加严格，各省对于不同矿种的矿山最低生产建设规模也开始限制，如内蒙古、山西、宁夏煤矿产能不得低于 60 万吨/年等，不满足最低产能限制的矿山将逐步被关停并转，故矿山生产建设规模将直接影响到该矿业项目能否正常、持续运营。另外，矿山生产建设规模也直接关系到年度采出矿石总量及资源产出量，其势必直接影响项目公司当年收入及利润。故在以矿山生产建设规模为对赌要素时，建议针对不同地区的特殊政策以及项目估值前提，在保障持续运营的情况下，将证载最低矿山生产建设规模作为对赌条件，以确保矿业项目的利润及持续运营。如在某大理石矿收购项目中约定为："项目公司已获得更新后生产规模不少于 30 万吨/年，期限为 6 年左右的某采矿权的采矿许可证以及其他符合适用于中国及某省法律法规所要求的全部矿业许可文件。"如在某铁矿收购项目中约定为："项目公司经过审批的开发利用方案中显示的年度可采矿石量不少于 40 万吨。"

当然，如涉及采选型矿山，则要同时关注其选冶能力，也可将其实际选冶能力作为对赌要素之一，如在某大型钢铁集团重组项目中约定："项目公司某高品位铁矿选冶项目须于 2016 年 12 月 30 日前完成工程竣工验收，且合格验收的年度实际选冶炼能力不低于 1300 万吨/年。"

5. 将探转采工作的完成时点作为对赌要素

矿产资源勘查的最终目的是变更为采矿权，进而建设开发获取经济利益，而且探矿权变更为采矿权（以下简称"探转采"）是实现开发和获得经济利润的关键环节和前提条件，但在矿山建设开发前，探转采能否顺利完成也是最大不确定性因素。鉴于此，如涉矿企业重组时其主要资产为探矿权时，建议将探转采工作的完成时点作为对赌要素。如在 2015 年盛达资源（000603）收购光大矿业等项目中，因项目公司的内蒙克什克腾旗老盘道背后锡多金属矿详查项目于 2017 年被确认位于黄岗梁自然保护区实验区内，致使矿业权转采存在较大不确定性，因此盛达资源要求光大矿业原股东三河华冠出具承诺，明确其将促使项目公司及时办理其所属矿业权的到期延续及探转采手续，并保证其能够及时取得相应矿业权证书，否则对盛达资源的任何损失承担全额补偿责任。

（二）开采生产阶段常见业绩对赌要素分析

矿山进入开采生产阶段后，除关注项目公司采矿权能否合法延续以及环保、安全等生产所需证照是否持续有效外，更重要的是关注能否为投资方带来利润。故对该阶段常见的对赌要素简要分析如下：

1. 将扣除非经常性损益后的可归属于母公司的净利润作为对赌要素

在使用收益法、市场法评估的重组交易中，多数以评估对象的未来预期收益为基础进行估值。预期收益类型与口径不仅包括收入、利润、股利或者现金流量等财务指标，还可能包括整体资产或者部分资产的收益、税前或者税后的收益等。同时，投资方的投资目的为取得合理利润，因此从可量化性、可控性以及终极目的的角度看，多数重组交易将"扣除非经常性损益①后的可归属于母公司的净利润"作为对赌要素。同时，在交易定价时，即便整体取值采用了资产基础法的估值结果，但如其中一项或几项资产采用基于未来收益预期的评估方法，则项目公司的控股股东、实际控制人或者其控制的关联人也应就此部分作出业绩补偿对赌。

根据实践经验及汇总案例，绝大多数重组项目使用该对赌要素，并通常表述为：项目公司、控股股东及实际控制人承诺，项目公司某年或某几年（"业绩承诺期限"）某个会计年度扣除非经常性损益后归属母公司的所有者净利润分别不低于一定金额。

2. 将业绩承诺期内矿业权口径实现的净利润作为对赌要素

在项目公司的主要资产为采矿权且采矿权而产生收益为其主营业务来源的情况下，矿业权的持续盈利能力也是判断交易是否成功或可持续的重要标准之一，故交易各方可以业绩承诺期内矿业权口径实现的净利润作为对赌要素之一，其约定方式与"扣除非经常性损益后的可归属于母公司的净利润"基本相同。例如，中金黄金（600489）在收购内蒙古矿业时，以内蒙古矿业在 2019 年度、2020 年度和 2021 年度经审计的矿业权口径净利润合计数为对赌要素之一进行业绩对赌。中金黄金也将分别在 2019 年、2020 年、2021 年的年度报告中单独披露了内蒙古矿业矿业权口径实现的累计净利润数与同期承诺预测净利润数的差异情况，并由具有证券、期货相关业务资格的会计师事务所对此出具

① 此处的非经常性损益的计算以证监会发布并最新修订的《公开发行证券的公司信息披露解释性公告第 1 号——非经常性损益》为依据计算。

《专项审核报告》。

3. 将采矿权或其他生产许可合法延续作为对赌要素

根据《矿产资源开采登记管理办法》第 7 条的规定，采矿许可证有效期按照矿山建设规模不同确定，其中，大型以上的最长为 30 年，中型的最长为 20 年，小型的最长为 10 年。采矿许可证有效期满前需要继续采矿的，采矿权人应当自有效期届满的 30 日前到登记管理机关办理延续登记手续。而实务中由于矿业行业具有强行政许可特征，地方行业主管部门出于加强监管和其他产业政策管控的原因，往往会忽略矿业权的物权属性，仅发放短期采矿许可证，如将中小型矿山采矿许可证期限限制在三年以内，笔者实务中还见到很多一年一延续的采矿许可证。因此，在涉矿企业重组时，如项目公司所持有的采矿权即将届期，则建议将完成采矿权延续工作作为对赌要素之一，同时可以考虑明确约定延续的最低采矿权有效期，以保障项目公司在一定期限内能够持续合法经营。

另外，实践中也有将安全生产许可证或移除安全联合惩戒名单作为对赌要素的。在笔者承办的一起较大矿业企业并购项目中，由于项目公司曾出现过较大安全事故，虽然已整改完毕并经验收合格后继续建设，但该企业仍被省安全主管部门列入安全联合惩戒黑名单，该事实直接导致项目征地、环评办理等均处于暂停状态。故为了控制风险，投资方要求交易对方须于特定期限届满前将项目公司移除联合惩戒名单，否则投资方有权解除协议并要求承担违约责任。

4. 将生态环境审批及环境保护设施验收作为对赌要素

矿山开发项目大量排弃的废石、尾矿、废水，井工开采后未及时回填导致的地表塌陷，大面积露天尾矿存放等对生态环境造成破坏，随着生态环保督查的逐步深入，环保问题导致矿山项目开发受阻的比例逐渐增大，部分省份开始出文限制甚至禁止在生态保护红线的禁止限制勘查开采区内新建露天矿山项目甚至禁止新建矿山项目，部分正在勘查甚至已开采项目也面临着被要求退出的风险。

同时，根据《环境影响评价法》《建设项目环境影响评价分类管理目录》以及《建设项目环境保护管理条例》的规定，矿业建设项目应制作环境影响评价报告书并由生态环境主管部门审批。如未进行环境影响评价报告书审批即擅自开工建设，则可能被处以责令停止建设，限期恢复原状和/或罚款的行政处罚。

根据《环境保护法》及《建设项目环境保护管理条例》的规定，建设项目应进行环境保护设施验收，如未规定时间未申请或未通过验收即投入使用，将面临被处以责令停止生产和/或罚款的行政处罚。

综上，如拟收购标的矿业权处于禁止限制勘查开采区，或未获得环评批复，或未完成环境保护设施验收，都可能导致投资根本目的无法实现。

故交易各方可将生态环境事项、完成环评批复及完成环境保护设施验收作为对赌要素之一。如在某银铅多金属矿收购项目中，项目虽已完成前期审批及环评批复，但在2018年被误划入省生态保护红线，导致该项目面临被责令停产的可能。交易对方承诺以在2019年12月30日前将项目划出生态保护红线，如因此而被处罚或造成损失，由交易对方承担赔偿责任，如未能在规定时间划出，投资方有权要求交易对方回购其股权及并要求交易对方承担赔偿责任。

（三）涉矿上市公司重组时的对赌特殊规定

就上市公司所涉对赌事宜，实践中，证券监管机构对涉矿企业在IPO过程中签订的对赌协议持否定和限制态度，并且要求在IPO前必须清理完毕；对涉矿上市公司的非重大资产交易，证券监管机构就是否需要对赌并无要求，上市公司按照规定履行了决策程序及披露义务即可；但对涉矿上市公司的重大资产重组，证券监管机构就业绩对赌作出了明确规定。

1.《上市公司重大资产重组管理办法》关于业绩对赌的要求

《上市公司重大资产重组管理办法》第35条明确要求，在上市公司重大资产重组过程中，采取收益现值法、假设开发法等基于未来收益预期的方法对拟购买资产进行评估或者估值并作为定价参考依据的，交易对方应当与上市公司就相关资产实际盈利数不足利润预测数的情况签订明确可行的补偿协议。又如，证监会上市部于2016年6月17日发布的《关于上市公司业绩补偿承诺的相关问题与解答》中进一步明确："上市公司重大资产重组中，重组方的业绩补偿承诺是基于其与上市公司签订的业绩补偿协议作出的，该承诺是重组方案的重要组成部分，因此，重组方应当严格按照业绩补偿协议履行承诺。重组方不得适用《上市公司监管指引第4号——上市公司实际控制人、股东、关联方、收购人以及上市公司承诺及履行》第五条的规定，变更其作出的业绩补偿承诺。"

2.沪深交易所相关具体交易指引对业绩对赌的要求

《上海证券交易所上市公司关联交易实施指引》（上证公字〔2011〕5号）第8章明确规定："对于上市公司拟购买关联人资产的价格超过账面值100%的重大关联交易，上市公司应提供拟购买资产的盈利预测报告，以现金流量折现法、假设开发法等基于未来收益预期的估值方法对拟购买资产进行评估并作为定价依据的,上市公司应当与关联人就相关资产实际盈利数不足利润预测数的情况签订明确可行的补偿协议。"

《深圳证券交易所深圳证券交易所上市公司信息披露指引第3号——重大资产重组》第20条规定:"上市公司与有关各方签订业绩补偿协议的,补偿协议应当包含以下内容:业绩承诺方、补偿方式、补偿的数量和金额、触发补偿的条件、补偿的执行程序、补偿的时间期限、补偿的保障措施、争议解决方式等。补偿协议条款应当清晰明确、切实可行,不存在争议。"

3. 上市公司涉矿类重大资产重组中对业绩对赌的要求

《关于规范上市公司重大资产重组若干问题的规定》以及《关于修改〈关于规范上市公司重大资产重组若干问题的规定〉的决定》第4条第2款规定:"上市公司拟购买的资产为土地使用权、矿业权等资源类权利的,应当已取得相应的权属证书,并具备相应的开发或者开采条件。"综上,上市公司涉矿类重大资产重组时,矿业权应具备相应开采条件。根据实践经验,所谓"具备相应的开采条件"应至少包括如下三项内容:一是取得采矿许可证。二是取得合法使用矿区(井工矿至少为井口区域,露天矿则需整个矿区范围)、选厂、尾矿库土地的证明文件。如已经获得相应土地的土地使用权,或已合法租赁相应区域的土地,其中就租赁取得土地使用权的,还需说明如何保证土地租赁持续性问题。三是中介机构就获得开采所需的其他必要审批手续不存在重大障碍发表肯定性意见。但即便满足上述三个条件,证监会就判断是否具备开采条件仍拥有较大的自由裁量权,即上市公司仍可能会被证监会就如何完善其他开采条件的问题进行问询。

四、业绩补偿条款和回购条款的具体分析与适用

(一)业绩补偿条款的关键点分析

业绩补偿是交易各方就未来一段时间内以某个或某几个对赌要素为基础约定项目公司应实现的业绩或达到某项标准或指标,如项目公司未实现或未达到,则需按约定标准和方式对投资方进行补偿。在实践中,多数由控股股东、实际控制人或其控制的关联人作为补偿责任主体,在《九民纪要》发布后,项目公司在业绩承诺措施可履行的情况下,也可以作为业绩补偿承诺方。为了方便读者进一步了解业绩补偿的期限和方式,笔者具体列举如下:

1. 业绩补偿期限

通常来讲，业绩补偿期限由交易各方根据具体情况商定，但是上市公司重大资产重组中的业绩补偿期限原则上不低于3年。如《上市公司监管法律法规常年问题与解答修订汇总（2015年9月18日）》内容显示：业绩补偿期限一般为重组实施完毕后的3年，对于拟购买资产作价较账面值溢价过高的，视情况延长业绩补偿期限。

在交易中涉及收益法评估收购探矿权的，评估时多以投产后的利润为基础，故业绩补偿期限多会框定在交易协议生效日至投产后的一定期限内。例如，在银泰资源（000975）拟以发行股份及支付现金的方式向董赢及柏光辉购买其合计持有的贵州鼎盛鑫矿业发展有限公司83.75%股权项目中，董赢及柏光辉承诺的业绩补偿期间为“2019年度至猪拱塘铅锌矿投产后第三个会计年度（含投产当年）”。同时，交易各方可约定在业绩补偿期限内每个会计年度核算并予以补偿，也可在业绩补偿期限全部届满时一并核算予以补偿。

2. 业绩补偿方式

实践中，业绩补偿承诺方可以股权方式、现金方式、股权+现金方式补偿。

（1）股权补偿

在非上市涉矿企业重组交易中，股权补偿一般是指交易相对方以其所持有的项目公司剩余股权予以抵偿；如涉及上市公司重组并发行股份的，则以交易相对方在交易过程中所获得全部股份为上限予以抵偿，如在业绩补偿期限内上市公司有送股、资本公积转增股份等除权事项，则相应调整补偿股份数量的上限。

①就非上市涉矿企业重组交易时，股权抵偿的计算方法一般为：当期应补偿股权数=（截至当期期末累计承诺净利润-截至当期期末累计实现净利润）÷补偿期间内各期的承诺净利润数总和×投资方购买项目公司股权支付的交易价款÷（交易总价款/100%）-已补偿股权数。

②就涉矿上市公司重组交易时，股份抵偿数额的计算方法一般为：当期应补偿股份数=（截至当期期末累计承诺净利润-截至当期期末累计实现净利润）÷补偿期间内各期的承诺净利润数总和×标的资产交易总价格÷上市公司本次发行股份价格-已补偿股份数。

如依据上述计算公式计算结果为负数或零时，按零取值，即已补偿的股权/股份不冲回。

(2)现金补偿

就现金补偿,可约定由业绩补偿承诺方直接现金补偿,也可在股权不足以补偿时就不足部分以现金方式补偿。

①直接以现金补偿时,当期补偿金额的计算方法:当期现金补偿金额 =(截至当期期末累计承诺净利润 - 截至当期期末累计实现净利润)÷ 补偿期间内各期的承诺净利润数总和 × 投资方购买项目公司股权支付的交易价款。

②先以股权补偿,股权不足以补偿时,不足部分以现金方式补偿的当期补偿金额的计算方法:a. 非上市公司当期应补偿现金金额 =(截至当期期末累计承诺净利润 - 截至当期期末累计实现净利润)÷ 补偿期间内各期的承诺净利润数总和 × 投资方购买项目公司股权支付的交易价款 -(承诺人当期已补偿股权 × 交易总价款)- 已补偿现金。b. 上市公司当期应补偿现金金额 =(截至当期期末累计承诺净利润 - 截至当期期末累计实现净利润)÷ 补偿期间内各期的承诺净利润数总和 × 投资方购买项目公司股权支付的交易价款 -(承诺人当期已补偿股份 × 本次发行价格)- 已补偿现金。如依据上述计算公式计算结果为负数或零时,按零取值,即已补偿现金不冲回。

需要提示的是,上述补偿公式仅为笔者依据实践经验给出的示例,交易各方可以项目的实际情况约定适合其交易架构的补偿公式。同时,在司法实践中,存在各方依据协议约定公式计算出的补偿金额为负数,但因交易协议未约定可调整计算公式,而导致投资方在诉求法院调整公司支付业绩补偿金额时被法院驳回的案例。因此,建议在交易协议中约定具体计算公式时取负数值进行测试,如得出负数则应及时调整计算公式,或者在协议中明确约定如计算结果为负值时,各方应根据项目情况及公平合理原则重新调整计算公式。同时,在业绩补偿承诺期限内,如项目公司进行分红的,可同时约定分红优先用于业绩补偿。

(二)股权回购条款的关键点分析

股权回购是指投资时交易各方就项目公司未来发展的特定事项进行约定,当约定条件成就时,投资方有权要求项目公司或股权转让方回购投资方所持项目公司股权。

股权回购条款主要包含回购触发条件、回购对价以及支付方式等内容,其中,回购触发条件通常是各方争议的焦点。对投资方而言,其一般主张较为宽泛的触发条件,而对项目公司及其股权转让方而言则希望尽量缩小可触发回购事项的范围。但由于本章其他章节已经介绍了触发条件(对赌要素),在此不再赘述。以下着重就回购条款中可否同时约定延迟履行利息及违约金予以提示。

在"(2016)最高法民终205号北京中金国联富盈投资发展中心与甘肃三洲实业集团有限公司、北京金丰科华房地产开发有限公司等股权转让纠纷二审案"中,最高院明确股权回购款项的延迟履行利息是因违约方延期支付股权回购款项而给对方造成的款项占用损失,而违约金是因为违约方不履行股权回购款项支付义务而向对方所作的补偿,二者性质不同,合并适用不违反合同约定和法律规定。但延迟履行利息与违约金相加不得超过最高院《关于审理民间借贷案件适用法律若干问题的规定》规定的年利率24%的限额。

在"(2016)浙民终342号苏州嘉鹏九鼎投资中心与浙江华冶矿建集团有限公司、浙江中凯润控股有限公司等股权转让纠纷案"中,协议约定回购价款为复合收益率30%;法院对股权回购价酌情予以了调整,将投资年收益率调整为24%(《民间借贷规定》),同时将计算方法由复利计算调整为单利计算。

综上,投资方就回购义务主体延迟履行回购义务可同时约定延迟履行利息及违约金,如触发违约情况,投资方可以同时主张延迟履行利息及违约金。同时,回购价款、延迟履行利息及违约金的约定应具有合理性,约定畸高可能无法得到法院的支持。

(三)业绩补偿条款与股权回购条款的合并适用

业绩补偿条款和股权回购条款是业绩对赌条款的不同类型,两者相似却不相同,业绩补偿多数为在项目还可继续合作、合同可以继续履行时为保障投资方利益而作的补救措施。如因为某个或某多个因素导致合同相对方出现了根本违约,合同根本目的无法实现或较长时间内难以实现的,则可适用股权回购条款,两者属递进关系。那么,在同一交易协议中能否同时约定股权回购条件和业绩补偿条款呢?

在"(2016)鲁民终1957号金朝阳等诉山东光大日月集团有限公司等公司增资纠纷案"中,项目公司2011年和2012年税后净利润低于约定业绩的90%,未实现2014年底前上市目标。投资方要求原股东支付2011年和2012年业绩承诺未达标的现金补偿,并要求原股东支付股份回购款。一审、二审法院均支持了投资方要求原股东支付现金补偿和股权收购款的请求。

在"(2015)二中民(商)终字第12699号北京碧海舟腐蚀防护工业股份有

限公司等与天津雷某某信锐股权投资合伙企业(有限合伙)股权转让纠纷二审案”中,该案投资方在项目公司未实现上市目标的情况下,要求原股东回购股份并支付2011年业绩未达标的现金补偿。法院认为业绩补偿条款合法有效,原股东要求投资方退还已支付现金补偿的抗辩,没有法律依据,不予采信。

综上,根据司法判例,实践中存在同时主张股权回购条款和业绩补偿条款且为法院支持的情形,因此可在交易协议中明确约定股权回购权的行使不排除投资方同时主张项目公司或项目公司原控股股东、实际控制人或其他关联人承担业绩补偿义务。如投资方较为谨慎,可在明确两者可同时适用的同时,约定承诺方在支付回购价款时可扣减已支付的业绩补偿款。

五、业绩对赌条款的设置建议

业绩对赌条款已成为企业重组中不可或缺的交易条款,虽然司法机关的主要审判标准已非常明确,但由于现实交易的千变万化、千奇百态,投资方不得不慎之又慎地处理业绩对赌条款。基于此,笔者提出如下建议:

(一)重点关注业绩对赌条款本身的设计

1. 无论交易文件中业绩对赌条款的法律关系如何,应确保业绩对赌条款的约定不违反法律、行政法规的强制性规定,不能因违反《合同法》第52条而被认定为无效。

2. 根据《九民纪要》精神,应重点关注业绩对赌条款的可履行性,即对对赌失败后投资方要求履行业绩对赌条款是否违反《公司法》关于股权回购或盈利分配等相关规定作出判断,并在协议中明确约定股权回购时的配合义务并将该义务纳入公司章程或章程修正案。例如,投资方请求项目公司收购其股权的,必须履行减少公司注册资本的义务;又如,投资方要求项目公司承担连带责任时,必须依据《公司法》及公司章程的规定履行合法决策程序后方可有效;再如,投资方请求项目公司承担现金补偿义务的,只能在项目公司有可分配利润的情况下,投资方的诉讼请求才能得到全部或部分支持。

3. 在对赌失败后,投资方应关注相应请求权期限,并在《民事诉讼法》规定的诉讼期限内提起诉讼,避免诉权的丧失。

(二)如有可能,要求交易对方就对赌条款的履行设置担保条款

1. 为防范投资方虽对赌条款判决胜诉但无法获得补偿的风险,可要求交易

对方增加担保条款，具体的担保方式包括但不限于：要求股权转让方的控股股东、实际控制人等承担连带担保责任；要求实际控制人以其持有的其他有效资产提供质押/抵押担保；在非100%股权收购的情况下，要求项目公司股东以剩余股权提供股权质押担保；要求控股股东或实际控制人以其合法持有的可收回的应收账款提供质押担保。

2. 单就股权回购条款来讲，可要求项目公司与项目公司股东就股权回购义务相互承担连带担保责任，并建议按照公司章程及内部管理规定履行项目公司担保的决策程序，如股东会会议决策等，避免因程序不合法导致担保条款无效。

（三）就业绩对赌条款的履行设置明确的违约责任条款

1. 在交易协议中明确约定业绩对赌条款、股权回购条款的履行时间、履行方式及补偿标准等，同时需在交易协议中对应明确约定未按照协议规定履行时的具体违约责任承担方式。

2. 鉴于资源储量的重要性，建议在违约条款中明确出现资源储量负变时对赌条款及违约责任承担方式，明确风险的分担机制。如由股权转让方对资源储量作出承诺和保证，又如约定在资源开采或因其他原因出现资源储量负变的情形时，投资方有权依据储量变化调整交易价款，达到一定标准后，投资方有权解除协议等，以期通过具体条款约定厘清双方权利义务，避免争议。

3. 无论以何种方式进行业绩对赌，最重要的是资源储量的真实性，因此建议增加非诚信违约条款，以防止不良矿业权人或股权转让方出具虚假地质报告，提供虚假信息，即约定如在未来发现资源储量、品位、开采规模等信息虚假的，无论股权转让方主观因素如何，均应承担责任，如为第三方原因造成的，由股权转让方承担责任后可向第三方追偿。

从本文专题“烦琐”的讲述和列举来看，读者也应该能够感受到重组交易中的对赌条款是一个非常重要又复杂的条款。该类条款的确定往往需要交易各方及中介机构们不眠不休耗上几个夜晚，因为它不但关系到在未来某一时刻有可能对交易估值的重大调整，同时也可能在某一对赌条件发生时让一切推倒重来，甚至其中一方输掉一生的努力。无数个交易实例证明“对赌不是万能的”。所以笔者在本章结尾之处，再次提示矿业行业的各位同行者脚踏实地、稳扎稳打，且行且珍惜。

减·压

——供给侧改革下涉矿企业实施债转股的相关问题

在供给侧改革的大背景下,“去杠杆”是供给侧改革亟须完成的“五大重点任务”之一,同时,债转股又是企业去杠杆、银行化解不良资产的重要手段。自2016年全国“两会”以及博鳌亚洲论坛2016年年会上李克强总理两次提出要通过市场化债转股的方式逐步降低企业的杠杆率以来,各部委及相关机构多次出台各种支持政策,各个金融资产管理公司、私募股权投资基金以及符合条件的资产管理产品均在具体债转股工作中发挥了巨大的作用。

为了让矿业企业更清晰地了解债转股的背景、标的公司条件要求以及重点程序的要求与限制,笔者在经办案例的基础上又收集梳理了其他公开市场上矿业企业债转股的案例并进行统一分析,最终形成本篇市场化债转股的实务文章。

一、供给侧改革的背景下涉矿企业结构调整的需要

(一)“供给侧改革”的背景

自2015年11月以来,“供给侧改革”一直作为高频词汇,在中央财经领导小组第11次会议、亚太经合组织工商领导人峰会、党的十九大报告、2018年《政府工作报告》等重大场合和其他高层讲话中频频出现。“供给侧改革”是相对于“需求侧改革”而言的。需求侧改革主要有投资、消费、出口这“三驾马车”,供给侧改革则主要是从劳动力、土地、资本、制度创造、创新等要素出发进行改革。供给侧改革更加强调“结构性”,主要是因为“四降一升”。[①] 等突出矛盾和问题

① “四降一升”是一种经济下行现象,即经济增速下降、通胀率下降、企业利润下降、税收下降,但同时金融风险在上升。

大多是结构性的,而传统的凯恩斯主义药方存在局限性。[①] 供给侧结构性改革旨在调整经济结构,使要素实现最优配置,从而提升经济增长的质量和数量。

习近平在中央财经领导小组第十一次会议中明确指出,要促进过剩产能有效化解,促进产业优化重组;要降低成本,帮助企业保持竞争优势;要化解房地产库存,促进房地产业持续发展;要防范化解金融风险,加快形成功能健全的股票市场。[②]

(二)涉矿企业面临进一步融资困难

涉矿企业的资产负债率一般偏高。根据中国煤炭工业协会的统计,2018 年规模以上煤炭企业资产负债率高达 65.7%;[③]2019 年年末,规模以上工业企业资产负债率为 56.6%[④],其中采矿业为 59.1%,电力、热力、燃气及水生产和供应业为 58.9%。根据中国钢铁工业协会(以下简称"中钢协")的统计,2018 年 11 月末资产负债率同比下降 3.39 个百分点至 65.74%,有过半数中钢协会员企业下降至 60% 以下,但仍有一些企业高于 60%。[⑤]

涉矿企业信用结构主要以母公司提供担保和矿业权抵押为主,但是长期存在的矿业权价值评估可靠性问题、企业发展周期所处阶段特点以及大宗商品的周期性过强等原因,导致涉矿企业融资风险偏大。而金融机构在经历了 2014 ~ 2016 年梦魇般的周期低谷后仍然心有余悸,这就与涉矿企业发展需要大量资金形成了发展上的根本矛盾。

(三)法规、政策方面的举措

2016 年 9 月 22 日,国务院印发了《关于积极稳妥降低企业杠杆率的意见》(国发〔2016〕54 号),明确了降低企业杠杆的总体思路,并要求在推进降杠杆过程中,要坚持市场化、法治化、有序开展、统筹协调等原则,采取积极推进企业兼

---

① 转引自《七问供给侧结构性改革——权威人士谈当前经济怎么看怎么干》,载《人民日报》2016 年 1 月 4 日,第 2 版。

② 《习近平主持召开中央财经领导小组第十一次会议》,载新华网:http://www.xinhuanet.com/politics/2015-11/10/c_1117099915.htm,最后访问日期:2020 年 3 月 17 日。

③ 《90 家大型煤企实现利润 1563 亿元 仍有 22 家煤企负债超千亿元》,载国家煤炭工业网:http://www.ut.com.cn/News/Detail/Id/1541,最后访问日期:2020 年 3 月 17 日。

④ 《2019 年全国规模以上煤炭企业利润总额 2830 亿元》,载国家煤炭工业网:http://www.coalchina.org.cn/index.php?m=content&c=index&a=show&catid=9&id=114750,最后访问日期:2020 年 3 月 17 日。

⑤ 《中钢协会长:3 年内钢铁业资产负债率要降至 60% 以下》,载搜狐网:https://www.sohu.com/a/289479947_118622,最后访问日期:2020 年 3 月 17 日。

并重组、完善现代企业制度强化自我约束、多措并举盘活企业存量资产、多方式优化企业债务结构、有序开展市场化银行债权转股权、依法依规实施企业破产、积极发展股权融资等方式，营造良好的市场与政策环境。同时，该文件将《关于市场化银行债权转股权的指导意见》作为附件，明确了在供给侧改革的背景下市场化债转股的适用范围及实施方式等。

2016 年 12 月 14～16 日举行的中央经济工作会议将“去杠杆”作为 2017 年深化供给侧结构性改革的总体目标之一，明确要“在控制总杠杆率的前提下，把降低企业杠杆率作为重中之重。要支持企业市场化、法治化债转股，加大股权融资力度，加强企业自身债务杠杆约束等，降低企业杠杆率”。[①] 李克强总理于 2017 年 3 月 5 日在第十二届全国人民代表大会第五次会议上所作的《2017 年国务院政府工作报告》中亦提道：“要在控制总杠杆率的前提下，把降低企业杠杆率作为重中之重。促进企业盘活存量资产，推资产证券化，支持市场化法治化债转股，加大股权融资力度，强化企业特别是国有企业财务杠杆约束，逐步将企业负债降到合理水平。”[②]

此外，为切实解决市场化银行债权转股权工作中遇到的具体问题和困难，国家发展和改革委员会、人民银行、财政部等下发《关于市场化银行债权转股权实施中有关具体政策问题的通知》（发改财金〔2018〕152 号），对下列事项予以明确：允许采用股债结合的综合性方案降低企业杠杆率；允许实施机构发起设立私募股权投资基金开展市场化债转股；规范实施机构以发股还债模式开展市场化债转股；支持各类所有制企业开展市场化债转股；允许将除银行债权外的其他类型债权纳入转股债权范围；允许实施机构受让各种质量分级类型债权；允许上市公司、非上市公众公司发行权益类融资工具实施市场化债转股；允许以试点方式开展非上市非公众股份公司银行债权转为优先股；鼓励规范市场化债转股模式创新；规范市场化债转股项目信息报送管理。

为了贯彻落实推进供给侧结构性改革的决策部署，使金融资产投资公司在实施债转股时有法可循，确保其规范开展债转股业务，提高债转股效率，同时有

---

① 《中央经济工作会议在北京举行　习近平李克强作重要讲话》，载人民网：http://finance.people.com.cn/n1/2016/1216/c1004-28956355.html，最后访问日期：2020 年 3 月 17 日。

② 《李克强：2017 年要把降低企业杠杆率作为重中之重》，载人民网：http://finance.people.com.cn/n1/2017/0305/c1004-29124201.html，最后访问日期：2020 年 3 月 17 日。

效防范金融风险,真实降低企业杠杆率,2018 年 6 月 29 日,中国银行保险监督管理委员会又发布《金融资产投资公司管理办法(试行)》(中国银行保险监督管理委员会 2018 年第 4 号),用于规范银行债转股业务行为。

至此,在中央供给侧改革的背景及要求下,在部委层面形成了一系列具体而有效的支持性文件,为以后的债转股工作提供了坚实的政策基础。

二、以债转股进行债务重组的相关问题

2016 年以来,涉矿上市公司市场化债转股的案例主要有包钢股份(600010)债转股项目、山东黄金(600547)子公司山东黄金矿业(莱州)有限公司和山东黄金矿业(鑫汇)有限公司实施市场化债转股项目、中金黄金(600489)子公司中原冶炼厂实施市场化债转股项目、华友钴业(603799)子公司衢州华友钴新材料有限公司债转股项目、西部矿业(601168)全资子公司四川会东大梁矿业有限公司债转股项目、冀中能源(000937)控股子公司山西寿阳段王煤业集团有限公司债转股项目等(见表 1)。

表 1　涉矿上市公司市场化债转股案例

所涉上市公司	资金量(亿元)	投资主体	投资主体性质	参与方式	是否已退	备注
包钢股份	77.35	中银金融资产投资有限公司、工银金融资产投资有限公司、农银金融资产投资有限公司、建信金融资产投资有限公司、交银金融资产投资有限公司、中国东方资产管理股份有限公司、内蒙古转型升级基金投资中心	银行系金融资产投资公司(AIC)、资产管理公司(AMC)、地方政府基金等	增资还债、收债转股、以股抵债、可转债	否	—
山东黄金	15	建信金融资产投资有限公司、中银金融资产投资有限公司	AIC	增资还债	否	—

续表

所涉上市公司	资金量（亿元）	投资主体	投资主体性质	参与方式	是否已退	备注
中金黄金	46	中国国新资产管理有限公司、国新央企运营（广州）投资基金（有限合伙）、河南中鑫债转股私募股权投资基金（有限合伙）、北京东富国创投资管理中心（有限合伙）、农银金融资产投资有限公司	AIC 或 AIC 投资的基金、LP 为国有性质的基金	增资还债	否	证监会已核准上市公司收购
华友钴业	7.3	芜湖信达新能投资合伙企业（有限合伙）	AMC 投资的基金	收债转股	否	证监会已核准上市公司收购
西部矿业	20	工银金融资产投资有限公司、农银金融资产投资有限公司	AIC	增资还债	否	—
冀中能源	16	建信金融资产投资有限公司、冀中能源	AIC 冀中能源	发股还债	否	—

注：上述统计截止时间为 2020 年 2 月 4 日。

（一）实施主体

根据国发〔2016〕54 号文、《关于市场化银行债权转股权实施中有关具体政策问题的通知》（发改财金〔2018〕152 号）以及《关于鼓励相关机构参与市场化债转股的通知》（发改办财金〔2018〕1442 号）的相关规定，可以参与市场化债转股的主体主要包括：（1）金融资产管理公司、保险资产管理机构、国有资本投资运营公司等实施机构；（2）银行现有符合条件的所属机构，或允许申请设立符合规定的新机构；（3）符合条件的保险集团（控股）公司、保险公司、保险资产管理机构设立专门实施机构、保险业实施机构设立私募股权投资基金；（4）各类私募股权投资基金、创业投资基金、产业投资基金等，私募股权投资基金管理人可以独立开展或与其他机构联合开展市场化债转股项目，符合条件的银行理财产品可向实施机构发起设立私募股权投资基金出资;(5)银行、信托公司、证券公司、基金管理公司等依法依规发行资产管理产品;(6)外资通过设立私募股权投资基金开展市场化债转股业务。

值得注意的是,根据国发〔2016〕54 号文的规定,除国家另有规定外,银行不得直接将债权转为股权;除个别案例外,商业银行通常不能直接参与市场化债转股;此外,除法律法规和金融管理部门另有规定外,公募资管产品不得投资非上市企业股权。

(二)市场化债转股对象

根据国发〔2016〕54 号文,市场化债转股对象企业系由各相关市场主体依据国家政策导向自主协商确定。市场化债转股对象企业应具备如下条件:

1. 发展前景较好,具有可行的企业改革计划和脱困安排;

2. 主要生产装备、产品、能力符合国家产业发展方向,技术先进,产品有市场,环保和安全生产达标;

3. 信用状况较好,无故意违约、转移资产等不良信用记录。

鼓励面向发展前景良好但遇到暂时困难的优质企业开展市场化债转股,具体包括:(1)因行业周期性波动导致困难但仍有望逆转的企业;(2)因高负债而财务负担过重的成长型企业,特别是战略性新兴产业领域的成长型企业;(3)高负债居于产能过剩行业前列的关键性企业以及关系国家安全的战略性企业。

禁止将下列情形的企业作为市场化债转股对象:(1)扭亏无望、已失去生存发展前景的"僵尸企业";(2)有恶意逃废债行为的企业;(3)债权债务关系复杂且不明晰的企业;(4)有可能助长过剩产能扩张和增加库存的企业。

(三)市场化债转股的债权范围

根据国发〔2016〕54 号文和发改财金〔2018〕152 号文的规定,转股债权范围以银行对企业发放贷款形成的债权为主,适当考虑其他类型债权,包括但不限于财务公司贷款债权、委托贷款债权、融资租赁债权、经营性债权等,但不包括民间借贷形成的债权。银行所属实施机构开展市场化债转股所收购的债权或所偿还的债务范围原则上限于银行贷款,适当考虑其他类型银行债权和非银行金融机构债权。

值得注意的是,"转股债权质量类型由债权人、企业和实施机构自主协商确定"①这一条可以理解为债转股的债权范围系当事人自主确定事项。当事人自主协商确定市场化债转股价格和条件,除关于国有企业的审批程序外,不受其他特别的限制。具体而言:

1. 银行、企业和实施机构自主协商确定债权转让、转股价格和条件。对于涉及多个债权人的,可以由最大债权人或主动发起市场化债转股的债权人牵头成立债权人委员会进行协调。

2. 经批准,允许参考股票二级市场交易价格确定国有上市公司转股价格,允许参考竞争性市场报价或其他公允价格确定国有非上市公司转股价格。为适应开展市场化债转股工作的需要,应进一步明确、规范国有资产转让相关程序。

3. 完善优先股发行政策,允许通过协商并经法定程序把债权转换为优先股,依法合理确定优先股股东权益。

(四)债转股的方式

根据发改财金〔2018〕152 号文,鼓励以收债转股模式开展市场化债转股,方案中含有以股抵债或发股还债安排的按市场化债转股项目报送信息。如此,不仅债权人可以通过将其持有的债权转为股权,债转股主体也可以通过收购债权转为股权的方式降低企业杠杆率。同时,以股抵债或发股还债的安排也按照市场化债转股项目报送信息。以发股还债开展市场化债转股时,需在协议中明确偿还的具体债务,并在资金到位后及时偿还债务。发改财金〔2018〕152 号文同时规定,符合条件的上市公司、非上市公众公司可以通过向实施机构发行普通股、优先股或可转换债券等方式募集资金偿还债务。

(五)利润分配特殊安排

在债转股谈判中,投资人可能要求预计的利润分红比例,在符合《公司法》规定且标的公司满足分红的条件下,投资人可以要求标的公司优先进行分红。

《公司法》第 34 条规定:"股东按照实缴的出资比例分取红利;公司新增资本时,股东有权优先按照实缴的出资比例认缴出资。但是,全体股东约定不按照出资比例分取红利或者不按照出资比例优先认缴出资的除外。"《公司法》第

---

① 《关于市场化银行债权转股权的指导意见》第 3 条。

166 条第 4 款规定:“……股份有限公司按照股东持有的股份比例分配,但股份有限公司章程规定不按持股比例分配的除外。”综上所述,有限公司和股份公司都可以通过股东之间的特殊约定实现利润分配的特殊安排。

《中外合资经营企业法》第 8 条第 1 款规定:“合营企业获得的毛利润,按中华人民共和国税法规定缴纳合营企业所得税后,扣除合营企业章程规定的储备基金、职工奖励及福利基金、企业发展基金,净利润根据合营各方注册资本的比例进行分配。”2020 年 1 月 1 日《外商投资法》实施后,目前的“三资法”将被废止,而《外商投资法》并没有明确限制按照出资比例进行分配。

以四川省为例,四川省政府国有资产监督管理委员会(以下简称“四川省国资委”)于 2019 年 7 月 4 日印发《关于印发〈四川省国资委所出资企业混合所有制改革操作指引(试行)〉的通知》(川国资委〔2019〕103 号),其中第 5 条规定:“企业管理机制:(一)规范法人治理结构。规范企业股东会、董事会、经理层和党组织的权责关系,形成定位清晰、权责对等、运转协调、有效制衡的法人治理结构。注重章程设计,以章程为准则,依规运行,按章程行使股东会决策、利润分红等事项……”根据上述指引,四川省国资委明确规定以公司章程约定为依据,利润分配特殊安排存在适用空间。

(六)标的企业特殊事项表决安排

结合相关实践案例,现在参与债转股项目的投资人主要为各大 AIC 或由 AIC 投资的债转股基金。相关债转股投资人投资标的企业,主要目的系进行投资而非进行控股。根据《金融资产投资公司管理办法(试行)》的规定,AIC 应当建立和完善股权管理制度,明确持股目的和持股策略,确定合理持股份额,并根据《公司法》等法律法规要求承担责任。AIC 对于实行债转股的企业,原则上不应当控股,如确有必要,应当制定合理的过渡期限。同时,该办法还支持 AIC 推动标的企业改组改制,切实行使股东权利,履行股东义务,提高企业公司治理水平。

《公司法》明确允许有限责任公司的股东会及董事会的表决事项按照公司章程约定进行操作。如《公司法》第 43 条第 1 款规定:“股东会的议事方式和表决程序,除本法有规定的外,由公司章程规定。”《公司法》第 48 条第 1 款规定:“董事会的议事方式和表决程序,除本法有规定的外,由公司章程规定。”

根据相关案例显示,市场化债转股投资人一般会要求委派董事或监事,以期参与到标的企业的公司治理中，同时也会在公司章程中对董事会的召开人数作出限定，要求需包含投资人董事方能构成有效的董事会召开，并且对于重要事项，尤其涉及标的公司合并、分立等存续事项、修改公司章程、投资人权利变更等，需投资人董事同意后方可作出有效决议。股东（大）会的表决安排亦同。

三、以债转股的实施流程

（一）前期工作

启动债转股前，标的企业应组建工作组，并聘请中介机构进行内部梳理，尽早发现问题并及时规范解决。在内部梳理的过程中，需要考虑标的企业的组织形式是否为公司形式，出资是否存在瑕疵，标的企业及其子企业名下是否存在划拨土地，国企混改后是否符合保留划拨土地的情形，员工是否均签署了劳动合同，是否存在人员包袱等问题，以及可能的解决方案。

（二）方案制定

方案制定需要考虑的因素包括但不限于：是否考虑结合增发新股方式进行开展；债转股的规模；是否配套实施股权激励及员工持股，如实施则需综合考虑相关规模及参与人员的条件；投资人能否与标的企业本身发挥特定作用等。

（三）审批程序

如果标的公司非国企，按照标的公司的公司章程规定执行，由有权机关履行决策程序。如果标的公司是国企，则根据《企业国有资产交易监督管理办法》（国资委、财政部令第32号）规定执行。

《企业国有资产交易监督管理办法》第34条规定："国资监管机构负责审核国家出资企业的增资行为。其中，因增资致使国家不再拥有所出资企业控股权的，须由国资监管机构报本级人民政府批准。"

《企业国有资产交易监督管理办法》第35条规定："国家出资企业决定其子企业的增资行为。其中，对主业处于关系国家安全、国民经济命脉的重要行业和关键领域，主要承担重大专项任务的子企业的增资行为，须由国家出资企业报同级国资监管机构批准。增资企业为多家国有股东共同持股的企业，由其中持股比例最大的国有股东负责履行相关批准程序；各国有股东持股比例相同的，由相关股东协商后确定其中一家股东负责履行相关批准程序。"

根据《关于印发〈国务院国资委授权放权清单（2019年版）〉的通知》（国资发改革〔2019〕52号）的规定，中央企业审批所属企业的混合所有制改革方案

(主业处于关系国家安全、国民经济命脉的重要行业和关键领域,主要承担重大专项任务的子企业除外)。授权中央企业决定集团及所属企业以非公开协议方式参与其他子企业的增资行为及相应的资产评估(主业处于关系国家安全、国民经济命脉的重要行业和关键领域,主要承担重大专项任务的子企业除外)。授权国有资本投资、运营公司按照国有产权管理规定审批国有资本投资、运营公司之间的非上市企业产权无偿划转、非公开协议转让、非公开协议增资、产权置换等事项。

综上,实施债转股需履行的内部程序一般包括债转股标的公司及债权人的董事会决议、股东(大)会决议,可能还包括标的公司股东层面的董事会决议、股东(大)会决议。债转股方案具体审批的主体如下(见表2)。

表2 债转股方案具体审批主体

序号	标的公司	条件	审批主体
1	国家出资企业	仍为国家拥有控股权	国资监管机构
		不再拥有所出资企业控股权	本级人民政府
2	国家出资企业子企业	对主业处于关系国家安全、国民经济命脉的重要行业和关键领域,主要承担重大专项任务的子企业	国家出资企业、同级国资监管机构批准
		不属于前述范围	国家出资企业

(四)审计评估

1. 以债权直接出资的评估问题

《公司法》第27条规定:"股东可以用货币出资,也可以用实物、知识产权、土地使用权等可以用货币估价并可以依法转让的非货币财产作价出资;但是,法律、行政法规规定不得作为出资的财产除外。对作为出资的非货币财产应当评估作价,核实财产,不得高估或者低估作价。法律、行政法规对评估作价有规定的,从其规定。"

《企业国有资产交易监督管理办法》第38条第1款规定:"企业增资在完成决策批准程序后,应当由增资企业委托具有相应资质的中介机构开展审计和资产评估。"第43条规定:"投资方以非货币资产出资的,应当经增资企业董事会或股东会审议同意,并委托具有相应资质的评估机构进行评估,确认投资方的出资金额。"

在债权真实的情况下,针对借款等以货币给付方式形成的债权进行的评估不会与该等债权的账面价值存在较大差异,但从程序合规角度出发,如投资方选择直接以债权进行出资,建议对用于出资的债权进行评估。

2. 对标的企业进行审计评估

如果标的企业属国资,则按照相关规定,则必须对标的企业进行审计评估。《企业国有资产评估管理暂行办法》(国务院国有资产监督管理委员会第12号令)第6条规定:"企业有下列行为之一的,应当对相关资产进行评估:……(四)非上市公司国有股东股权比例变动;……"

《企业国有资产交易监督管理办法》第38条第1款规定:"企业增资在完成决策批准程序后,应当由增资企业委托具有相应资质的中介机构开展审计和资产评估。"第43条规定:"投资方以非货币资产出资的,应当经增资企业董事会或股东会审议同意,并委托具有相应资质的评估机构进行评估,确认投资方的出资金额。"

《企业国有资产评估管理暂行办法》第4条规定:"企业国有资产评估项目实行核准制和备案制。经各级人民政府批准经济行为的事项涉及的资产评估项目,分别由其国有资产监督管理机构负责核准。经国务院国有资产监督管理机构批准经济行为的事项涉及的资产评估项目,由国务院国有资产监督管理机构负责备案;经国务院国有资产监督管理机构所出资企业(以下简称中央企业)及其各级子企业批准经济行为的事项涉及的资产评估项目,由中央企业负责备案。地方国有资产监督管理机构及其所出资企业的资产评估项目备案管理工作的职责分工,由地方国有资产监督管理机构根据各地实际情况自行规定。"

各地对于评估备案的规定略有不同,以北京为例,《关于印发〈北京市企业国有资产评估管理暂行办法〉的通知》(京国资发〔2008〕5号)第26条规定:"除核准项目外,其他资产评估项目实行备案制,下列项目由北京市国有资产监督管理机构负责备案:(一)北京市国有资产监督管理机构批准协议转让所涉及的评估项目;(二)经济行为涉及的评估范围资产总额账面值或资产总额评估值大于或等于5000万元人民币且小于1亿元人民币的评估项目。除北京市国有资产监督管理机构负责备案的评估项目外,其他评估项目由所出资企业负责备案。"

综上所述,由于国企实施债转股涉及非上市公司国有股东股权比例变动,需对标的公司进行评估,并根据评估结果确定债转股价格,同时需要按照相关规定进行评估备案。

(五)是否需要进场交易

根据《企业国有资产交易监督管理办法》第46条①的规定,企业债权转为股权经国家出资企业审议决策,可以采取非公开协议方式进行增资。

如债转股采用增资方式进行,增资所得资金用于定向偿还企业债务,则该等增资是否需要进场交易,能否以非公开协议方式进行在《企业国有资产交易监督管理办法》并未明确说明。如前所述,根据发改财金〔2018〕152号文的规定,发股还债同样按照市场化债转股项目报送信息。同时,根据华菱钢铁(000982)的公告,部际联席会议办公室认为"收购债权转为股权"和"现金增资偿还债务"两种操作方式都实质性地将债权转为股权,属于市场化债转股范畴。因此,我们倾向于认为,经过相关国资有权部门的决策审批程序,"现金增资偿还债务"属于市场化债转股的特殊形式,投资方现金增资时能够采取非公开协议方式。

(六)签署协议及作价入股

《公司法》第28条规定:"股东应当按期足额缴纳公司章程中规定的各自所认缴的出资额。股东以货币出资的,应当将货币出资足额存入有限责任公司在银行开设的账户;以非货币财产出资的,应当依法办理其财产权的转移手续。股东不按照前款规定缴纳出资的,除应当向公司足额缴纳外,还应当向已按期足额缴纳出资的股东承担违约责任。"

债权的作价和转移手续,应当由债权方和债务方先各自进行合法有效的内部审批程序,并双方签订相关的协议,包括但不限于债转股协议、增资协议、以股抵债协议等,必要时也可办理验资程序以规避出资不实的风险。如以债权进行增资,建议明确以债权进行增资的意图;在以发股还债开展市场化债转股时,需在协议中明确偿还的具体债务,并在资金到位后及时偿还。

(七)办理工商登记变更手续

完成债转股后,由于注册资本、股东及持股比例发生了变化,不管公司的形式是有限责任公司还是股份有限公司,均建议根据需求相应修改公司章程并向公司登记机关依法办理变更登记。

---

① 《企业国有资产交易监督管理办法》第46条规定:"以下情形经国家出资企业审议决策,可以采取非公开协议方式进行增资:'……(二)企业债权转为股权;……'"

(八)实现股权退出

根据国发〔2016〕54 号文的规定,债转股实施机构对股权有退出预期的,可与企业协商约定所持股权的退出方式。若债转股标的公司为上市公司,债转股股权可以依法转让退出,转让时应遵守限售期等证券监管规定。若债转股标的公司为非上市公司,实践中较为常见的退出方式有上市公司并购重组标的公司、标的公司原大股东回购等。

综上所述,通过本篇文章,我们详细介绍了参与市场化债转股的合格主体、申报使用市场化债转股资金的基本条件、债转股投资后有关标的公司的治理结构以及可能的特殊利润分配安排等。同时,为了使本篇文章更有实操性,我们也谨慎罗列了相关审批程序尤其是国有企业债转股审计评估以及进场交易限制等。

其实根据笔者的实务经验,任何一个市场化债转股案例的背后,都有投资人、标的企业以及各类中介机构夜以继日的谈判和一次又一次推翻、重建以及再完善的过程。其间,也遇到很多合理但不合规的问题,如划拨土地的处置问题、矿业权出让收益补缴问题、各类投资机构步调不一致问题、行政干预问题、配套的债务重组措施无法落实问题、政府的支持政策落地问题等。每一个问题的解决与妥善安排无一不是各方力量博弈以及集体智慧的结晶,而这也正是本次中央政府倡导的“市场化债转股”的魅力和价值所在。

念·经

——外资公司并购国内矿业企业需要关注的法律问题分析

矿业市场具有明显的周期性,市场的繁荣期和萧条期随着世界经济的发展交替变化。全球矿业的上一个繁荣期始自2003年至2011年达到顶峰后逐渐转向萧条。从矿产品价格上来看,在历经了2012~2015年的低谷期后,主要矿产品价格自2016年开始逐步回升,但是由于全球经济的低迷,主要经济体贸易摩擦升级,世界经济复苏乏力,矿产品价格整体上是在震荡中缓慢复苏。从矿业资本市场的角度上来看,自2012年以来,矿业公司市值总体呈下降趋势,近两年有所回升,投资人对矿业投资的信心也有所提升,但经营不同矿种的公司之间差异较大,以铁矿石、镍、油气为主营业务的矿业公司股价回升至10年内的高点,以金矿及铜铅锌等有色金属为主营业务的矿业公司股价仍旧持续下降。最后,从勘查投资的角度上来看,全球矿产勘查投入有所回暖,勘查投入与矿产品价格态势总体一致。

中国矿业的发展基本与世界矿业的整体发展趋势相一致。自2018年以来,受国家矿产品价格以及国内一系列政策的影响,中国固体矿产勘查投入持续下降,与国内油气和全球固体矿产勘查投入持续回升态势相比,仍处于近年来乃至2003年以来最为低迷的阶段。但根据笔者的实践体会,随着中国营商环境的逐步提高和外商投资矿业领域制度改革的不断推进,外国投资者对其在中国可以享有的稳定矿业权权益、相关地质资料的透明性和公正性、许可审批的复杂程度等有关问题的顾虑也正在逐步消除,来自加拿大、澳大利亚、南非、美国和英国等多地投资者对于国内油气、建材类矿种、化工类矿种的投资热情也逐渐高涨。

同时,《外商投资法》和《外商投资法实施条例》(国务院令第723号)自

2020年1月1日起生效并实施,这也显示了中国政府进一步对外开放的决心和对外商投资继续采取积极鼓励与支持的态度。可以说,《外商投资法》和《外商投资法实施条例》为外国投资者进入中国投资,包括进入中国矿业领域投资,进一步敞开了大门。

基于以上背景,笔者在整理了相关资料的基础上形成本篇文章,以期能使读者在新外资法律监管的背景下更为清晰地了解外国投资者应如何更好地投资境内矿业行业。

一、法律、政策趋势对外商投资矿业企业的影响

(一)《外商投资法》下的改革亮点

《外商投资法》实施之前,外商投资企业的形式分别有中外合资企业、中外合作企业和外商独资企业三种,三种形式的外商企业分别适用《中外合资经营企业法》《中外合作经营企业法》和《外资企业法》(以下合称“三资企业法”)。三资企业法的规定较为简略,存在与《公司法》的法律框架在企业组织形式、权力机构设置、表决权等方面不相融合的问题,且三资企业法在行业准入、审批流程、投资者权利保护方面,存在内外资企业差别化待遇的现象。

《外商投资法》和《外商投资法实施条例》的实施,在基本法层面确立了促进外商投资的原则,结束了三资企业法时代外商投资领域无统一的基本法律制度的局面。《外商投资法》和《外商投资法实施条例》确立了外商投资领域的基本法律原则,包括但不限于:(1)对外商投资准入实施“准入前国民待遇+负面清单”的管理模式;(2)在政府资金安排、土地供应、税费减免、资质许可、标准制定、项目申报、人力资源政策等方面,依法平等对待外商投资企业和内资企业;(3)外国投资者及外籍员工在中国境内获取的所有合法收入可以依法以人民币或者外汇自由汇入、汇出;(4)平等保护外国投资者和外商投资企业的知识产权;(5)不得利用实施行政许可、行政检查、行政处罚、行政强制以及其他行政手段,强制或者变相强制外国投资者、外商投资企业转让技术;(6)依法保护外商的商业秘密;(7)地方各级人民政府及其有关部门应当履行向外国投资者、外商投资企业依法作出的政策承诺以及依法订立的各类合同,不得以行政区划调整、政府换届、机构或者职能调整以及相关责任人更替等为由违约和毁约。

可以说,《外商投资法》确立的上述法律原则为外商投资者在中国投资利益的保护提供了法律和制度保障。

（二）国家政策鼓励

2019年6月30日，国家发改委、商务部发布了《外商投资准入特别管理措施（负面清单）》（2019年版）（国家发展和改革委员会、商务部令第25号，以下简称《负面清单》）和《鼓励外商投资产业目录》（2019年版）（国家发展和改革委员会、商务部令第27号，以下简称《鼓励目录》）。相较于前一年的负面清单，《负面清单》删除了关于"石油、天然气（含煤层气，油页岩、油砂、页岩气等除外）的勘探、开发仅限于合资、合作"及"禁止投资钼、锡、锑、萤石勘查、开采"的规定。因此，目前对于矿业领域的投资禁区仅剩下"稀土、放射性矿产、钨勘查、开采及选矿"，除此之外，境外投资者可以和中国投资者一样，按照中国法律，依法进行矿产资源的勘查与开采，国家发改委新闻发言人也明确表示我国对负面清单采取"只做减法、不做加法"的措施，由此可见，之后发布的负面清单中限制或禁止投资的领域原则上不会再行增加，还有可能进一步缩减。

而相比之前年份的鼓励目录，《鼓励目录》所涵盖的外商投资领域实现了较大幅度的增加。从矿业角度来看，以下领域均被列入了鼓励目录范围：（1）石油、天然气的勘探、开发和矿井瓦斯利用；（2）提高原油采收率（以工程服务形式）及相关新技术的开发与应用；（3）物探、钻井、测井、录井、井下作业等石油勘探开发新技术的开发与应用；（4）提高矿山尾矿利用率的新技术开发与应用及矿山生态恢复技术的综合应用；（5）我国紧缺矿种（如钾盐、铬铁矿等）的勘探、开采和选矿。

《鼓励目录》延续了《中西部地区外商投资优势产业目录》（2017年修订）（国家发展和改革委员会、商务部令第33号）对于煤层气开发利用的鼓励政策，外国投资者在山西和内蒙古进行煤层气的开发利用可享受进口关税优惠，在内蒙古进行煤层气的开发利用还可额外享受15%的企业所得税税率优惠。对关注中国煤层气产业投资机会的外国投资者而言，这些新政无疑是利好消息。

此前的产业指导目录和2018年版负面清单都规定"石油、天然气（含煤层气，油页岩、油砂、页岩气等除外）的勘探、开发限于合资、合作"，长期以来，外国投资者在中国参与开发煤层气资源受到很大限制，原则上只能通过与享有对外合作专营权的几家中国国企签署"产品分成合同"的方式进行。而2019年以来的相关政策，为外资进入包括煤层气开发在内的油气资源领域开发，释放了积极的信号和提供了制度保障。2019年4月14日，中共中央办公厅、国务院办公厅发布了《关于统筹推进自然资源资产产权制度改革的指导意见》,该意见指出要“有序放开油气勘查开采市场”。2019 年 12 月 4 日,中共中央、国务院发布了《关于营造更好发展环境支持民营企业改革发展的意见》,该意见在进一步放开民营企业市场准入的问题中强调:“在电力、电信、铁路、石油、天然气等重点行业和领域,放开竞争性业务,进一步引入市场竞争机制。”2019 年 12 月 31 日,自然资源部发布了《关于推进矿产资源管理改革若干事项的意见(试行)》(自然资规〔2019〕7 号),对开放油气勘查开采市场作出明确规定:“在中华人民共和国境内注册,净资产不低于 3 亿元人民币的内外资公司,均有资格按规定取得油气矿业权。从事油气勘查开采应符合安全、环保等资质要求和规定,并具有相应的油气勘查开采技术能力。”而这一规定的出台,也表明,未来油气勘查区块的出让,不会再像新疆第一轮油气勘查区块招标出让时作出对“投标主体必须是在中国境内(不含港澳台)注册、最终绝对控股股东或最终实际控制人为境内主体”的限制。

(三)小结

近年来,外商在中国投资,包括投资中国的矿业产业,呈现出蓬勃发展的态势。国家统计局最新公布的数据显示,2018 年采矿业外商投资企业数量为 739 户,采矿业外商投资企业投资总额为 22,140.68 万美元,其中,外方注册资本为 8865.99 万美元。根据国家发改委消息,2018 年,我国吸引外商投资 1383 亿美元,同比增长 1.5%,规模再创历史新高,继续成为全球第二大跨国投资流入地。

中国矿业的对外开放,可以促使国内的矿业项目特别是初级勘探项目,更畅通地走向国际矿业资本市场,从而有效解决矿业企业融资难的问题,为中国矿产资源的有效开发利用助力加码。自 2019 年以来,伴随着《外商投资法》的实施,国务院、国家发改委、商务部、自然资源部等政府机关发布的一系列政策法规也进一步加强了中国矿业领域对外开放的广度和深度。

二、外资并购境内企业的几个关键问题

(一)外商投资的方式

《外商投资法》规定外国投资者可以是外国的自然人、企业或者其他组织,并明确了四种外商投资形式,包括:(1)外国投资者单独或者与其他投资者共同在中国境内设立外商投资企业;(2)外国投资者取得中国境内企业的股份、股权、财产份额或者其他类似权益;(3)外国投资者单独或者与其他投资者共同在

中国境内投资新建项目;(4)法律、行政法规或者国务院规定的其他方式的投资。外国投资者并购境内企业即属于前述规定的第二种方式,即外国投资者取得中国境内企业的股份、股权。

但《外商投资法》未对外国投资者通过协议控制在中国境内进行的投资是否属于外商投资进行界定。由于《外商投资法》将外国投资者取得中国境内企业的财产份额或其他类似权益也纳入了"外商投资"的形式,不排除中国政府此后通过法律、行政法规或部门监管政策将协议控制的方式看作为外商投资的可能。因此,外国投资者需对此处立法上待明确的内容进行持续关注,以保障自身投资利益。

(二)外商投资的准入

随着中国市场化改革和对外开放程度的加深,外商投资的准入门槛也在逐年降低,但这一过程并不短暂。2017 年之前,根据商务部《关于外国投资者并购境内企业的规定(2009 年修订)》(商务部令 2009 第 6 号,以下简称《外资并购规定》),外资并购境内企业需要报商务部或省级商务管理部门审批。2017 年修改后的《外商投资企业设立及变更备案管理暂行办法》和 2018 年版的《外商投资准入特别管理措施(负面清单)》将外资并购境内企业"审批制"改为"负面清单管理 + 备案制",即在外国投资者投资负面清单以外的领域到商务部门进行备案即可,无须再行审批。

《外商投资法》明确了外商投资的"准入前国民待遇 + 负面清单管理"制度,即在负面清单以外,外商投资者在投资准入方面获得不低于本国投资者的待遇,但对于负面清单内的行业领域仍实施特别的准入管理措施。根据《外商投资法实施条例》第 34 条和第 37 条的规定,外商投资企业设立和变更不再实行审批和备案管理,市场监督管理部门在依法办理外商投资企业登记注册时将一并审查是否属于负面清单内领域。

此外,根据《外商投资法》第 29 条和第 30 条的规定,外国投资者在依法需要取得许可的行业、领域进行投资的,有关主管部门应当按照与内资一致的条件和程序,审核外国投资者的进行投资所需的许可申请。这一规定有助于进一步减轻外商投资的行政审批复杂程度。

(三)外商投资企业的组织形式及结构

在三资企业法框架下,外商投资企业不能直接适用《公司法》《合伙企业法》下规定的组织结构和治理机制。自《外商投资法》实施后,外商投资企业在组织形式、组织结构和企业治理规则方面均应当遵循《公司法》或《合伙企业法》的规定。例如,根据三资企业法的规定,中外合资公司并没有股东会这一机构,董事会为中外合资公司的权力机关,而在《外商投资法》实施后,外商投资的有限责任公司应当设立股东会作为其最高权力机构,董事会不再作为最高权力机构,同时关于重要事项的表决方式也由原来的法定要求"一致决"变更为《公司法》要求的"三分之二多数决"。

在《外商投资法》实施之前已经设立的外商投资企业,其可以在《外商投资企业》规定的 5 年过渡期内继续保留原公司治理结构,并在过渡期内实现调整到符合《公司法》或《合伙企业法》规定的状态。根据商务部最新公布的数据,截至 2018 年年底,中国已经设立了大约 96 万家外商投资企业,这些外商投资企业都需要在 2025 年年底之前完成基于《外商投资法》的调整。

(四)外国投资者的中方合作对象

《中外合资经营企业法》和《中外合作经营企业法》第 1 条规定的外国投资者的中方合作对象均不包括中国境内的自然人,而此次《外商投资法实施条例》第 3 条明确规定中国的自然人可以作为外商投资企业或外商投资新建项目的中方投资者。

(五)外国投资者的出资比例及出资方式

根据《中外合资经营企业法》《中外合作经营企业法》及其实施细则的规定,外国投资者的投资一般应当不低于中外合作企业或中外合资企业的注册资本的 25%。但《外商投资法》中对于外国投资者的投资比例未作要求。由于三资企业法在《外商投资法》施行后同时废止,故此后外国投资者在外商投资企业中的投资比例将不受限制。

外商投资企业在我国可以享受特定的税收优惠(如在其投资总额下进口自用设备、物品享受税收减免待遇),但由于此前《中外合资经营企业法》《中外合作经营企业法》对外国投资者的投资有不低于注册资本 25% 的比例要求,外商投资企业享受相关税收优惠待遇需要满足该等最低出资比例限制。随着《外商投资法》的实施,各级政府制定的优惠待遇政策随后可能会相应调整至与《外商投资法》精神相符的标准,即取消外资最低注册资本比例不低于 25% 的限制。但目前外国投资者投资比例为 25% 以下的外商投资企业是否能享受特定的税收优惠的问题并没有明确的答案,外资注册资本比例在25%的外商投资企业需要对税务部门其后出台的相关政策进行关注,以确保能够及时、足额享受免税优惠等外商投资优惠政策。

有关外国投资者的出资方式,三资企业法分别对三资企业中外国投资者的非现金出资作出了不同的法定要求,例如:(1)外商独资企业的外国投资者以机器设备作价出资,其机器设备应当是外资企业生产所必需的设备,其以工业产权、专有技术出资的,应将相关详细资料报送审批机关;(2)中外合资企业的外国投资者以及机器设备或其他物料出资的,应当是合资企业生产所必需的,其以工业产权或专有技术出资的,若有意以落后技术和设备进行欺骗,造成损失的,应赔偿损失,其作为出资的机器设备或其他物料、工业产权或专有技术,应报审批机关批准;(3)中外合作企业的合作各方以其自有的财产或财产权利作为投资或者合作条件的,则对该投资或合作条件不得设置抵押权或者其他形式的担保。但《外商投资法》并未对外国投资者的出资方式加以限制或规定任何审批程序,并且根据《外商投资法》第22条第2款的规定,“国家鼓励在外商投资过程中基于自愿原则和商业规则开展技术合作。技术合作的条件由投资各方遵循公平原则平等协商确定。行政机关及其工作人员不得利用行政手段强制转让技术”。由此可见,《外商投资法》实施后,外商投资企业中外资企业的出资方式可以根据外国投资者和其合资方(如有)的商业考量决定。

(六)外商投资企业的外债额度

根据《外债管理暂行办法》(国家发展计划委员会、财政部、国家外汇管理局令第28号)的规定,外商投资企业举借的中长期外债累计发生额和短期外债余额之和应当控制在审批部门批准的项目总投资与注册资本之间的差额以内(也即“投注差模式”)。外商投资企业的投资总额与其注册资本应当按照《关于中外合资经营企业注册资本与投资总额比例的暂行规定》(工商企字〔1987〕第38号)确定。

此外,中国人民银行于2017年1月12日颁布了《关于全口径跨境融资宏观审慎管理有关事宜的通知》(银发〔2017〕9号),规定了另一种外债额度的计算方式,即“全口径跨境融资宏观审慎管理模式”(以下简称“宏观审慎管理模式”)。在“宏观审慎管理模式”下,对于企业而言,企业跨境融资风险加权余额上限=资本或净资产×跨境融资杠杆率(2)×宏观审慎调节参数(1)。自银发

〔2017〕9号文发布之日起,外商投资企业、外资金融机构可以就适用"宏观审慎管理模式"的外债额度享有1年过渡期,过渡期内,外商投资企业、外资金融机构可在"投注差模式"和"宏观审慎管理模式"下任选一种模式以计算其外债额度,过渡期结束后,外资金融机构已根据银发〔2017〕9号文的规定自动适用"宏观审慎管理模式"。银发〔2017〕9号文规定,在过渡期满后,外商投资企业跨境融资管理模式由中国人民银行、国家外汇管理局根据该通知总体实施情况评估后确定,但截至目前,我们尚未查到中国人民银行和国家外汇管理局就外商投资企业跨境融资管理模式出具更新的规定。实践中,国家外汇管理局允许外商投资企业可以在"投注差模式"和"宏观审慎管理模式"中选用一种确定外债额度,且一经选定则不能变更。

《外商投资法》并没有规定外商投资企业的投资总额的概念,在《外商投资法》作为外商投资领域基本法强调内外资一致的精神下,"投注差"可能会由于有关部门出台具体规定而废止。因此,外商投资企业应当对有关进展保持密切关注,以确保外商投资企业的相关涉外融资活动顺利开展。

(七)安全审查

在《外商投资法》实施之前,我国政府已经有权对影响或者可能影响国家安全的外商投资进行安全审查。根据国务院办公厅《关于建立外国投资者并购境内企业安全审查制度的通知》(国办发〔2011〕6号)和《关于印发〈自由贸易试验区外商投资国家安全审查试行办法〉的通知》(国办发〔2015〕24号),在安全审查范围内的外商投资包括外资并购活动及外国投资者在自贸区内的投资。

而《外商投资法》将安全审查的范围扩大到中国境内的所有外商投资活动(包括但不限于设立外商投资企业,取得中国境内企业的股份、股权、财产份额或者其他类似权益,单独或者与其他投资者共同在中国境内投资新建项目等)。可见我国在放松行业准入限制的同时,为了保护国家安全,对于外商投资在安全审查方面扩大了审查范围。

(八)其他问题

目前《外资并购规定》仍然有效,其对外商投资者并购境内企业的诸多事项均作出了规定,比如:(1)在交易价款支付时点方面,外国投资者并购境内的,应自股权变更登记之日起3个月内支付全部对价,特殊情况下经审批机关批准后应自股权变更登记之日起6个月内支付全部对价的60%以上,1年内付清全部对价,并按实际缴付的出资比例分配收益;(2)在关联并购审批方面,境内主体以其在境外合法设立或控制的公司并购与其有关联的境内企业应报商务部审批;(3)并购当事人应以资产评估机构的评估结果作为确定交易价格的依据;(4)以股权作为支付对价受到限制,目前《外资并购规定》仅允许外国投资者在一定条件下以境外上市公司股份或境外特殊目的公司的股权或股份作为支付对价。

由于《外商投资法》在上述方面并未有相关规定,《外商投资法》实施后,对于外资并购交易来说,前述《外资并购规定》下的特殊要求如何适用和执行,需要商务部进一步修改或制定相关法律法规来予以明确,故外商投资者应对商务部在《外商投资法》框架下进一步完善的外商并购制度的出台保持密切关注。

三、外资并购主要的审批或备案程序

(一)外商投资企业设立及变更

如前述内容,外商投资企业在市场监督管理部门进行设立或变更登记方面的流程已与内资企业保持一致,外商投资企业设立和变更不再施行审批和备案管理,市场监督管理部门在依法办理外商投资企业登记注册时将一并审查是否属于负面清单内领域,如果并非为负面清单内领域,外商投资企业在市场准入阶段应不存在障碍。

(二)经营者集中审查

外国投资者并购中国境内企业或者以其他方式参与经营者集中的,应当依照《反垄断法》的规定接受经营者集中审查,具体按照《经营者集中审查办法》(商务部令2009年第12号)程序执行。

(三)外商投资企业信息报告

在《外商投资法》实施之前,根据《外商投资企业设立及变更备案管理暂行办法》第5条的规定,外商投资企业或投资者应通过外商投资综合管理信息系统在线填报和提交外商投资企业设立及变更材料。需要提示的是,在笔者于2019年11月经办的一个外资并购内资矿业企业案件中,在市场监督管理部门外资企业设立窗口设立办理登记时已经可实现由企业登记机关同步向商务委进行外商投资企业信息报送,但外商投资企业仍需向商务委另外提供纸质版材料,才可取得商务委备案回执。

《外商投资法》实施后,外商投资企业在设立登记后无须再到商务委进行备案，但须按照《外商投资法》新确立的外商投资信息报告制度进行相关信息的报送。根据《外商投资法》第 34 条的规定，外国投资者或外商投资企业应通过企业登记系统以及企业信用信息公示系统向商务主管部门报送投资信息。根据《外商投资法实施条例》第 38 条的规定，国务院商务主管部门、市场监督管理部门应当做好相关业务系统的对接和工作衔接，并为外国投资者或外商投资企业报送投资信息提供指导。此外，商务部与国家市场监督管理总局于 2019 年 12 月 30 日发布了《外商投资信息报告办法》（商务部、市场监管总局令 2019 年第 2 号，以下简称《报告办法》）以及商务部于 2019 年 12 月 31 日发布的《关于外商投资信息报告有关事项的公告》（商务部公告 2019 年第 62 号），详细规定了外商投资信息报告制度的具体内容并对过渡期间的处理等方面予以明确。

《外商投资法》体系下的外商投资信息报告制度与之前的商务委备案流程具有类似性，但其适用范围更广泛地延伸到了定居国外中国公民的投资活动。如《报告办法》第 4 条规定了外商投资企业或外国投资者的信息报送渠道以及市场监管部门于商务主管部门共享相关信息的渠道：首先，外商投资企业或外国投资者应当通过企业登记信息系统以及国家企业信息用信息公示系统向商务主管部门报送投资信息；其次，市场监管部门应当通过外商投资信息报告系统及时将收集到的投资信息推送至商务主管部门。可以说，该举措提高了外商投资主管部门的行政效率，避免了投资者需要与多个政府部门进行协调的繁冗流程，进一步方便了投资者。

（四）外汇登记和结汇管制

1. 概述

根据 2015 年之前的外汇管理规定，外国投资者收购境内公司股权需要办理出资确认登记和外汇信息登记。根据国家外汇管理局《关于进一步简化和改进直接投资外汇管理政策的通知》（汇发〔2015〕13 号）可知，外国投资者收购中方股权出资确认登记已被取消并且外汇信息登记的权限已被下放至被投资企业的账户银行，银行办理完成后会出具业务登记凭证。被投资企业办理完毕外汇信息登记后，可开立外汇资本金账户，并且应将业务登记凭证提供给股权出让方，用来办理资产变现账户收取外国投资者汇入的股权转让对价。另外，需要提示的是，境内机构从两个（及以上）不同的投资主体接收再投资资金或股权转让对价的，需按照不同的来源主体和（或）币种分别登记并分别开立外汇资本金账户或结汇待支付账户。

2. 外汇信息登记

外汇信息登记分为两类:一类是境内机构接受境外主体直接投资,另一类是境内机构接受境内外商投资企业在中国境内的再投资。

(1)境内机构接受境外主体直接投资外汇信息登记

被投资企业接受境外主体直接投资的,账户银行需要根据13号文附件1《直接投资外汇业务操作指引》第1.3条“外国投资者并购境内企业办理外商投资企业基本信息登记”的规定办理外汇信息登记。

(2)外商投资企业在中国境内的再投资外汇信息登记

在国家外汇管理局《进一步促进跨境贸易投资便利化的通知》(汇发〔2019〕28号)实施以前,根据相关规定仅允许投资性外商投资企业以其资本金在境内进行股权投资,而28号文则进一步允许非投资性外商投资企业在现行负面清单以外的领域以资本金进行境内股权投资。若股权投资以原币划转方式进行,被投资主体应当办理“接受境内再投资登记”并开立资本金账户接受资金,无须办理货币出资入账登记;而若股权投资以资本金结汇方式开展,被投资主体应当办理“接受境内再投资登记”并开立“资本项目—结汇待支付账户”接收相应资金。

被投资企业接受外商投资企业在中国境内再投资的外汇信息登记流程应按照国家外汇管理局《关于精简外汇账户的通知》(汇发〔2019〕29号)附件2《银行办理相关资本项目外汇业务操作指引》第2条“接收境内再投资基本信息登记”的规定执行,具体如下:(1)境内机构接收外商投资企业境内再投资项下以外汇支付的股权转让对价的,应当在注册地银行申请办理“接收境内再投资基本信息登记”。(2)境内机构接收投资性外商投资企业的人民币形式(含直接结汇所得或结汇待支付账户内的人民币资金)的股权转让对价,无须办理“接收境内再投资基本信息登记”或开立外汇资本金账户,相关投资款项可直接划入被投资主体或接收股权转让对价的境内主体的人民币账户。(3)境内机构接收非投资性外商投资企业的人民币形式的股权转让对价的,应在注册地银行申请办理“接收境内再投资基本信息登记”并开立结汇待支付账户后,再由开展投资的企业按实际投资规模将结汇所得人民币资金划往接收股权转让对价的境内主体开立的结汇待支付账户;境内个人接收股权转让对价款的,无须开立资本金账户或结汇待支付账户,投资主体可将外汇资本金结汇或以结汇待支付账户内资金直接支付股权价款。

3. 放宽资产变现账户限制

在此之前，外资并购项下境内股权出让方开立的用于收取股权转让对价的境内资产变现账户内资金结汇须参照外汇资本金账户内资金结汇管理，但28号文取消了境内资产变现账户资金结汇使用限制，外资并购项下境内股权出让方接受外国投资者股权转让对价款时可直接凭相关业务登记凭证在银行办理账户开立、资金汇入和结汇使用手续。

4. 放宽保证金账户限制

境外投资者为竞标和交易目的须支付保证金的，应当开立保证金专用外汇账户。此前的外汇管理规定要求保证金账户内资金仅作为交易保证用途，不得结汇，不得用于质押贷款，且境内划入保证金专用账户资金无论是否竞标成功均应划回原划入账户；境外汇入保证金专用账户内资金，如竞标成功可作为对后续成立外商投资企业境内投资的出资；如竞标未成功，则应原路汇回境外。汇发〔2019〕28号文也放宽了外国投资者保证金使用和结汇限制，外国投资者从境外汇入或从境内划入的保证金在交易达成后，可直接用于其境内合法出资、境内外支付对价等，取消保证金账户内资金不得结汇的限制，允许交易达成或违约扣款时将保证金直接结汇支付。

5. 改革趋势

《外商投资法》第21条规定："外国投资者在中国境内的出资、利润、资本收益、资产处置所得、知识产权许可使用费、依法获得的补偿或者赔偿、清算所得等，可以依法以人民币或者外汇自由汇入、汇出。"但根据笔者在实际项目操作层面的经验来看，中国的外汇管理政策在资本项目项下还存在诸多限制。另外，在行政管理层面，国家外汇管理局也多次做过官方介绍，指出中国外汇管理已经由"宽进严出"向"双向均衡管理"转变，并逐步减少了行政管制，目标是逐步取消内外资、国私有以及机构和个人之间的差别化待遇。从以上内容可以看出，我国的外汇管理政策正在随着世界经济发展而变化和调整，相信外汇管理部门也会在《外商投资法》的原则下尽快进一步细化和执行。

四、外商投资矿业需要关注的重点问题

矿业权是矿业公司的核心资产，收购者收购矿业公司，自然要关注以矿业权为核心的一系列法律问题，笔者撰写的《上市公司收购矿业公司股权及矿业

权应关注的重点问题》一文即重点从矿业权角度介绍了投资者比较关心的问题,如矿业权与矿产资源规划等各种规划的匹配度问题、矿业权与生态红线问题、矿业权基础资料的真实性合法性问题、矿业权重叠问题、矿业权与土地使用权冲突问题、矿业权税费问题、矿山项目的审批手续问题、矿业权转让协议效力问题等。该等问题对于外国投资者来说同样重要,为了避免重复,我们在其基础上,针对外国投资者投资境内矿业需要进一步关注的特殊事项进行了分析。

(一)交易双方都需要关注的前提要点

从笔者多年的外资境内投资交易经验来看,双方在交易前对以下问题均需要着重关注并取得一致的共识:(1)被投资企业所处行业与鼓励目录和负面清单的对应关系;(2)收购企业资产还是收购企业股权;(3)被收购企业是否涉及上市公司和国有企业,若涉及,应当考虑有关上市公司和国有企业进行资产转让或股权转让的限制性规定和程序性规定;(4)价款的支付方式及时点;(5)税收政策;(6)政府监管等。

总体而言,对于外国投资者而言,其更希望自己的利益得到更妥善的保护,相关风险更多地向转让方转移,因此,外国投资者希望被投资企业和转让方能够披露详尽的信息并作出涵盖多方面内容的陈述与保证,其通常会要求保留更多的尾款作为业绩激励付款或作为转让方违约的担保。此外,获得更多的管理层席位也是外国投资者非常关注的内容。而前述方面对转让方的利益也有非常大的影响,双方就该类问题的谈判通常都很胶着。据此,笔者建议,客户应当详细列出利益优先次序清单,以便于在谈判中可以用次优利益去妥协交换己方认为重要的利益点。

(二)涉军事重要设施审批意见(军事审批)

原国土资源部办公厅、总参谋部作战部《关于外商投资矿产资源勘查开采征求军事机关意见有关问题的通知》(国土资厅发〔2004〕105 号)规定,国土资源部门在处理矿业权审批时,就下述两种情形下需要书面征求主管军事部门意见:(1)涉外探矿权、采矿权申请;(2)受让人为涉外企业的采矿权和探矿权转让,但涉外探矿权直接申请采矿权或转让给涉外企业的,可不再征求军事部门的意见。

尽管国土资厅发〔2004〕105 号文的发文机关已经发生了变更,但该意见并没有被废止,仍符合上述规定的交易审批我们认为仍然应当适用国土资厅发

〔2004〕105 号文的规定。一般情况下，如果确实涉及内外资之间的矿业权转让交易，我们往往会建议交易双方将军事审批设置为协议生效或者交割的前提条件。但是实务中往往不会这么简单，最需要讨论和尴尬的是，如果双方交易的是矿业公司股权，而非直接的矿业权交易，那么是否需要向矿业权发证机关报告并请其商请相关军事机关审批？矿业权发证机关以股权变更军事审批没有法律依据不予受理怎么办？最后，即便是矿业权发证机关已与相关军事机关商情，但军事机关在合理期限内既不作出同意亦未出具涉及军事重要设施意见怎么办？在笔者过往的项目经历中，这些问题全部出现过，甚至还出现了矿业公司股权收购未经军事审批被某省高级人民法院判决股权转让合同无效的案例。

现行法律法规等文件并没有将矿业公司股权转让视为矿业权转让的明确规定，亦没有进一步明确外国投资者以股权方式对境内的矿业权进行投资是否属于国土资厅发〔2004〕105 号文规定的涉外矿业权转让。但是从实质性考虑，我们倾向于认为无论是外国投资者购买矿业公司股权或认购新股达到 51% 以上，抑或是通过其他途径到达实际控制矿业公司的，均应在交易交割前向矿业权发证机关报请军事审批。如果颁证机关不予以受理，应妥善保管向其提出申请的证据材料，如颁证机关受理且向相对应军事机关发去商请函，军事机关在合理期限内没有回应，建议交易双方根据具体情况继续督请颁证机关或通过商务部、中国贸促会等相关外资行政主管或者服务类机构予以进一步督促。

同时，为防止最终由于矿业权活动与军事重要设施冲突，外国投资者在开展前期尽职调查工作时应尽可能核实目标矿业企业所涉矿山范围是否处于军事重要设施管理区之内或处于其影响区，以便于提前评估是否需要军事审批。另外，根据我们的实务经验，即便是在交易时没有进行军事审批报请，未来目标矿业企业变更采矿许可证上的经济类型时，相关自然资源主管部门也可能就此征求军事部门的审批意见。

最后，若外国投资者在交易前无法核实矿山是否受军事管制且颁证机关又不予以受理的，建议在交易协议中设置专门的风险控制条款，如一旦矿区范围存在或者影响军事重要设施的，无论是否被认定为无效合同等，转让方均应按照约定的价格进行回购，且转让方同意支付完毕所涉款项时再进行股权回转的变更登记。同时，为了避免被司法机关或者行政监管机关认为违反军事规定协议无效必须在一定期限内恢复原状，但转让方没有或者无力支付回购价款的情况出现，建议在交易协议中进一步约定转让方同意委托外国投资者对外转让股权且就此转让款有权优先受偿等保护性条款。

(三)估值差异问题

在交易中,标的矿业权的估值是交易双方最为关注的核心的问题,同时可能也是交易是否能够成功的核心条件。根据我们的经验,就国内矿业资产矿业权估值,国外公司给出的估值结果往往比国内公司给出的要保守。这一估值差异的主要原因是国内外在矿业权评估的估值标准、估值方法、估值参数等方面存在差异。

1. 估值准则的差异

国外矿业权估值主要按照主流矿业国家的估值标准,引用最为广泛的是《澳大利亚矿业资产技术评估与估值公开报告标准(VALMIN)》和《加拿大矿业资产估值标准及指南(CIMVAL)》。其结果通常指技术估值,不考虑溢价或者折价等情形。评估师在不违反估值标准的前提下,对于估值方法、参数取舍和风险判断可以充分发表其独立专家意见。交易双方在技术估值的基础上,考虑各种市场因素给予溢价或折价后,形成最终的市场价值。

国内矿业资产估值往往需要评估师按照《中国矿业权评估准则》和一系列指南文件,同时参考各个地方具体的行政法规等因素后开展。评估师对于评估方法及参数的取舍裁量权仅体现在给定系数范围之内,虽然其结论"仅供投资者参考",实际上已经将交易双方甚至其他关联方的各种考量和非市场因素(比如各省对于最低价的指导意见)体现在估值模型中,其估值结果实际上就是最终的公允价值(市场价值)。

2. 估值途径及方法

国外矿业权估值途径和国内没有差别,即市场途径、收益途径和成本途径,主要的区别在于三种途径适用范围。

在国外矿业资产评估中,成本途径用的很少,因为沉没成本和替代成本往往很难界定。例如,对于未见矿的钻孔是否应该肯定其揭露地质信息方面的作用,还是毫无用处,全凭评估师个人的经验来进行取舍。在国内矿业评估中,成本途径广泛应用于较低勘查阶段的项目,尤其是对于国家出资勘探形成的矿业权。评估参数根据《中国矿业权评估准则》及《矿业权出让收益评估应用指南(试行)》按照勘查效果或者勘查工程的质量给予一定的计算权重。

收益途径在国外矿业权估值时一般严格运用于开发阶段或生产阶段的项

目，且对于资源量/储量和开发研究的程度要求较高。不同的评估师得出估值结果差异不大。在国内的应用实践中，达到详查阶段项目就要求采用收益途径，根据开发研究的程度又划分出折现现金流量法、折现剩余现金流量法等细分方案。按照规定的各种"系数"，不同评估师给出估值结果的范围差异较大。

市场途径在国外矿业权估值中的应用十分广泛，这都是基于欧美十分发达的资本市场和公开披露制度。市场途径适用于各个勘查开发阶段的项目，可以独立运用，也可以有效地检验其他估值途径的结论。由于我国在矿业权取得多数是从政府招拍挂一级市场取得，矿业资本市场也不太发达，很难取得公开披露的地质资源信息和财务数据，市场途径在矿业权估值中缺乏可对比的代表性案例，应用有限。

3. 估值参数

矿业权估值考虑的技术层面参数主要包括地质资源、开采加工和财务数据等。

国际矿产资源分类标准（澳大利亚 JORC 标准和加拿大 43 – 101）与国内标准（《固体矿产分类标准》相比有着根本性的区别，参与估值的对象（质量和数量）差异很大，导致估值的结果差异很大。例如，国际矿业权估值在应用收益途径进行估值时，估值对象仅考虑证实的储量和概略的储量，不考虑推断的资源量。而在国内情况大不一样，估值对象对于资源量和储量没有区别对待：控制的资源量和探明的资源量可作为估值对象，且推断的资源量（333）经过打折继考虑一定可靠性系数后必须予以考虑，某些矿种或者行政区，要求必须考虑远景的资源量。

在技术经济研究的详细程度方面，同样阶段的技术经济研究，国外的普遍比国内的要详细。例如，在可行性研究阶段，国外通常将进行补充勘查、落实基本建设条件以及模拟采选加工排产计划等作为支撑，投资及成本要依靠分包商或者供货商的报价作为支撑，财务指标要满足投融资决策的需要等。国内的可行性研究主要是提出概略性指标，满足建设方案的比选。如果有投融资决策的需要，还要编制银行级的可行性研究报告。技术经济研究的详细程度，直接影响到估值模型的完整性和精度。

4. 风险考量

国内外对于风险的考量也有较大的差别。比如对于国别风险、政策风险和社区风险等，国外矿业权估值是按照世界银行或者投资银行等机构作出的风险评级,经过定量计算反映在折现率等参数中;而我国的矿业项目折现率通常在12% ~15%取值,风险评价按照折现率计算公式来计算,基本上不考虑政策风险和社区风险等,通常是8% ~10%。

5. 估值结果

国外矿业权评估报告一般给出一个区间值,交易双方在估值报告的基础上,再综合考虑各种因素后最后确定交易价格;而国内的评估报告通常给出一个具体数值,这一中外估值结果的差异除了跟上述分析的几个方面有关外,也跟国内外决策习惯和思维文化有很大的关系。

最后,希望国内外交易各方在开展具体交易时充分考虑以上的技术差异以及决策差异等,证实差异的客观存在,并通过充分披露和有效交流解决估值中存在的各种问题。

五、结语

作为矿业领域的法律工作者,笔者对近期外商投资法律制度的变革以及矿业领域持续开放的产业政策感到欣喜,也希望外资矿业投资者在中国能够感受并体会到这种日益便利且友好的投资环境。

但需要特别注意的是,在这个外商投资法律制度发生重大变革的时期,对于目前法律框架下同法律规定存在冲突、法律规定不明确的法律问题,外国投资者一方面要对相关法律制度的更新和实践中的相关做法保持密切关注,另一方面也要注意在进行具体交易或采取相关法律行动之前咨询专业法律顾问的建议,以便最大化地实现规避相关合规风险和交易风险的目的。

在外商投资法律制度层面以外,我们也注意到,近几年多家跨国资本及企业巨头在中国市场连连失利,出现水土不服的现象。外国投资者完成境内矿企并购后是否能够真正把自身企业文化和被收购企业的企业管理有机结合是一个很大的问题,并不是仅享有低门槛的准入条件和与中国投资者同等的待遇即能解决外商在华投资的一切障碍。

外企虽然在管理制度有规范化的优点,但灵活性不足,一些运营和决策上的审批权最终还要归拢到境外母公司进行烦琐的流程,国内的高管也大多由不熟悉本地文化的外国人担任,决策者是否对中国的市场环境熟悉、对中国当地被收购企业的员工是否信赖,都会影响被收购企业的经营。而矿业企业又大多分布在中国的欠发达地区,其在运营管理上的规范性可能不及中国发达地区的其他行业的企业状况,外资注入后必定需要在矿山安全等级提升、员工健康安全和社会保险、企业合规建设方面持续投入成本。因此,外商投资企业自身要注重根据中国的市场环境和文化氛围去调整内部的协作机制和自身的经营方式,以期在市场上更具竞争力。

估·值

——矿业权评估及评估中需注意的问题

矿业权是指矿产资源使用权,包括探矿权和采矿权。前者是指在依法取得的勘查许可证规定的范围内,勘查矿产资源的权利;后者是指在依法取得采矿许可证规定的范围内,开采矿产资源和获得所开采矿产品的权利。根据《矿产资源法》及其配套法规,矿业权经依法批准可以转让给他人。矿业权的价值是矿业权人在法定的范围内,经过资金和技术的投入而形成的,应当依法受到保护。

矿业权评估是依据规定的程序和方法对矿业权价值进行评价和估算的估价咨询行为,是矿业权市场的重要组成部分。矿业权评估是由专门机构和人员根据评估目的、评估对象的用途和实际情况选择适当的评估方法,依据国家的法律、法规和有关技术经济资料,在确定的评估条件下,对某一时点上的矿业权价值进行估算。

一、中国矿业权评估行业发展及现状

(一)矿业权评估行业发展情况

我国矿产资源资产评估的概念,先后经历了两个阶段:第一个阶段是 1986 ~ 1997 年,评估概念是与新中国第一部《矿产资源法》紧密相关的"地质勘查成果资产评估";第二个阶段是 1998 年至今,评估概念是与 1996 年修订的《矿产资源法》紧密相伴的"探矿权采矿权评估"。

1998 年,国务院发布了《矿产资源勘查区块登记管理办法》(国务院令第 240 号)、《矿产资源开采登记管理办法》(国务院令第 241 号)和《探矿权采矿权转让管理办法》(国务院令第 242 号)3 个法规。其中,《矿产资源开采登记管理

办法》第10条规定："申请国家出资勘查并已经探明矿产地的矿业权的采矿权的，申请人除依照本办法第九条的规定缴纳采矿权使用费，还应当缴纳国家出资勘查形成的矿业权价款；采矿权价款按照国家有关规定，可以一次缴纳，也可以分期缴纳。国家出资勘查形成的采矿权价款，由具有矿业权评估资质的评估机构进行评估；评估报告报登记管理机关备案。"

《探矿权采矿权转让管理办法》第9条规定："转让国家出资勘查所形成的探矿权、采矿权的，必须进行评估。国家出资勘查形成的探矿权、采矿权价款，由具有矿业权评估资质的评估机构进行评估；评估报告报探矿权、采矿权登记管理机关备案。"以上规定不仅建立了矿业权登记、流转的管理制度，也标志着矿业权评估行业正式诞生。

2006年3月，中国矿业权评估师协会成立。8月，原国土资源部通过《关于向中国矿业权评估师协会移交有关管理事项的函》（国土资厅函〔2006〕539号）将由其负责的行业管理职能全部移交至中国矿业权评估师协会。从此矿业权评估行业管理和行政管理分离，建立了较完善的矿业权评估管理体系，这标志着我国矿业权评估行业进入行业自律管理与政府监督管理的新阶段。自成立至今，中国矿业权评估师协会先后制定了协会内部管理和行业基础性制度、资质资格管理类制度以及自律管理类制度等，同时随着市场交易的活跃发展，矿业权评估业务类型已逐步从单一的价款评估扩展为服务于各种经济行为类型，已形成评估业务多元化的格局。

（二）矿业权评估机构

1999年，原国土资源部发布实施的《探矿权采矿权评估管理暂行办法》（国土资发〔1999〕75号）[①]对矿业权评估的基本原则、程序、依据、评估报告的主要内容、评估机构的责任及评估结果确认的程序等都作出了具体规定；2000年，原国土资源部发布实施的《探矿权采矿权评估资格管理暂行办法》（国土资发〔2000〕302号）[②]对矿业权评估机构的业务范围、资格条件、权力和义务，以及相关责任等作出了规定。自此，这两份重要的基础性文件建立了中国矿业权评估

① 本法规被《国土资源部关于停止执行部分地质和矿产勘查开发相关规范性文件的通知》（2009年10月31日发布，2009年10月31日实施）废止。

② 本法规被《关于重新发布〈探矿权采矿权评估资格管理暂行办法〉的通知》（2000年10月31日发布，2000年10月31日实施）废止。

制度和矿业权评估市场框架。随后,矿业权评估业务及机构均快速发展,截至2020年3月,全国矿业权评估机构共113家。

(三)矿业权评估师

2000年,原国家人事部和原国土资源部共同制定发布的《矿业权评估师执业资格制度暂行规定》(人发〔2000〕82号)第5条规定:"矿业权评估师执业资格须通过考试获得。考试实行全国统一大纲、统一命题、统一组织的办法,原则上每两年举行一次。"第10条规定:"矿业权评估师执业实行注册登记制度。国土资源部为矿业权评估师的注册管理机构。"2003年,矿业权评估师成为国务院设置的六类资产评估专业资格之一。

2014年8月12日,国务院发布《关于取消和调整一批行政审批项目等事项的决定》(国发〔2015〕11号),取消了矿业权评估师的职业资格许可和认定。

2015年8月1日,人力资源和社会保障部、原国土资源部联合印发《矿业权评估专业技术人员执业资格制度暂行规定》(以下简称《评估资格规定》),明确了国家设立矿业权评估专业技术人员水平评价类职业资格制度。

截至2020年3月,全国矿业权评估师共1061人(含非执业、暂停和取消执业人员共113人),助理矿业权评估师51人。

(四)矿业权评估准则、指南的发展

1999年,原国土资源部组织编写了第一本《探矿权采矿权评估方法指南》,为矿业权评估执业提供了基本指导意见。由于当时矿业权评估的理论和方法才刚刚起步,原国土资源部又在2001年和2004年分两次对《探矿权采矿权评估方法指南》进行了修编,完善了矿业权评估理论和方法体系,有效地指导了矿业权评估师进行评估执业。

中国矿业权评估师协会自2006年成立以来,具体负责组织进行中国矿业权评估准则体系建设,组织编写了《中国矿业权评估准则》。经过多次研讨、论证,分别于2008年8月正式发布实施了第一批九项准则,2011年1月发布实施了第二批八项准则。为做好矿业权出让收益评估工作,2017年11月1日,中国矿业权评估师协会发布的《矿业权出让收益评估应用指南(试行)》正式实行。

目前,矿业权评估理论研究较为薄弱,还需继续提高专业化,在国内矿权出让、流转制度的基础上,如何更好地与国际接轨也是摆在矿业权评估行业面前重要的问题。

二、矿业权评估方法的简要介绍

矿业权评估途径共有三种，分别为收益途径、成本途径以及市场途径。

(一)收益途径

收益途径，是基于预期收益原则和效用原则，通过计算待估矿业权所对应的矿产资源储量开发获得预期收益的现值，以估算待估矿业权价值的技术路径，它是一类评估方法的总称。收益途径评估方法包括折现现金流量法、折现剩余现金流量法、剩余利润法、收入权益法和折现现金流量风险系数调整法五种。

1. 折现现金流量法

该方法是矿业权评估中较为常用的一种方法。

折现现金流量法，即DCF法(Discounted Cash Flow)，通常是指将项目或资产在生命期内未来产生的现金流折现，计算出当前价值的一种方法，或者为了预期的未来现金流所愿付出的当前代价，通常应用于项目投资分析和资产估值领域。资产估值领域中的折现现金流量法，是将一项资产的价值认定为该资产预期在未来所产生的净现金流量现值总和，并将其作为该项资产的评估价值。

矿业权评估中的折现现金流量法，是将矿业权所对应的矿产资源勘查、开发作为现金流量系统，将评估计算年限内各年的净现金流量，以与净现金流量口径相匹配的折现率，折现到评估基准日的现值之和，作为矿业权评估价值。

(1)计算公式

$$P = \sum_{t-1}^{n} (CI - CO)_t \cdot \frac{1}{(1+i)^t}$$

式中：

P——矿业权评估价值；

CI——年现金流入量；

CO——年现金流出量；

$(CI - CO)_t$——年净现金流量；

i——折现率；

t——年序号($t = 1, 2, \cdots n$)；

n——评估计算年限。

折现系数$[1/(1+i)^t]$中t的计算：当评估基准日为年末时，下一年净现金流量折现到年初。如2007年12月31日为基准日时,2008年$t=1$。当评估基准日不为年末时,当年净现金流量折现到评估基准日。如2007年9月30日为基准日时,2007年$t=3/12$,2008年时$t=1+3/12$,依此推算。

(2)适用范围

适用于详查及以上勘查阶段的探矿权评估和赋存稳定的沉积型大中型矿床的普查探矿权评估;适用于拟建、在建、改扩建矿山的采矿权评估,以及具备折现现金流量法适用条件的生产矿山的采矿权评估。

2.折现剩余现金流量法

折现剩余现金流量法,即DRCF法(Discounted Remained Cash Flow),是将矿业权所对应矿产资源勘查、开发作为现金流量系统,将评估计算年限内各年的净现金流量,逐年扣减与矿产资源开发收益有关的开发投资合理报酬后的剩余净现金流量,以与剩余净现金流量口径相匹配的折现率,折现到评估基准日的现值之和,作为矿业权评估价值。

3.剩余利润法

剩余利润法是通过估算待估矿业权所对应矿产资源开发各年预期利润,扣除开发投资应得利润之后的剩余净利润,按照与其相匹配的折现率,折现到评估基准日的现值之和,作为矿业权评估价值。

4.收入权益法

收入权益法是基于替代原则的一种间接估算采矿权价值的方法,是通过采矿权权益系数对销售收入现值进行调整,作为采矿权价值。

采矿权权益系数反映采矿权评估价值与销售收入现值的比例关系。

5.折现现金流量风险系数调整法

折现现金流量风险系数调整法,是针对地质勘查程度较低的稳定分布的大中型沉积矿产的探矿权价值评估而设定的一种评估方法。首先根据毗邻区矿产勘查开发的情况,采用折现现金流量法或折现剩余现金流量法估算出评估对象的基础价值,然后采用矿产开发地质风险系数进行调整得到探矿权评估价值。

矿产开发地质风险系数,是针对地质勘查工作程度不足而设定的,反映因地质勘查工作程度不足所存在的地质可靠性低、开发风险高等情形。该系数一般通过对地质、采矿、选矿等因素进行半定量分析确定。

（二）成本途径

成本途径，是指基于贡献原则和重置成本的原理，即现时成本贡献于价值的原理，以成本反映价值的技术路径。也是一类评估方法的总称。成本途径评估方法包括勘查成本效用法和地质要素评序法。

1. 勘查成本效用法

勘查成本效用法，是指采用效用系数对地质勘查重置成本进行修正，估算探矿权价值的方法。根据《中国矿业权评估准则》的规定，该方法适用的范围是投入少量地表或浅部地质工作的预查阶段探矿权评估，或者经一定勘查工作后找矿前景仍不明朗的普查探矿权评估。

2. 地质要素评序法

地质要素评序法是基于贡献原则的一种间接估算探矿权价值的方法。具体是将勘查成本效用法估算所得的价值作为基础成本，对其进行调整，得出探矿权价值。其一般用于普查阶段探矿权，也包括部分已有推断和预测资源量的预查阶段探矿权。它的最大特点是在实物工作量重置成本的基础上，再用预示该探矿权未来勘查开发利用价值的地质要素价值指数调整系数进行调整，从而克服采用单纯用实物工作量进行重置而与资源量规模和开发利用价值“脱钩”的弊端。

（三）市场途径

市场途径，是指根据替代原理，通过分析、比较评估对象与市场上已有矿业权交易案例异同，间接估算评估对象价值的技术路径，是一类评估方法的总称。矿业权评估市场途径下的评估方法包括可比销售法、单位面积探矿权价值评判法和资源品级探矿权价值估算法。

1. 可比销售法

基于替代原则，将评估对象与在近期相似交易环境中成交、满足各项可比条件的矿业权的地、采、选等各项技术、经济参数进行对照比较，分析其差异，对相似参照物的成交价格进行调整估算评估对象的价值。

2. 单位面积探矿权价值评判法

在收集国内地质勘查相关统计资料、矿产资源储量动态信息、上市公司公开披露的地质信息报告、招拍挂公开披露的地质资料、公开市场类似矿业权交易情况信息、有关部门和组织发布或矿业权评估师掌握的有关信息的基础上，综合分析评估对象实际情况,分析确定单位面积探矿权价值,从而估算评估对象价值的一种方法。

3. 资源品级探矿权价值估算法

在了解勘查区内金属矿产资源的品位和质量数据或有关信息的基础上,与已知矿产地的品位质级价值进行比较,分析确定单位资源品级价值,然后分析并合理确定矿业权价值占资源毛价值的比例,从而估算矿业权价值的一种评估方法。

以上三种方法均是周密考虑各种市场因素的情况下作出的估值,这一类方法虽然较为粗犷,但在实务中其实最为简单明了。例如,在北方某省民间矿权交易中,经常会听到交易各方说准旗详查阶段探矿权一吨多少钱,采矿权一吨多少钱。但是受限于可比样本数量以及信息披露的限制,再加上交易各方交易规则的不同要求,这类评估方法一般适用于民企之间的交易,对涉及国企或者上市公司的矿业权交易项目一般不采用该种方法进行评估。实践中,交易各方在其他方法评估的基础上,也往往寻找相关可比案例进行参考。

三、矿业权评估中需注意的问题

基于现行矿权管理制度,矿业权设立及流转主要包括国家与矿业权人之间的一级出让行为以及市场平等主体之间的二级转让行为。为此,笔者以下将矿业权评估一级出让市场和二级准让市场分别予以介绍。

(一)矿业权评估一级出让市场

1. 矿业权评估一级出让市场概述

矿业权一级市场评估通俗是指国家以协议、招拍挂等方式出让矿业权时,矿山企业向国家缴纳矿业权出让收益而进行的评估。一般情况下,该类评估是由自然资源主管部门委托,评估机构出具评估报告的行为。

财政部、原国土资源部研究制定了《矿产资源权益金制度改革方案》,并于2016年12月30日经中央全面深化改革领导小组第31次会议审议通过。2017年4月,国务院出台了《矿产资源权益金制度改革方案》(国发〔2017〕29号)。按照改革方案确定的制度框架。2017年6月29日,财政部、原国土资源部联合印发了《关于印发〈矿业权出让收益征收管理暂行办法〉的通知》(财综〔2017〕35号),标志着矿业权出让收益制度正式实施。

矿业权出让收益评估系由之前的矿业权价款评估调整而来。矿业权价款是指国家出资勘查投入的权益价值和国家作为矿产资源所有权人所分享的权益价值,一般包括矿业权登记管理机关出让国家出资勘查形成的矿产地、依法收归国有的矿产地、无风险或低风险矿产的矿业权或者矿业权人转让未进行有偿处置的国家出资勘查形成的矿产地的矿业权以及根据国家矿业权有偿取得政策规定向矿业权受让人或矿业权人收取的款项。矿业权出让收益则是指国家作为矿产资源所有人,向矿业权人征收的矿产资源有偿使用的收入。二者评估范围不同,目的不同,相比较原来一级出让市场的价款评估,矿业权出让收益评估更强调矿产资源所有人权益价值如何被正确估值。

2. 矿业权评估一级市场评估关键点

(1)明确出让方式及评估目的

矿业权出让方式有多种,常见的有协议出让、拍卖等方式。矿业权评估机构在接受委托后应与委托方进一步明确评估对象的出让方式及出让目的,只有在明确了出让方式及评估目的后才能做好评估项目。

(2)熟悉项目所在地矿业权政策

因矿业权出让收益是由矿业权价款调整而来,各地在如何处理二者衔接上各有特点,因此,评估机构及人员应非常熟悉各地矿业权政策才能处理好评估中的有关问题。

(3)掌握基准价内涵

由于全国各地矿种多,同一矿种类型及品位又有所不同,《矿业权出让收益征收管理暂行办法》第 8 条①、第 12 条②明确规定各地市场基准价和出让基准率由地方矿产资源主管部门和省级矿产资源主管部门制定并报省级人民政府同意后公布执行。

以煤炭为例,山西省矿业权出让收益市场基准价以保有资源储量为基础,按煤类制定了采矿权基准价,并未按照煤质指标再进行详细要求,也没有制定

---

① 《矿业权出让收益征收管理暂行办法》第 8 条规定:“通过协议方式出让矿业权的,矿业权出让收益按照评估价值、市场基准价就高确定。市场基准价由地方矿产资源主管部门参照类似市场条件定期制定,经省级人民政府同意后公布执行。”

② 《矿业权出让收益征收管理暂行办法》第 12 条规定:“第十一条所称矿业权出让收益基准率,由省级矿产资源主管部门、财政部门确定,并根据矿产品价格变化和经济发展需要,进行适时调整,报经省级人民政府同意后公布执行。”

详细的探矿权基准价。而内蒙古矿业权出让收益市场基准价中,以可采储量(可采资源量占资源量比重不低于60%)为基础,按煤类、煤质指标分类制定了采矿权基准价,并给出了探矿权调整系数。

因此,在评估业务中,评估机构和人员应掌握各地基准价的内涵及不同点。

(二)矿业权评估二级市场

矿业权二级市场评估主要是指除一级市场以外的市场平等主体之间其他目的的矿业权交易评估,包括转让、抵押、压覆赔偿、司法拍卖等。一般情况下,该类评估是由矿业权人或执行机关委托,评估机构出具评估报告的行为。

1. 明确经济行为和评估目的

矿业权评估二级市场中包含的种类较多,能深刻了解矿业权评估的委托方较少。因此,评估人员在接受项目后,首先应与委托方进一步确认经济行为以及评估目的及具体范围,这不仅有利于下一步评估工作的开展,也是一切评估行为的前提。

2. 熟悉各类与评估业务相关的政策文件

二级市场评估中,在熟悉国家相关法律法规的同时,同样需要加强对各地政策文件的收集和了解,从而判断相关规定对评估范围、评估依据确定的影响。

(1)评估范围

山西省人民政府《关于印发山西省煤炭资源矿业权出让转让管理办法的通知》(晋政发〔2015〕53 号)第 51 条规定:"……有下列情形之一的,煤炭资源矿业权不得转让:(一)采矿权部分转让的;(二)被纳入矿产资源整合方案的采矿权,在整合期间未经批准向非整合主体转让的;(三)按国家产业政策属于关闭矿山的;(四)按国家有关规定属于禁止开采区域的;(五)矿业权抵押备案期内未经抵押权人同意的;(六)矿业权处于国土资源行政主管部门立案查处、法院查封、扣押或公安、税务、检察等机关通知立案查封状态的。矿业权转让评估范围不得超过已缴纳矿业权价款的资源储量的剩余资源储量。矿业权范围内未缴纳过矿业权价款的资源储量,不得转让。以协议出让方式取得的采矿权,除母公司与全资子公司之间的采矿权转让外,投入生产未满 5 年不得转让,确需转让的按原协议出让程序办理。"

根据该规定,"矿业权转让评估范围不得超过已缴纳矿业权价款的资源储量的剩余资源储量。矿业权范围内未缴纳过矿业权价款的资源储量,不得转让”，这就要求矿业权转让评估的评估范围内的储量不得超过已缴纳矿业权价款部分，而非矿区范围内的全部资源储量。由于我国采矿许可证最长期限为30年，评估机构在开展一级市场出让评估时也是按照一定生产规模在30年内可采储量来估算价款或者出让收益。但是现实中有很多这样的案例，二级市场转让时往往对该等矿区范围内的所有资源量进行评估转让，该种行为一是处置了无权处置的资源，二是为30年后到底需要转让方还是受让方交纳出让收益带来民事上的争议。

（2）评估依据

以评估利用的储量资料为例：

根据原国土资源部、国家计委、国家经贸委、中国人民银行、中国证监会《关于颁布矿产资源储量评审认定办法的通知》（国土资发〔1999〕205号）第6条的规定，[①]以矿产资源勘查、开发项目公开发行股票时依据的矿产资源储量由国土资源部管理评审工作并负责认定。

根据原国土资源部《关于调整矿业权价款确认（备案）和储量评审备案管理权限的通知》（国土资发〔2006〕166号）第3条的规定，矿山企业上市融资涉及的矿产资源储量评审仍报国土资源部备案。

根据自然资源部《关于推进矿产资源管理改革若干事项的意见》（自然资规〔2019〕7号）[②]第10条的规定，不再对探矿权保留、变更矿种，探矿权和采矿权延续、转让、出让，划定矿区范围，查明、占用储量登记，矿山闭坑，以及上市融资等环节由政府部门直接进行评审备案。自然资源部负责本级已颁发矿业权证的矿产资源储量评审备案工作，其他由省级自然资源主管部门负责。

故在上市公司涉及的矿业权评估项目中，矿业权评估机构应对利用的储量资料进一步确认其备案机关是否符合相关文件要求。若评估利用的储量资料

---

① 《关于颁布矿产资源储量评审认定办法的通知》第6条规定：“下列矿产资源储量由国土资源部管理评审工作并负责认定：（一）石油、天然气、煤层气和放射性矿产的矿产资源储量；（二）以矿产资源勘查、开发项目公开发行股票时依据的矿产资源储量；（三）外商投资勘查、开采的矿产资源储量；（四）领海及中国管辖的其他海域的矿产资源储量；（五）跨省、自治区、直辖市的矿产资源储量；（六）前五项以外的矿产资源储量规模在大型以上的。前款规定以外的矿产资源储量由省、自治区、直辖市人民政府地质矿产主管部门管理评审工作并负责认定。其中，零星分散矿产资源的矿产资源储量评审认定办法由省、自治区、直辖市人民政府地质矿产主管部门制定；只能用作普通建筑材料的砂、石、黏土的矿产资源储量，由市（地）、县（市）负责地质矿产管理工作的部门管理评审工作并负责认定，具体办法由省、自治区、直辖市人民政府地质矿产主管部门制定。”

② 2020年5月1日生效。

不符合相关文件要求,则评估机构应及时和委托方说明,并要求委托方进行落实,评估机构应对相关政策文件的变化需要有足够的了解和掌握。

3. 参数选择合理性

矿业权评估中各参数取值应客观合理。以销售价格的选取为例:

在销售价格选取中应充分考虑委托评估矿山的实际情况,尤其是非生产矿山的价格选取。如某煤矿探矿权评估中销售价格可选取周边矿井生产财务资料或网上价格。选取价格时候应注意:(1)选取与评估对象地理位置相邻或属于同一地区的矿井价格资料;(2)选取与评估对象煤类一致、煤质指标相近的价格资料;(3)若有关指标存在差异,应进行分析并加以调整。

矿业权评估中参数较多,评估人员应对每一个参数进行分析、验证,确保评估结果的合理性。实务中也往往会出现这样的问题,参数选择的不同导致评估差异巨大,交易各方为此争议不断。如在人民法院涉矿业权执行案件中,往往会出现各方由于评估参数取值意见不一致导致评估报告迟迟不能确定。根据2018年6月最高院《关于人民法院确定财产处置参考价若干问题的规定》(法释〔2018〕15号),当事人、利害关系人对评估机构不补充或补充说明仍有异议的,人民法院应当交由相关行业协会在指定期限内组织专业技术评审,并根据专业技术评审出具的结论认定评估结果或者责令原评估机构予以补正。这一司法解释的出台,在很大程度上遏制了矿业权评估机构选择参数的主观随意性,同时也就评估僵局给出了由行业协会也就是中国矿业权评估师协会来解决的最终途径。

四、结论

在我国,矿业权评估行业经过二十余年的发展已日趋成熟,在自然资源主管部门和中国矿业权评估师协会的领导下,先后建立了比较完善的管理制度和准则体系,基本涵盖了矿业权评估行政监督管理和行业自律管理的各个方面,有效维护了矿业权评估市场的公平、公正、公开。但它终究还是一个新兴的行业,新的矿产资源法颁布以及以招拍挂为主的出让方式实施以后,矿业权评估行业势必还要在发展中解决一系列问题和困难。但是我们相信,通过加强行政监督管理力度和不断提高行业自律管理水平,定能不断规范矿业权评估执业行为,促进矿业权评估队伍的建设和发展,满足矿业经济发展的需要。

地·位

——私募基金或其他财务投资人参与矿业项目投资时能够争取的股东特殊权利

随着私募基金的发展,投资人在投资矿业项目时也逐渐开始采用私募基金方式,即多个投资人共同设立基金,并以基金名义对外投资矿业项目。而私募基金或其他财务投资人(以下简称“投资人”)在投资境内涉矿类有限公司(以下简称“基金投资”)以达到投资矿业项目的目的时可争取的特殊股东权利便是保障投资人权益的重要手段和凭借。

在投资过程中,涉及投资人权利保护及风险规制的特殊股东权利主要包括优先购买权、优先认购权、优先分红权、一票否决权、优先清算权、随售权、领售权、股权回购权等。其中,优先购买权、优先认购权、优先分红权、回购权在《公司法》中均有明确规定,其他特殊股东权利多沿用基金投资过程中的投资规则。股权回购条款将在《业绩对赌条款在涉矿企业重组交易过程中的应用》中予以分析,本章将对除回购权外的其他可争取的特殊股东权利进行分析。

特殊股东权利主要通过两种形式予以体现,一为各方签署的增资协议或股东协议等投资协议(以下简称“投资协议”),二为项目公司的公司章程。两者的区别在于:(1)在投资协议中约定,则因合同相对性而仅对合同签署方有约束力,如项目公司并非合同签署方,则对其不产生约束效力;而公司章程效力及于公司全体股东,各股东均应遵守,且公司章程具有公示对抗效力,即使是后轮投资股东,亦需要在新投资人入股后修改公司章程,调整相应的特殊股东权利条款。(2)根据《公司法》第22条第2款的规定,[①]若在公司章程中约定,则决议

---

① 《公司法》第22条第2款规定:“股东会或者股东大会、董事会的会议召集程序、表决方式违反法律、行政法规或者公司章程,或者决议内容违反公司章程的,股东可以自决议作出之日起六十日内,请求人民法院撤销。”

内容违反章程中关于特殊股东权利条款约定的,投资人享有请求法院撤销的权利。若仅在投资协议中约定,则投资人可通过主张违约责任获得赔偿。

因此,笔者建议,在允许的情况下,将特殊股东权利条款同时列入投资协议和公司章程。关于特殊股东权利设置和保障的具体细节问题,请见下文详述。

一、优先购买权

根据《公司法》第71条[①]的规定,有限责任公司的股东向股东以外的人转让股权时,应当经其他股东过半数同意,经股东同意转让的股权,在同等条件下,其他股东享有优先购买权。所谓股东优先购买权,即指有限责任公司股东向股东以外的人转让股权时,在同等条件下,公司其他股东享有优先于股东以外的人购买该股权的权利。

(一)股东优先购买权设定的法定条件

1. 主体条件:具有股东资格

股东优先购买权具有人身属性,行使主体为有限责任公司除转让方之外的其他股东。其他股东在主张优先购买权时须注意以下问题:其一,行使股东优先购买权须拥有股东身份。例如,在“(2014)三中民终字第07976号王树成与王素岩股权转让纠纷案”中,陈鑫亭作为万苑兴公司的股东,对公司股权对外转让享有优先购买权,但之后陈鑫亭将其持有的股权转让给公司其他股东。北京市第三中级人民法院认为,在陈鑫亭已经丧失了万苑兴公司股东资格的情况下,其股东优先购买权亦随之丧失。其二,非股东的法定代表人不享有股东优先购买权。例如,在“(2014)三亚民二终字第233号三亚海方房地产开发有限公司与张泰豪等股东资格确认纠纷案”中,海南省三亚市中级人民法院认为,王威虽系海方公司法定代表人,但王威自2009年12月18日起已不具有海方公司股东身份,其对徐公勇向股东之外的人转让股权并不享有股东优先购买权,张泰豪受让海方公司股权并不构成对王威合法权益的损害。

---

① 《公司法》第71条规定:“有限责任公司的股东之间可以相互转让其全部或者部分股权。股东向股东以外的人转让股权,应当经其他股东过半数同意。股东应就其股权转让事项书面通知其他股东征求同意,其他股东自接到书面通知之日起满三十日未答复的,视为同意转让。其他股东半数以上不同意转让的,不同意的股东应当购买该转让的股权;不购买的,视为同意转让。经股东同意转让的股权,在同等条件下,其他股东有优先购买权。两个以上股东主张行使优先购买权的,协商确定各自的购买比例;协商不成的,按照转让时各自的出资比例行使优先购买权。公司章程对股权转让另有规定的,从其规定。”

2. 实质条件:符合同等条件

《公司法司法解释(四)》第18条[①]虽明确将转让股权的数量、价格、支付方式及期限作为主要衡量因素,但同时以"等"字为其他因素的综合考虑留下了空间。例如,在"(2018)粤民申4392号覃喜华与阳春市永基电站有限公司等股权转让纠纷案"中,广东省高级人民法院认定的股权转让款之外另行约定向公司提供的借款;又如,在"(2017)吉24民终1480号高元国、滕纯生与王怀胤、孙芳发及敦化市城市公共汽车有限公司之间股权转让合同纠纷案"中,吉林省延边朝鲜族自治州中级人民法院认定的受让人允诺的除转让价格之外的其他条件;再如,在"(2017)湘01民终624号陈东与长沙通菱企业管理有限公司等股权转让纠纷案"中,湖南省长沙市中级人民法院认定的"对其他股东的退股安排";以及在"(2014)宁商终字第610号蔡天山与被钟伟国、陈德俊股权转让纠纷案"中江苏省南京市中级人民法院认定的股权整体受让等。

因此,出让股东与受让人约定的特殊承诺、业务合作、债务承担等有助于维护公司和其他全体股东整体利益的因素,均有可能被纳入同等条件的考量范围。同时,对同等条件的认定也不能简单地一概而论,需要结合具体案情进行综合考虑。

3. 时间条件:遵循合理期限

根据《公司法司法解释(四)》第19条的规定,[②]关于股东优先购买权的行使期间问题,公司章程有规定的依章程;公司章程未规定或者规定不明确的,以转让通知确定的期间为准,通知确定的期间短于30日或者未明确行使期间的,行使期间为30日。其他股东须在行使期间内主张优先购买权,逾期未主张的,则丧失优先购买权。例如,在"(2008)海民初字第27259号北京永汇丰咨询有限公司与中国冶金科工集团公司、北京产权交易所有限公司合同纠纷案"中,北京市海淀区人民法院认为在转让条件已经确定的情况下,永汇公司接到股权转让通知后未在法定期限内主张优先购买权,属于自身放弃该权利。又如,在"(2014)高民(商)申字第02860号北京藏骏科技有限责任公司与北京春光置

① 《公司法司法解释(四)》第18条规定:"人民法院在判断是否符合公司法第七十一条第三款及本规定所称的'同等条件'时,应当考虑转让股权的数量、价格、支付方式及期限等因素。"

② 《公司法司法解释(四)》第19条规定:"有限责任公司的股东主张优先购买转让股权的,应当在收到通知后,在公司章程规定的行使期间内提出购买请求。公司章程没有规定行使期间或者规定不明确的,以通知确定的期间为准,通知确定的期间短于三十日或者未明确行使期间的,行使期间为三十日。"

地房地产开发有限公司等股权转让纠纷案”中，北京市高级人民法院认为，项目公司京洋公司股东藏骏公司在收到项目公司另一股东春光公司的股权转让通知后未予答复，亦未在规定的时间内行使优先购买权，应视为其放弃优先购买权。

（二）股东优先购买权设定的约定条件

《公司法》第71条第4款规定：“公司章程对股权转让另有规定的，从其规定。”因此，有限责任公司章程可依意思自治原则对股权转让作各种制度安排，但其规定不能违反法律的强制性规定与公司法的基本原则。

1. 同等条件可在章程中另行规定

《公司法司法解释（四）》对股东优先购买权中的同等条件进行了不完全列举，如数量、价格、支付方式和期限等因素，同时也为公司章程自治预留了空间。为节省交易成本、减少后续股权转让纠纷，有限责任公司可以结合自身具体实际情况考虑将特殊承诺、业务合作、债务承担等有助于维护公司和其他股东整体利益的因素纳入股东优先购买权同等条件的考量范围并写入公司章程。同时，在股东优先购买权中，同等条件的章程自治应当被限定在合理的范围之内，不得滥用公司章程自治，违反法律的强制性规定与公司法的基本原则。

2. 行使期限可在章程中另行规定

根据《公司法司法解释（四）》的规定，章程可为股东行使优先购买权设定一个合理期限，作为股东优先购买权行使的程序性事项。股权优先购买权行使期限的设置应根据商业决策并筹集资金所需时间作出适合项目公司的最佳安排。

3. 通知义务可在章程中另行规定

股权转让的通知包括通知期限、通知方式、通知次数、通知内容等。其中，就通知方式，《公司法司法解释（四）》认可“以书面或者其他能够确认收悉的合理方式”进行通知，项目公司各股东可从规范公司股权管理、减少日后股权纠纷以及方便工商登记等角度考虑，根据具体实际情况在公司章程中规定一种或多种合理的通知方式。就通知内容而言，《公司法》和《公司法司法解释（四）》均未明确规定，仅以“转让事项”进行概括。但从通知的目的来讲，可以在章程中明确通知应至少包括转让股权的数量、价格、支付方式及期限等因素，如在交易架构中有特殊约定的，建议将特殊义务予以列明。

4. 继承情形可在章程中另行规定

根据《公司法司法解释(四)》第16条[①]的规定,除公司章程另有规定或者全体股东另有约定,股东优先购买权不适用股权因继承而转让的情形。本条明确了股东优先购买权适用的例外,即在法定继承的情况下,公司其他股东不可行使优先购买权。当然,此种例外也存在排除情形,即公司章程或者全体股东可以事先约定在保留法定继承情况下其他股东的优先购买权。建议投资人在投资时通过修改项目公司章程的方式明确在继承的情况下是否保留其他股东的优先购买权。

5. 转让股东"反悔权"可在章程中另行规定

根据《公司法司法解释(四)》第20条的规定[②],除公司章程另有规定或者全体股东另有约定外,转让股东在其他股东主张优先购买权时有权拒绝转让股权。据此,《公司法司法解释(四)》赋予了转让股东在其他股东主张优先购买权时有权拒绝转让股权的权利,即转让股东在股权转让中享有"反悔权",但《公司法》也同时允许各股东根据意思自治在公司章程中排除转让股东的"反悔权"。

二、优先认购权

优先认购权,是指公司在增资时,投资人作为公司股东可以按照其持有的股权数量的一定比例优先于他人进行认购股权的权利。

根据《公司法》第34条[③]的规定,有限责任公司的股东有权在实缴出资比例范围内行使优先认购权,但全体股东约定不按照出资比例优先认缴出资的除外。因此,投资人可对于优先认购权进行自由约定。建议尽可能对优先认购权享有主体、各方享有的具体份额的分配方式、行使程序、行使期间等事项予以明

---

① 《公司法司法解释(四)》第16条规定:"有限责任公司的自然人股东因继承发生变化时,其他股东主张依据公司法第七十一条第三款规定行使优先购买权的,人民法院不予支持,但公司章程另有规定或者全体股东另有约定的除外。"

② 《公司法司法解释(四)》第20条规定:"有限责任公司的转让股东,在其他股东主张优先购买后又不同意转让股权的,对其他股东优先购买的主张,人民法院不予支持,但公司章程另有规定或者全体股东另有约定的除外。其他股东主张转让股东赔偿其损失合理的,人民法院应当予以支持。"

③ 《公司法》第34条规定:"股东按照实缴的出资比例分取红利;公司新增资本时,股东有权优先按照实缴的出资比例认缴出资。但是,全体股东约定不按照出资比例分取红利或者不按照出资比例优先认缴出资的除外。"

确而详尽约定，具体可调整要素如下：

(一)公司章程可以排除股东的优先认购权

根据《公司法》第34条的但书部分，各股东可以排除股东的优先认购权，即可约定某个或某几个股东不享有认购权。

(二)优先认购权的认缴范围及方式可通过公司章程自主约定

在“(2010)民提字第48号绵阳市红日实业有限公司、蒋洋诉绵阳高新区科创实业有限公司股东会决议效力及公司增资纠纷案”中，最高院判决认为，在绵阳高新区科创实业有限公司于2003年12月16日股东会议通过的由陈木高出资800万元认购科创公司新增615.38万股股份的决议内容中，涉及新增股份中14.22%和5.18%的部分因分别侵犯了蒋洋和绵阳市红日实业有限公司的优先认缴权，应认定无效，涉及新增股份中79.97%的部分因其他股东以同意或弃权的方式放弃行使优先认缴权而发生法律效力。本案也从侧面确认了原股东之优先认缴权以原持股比例为限。

在“(2009)民二终字第3号贵州捷安投资有限公司与贵州黔峰生物制品有限责任公司、重庆大林生物技术有限公司、贵州益康制药有限公司、深圳市亿工盛达科技有限公司股权确认及公司增资扩股出资份额优先认购权纠纷案”中，最高院判决认为，“现行公司法对股东行使增资优先认购权范围进行了压缩，并未明确规定股东对其他股东放弃的认缴出资比例有优先认缴的权利”，故维持了贵州省高院的一审判决，驳回了贵州捷安投资有限公司对贵州黔峰生物制品有限责任公司放弃的1820万股增资扩股出资份额享有优先认购权的诉讼请求。

根据《公司法》及上述案例分析可知，股东仅能在实缴出资比例范围内行使优先认购权，除非公司章程规定或者全体股东一致同意不按出资比例认缴出资的。因此，笔者建议：

第一，明确约定各股东优先认购权的认缴范围，如明确股东是否对其他股东放弃行使优先认购权的部分享有优先权，同时，明确多个股东均希望购买而产生冲突时的解决办法。

第二，明确各方认缴比例的确定方式，实践中根据比例计算的方式不同，分为如下三种优先认购权：

(1)Pro rata 优先认缴权

Pro rata 优先认缴权即投资人按照持股比例享有优先认购权，该持股比例为公司增资前投资人所持有的股权比例。

(2) Super pro rata 优先认缴权

Super pro rata 优先认缴权即该类投资人在后续轮次融资时有权按照投资人之间的持股比例(投资人所持有的公司注册资本金数额占所有投资人持有的公司注册资本金数额之和的百分比)优先认缴公司新增注册资本的权利。

(3) 绝对优先的优先认缴权

在投资人较为强势时,投资人可要求绝对优先的优先认缴权,如在后续轮次融资时就所有新增股权均享有优先认缴权。

(三)优先认购权的行使程序、行使期间

《公司法》及相关法律并未对优先认缴权的程序、行使期间、时效等作出明确规定,但根据《公司法》第37条[①]、第43条第2款[②]的规定,就行使优先认购权应依据公司章程的规定履行增加注册资本及认购的决策程序。

因此,建议投资人约定优先认购权的同时关注注册资本增加、减少及公司章程修改方面的决策程序,包括但不限于决策机构、表决程序、决议有效性约定等,并在优先认购权执行阶段严格按照公司章程规定执行,避免因程序违法导致无法行使权利。

三、优先分红权

优先分红权是指投资人在被投资企业分红时,优先取得一定比例股息的权利。根据《公司法》第34条、第166条以及《企业财务通则》(财政部令〔2006〕第41号)的规定,有限公司企业年度净利润的分配顺序为:首先,弥补公司亏损;其次,提取法定公积金(税后利润10%,提取到公司注册资本50%以上可不再提取);再次,提取任意公积金(未有具体比例约束,由股东会决议);最后,股东分配利润。如在完成前三项分配后当年没有可供分配的利润时,股东将无法分红。就分红比例,有限公司原则上要求按照各股东持股比例进行分红,但公司章程也可以设置优先分红权规定公司股东不按其出资比例分红。因此,优先

---

① 《公司法》第37条规定:"股东会行使下列职权:……(七)对公司增加或者减少注册资本作出决议;……(十)修改公司章程;……对前款所列事项股东以书面形式一致表示同意的,可以不召开股东会会议,直接作出决定,并由全体股东在决定文件上签名、盖章。"

② 《公司法》第43条第2款规定:"股东会会议作出修改公司章程、增加或者减少注册资本的决议,以及公司合并、分立、解散或者变更公司形式的决议,必须经代表三分之二以上表决权的股东通过。"

分红权条款也往往被视为投资人的退出条款之一。

(一)优先分红权的分红顺序

分红的优先顺序是优先分红权的核心要素和特征。原则上,最高优先级的股东有权最先从可分配利润中获得约定的收益;在其获得约定的全额收益后,次一优先级的股东方可进行分取利润;以此类推。

(二)相关建议

1. 建议在优先分红权条款中明确能否累积至实际支付,即在某个财务年度内,如果公司未进行应予分红或者公司盈利不足以分派规定的红利,则优先分红权股东是否有权要求公司在以后财务年度内予以补足。

2. 确定优先分红权的分红率能否调整,如不能调整,则以收购时约定的分红率为准;如能够调整,调整条件及调整方式需明确约定。通常情况下,可调整分红率具有一定弹性,便于对公司与投资人之间的利益进行动态调整和平衡,但同样也存在分红率被调低的可能性。

3. 明确股东未按照约定分红或以其他方式侵害投资人优先分红权时的违约责任。

四、优先清算权

优先清算权,是指投资人在公司发生清算事件时具有的优先于其他股东获得分配清算资产的权利,通俗来讲,就是投资方可以优先取回投资收益。

根据《民法总则》第 72 条的规定,法人清算后的剩余财产,根据法人章程的规定或者法人权力机构的决议处理。法律另有规定的,依照其规定。根据《公司法》第 186 条的规定,有限责任公司在清算过程中,公司财产在分别支付清算费用、职工的工资、社会保险费用和法定补偿金,缴纳所欠税款,清偿公司债务后的剩余财产,按照股东的出资比例分配。

需注意的是,根据《九民纪要》的相关内容,《民法总则》与《公司法》的关系,是一般法与民商事(商事)特别法的关系,《公司法》与《民法总则》的规定不一致的,根据特别规定优于一般规定的法律适用规则,适用《公司法》的规定。

由此可见,优先清算权的设置,实质上部分突破了《公司法》对于剩余财产按照股东出资比例分配的相关规定,目前其有效性在理论上存在争议。在司法实践中,也尚未出现基金投资中设定优先清算权的相关判例及指导性意见。

虽然优先清算条款的效力在理论上存在争议，在实践中，还有待判例及指导性意见的进一步支持，而优先清算权对基金投资而言又具有十分重要的意义，是使其成为基金投资交易的常规甚至必备条款之一。鉴于此，笔者对该权利分析如下：

（一）优先清算权的触发条件

在实践中，优先清算权的触发条件除了破产、重整、解散、合并、分立等，往往还会被部分扩大，通常体现为在协议中约定的“视为清算事项”。惯常的触发条件主要有：其一，公司法规定的清算情形；其二，公司控制权的转移，包括导致原实际控制人或控股股东的持股低于一定比例的交易；其三，公司全部或部分资产（尤其是无形资产）所有权（或所有权的重要权能）转移，如出售、出租、排他性许可或其他方式等，在矿业领域主要是矿业权、选冶设备发生转移等；其四，如为红筹架构的，建议触发条件应包括项目公司实际控制人以间接方式处置项目公司股权，或项目公司以直接或间接方式处置其下属子公司（包括 VIE 公司）股权、资产等事件，或其他可能影响其重要子公司价值的清算事件。其中，第一种情形为法定清算情形，而后三种清算情形为非法定情形且无法律规定但常用的“视为清算事项”。因此，优先清算权不仅能够解决公司无法继续存续时投资人的退出问题，也能使投资人在“视为清算事项”发生时获得更多利益。

（二）优先清算权的分配模式

实践中，投资人优先清算权多数会设置一个投资最低收益保障，其分配模式主要有以下几种：

1. 优先清算权人获得优先分配额（投资最低收益保障）后，剩余资产由其他全部股东按比例分配，优先清算权人不再参与剩余财产的分配。

2. 优先清算权人先获得优先分配额，再按比例与其他股东共同参与剩余财产的分配。

3. 优先清算权人获得优先分配额后，参与剩余财产的分配，但设置一个分配上限，超过上限后即不再参与分配。

在“视为清算事项”发生时，按持股比例分配可能比第三种分配方式所获利益更多，因此如确定使用第三种分配模式的，建议投资人保留放弃行使清算优先权、转而按持股比例分配的权利。

（三）相关建议

1. 建议除约定投资人享有优先清算权外，进一步明确约定股东的配合义务，即“如果由于中国法律或政府监管的限制导致约定的优先清算机制无法实现，在各股东按照法律规定按持股比例获得清算金额后，各股东应当向投资人优先支付该等清算金额以确保投资人的优先清算权得以实现”。

2. 鉴于优先清算权的行使属于先出现清算情形，而后投资人行使优先清算权获得可供分配的财产，涉及提前偿还的问题，因此建议对于优先清算权的资金来源问题依据法律法规进行细致约定。

3. 为降低优先清算权无法完全落实的风险，投资人可要求特定股东（含项目公司实际控制人或控股股东或其关联方）对优先清算权的完全实现承担补足义务，根据谈判情况亦可要求其提供抵质押担保。

五、一票否决权

通常来讲，作为财务投资人投资矿业项目一般不会接管或过度干预项目公司的经营决策，而是由原股东负责项目公司的经营管理。但为避免原股东滥用权利而导致投资人自身利益受损，一般会就可能影响投资人利益或对项目公司产生重大影响的事项设置一票否决权。所谓一票否决权，即在项目公司股东会或者董事会对某些特定事项的表决上，如持有“一票表决权”的投资人股东或者投资人委派董事投否决票或者未投赞成票，则相关股东会决议或者董事会决议将无法通过，而无须考虑其他股东或董事投票情况。一票否决权根据行使主体的不同，可分为股东会一票否决权和董事会一票否决权。

（一）股东会一票否决权

《公司法》第42条规定：“股东会会议由股东按照出资比例行使表决权；但是，公司章程另有规定的除外。”投资人作为项目公司股东之一，在符合《公司法》第43条规定的议事方式和表决程序的前提下，可在公司章程中明确投资人股东的一票否决权。

股东会一票否决权明显建立在保护持权股东利益的基础上，在实践中可能存在持权股东利益与原股东利益的矛盾、持权股东利益与项目公司利益之间的矛盾等，因此一票否决权的范围可能成为各方博弈的焦点。

除惯常基金投资应关注的一票否决权事项外，就矿业项目而言，根据笔者的过往实务经验，应主要关注矿业权处置、关联方交易以及对外担保、对外融资等事项的一票否决权。当然矿业公司的矿权整合和对外新项目的投资也应被列入一票否决权事项内。

（二）董事会一票否决权

投资人要在董事会中享有一票否决权，首先应享有董事的提名权或任免权。《公司法》第48条规定："董事会的议事方式和表决程序，除本法有规定的外，由公司章程规定。董事会应当对所议事项的决定作成会议记录，出席会议的董事应当在会议记录上签名。董事会决议的表决，实行一人一票。"因此，在保证董事会一人一票表决方式的基础上，可通过公司章程的特殊约定赋予部分董事就某些事项的一票否决权。

董事会一票否决权的表决范围有其边界，即应以《公司法》第46条①规定的职权范围以及股东会授权董事会的职权范围为界，不可无限扩大。

在汇总实践经验及司法判例后可知，股东会可以授权董事会行使的职权应基于《公司法》第37条②规定的股东会职权范围，包括"审议批准公司的利润分配方案和弥补亏损方案"，"对公司增加或者减少注册资本作出决议"，"对公司合并、分立、解散、清算或者变更公司形式作出决议"，"修改公司章程"等不宜授权董事会行使；从实际操作角度看包括"选举和更换非由职工代表担任的董事、监事"，"决定有关董事、监事的报酬事项"，"审议批准董事会的报告"，"审议批准监事会或者监事的报告"也不宜授权董事会行使。截至目前，就"决定公司的经营方针和投资计划"，"审议批准公司的年度财务预算方案"，"决算方案、对

---

① 《公司法》第46条规定："董事会对股东会负责，行使下列职权：（一）召集股东会会议，并向股东会报告工作；（二）执行股东会的决议；（三）决定公司的经营计划和投资方案；（四）制订公司的年度财务预算方案、决算方案；（五）制订公司的利润分配方案和弥补亏损方案；（六）制订公司增加或者减少注册资本以及发行公司债券的方案；（七）制订公司合并、分立、解散或者变更公司形式的方案；（八）决定公司内部管理机构的设置；（九）决定聘任或者解聘公司经理及其报酬事项，并根据经理的提名决定聘任或者解聘公司副经理、财务负责人及其报酬事项；（十）制定公司的基本管理制度；（十一）公司章程规定的其他职权。"

② 《公司法》第37条规定："股东会行使下列职权：（一）决定公司的经营方针和投资计划；（二）选举和更换非由职工代表担任的董事、监事，决定有关董事、监事的报酬事项；（三）审议批准董事会的报告；（四）审议批准监事会或者监事的报告；（五）审议批准公司的年度财务预算方案、决算方案；（六）审议批准公司的利润分配方案和弥补亏损方案；（七）对公司增加或者减少注册资本作出决议；（八）对发行公司债券作出决议；（九）对公司合并、分立、解散、清算或者变更公司形式作出决议；（十）修改公司章程；（十一）公司章程规定的其他职权。"

发行公司债券作出决议”没有更多限制，且存在授权的空间，但实务中能否有效行使还需要进一步的司法实践论证。

(三)一票否决权的形式要件

无论是股东会一票否决权，还是董事会一票否决权，均建议在项目公司的公司章程中明确，并办理工商变更登记，以防止在投资人行使“一票否决权”时因未办理工商变更导致无法对抗善意第三人。

六、随售权

随售权，又称共同出售权，即公司控股股东或其他股东向第三方转让股权的，小股东有权按照拟转让方与第三方达成的价格和条件参与到该次交易中，按照约定一并向第三方转让部分或全部股权。随售权条款本质上是对项目公司股权转让的特殊约定，多基于小股东的要求，即在大股东转让股权时(或转让控股权时)，小股东有权要求按照约定计算方式将部分或全部转让所持股权，在某种意义上达到“同进同出”的目的。

根据项目的不同情况，投资人也可要求享有优先出售权，即按照一定比例或全部优先于拟转让方向第三方出售股权。优先出售权在某种意义上也是随售权的一种，因此本部分以随售权为基础统一分析。

《公司法》未规定随售权，亦未限制，故可通过投资协议和章程来约定。

(一)随售权的行使条件

1. 拟转让方向第三方转让股权未被其他股东行使优先购买权，能够以约定价格和条件向第三方转让。

2. 享有随售权的股东应在投资协议或公司章程规定的期限内向拟转让方发送有效书面通知，在该通知中，应载明拟在本次交易中随售的股权数量。

3. 随售权行使的触发条件多为控股股东不再享有控股权或无法继续管理公司，一般情况下，控股股东转让部分股权不会导致其丧失控股权或经营管理权的，多数不会触发随售权。

(二)随售股权比例的计算方式

在实践中，随售股权的计算方式多有如下几种：

1. 按照持股比例计算各股东的股权比例，即以第三方收购股权总数为基础，按照投资人、拟转让方各自在项目公司的持股比例同比例出售股权。

2. 在第三方拟收购股权总数无法改变的情况下，以拟转让方拟转让股权占其所持股权总数的比例计算随售投资人的股权，该种方式相当于将拟转让方的部分转让股权由投资人出售。

3. 在拟转让方转让股权比例不变，第三人愿意多收购股权的情况下，可以拟转让方拟转让股权占其所持股权总数的比例计算随售投资人的股权，并将该股权与拟转让方转让股权相加，得出第三人收购的股权总数。

综上，站在交易各方的角度上，笔者给出如下实务建议：

一是对交易各方来讲，《公司法》未对随售权作出明确规定，目前司法实践中也鲜有案例，考虑到保证随售权的有效落实，建议对于随售权的具体安排进行详细约定，包括但不限于与优先购买权行使之间的衔接关系、随售权行使的条件、对象、程序及时间等。同时，具体细节需尽量明确且具有可操作性，并纳入公司章程中。

二是对于小股东来讲，在签订投资协议和章程时，务必要考虑与大股东同进退的问题，尤其是地勘队作为小股东的矿业公司。

三是对新一轮的投资人来讲，投资前应仔细调查项目公司小股东是否享有随售权，以及随售权的触发条件、履行规定、随售权对收购的影响等。尤其是当享有随售权的小股东是国有企业或者财政部门管理的事业单位（如地勘队）时，由于其对外转让股权要遵循强制进场交易制度和评估备案制度，往往会导致整个交易严重拖期或者无法推进。特别是在上市公司重大资产重组中，各方为了交易的稳妥，往往会把通过证监会的核准设置为重组协议的生效条件，而证监会的核准与国资进场交易的限制往往会陷入“先有鸡还是先有蛋”的逻辑怪圈中。笔者在实务工作中经常会碰到此类案例，尤其是在各地勘队作为小股东的矿业公司中。在此类案例中，如何妥善解决各股东之间的利益平衡、妥善解决国有小股东进场交易限制与项目进度之间的冲突、妥善解决小股东在行使随售权时不愿意承担交易各方之间的对赌安排问题、妥善解决交易后各股东之间的进一步合作和公司治理结构问题等，都是决定交易能否顺利进行的关键因素。但是笔者相信，只要各方利益可以妥善平衡，充分发挥交易各方和中介机构的智慧，一定会设计出均衡可行的交易结构。

七、领售权

领售权，又称拖售权、强制出售权，是指在约定的领售事由触发且拟整体出售之时，投资人作为领售方有权要求作为受领方的其他股东和投资人一起向第三方转让其所持股权或投票赞成公司向第三方出售全部或实质性全部的资产。领售权初期为大股东为防止小股东阻挠交易而设计，在基金投资领域中加以细化及改变后，领售权逐渐与股权回购权、优先清算权、优先分红权等共同成为投资人关键性退出条款，对于投资人的安全退出（抑或是最大限度减少预期收益损失）具有关键性的作用。

（一）领售权的触发事由

关于领售权的触发事由，较为常见的约定方式如下：

1. 明确约定领售触发事由，如约定投资完成后一定时间内公司未上市或上市时公司市值未达到相应要求，一般与股权回购条款的触发事由相同或存在一定重合。

2. 不明确约定领售触发事由，但约定如投资人未能通过协议约定的回购权条款实现退出，则触发领售权。

设置领售权触发事由的逻辑与设置回购条款触发事由的逻辑基本一致，即在发生投资人投资项目公司的基础发生变化的情况下，投资人除被动等待其所持项目公司股份被回购之外，还可以主动行使领售权将项目公司整体出售。

（二）整体出售的表决机制

整体出售的表决机制是领售权条款谈判时争议较大的讨论点之一。因为投资人设置领售权的根本目的在于保证在领售事由触发时其可以成功地将项目公司整体出售给第三方，但多数情况下，投资人所持项目公司的股权比例无法满足第三方整体收购项目公司（收购项目公司控股权）的要求，因此，投资人需要通过行使领售权，强制要求其他股东与投资人一起向第三方出售股权，以达到第三方通过交易获得项目公司控股权的目的。而整体出售能否顺利通过则主要取决于整体出售表决机制的设置，如投资人涉及多方或多个轮次，比较惯常的约定是投资人大多数（50%）同意或每一轮次投资人的大多数（50%）共同同意，但具体机制约定则取决于各方的商业谈判。一般而言，表决机制越严格，则整体出售获得同意的概率越低，领售权行使的可能性越小。

（三）其他股东的事先授权

如上所述，由于领售权的行使是为了完成整体出售，因此，共同向第三方转让股权，或者投票同意项目公司出售全部资产或业务，均需要其他股东配合表决、签署法律文件、配合办理工商变更登记等事宜。由于在签署相关交易文件时无法预测未来整体出售时各方利益是否一致,因此在交易文件签署时即需要所有股东在协议中明确授权,如明确表述“若除投资人之外的项目公司的其他股东未能按照本协议的约定履行相关义务,该等股东在此不可撤销地授权投资人及投资人提名的董事签署各类决议与文件或采取完成整体出售必要的一切行动”等。

(四)最低投资收益保障

领售权条款是退出条款之一。建议明确约定投资人行使领售权时的最低投资收益保障,其一般与股权回购条款中约定的回购对价或优先清算条款中约定的投资最低收益保障基本一致,对于不足最低投资收益保障的,建议约定控股股东、实际控制人的现金补充义务。例如,明确约定:“投资人通过上述领售交易所取得的价款不足回购对价或投资最低收益保障的,领售交易的转让价款应优先向投资人进行分配,直至投资人获得回购对价或投资最低收益保障的孰高值。如有不足,则控股股东、实际控制人应当以现金方式向投资人补足。”

最后,需要特别说明的是,本章主要是站在财务投资人的角度列举了投资矿业企业应该关注和争取的特殊股东权利。而在现实交易中,每个条款的谈判和商定其实都是各方利益平衡和妥协后的结果。作为矿业律师,笔者在此需要特别提示的是,无论是作为投资人,抑或是矿业公司的大小股东,因涉矿类交易一般都具有金额大且风险高的特点,故在交易前各方应对所有未来可能出现的状况进行仔细讨论,分别列明纠纷产生时的具体解决方式和路径。唯有如此,才能在达到投资目的和寻求利益的同时,全面防控涉矿交易的诸多风险,做到“进时理智,退时从容”。

后 序

《矿语——矿业焦点问题法律实务》一书即将问世，拿到样本之后认真阅读一遍，感受到作者群体的一种朝气和执着。法律是矿业发展的重要保障条件，一直是业内人士高度关注的重点。近年来矿业发展遇到的许多问题，无一不与矿业法规有关。在全面推进依法治国、国家治理体系和治理结构现代化进程能中，认真梳理矿业发展中的法律问题对于矿业高质量发展具有特别重要的意义。

必须坦言，在当前矿业实践中权益纠纷较多、法律问题争议较大的背景下，写这样一本书需要很大勇气和智慧。值得称赞的是，作者从发展历史的角度、站在全局的高度，采取叙事的手法较全面系统地梳理了改革开放以来。特别是近年来矿业政策法规的发展演变以及相关的重要事件，给读者展示了一幅长轴画卷，有些像矿业的“清明上河图”。在书中，我们直接读到的大多不是结论，也没有十分明确的观点。但是，有心人可以从中理出许多重要线索，有利于对我国矿业改革开放进程有整体的了解，对实践中出现的问题及其原因有更深入的认识。以权益金制度一章为例，针对这一争论很大、非常敏感的问题，作者没有直接提出定论或观点，而是以“争鸣”为题全面展示了这一问题的由来和发展演化过程，为我们提供了了解背景、认识问题的途径和相关素材。在此基础上，提出了修改完善的意见建议。“理不辩不明”，这种方式一定有利于我国矿业政策法规的不断完善，有助于我们聚焦问题、找到症结和解决方案。

矿业法规体系改革完善任重道远，矿业法律环境的优化不仅仅是少数专业人士的任务，还是全体矿业人共同使命。只有更多的矿业人懂得法律，知晓法律发展历史进程，参与政策法规研究过程，才有可能建立更加完善的法律体系，更好地推动矿业可持续发展。而这个过程中需要一批专业人士不断总结实践、梳理问题,提供线索,让矿业人能够便捷地了解历史和全局,更加准确地聚焦问题、更加有效地研究问题,加快政策法规完善进程,少走弯路。从这一点来看,本书的作者们为在我国矿业发展做了一件很有意义的事。本书对于矿业相关人士、研究者、学生都是一本很好的参考书。

在阅读本书过程中,我感受到矿业发展中遇到的各种挑战。从计划经济转向社会主义市场经济过程中,我们有很多迷惘,也有很多醒悟和收获。改革开放40多年来,矿业发展的成绩有目共睹。在新时代,在实现中华民族伟大复兴的进程中,矿业仍然有着不可替代的重要作用,矿产资源保障和产业支撑作用将是矿业重要使命,是经济高质量发展的基础支撑。在国家治理体系和治理结构现代化进程中,建立更加完善、更加符合中国国情的矿业政策法规体系是一项非常有意义、亟待解决的工作。相信书中提供的各种背景材料和分析问题的方式、角度可以让读者更加全面、客观地了解我国矿业发展历史和现状,更好地理解当前存在问题、探索解决方案。

相信本书能够带来矿业领域政策法规问题更多的探讨甚至争论,也希望更多的矿业人士能够阅读此书并参与到这场讨论中来。在大家的共同参与下,矿业治理体系和结构一定能够不断完善、推进我国矿业健康可持续发展。

彭齐鸣

2020年6月2日

图书在版编目(CIP)数据

矿语：矿业焦点问题法律实务 / 王振华编著. --
北京：法律出版社，2020
ISBN 978 - 7 - 5197 - 3690 - 3

Ⅰ. ①矿… Ⅱ. ①王… Ⅲ. ①矿产资源法－研究－中
国 Ⅳ. ①D922.624

中国版本图书馆 CIP 数据核字(2020)第 120100 号

矿语
——矿业焦点问题法律实务
KUANGYU
— KUANGYE JIAODIAN WENTI FALÜ SHIWU

王振华 编著

策划编辑 肖　越
责任编辑 肖　越
装帧设计 汪奇峰

出版 法律出版社
总发行 中国法律图书有限公司
经销 新华书店
印刷 三河市龙大印装有限公司
责任校对 王晓萍
责任印制 胡晓雅

编辑统筹 法商出版分社
开本 710 毫米×1000 毫米　1/16
印张 22.25
字数 352 千
版本 2020 年 8 月第 1 版
印次 2020 年 8 月第 1 次印刷

法律出版社/北京市丰台区莲花池西里 7 号(100073)
网址/www.lawpress.com.cn
投稿邮箱/info@lawpress.com.cn
举报维权邮箱/jbwq@lawpress.com.cn
销售热线/400 - 660 - 8393
咨询电话/010 - 63939796

中国法律图书有限公司/北京市丰台区莲花池西里 7 号(100073)
全国各地中法图分、子公司销售电话：
统一销售客服/400 - 660 - 8393/6393
第一法律书店/010 - 83938432/8433　西安分公司/029 - 85330678　重庆分公司/023 - 67453036
上海分公司/021 - 62071639/1636　深圳分公司/0755 - 83072995

书号:ISBN 978 - 7 - 5197 - 3690 - 3　**定价**:89.00 元
(如有缺页或倒装,中国法律图书有限公司负责退换)